权威·前沿·原创

皮书系列为
"十二五""十三五""十四五"时期国家重点出版物出版专项规划项目

BLUE BOOK

智 库 成 果 出 版 与 传 播 平 台

税收蓝皮书

BLUE BOOK OF TAX

中国数字经济税收发展报告
（2024）

DEVELOPMENT REPORT ON DIGITAL ECONOMY TAX

OF CHINA (2024)

顾　问／许宪春　马海涛　刘尚希
主　编／蔡　昌　焦瑞进
副主编／李为人　付广军　李　亚

社会科学文献出版社
SOCIAL SCIENCES ACADEMIC PRESS（CHINA）

图书在版编目（CIP）数据

中国数字经济税收发展报告 . 2024 ／ 蔡昌，焦瑞进
主编 . --北京：社会科学文献出版社，2025. 2.
（税收蓝皮书）. --ISBN 978-7-5228-4542-5

Ⅰ. F812. 42

中国国家版本馆 CIP 数据核字第 20249J45B9 号

税收蓝皮书

中国数字经济税收发展报告（2024）

主　　编／蔡　昌　焦瑞进
副 主 编／李为人　付广军　李　亚

出 版 人／冀祥德
责任编辑／路　红
责任印制／岳　阳

出　　　版／社会科学文献出版社·皮书分社 （010）59367127
　　　　　　地址：北京市北三环中路甲 29 号院华龙大厦　邮编：100029
　　　　　　网址：www. ssap. com. cn
发　　　行／社会科学文献出版社 （010）59367028
印　　　装／天津千鹤文化传播有限公司

规　　　格／开 本：787mm×1092mm　1/16
　　　　　　印 张：32　字 数：480 千字
版　　　次／2025 年 2 月第 1 版　2025 年 2 月第 1 次印刷
书　　　号／ISBN 978-7-5228-4542-5
定　　　价／198. 00 元

读者服务电话：4008918866

委　员　（排名不分先后）

邓远军　黄洁瑾　何　杨　梁志华　冯守东
贺　焱　韩　霖　励贺林　王爱清　曹静韬
李梦娟　姚林香　薛兴华　马晓艳　张树梅
高　树　肖　颖　李永海　胡万军　李晓敏
李林木　龚辉文　陈懿赟　崔志坤　寇恩惠
郝琳琳　王汉生　邓永勤　刘　钧　余清泉
王卫军　马　莉　宋　昕　姚　丽　余洪钢
陈少斌　庚　鑫　蔡一炜　庞思诚　韦凯宏
赵里海　诸乘佑　闫积静　吴奕萱　孙　睿
吴立扬　金文龙　康　倩　吴　迪　张若男
谢嬲如

研创单位

（排名不分先后）

北京大数据协会财税大数据专业委员会

中央财经大学税收筹划与法律研究中心

中国社会科学院大学税收政策与治理研究中心

宁德师范学院经济管理学院

西藏大学财经学院

中央财经大学粤港澳大湾区研究院

理臣中国有限公司

艾克斯-马赛大学财税研究中心（CEFF）

艾克斯-马赛欧亚研究所（IREA）

本蓝皮书的专业支持单位

（排名不分先后）

Kingdee 金蝶软件（中国） 有限公司	融智华尔街（北京） 创业投资有限责任公司	云帐房 云帐房网络科 技有限公司
——纳斯达克上市企业（LICN）—— 理臣中国 LICHEN CHINA 聚焦企业价值提升	**HiWork** 海握科技	上海财经大学 上海国际银行金融学院 上海财经大学 上海国际银行金融学院
ZHONGHE GROUP 众合云科 众合云科研究中心	**ALLBRIGHT** LAW OFFICES 锦天城 上海锦天城（广州） 律师事务所	税 大建安 BIG BUILD 江西太平洋宇洪 建设有限公司
ruiHua 瑞华云 苏州瑞华云财务 共享科技有效公司	华商律师 CHINA COMMERCIAL LAW FIRM 华商律师事务所	B 润宝税务师事务所 润宝税务师事务所 （深圳）有限公司

主要编撰者简介

蔡　昌　会计学博士，经济学博士，中央财经大学财政税务学院教授，中央财经大学税收筹划与法律研究中心主任，北京大数据协会财税大数据专业委员会会长。博士生导师，博士后合作导师（应用经济学），宁德师范学院闽江学者讲座教授，西藏大学柔性引进人才，国际注册高级会计师（ICSPA），北京海淀区党外知识分子联谊会副会长，"中国税收与法律智库"丛书主编。兼任中国国际税收研究会学术委员，国家税务总局"全国税务领军人才"培养导师，中信改革发展研究基金会研究员，澳门科技大学访学教授、博士生导师，厦门大学、浙江大学、上海国家会计学院、宁德师范学院、海南师范大学客座教授。2013~2014 年作为高级访问学者访学于美国克莱姆森大学（Clemson University），赴美国斯坦福大学、加州大学伯克利分校、哈佛大学参加国际学术论坛，担任国际学术刊物 *International Journal of Mobile Communications*（Inderscience Publishers）匿名审稿人，《公共管理评论》《财政研究》《税务研究》《暨南学报》等多家杂志匿名审稿人。主持国家社会科学基金、教育部人文社会科学研究项目、国家税务总局课题、中信改革发展研究基金会资深课题等 16 项。在《人民日报》《税务研究》《财政研究》《会计研究》《南方经济》等刊物发表论文 100 余篇，出版专著 20 部、教材 8 部，部分专著或教材入选"十三五"国家规划教材、"十三五"时期国家重点出版物出版专项规划项目、"十四五"时期国家重点出版物出版专项规划项目等。

焦瑞进 北京大数据协会财税大数据专业委员会常务副会长，中国税务学会理事，注册税务师，中国税务学会学术委员会原副秘书长。历任中国科学院管理干部学院讲师，国家税务总局计划统计司宏观分析处处长、计划处处长、大企业司一处处长和副巡视员；兼任中国注册税务师协会专家组成员、中共国家税务总局党校特聘教授、中央财经大学税收教育研究所研究员、中国社会科学院大学特聘教授。长期从事税收实务与经济分析工作，牵头开发全国重点税源监控系统、大企业税收管理系统，并获得优秀项目奖；参与国家"金税三期"决策支持系统开发工作；组织参与国家自然科学基金委"九五"重大项目"金融数学、金融工程和金融管理项目"中的"税收系统工程研究"。合作翻译出版著作 1 部，主编学术著作 10 部，公开发表学术论文 50 余篇，获各类奖项 10 多次。代表著作有《大数据技术与税收应用》《税源监控管理及其数据应用分析》《宏观税收分析指标体系及方法》《微观税收分析》《大数据治税》等。

李为人 中国社会科学院大学应用经济学院副院长、税务硕士教育中心主任，税收政策与治理研究中心主任。副教授、硕士研究生导师。中国税收教育研究会理事、中国国际税收研究会理事、北京大数据协会财税大数据专业委员会副会长兼秘书长、中央财经大学税收筹划与法律研究中心特约研究员。主要研究领域为税收理论与政策、区域税收政策、数字经济税收及治理、税收信息化、税收风险管控等。编著《税收学》《税务管理新论》《中国区域税收发展报告》《中国税制》《税收筹划理论与实务》《中国税务操作实务》《中国税务教育发展报告》《大数据背景下智慧税务建设研究》《会计操作实务》等；在《税务研究》《国际税收》《中国社会科学院大学学报》等期刊发表学术论文多篇；主持"数据产权保护与利用研究""海南自由贸易港通关监管国际比较与规制衔接研究"子课题，"促进中国文化产业发展的税收政策研究"等多项课题。

付广军 国家税务总局税收科学研究所学术委员会副主任、研究员；民建中央财政金融委员会副主任、民建北京市委文化委员会副主任。中国财政学会理事、中国税务学会理事、中国数量经济学会常务理事、北京大数据协会财税大数据专业委员会副会长；中国财政科学研究院、中国社会科学院大学、中国传媒大学等高校硕士研究生导师。主要研究领域为税收政策与税收理论、民营经济税收政策、产业税收政策等。发表学术论文 100 余篇，出版学术著作 20 余部；主持或参与国家社会科学基金，国家软科学基金，民建中央、全国工商联、国家发改委、国家税务总局等部级以上部门各类课题 30 余项。

李 亚 理臣中国有限公司董事局主席，中国企业联合会管理咨询委员会副主任，新中经济文化交流协会副会长。兼任中国民营企业财务管理研究中心副主任，福建省企业家协会副会长。知名财税管理专家，中国管理咨询与培训年度人物，福建省第十七届优秀企业家，泉州市企业管理专家团融资专家，工信部中国企业管理咨询专家。长期从事民营企业财务管理、投融资研究、咨询及培训，对各类民营企业财务管理、境内外上市、财税教育具有深刻的见解。

摘　要

　　本书系统阐释中国数字经济税收发展前沿、数字经济税制演进规律、数字时代税收理论与实践创新，揭示数字经济税制改革的必要性，剖析数据要素的全生命周期管理模式、数字经济聚类特征，对智慧税务建设现状、现存问题和未来趋势进行深入探讨。本书阐明数字经济税制改革的最新观点，探讨数字经济新业态下税别演变的积极影响以及面临的冲击与挑战，为中国税收体系完善和税务管理变革提供理论支撑与实践指导，助力中国在数字经济浪潮中实现税收治理的优化升级。

　　本书重点涵盖以下内容与核心观点。一是数字经济发展新动态及数据资产税收管理新困境，数据资产全链条管理机制和数据资产全生命周期税收治理框架，适应数字经济发展的现代化税收制度体系重构。二是数字经济财税关系聚类分析，基于微观和宏观视角搭建数字经济财税关系指标体系，多视角、多维度进行财税贡献测算和财税发展质量分析，厘清数字经济与国民经济及其财税贡献的关联，提出促进数字经济健康发展的财税政策。三是数字经济税收理论及实践前沿分析，阐释数字经济税收理论、"双支柱"方案实施及其影响、数字交易税收属性及其课税逻辑等现实焦点问题，为税收征管数字化提供理论基础与政策支撑。四是人工智能税收理论前沿分析，从人工智能课税技术难题、数据隐私权保护等问题出发，借鉴国际人工智能税收案例，提出符合中国国情的人工智能税收治理建议。五是中国智慧税务与智慧关税建设，基于智慧税务建设面临的现实挑战，提出数据要素驱动智慧税务建设、拓展大数据应用场景、构建统一集成的嵌入式智慧税务信息系统、促进智慧关税建设等政策建议。六是助推数字文化产业发展，以数字出版、数字游戏、网络直播三大行业为例，探讨数字文化产业发展给税收管理带来的问题和挑战，并提出完善税收政策、规范税收征管服务的相关政策建议。七是中国社会保险费税收征缴制度及政策分析，剖析各地社保费用缴纳情况，基于社会保险费税务征缴过程中出现的问题，提出可行性实践建议。八是河南省、海南省数字经济核心产业发展研究，运用税收大数据，重点分析河南省、海南省数字经济核心产业发展现状和特征，总结河南省、海南省数字强省需要补齐的短板，提出强化河南省、海南省数字经济产业的相关政策建议。九是对美国数字经济税收、英国数字经济税收、机器人税国际动态进行深入研究，提供关于数字经济税收的国际发展动态，为全方位定位和把握中国和全球数字经济税收发展状况与治理提供指南。

关键词： 数字经济　数据资产　智慧税务　聚类分析　机器人税

目 录 ↖

I 总报告

II 专题篇

Ⅲ　区域篇

Ⅳ 国际借鉴篇

皮书数据库阅读**使用指南**

总 报 告

B.1

中国数字经济税收发展报告（2024）

蔡昌　吴奕萱　庞思诚*

摘　要：　本报告聚焦数字经济税收领域的新问题、新矛盾，以新发展观点分析阐释其深层原因，并提出促进数字税制发展的新框架、新思路。基于政府对数字化转型的快速推进，我国出现了数字经济发展的新动态和数据资产税收管理的新困境，这主要体现为数字经济打破了均衡状态，需要更多关注数字鸿沟的影响力及数字治理的必要性、数据资产全链条管理的需求，以及智慧税务与数电发票制度的颠覆性变革。由于数据资产存在税收流失、数据资源缺乏税收调节机制等新困境，应构建数据资产全链条管理机制，从数据要素市场交易、数据资产确权登记、数据资产估值与定价、数据资产入表核算、数据资产课税制度设计等多视角、多维度加强对数据资产的协同管理。结合数据资产的全链条管理，本报告试图构建数据资产全生命周期税收治理

---

* 蔡昌，会计学博士，中央财经大学财政税务学院教授，中央财经大学税收筹划与法律研究中心主任，博士生导师，博士后合作导师，北京大数据协会财税大数据专委会会长，主要研究方向为财政与税收理论、数字财税与智慧税务、税收契约与产权税收学等；吴奕萱，中央财经大学博士研究生，主要研究方向为数字经济税收治理、数据资产税制研究；庞思诚，中央财经大学博士研究生，主要研究方向为数字经济、地方税收分配、地区间税收转移。

的基本框架，从数据资产的形成、使用、交易、处置等不同环节研究数据资产的税收管理问题，对数字服务税、数据资产税、数据资源税、数据使用税等税种的性质与功能进行分析界定，重构适应数字经济发展要求的数字税制体系。

关键词： 数字经济　数字鸿沟　数据资产　数字税制

一　数字经济发展新动态与数据资产治理新困境

（一）数字经济发展的新动态

1. 数字经济的发展产生了地区、产业间的数字鸿沟

数字鸿沟（Digital Divide）的概念最早于 1999 年美国国家远程通信和信息管理局（NTIA）发表的报告《在网络中落伍：定义数字鸿沟》中提出，本意指"在拥有信息时代的工具的人以及那些未曾拥有者之间存在的鸿沟"。广义上的数字鸿沟拓展到多个维度，指在全球化进程中，不同国家、地区、行业、企业、社区之间，由对信息、网络技术的拥有程度、应用程度以及创新能力的差别造成的信息落差及贫富进一步两极分化的趋势。

数字鸿沟的出现，是经济和社会发展矛盾在数字时代的集中反映。根据技术扩散理论，技术的扩散过程并不均匀，不同社会群体、地区和行业在接受新技术的速度和程度上存在显著差异，而技术创新往往在具有资源和能力优势的群体中传播较快，而那些缺乏这些条件的群体则可能被排除在外。在数字经济时代背景下，拥有资源的地区和产业能够更快、更好地利用信息通信技术，从而在经济效益和社会效益上占据优势，而资源匮乏的群体则由于缺乏获取和应用新技术的能力，落后于技术潮流，形成数字鸿沟。[1] 同时，

---

[1] James Pick, Avijit Sarkar, "Theories of the Digital Divide: Critical Comparison," *Hawaii International Conference on System Sciences（HICSS）* 49 （2016）：3888-3897.

前期技术优势和资本积累所产生的路径依赖，会进一步加剧区域数字经济发展不平衡、加深数字鸿沟。① 此外，数字鸿沟不仅体现在数字经济发展地区、产业的不均衡性，还体现在经济总量和税收转移方面，且该现象在国家间均显著存在。

虽然，数字经济发展会产生地区、产业间的数字鸿沟，但发展数字经济仍是促进经济增长、提高社会福祉的重要手段。因此，抓住数字经济发展机遇，推动区域协调发展是发展数字经济的重要要求。应采用基于公平视角下的数字经济战略规划，通过采用更加平衡的方法利用数字化的力量推进包容性和可持续发展，实现区域高速发展与区域间均衡性发展的共赢。

联合国贸易和发展会议（UNCTAD）于 2024 年 7 月发布的《2024 年数字经济报告：打造环境可持续、包容的数字化未来》指出：数字化推动了全球经济增长并为发展中国家提供了独特发展机遇，但其对环境的影响也日益显著。毋庸置疑的是，现有的数字鸿沟使发展中国家在经济和生态方面承受的不均衡影响更为显著，但是我们相信数字经济日益增长的环境影响是可以逆转的。联合国贸易和发展秘书长丽贝卡·格林斯潘强调了采取更加平衡的方法的必要性：我们必须利用数字化的力量来推进包容性和可持续发展，同时减轻其对环境的负面影响。这需要向循环数字经济转变，其特点是负责任的消费和生产、可再生能源的使用以及全面的电子废弃物管理。②

2. 数据要素催生了数据资产的全链条管理

在数字时代，数据已成为重要的生产要素。企业利用大数据和人工智能优化决策、提升运营效率，并驱动持续创新和提升经济效益。这使数据逐渐符合资产的定义，成为数据资产，即由企业过去的交易或事项形成的、由企

---

① Martin Hilbert, "The End Justifies the Definition: The Manifold Outlooks on the Digital Divide and their Practical Usefulness for Policy-making," *Telecommunications Policy* 35 (2011): 715-736.

② 2024 年 7 月 10 日，联合国贸易和发展会议（UNCTAD）发布的《2024 年数字经济报告：打造环境可持续、包容的数字化未来》。

业拥有或控制的、预期会给企业带来经济利益的资源。根据学者们的观点，数据要素主要有五大经济技术特征，即虚拟性、融合性、规模报酬递增性、非竞争性和非排他性。[①] 因此，这也使数据资产具有区别于传统资产的特殊性，包括可复制和扩展性、多维度价值性、动态性与时效性、数据隐私与安全性、价值评估复杂性等特点。[②]

应当针对数字要素所具有的特征，对数据资产进行规范化、精细化的全链条管理，推动数据资产合理化、健康化发展。2022 年 6 月，中国资产评估协会颁布《数据资产评估指导意见（征求意见稿）》[③]，开始规范数据资产评估业务操作。2022 年 12 月，《中共中央 国务院关于构建数据基础制度更好发挥数据要素作用的意见》（"数据二十条"）明确了建立数据产权制度和促进公平的数据要素收益分配制度，探索数据资产入表的新模式。2022 年 12 月，财政部办公厅发布《企业数据资源相关会计处理暂行规定（征求意见稿）》[④]，明确提出企业内部使用的数据资源可以定义为无形资产，企业日常活动中持有或最终目的用于出售的数据资源可以确认为存货。2023 年 2 月，《数字中国建设整体布局规划》正式提出"构建国家数据管理体制机制"。2023 年 3 月，《党和国家机构改革方案》提出组建国家数据局，负责统筹数据资源整合共享和开发利用，数字资产交易平台也正式启动；2023 年 10 月国家数据局正式挂牌成立。

上述相关政策及实践变化反映了政府越来越重视对数据资产的开发利

[①] 欧阳日辉、杜青青：《数据要素定价机制研究进展》，《经济学动态》2022 年第 2 期，第 124~141 页；申卫星：《论数据用益权》，《中国社会科学》2020 年第 11 期，第 110~131、207 页；王勇、刘乐易、迟熙等：《流量博弈与流量数据的最优定价——基于电子商务平台的视角》，《管理世界》2022 年第 8 期，第 116~132 页。

[②] Zifeng Li, Yuan Ni, Lu Yang, Yudong Gao, Review and Prospect of Data Asset Research: Based on Social Network Analysis Method [International Conference on Big Data Analytics (ICBDA), May 2019]: 345-350; Amit Mitra, Kamran Munir, "Influence of Big Data in Managing Cyber Assets," Built Environment Project and Asset Management 4 (2019).

[③] 2023 年 9 月，中国资产评估协会正式颁布《数据资产评估指导意见》，自 2023 年 10 月 1 日起施行。

[④] 2023 年 8 月，财政部正式颁布《企业数据资源相关会计处理暂行规定》，自 2024 年 1 月 1 日起施行。

用，以此来带动社会各界积极投资运营数据资产并对数据资产进行全链条、精细化管理。因此，数据要素市场化推动数字经济发展的同时，以数据资产的确权登记、估值与定价、入表核算、税收管理为基础的数据资产全链条管理已经拉开序幕。

3. 数字治理驱动智慧税务与数电发票制度变革

数字技术与数据要素的蓬勃发展，引发了系统性全局性变革。数字鸿沟、数字垄断与歧视、网络数据安全、平台税收侵蚀等一系列问题日益突出，对一国乃至全球范围内的数字治理带来前所未有的挑战。我国政府高度重视数字治理，将其作为实现国家治理现代化的重要手段。国家税务总局积极试点推广的智慧税务及数电发票服务平台就是政府数字治理中有关税收治理的有效工具。中共中央办公厅、国务院办公厅于 2021 年 3 月印发的《关于进一步深化税收征管改革的意见》提出了智慧税务建设的宏伟蓝图：到2025 年，我国深化税收征管制度改革应取得显著成效，基本建成功能强大的智慧税务，形成国内一流的智能化行政应用系统，全方位提高税务执法、服务、监管能力。数电发票服务平台是我国以数治税和智慧税务建设的重要突破口。数电发票是一种以数据电文形式交付的新型发票，依托可信身份体系和电子发票服务平台；以去介质、去版式、标签化、要素化、授信制、赋码制为基本特征；覆盖全领域、全环节、全要素的全新发票与纸质发票具有同等法律效力。我国自 2021 年开展数电发票试点，在全国普及，并逐渐取代纸质发票和其他类型的电子发票。

截至 2024 年 10 月，我国智慧税务建设成绩斐然，全国税务系统已经实现全面数字化电子发票服务平台和全国统一规范电子税务局两大平台上线运行，全面支撑税收征管数字化升级与智能化改造。这两大平台构成了纳税人端进行纳税申报和税务人端进行税收征管的数字化平台，也成为决策人端进行税收分析与决策的税收大数据平台。智慧税务和数电发票服务平台的成功应用，不仅标志着我国在税收治理数字化方面迈出了关键一步，也为进一步提升国家治理能力和实现经济社会的高质量发展奠定了坚实基础。

（二）数据资产税收治理的新困境

1. 数字经济活动造成税收流失

我国现有的税收治理方式难以适应数字经济活动的实时性、虚拟性和跨区域性特点。数据交易的跨区域性和隐蔽性加大了税源辨别的难度，税务机关无法及时准确获取涉税信息，地方政府之间缺乏协同治理机制，造成一定程度的税收流失。数字资产流动性极高，可以超越时间和空间的限制随时随地被使用，数字化企业在用户所在国家或地区没有任何物理实体存在的情况下，便可通过虚拟和代理等商业模式，有效地向用户提供商品或服务①。数字经济的全球化使得数据跨境流动频繁，国际税收管辖权遇到挑战，导致税收流失和征管难度增加。不同国家在数据流动和数据使用方面的税收政策存在差异，导致跨境数据流动的税收征管难度增加。

2. 传统会计与税制存在局限性

传统会计制度难以准确计量数据资产的价值，导致数据资产的会计核算与税收管理易出现困境。智力密集型劳动和智力劳动成果在经济活动中的重要性使数据资产的价值评估趋于复杂化；数据资产交易跨区域，隐蔽性高，增加了税源辨识难度，形成征税困境；数字经济中产生多样化商业模式和交易方式，个体户、自由职业者应运而生，增加了税务监管与界定纳税主体的难度。

2023年8月，财政部对外发布的《企业数据资源相关会计处理暂行规定》明确了数据资源的确认范围和会计处理适用准则等，将"入表"的数据资源进一步区分为"企业使用的数据资源"和"企业日常活动中持有、最终目的用于出售的数据资源"两类，即"无形资产"和"存货"。通常情况下，无形资产或存货的增加会导致总资产上升，而负债的变化幅度小于资产，从而会降低企业的资产负债率。数据资源形成后若按使用年限摊销，可

---

① 蒋退雏：《数字经济背景下中国避税规制的法律路径》，《法学评论》2023年第2期，第127~138页。

能会导致企业成本或费用确认存在时间差，进一步导致利润与所得税金额的先高后低。因此，数据资产入表核算会显著影响公司的资产规模、成本、税收和净利润，并进一步影响资产负债率、利润率和净资产收益率等财务指标。

3. 数据资源缺乏税收调节机制

数据资产的流动性、价值创造性加剧收入分配的不公平，而现行税制对此缺乏有效调节，具体分析如下：一是数字基础设施存在城乡、地区间差异，数据资源的初次获取存在明显的不公平；二是不同主体在数据获取和利用能力上也存在巨大差异，数据要素市场存在数据垄断和数据壁垒现象，阻碍了数据的自由流通和公平使用；三是数据隐私和安全问题也对数据资源的公平配置形成制约，一些数据所有者选择限制数据共享，进一步加剧了数据资源配置的不平等。上述因素共同作用，致使数据资源在初次分配和再分配过程中，既难以实现公平流通与正常使用，也加大了税收调节的难度。

二 构建数据资产的全链条管理机制

（一）数据资产与数据要素市场化

数字时代，数据成为新的生产要素。数据要素的无限供给、无限使用、无限增长、可复制性、共享性等特点，成为推动生产力加速发展的动力之源。数据资源被誉为"新时代的石油"。Edward Altman 等[1]提出数据资产是一种新型资产，表现为将元数字嵌入资产。Albert van Niekerk[2]认为数据资产是以二进制形式储存的、包含使用权的内容资源或媒体项目资源类资产。

---

[1] Edward Altman, Sanjeev Goyal, Sahu S., "A Digital Media Asset Ecosystem for the Global Film Industry," *Journal of Digital Asset Management* 1 (2006): 6-16.

[2] Albert van Niekerk, "Strategic Management of Media Assets for Optimizing Market Communication Strategies, Obtaining a Sustainable Competitive Advantage and Maximizing Return on Investment: An Empirical Study," *Journal of Digital Asset Managemen* 3 (2007): 89-98.

Tao等①将数据资产定义为企业拥有或控制且具有实际或潜在价值的、遵守数据法律且以电子形式记录的数据资源。张宇和梅丽霞②认为，数据资产指以电子数据存在，由企业或个人拥有控制，处于生产过程中或者持有等待出售的非货币性资产。因此，数据资产可以被定义为由个人或企业拥有或者控制，能够带来未来经济利益，以物理或电子的方式记录的数据资源，从属性上也可被定义为具有数据权属、有价值、可计量、可读取的网络空间中的数据集。

数据要素市场化是指将数据作为一种独立的生产要素，通过市场机制进行定价、交易和流通，以充分发挥其经济价值和社会效益，其关键环节如图1所示。数据要素市场化的核心在于将数据从传统的辅助性资源转变为可以独立运营和管理的经济资源，使其能够在市场中自由流通并产生收益。通过市场化运作，数据能够被高效地配置和使用，促进资源的优化配置，提升生产效率和创新能力，从而推动经济高质量发展。

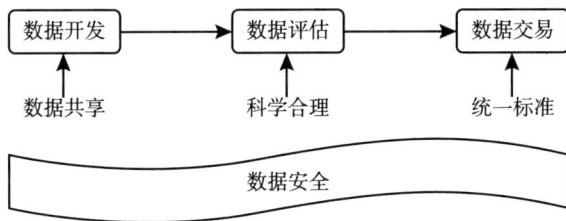

图 1 数据要素市场化的关键环节

实现数据要素市场化需建立数据产权结构性分置的权利配置制度，明确数据资源持有权、数据加工使用权和数据经营权等分置的产权运行机制。数据要素市场发展的关键是实现数据价值化：一是要强化数据开发与

---

① Tao X., Hanning S., Yongjiang S., et al., "From Data to Data Asset: Conceptual Evolution and Strategic Imperatives in the Digital Economy Era," *Asia Pacific Journal of Innovation and Entrepreneurship* 1 (2024): 2-20.

② 张宇、梅丽霞:《数字资产价值评估的影响因素和难点问题研究》，《中国资产评估》2022年第6期，第46~54页。

共享使用，建立数据登记和备案制度，确保数据的合法性和可追溯性，让海量数据转化成有价值的数据资源，通过制定数据共享标准和协议，推动数据的互联互通和开放共享，提升数据的利用效率；二是研究制定科学合理的数据估值方法，根据数据的质量、数量、使用价值等因素评估数据要素价值，并建立数据要素的市场定价机制；三是强化数据要素市场化，建立规范的数据交易平台，为数据交易提供公开透明的交易环境；四是建立健全数据法律制度，保护数据隐私和安全，保障数据在交易和使用中的安全性。

数据要素的市场化定价是实现数据资产优化配置的关键。数据要素定价机制主要基于数据的稀缺性、质量及其在生产过程中的边际贡献等因素。数据要素作为数字经济的核心，其市场化配置对产业结构的转型升级有重要影响。数据市场化不仅促进了数字服务业的集聚，还通过技术创新和人力资本积累，推动了企业数字化转型和城市创新。数据资产市场化还需兼顾隐私保护和国家安全，对于涉及个人隐私和公共利益的数据资产，应制定严格的法律法规，确保数据在市场化配置过程中不被滥用。

（二）数据资产确权与产权细分

数据资产确权是实现数据公平分配和确保税收征管有效性的基础。首先，对数据资产进行分类，依据国家统一的数据分类分级标准，实现数据分类分级的科学性与实用性，比如将数据资产划分为个人数据、企业数据和政府数据（公共数据）[①]；其次，进行数据确权操作时，充分考虑数据资产的

---

① Akoff 指出：数据是对事件的一种未经加工的记录和描述。［参见 Akoff R. L.，"From Data to Wisdom：Presidential Address to ISGSR，" *Journal of Applied System Analysis* 6（1989）：3-9。］按数据持有主体不同，可以把数据分为个人数据、企业数据、政府数据（公共数据）三大类。个人数据为与可识别的个人相关的任何信息［参见 Kang J.，"Cyberspace Privacy：A Primer and Proposal，" *Human Rights* 1（1999）：3-6。］。企业数据为企业所持有的数据，这些数据可以是在生产过程中收集得到的，也可以是通过市场交易的方式外购获得的，还可以是由用户提供并允许企业依照合同或约定在一定范围内使用的。政府数据为由国家机关依法收集的各类数据。（参见傅靖，《关于数据的可税性研究》，《税务研究》2020 年第 8 期，第 54~61 页。）

类别和贡献度，在数据来源者、生产者、分析者和应用者之间合理分配权益，明确产权关系[1]，比如通过立法明确数据的细分产权归属，即数据所有权、数据使用权、数据经营权、数据处置权等，如表1所示；最后，建立数据权属登记制度，记录数据所有者、使用者和经营者等的相关信息，以实现后期数据交易的合法性和增强透明度。

表1　数据资产确权与产权细分

产权细分	解释
所有权	完全的控制权和法律认可的权利,包括数据资产的保护、管理和决定其如何被使用的权利
使用权	具体指可以访问和使用数据资产的权利,不必然包括对数据资产的完全控制权
经营权	数据资产的所有者或合法使用者基于数据资产的使用或出售获得经济利益的权利
处置权	指数据资产的所有者或合法持有者拥有的对外出售或其他形式处置数据资产的权利

（三）构建数据资产的估值方法与定价机制

数据资产的价值评估与定价机制是实现数据资产全链条管理的基础，也是实现数据市场化的必要环节，更是对经济公平、税收公平的保障。政府和社会应建立多维度的数据价值评估体系，以满足数据资产的估值与定价。价值评估过程应综合考虑数据资产的来源、质量、时效性、稀缺性和适用性等因素，进一步选择合适的评估方法；数据定价应反映数据资产的真实价值和市场需求。同时应看到，实现数据资产课税的基础条件是建立科学合理的数据资产定价与评估机制（见图2）。

---

[1] 英国哲学家约翰·洛克在其著作《政府论》中阐述劳动赋权理论，他认为：任何人对自己的人身都享有财产权，其他人没有任何权利享有财产权，除非是他自己，因此由自己支配自己的身体和双手所创造的劳动所得也应归自己所有。根据劳动赋权理论，人类付出脑力劳动并加以整合而形成的数据资产（含知识成果）等，也应被赋予法律所有权。数据资产的产生不仅离不开数据的采集和整理，也离不开脑力劳动的付出，因此数据资产的所有权应该属于创造该资产的劳动者。当然，数据要素被当事人创造出来以后，可能还要经历数据治理、数据挖掘等过程，数据资产的劳动创造可能不止一个环节，也可能涉及多家机构和多个自然人。

```
┌──────────────┐    ┌──────────────┐    ┌──────────────┐    ┌──────────────┐
│  数据分类与分级  │──▶│   数据权属登记   │──▶│   数据交易合同   │──▶│    数据采集    │
└──────────────┘    └──────────────┘    └──────────────┘    └──────────────┘
                                                                    │
                                                                    ▼
┌──────────────┐    ┌──────────────┐    ┌──────────────┐    ┌──────────────┐
│   信息披露     │◀──│   评估报告     │◀──│   价值评估     │◀──│   数据分析     │
└──────────────┘    └──────────────┘    └──────────────┘    └──────────────┘
```

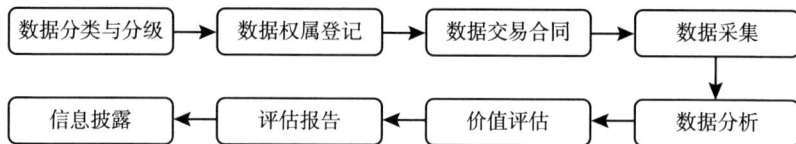

图 2　数据资产估值与定价机制

数据资产的估值方法主要是公允价值法，具体包括以下三种常见的具体方法：一是市场法，对于能够从交易市场中获得公开透明的市场交易价格，通常采用该方法；二是类似项目法，当无法获取到市场交易价格的，依据公开交易市场中相似类型的项目市场交易价格来确定数据公允价值；三是估价技术法，即聘请专业人员对数据资产进行公允价值评估。

传统的资产定价方法如成本法、收益法和市场法等，在数据资产定价中各有适用，但由于数据的非竞争性和无限复制特性，需要引入或结合新的定价机制完成机制评估。例如，使用 Shapley 值等博弈论方法以公平计算数据在生产活动中的贡献值，从而合理确定数据资产的价格。数据资产的定价机制，还有赖于采用市场再交易法，即通过类似市场拍卖机制来确定愿意出价最高的购买者，从而启动资产定价的市场机制。

（四）推进数据资产入表核算

数据资产入表意味着可以将数据资源确认为资产负债表中的"资产"，体现其真实价值与贡献，展现企业的数字竞争优势，为企业开展依托数据要素的投融资活动提供依据。数据资产入表还能提高数据资产市场供需主体的积极性，增强数据流通性，加快数据市场建设。当然数据资产入表的前提条件是数据具有价值，这是数据资源转化为数据资产的必要而非充分条件。通常衡量数据是否具有价值就是判断数据能否为企业带来经济利益，其判断标准有以下三项（具备其一即可）：一是数据能否优化企业管理模式或生产效率；二是数据是否有助于提升企业核心竞争力，使企业形成具有差异化的竞争优势；三是数据能否为企业树立良好形象。

数据资源确认符合入表条件后，企业应当结合数据资源的持有目的、形成方式、业务模式，以及数据资源有关经济利益的预期消耗方式等，对入表类型进行确认。按照《企业数据资源相关会计处理暂行规定》，入表核算的数据资产分为两类：一是企业使用的数据资源；二是企业日常活动中持有、最终目的用于出售的数据资源。前者按照"无形资产"准则进行会计处理，后者按照"存货"准则进行会计处理。

数据资产并不完全适用于现行会计准则所定义的会计科目和对象，由于数据资源的海量和庞大，拥有无形资产的部分特征，属于新型关键生产要素，是推动经济高质量发展的主要动力，并且能够为企业带来巨额利润，足以单独将"数据资产"作为一级科目（见表2），基于数据特征和需求在财务报表中分类进行详细披露。若把数据资产列为一级科目、形成独立的会计准则、在财务报表中以一级栏目列示，将使监管机构、股东、债权人、管理者更重视数据资产，使数据资产在推动数字经济治理体系建设、促进数据要素市场发展等方面发挥更积极的影响。

表 2　数据资产科目设置

一级科目	明细科目	科目内容
数据资产	数据资产—自用资产	自用数据资产价值
	数据资产—交易资产—成本 数据资产—交易资产—公允价值变动	交易数据资产公允价值
数据资产 研发支出	数据研发支出—资本化支出	数据研发过程中的资本化支出
	数据研发支出—费用化支出	数据研发过程中的费用化支出
数据资产 累计摊销	/	对自用数据资产每期计提的摊销额
数据资产 减值准备	/	自用资产可收回金额低于账面价值的差额

企业数据资产的确认需符合以下条件。第一，由企业内部投入要素而产生，或者从外部购置而获得。内部经营产生，如浏览百度和搜狐等网页数据、用户使用 App 产生的数据、阿里巴巴购买记录、高德地图出行数据、

医疗记录数据、美团外卖和大众点评评价数据等；企业通过大数据交易平台购买数据资源。第二，企业拥有绝对的控制权和使用权，在合法合规的情况下安全使用数据，不泄露个人隐私及其他机密，维护国家安全。第三，未来可以为企业带来经济收入，企业可以利用数据资源间接创造价值，也可以利用数据交易直接获得利益。第四，企业数据资产可计量，虽然数据资源在形成价值的过程中会掺入许多影响因素，导致数据资产价值无法被有效评估，但也不是没有办法对其量化，目前有传统的评估方法和创新改进的评估方法对数据资产进行评估，不同的应用场景可以选择不同的评估方法，为保证数据要素市场有效流通，在数据资产价值评估方面还需进一步研究。

（五）完善数据资产的课税制度

对数据资产征税有其合理性，理由是与数据要素相关的税收之所以存在，是因为在数据要素的生成、加工、流转过程中，始终离不开国家提供的公共产品和公共服务，因而国家有权基于公共成本的分摊征税。这是关于数据征税的合法性的理论支撑——税收交换论。

数据资产的价值创造活动不同于传统资产的价值创造过程；数据资产具有法律属性，能够被市场主体所控制；数据资产具有财产权特征，能够产生价值并被用于交易。因此，无论是从数据资产的价值创造层面讨论，还是从法律属性和财产权特征角度分析，数据资产都会呈现课税的必然性。

数据资产的独特性和高价值要求税收制度作出相应的调整，以适应其市场化配置的需求。数据资产能带来经济利益，同时具有部分无形资产的特征，可考虑对数据资产征收增值税；[1] 企业在进行数据资产交易时，还可能涉及消费税、企业所得税、个人所得税等税种。政府应根据数据资产的不同特点，分类施策，制定不同的税收政策与监管措施。

---

[1] 傅靖：《关于数据的可税性研究》，《税务研究》2020 年第 8 期，第 54~61 页。

三　全生命周期视角的数据资产税收治理

（一）关于数据资产的现行税收政策

1. 增值税

销售网络游戏虚拟货币的税收政策。我国已有对网络游戏虚拟货币的征税实践，即销售网络游戏虚拟货币被认定为销售单用途商业预付卡，适用《营业税改征增值税试点实施办法》（财税〔2016〕36号）相关规定：发卡方在销售单用途卡时，不缴纳增值税；当单用途卡的持卡人购买货物或服务时，由货物或服务的销售方按规定缴纳增值税。[①]

提供信息技术服务的税收政策。提供信息技术服务，其实也是数字服务的一种典型模式。《营业税改征增值税试点实施办法》明确对信息技术服务征收增值税，2022年底发布的《中华人民共和国增值税法（草案）》也沿用了这一征税方法，具体税收政策如表3所示。目前我国已将信息技术的增值服务纳入增值税征收范围，按"信息技术服务"税目征税。

表3　我国现行信息技术服务的增值税规定

业务类型	具体项目	税目	税率(%)
信息系统增值服务	数据处理、分析和整合、数据库管理、数据备份、数据存储、容灾服务、电子商务平台等	现代服务业	6
	固网、移动网、互联网、有线电视网络传输数据等	增值电信服务	6
游戏摄像服务	游戏充值、影像视频	生活服务	6
数据资产转让	销售数据资产等	销售无形资产	6

资料来源：《中华人民共和国增值税法（草案）》。

[①] 单用途商业预付卡的主体包括发卡方和货物或服务的销售方，在网络游戏虚拟货币的发行中，发卡方和销售方往往是同一企业。

2. 个人所得税

转让虚拟货币收入属于财产转让所得。《国家税务总局关于个人通过网络买卖虚拟货币取得收入征收个人所得税问题的批复》（国税函〔2008〕818 号）文件规定，个人收购虚拟货币加价出售取得的收入属于应税所得，按照"财产转让所得"税目纳税；财产原值为收购行为所支付的价款和相关税费；个人无法提供财产原值凭证的，由主管税务机关核定其财产原值。

转让数据资产收入属于应税所得。个人进行数据资产转让根据不同交易情形可能涉及转让财产所得、特许权使用费所得或偶然所得，按照《个人所得税法》规定，转让数据资产收入属于个人获取的应税所得，应缴纳个人所得税。

3. 企业所得税

目前，我国主要通过《企业所得税法》的兜底条款对数据资产征收企业所得税。《企业所得税法》规定，企业获取的收入包括货币形式和非货币形式收入，收入来源主要包括销售货物收入、提供服务收入、转让财产收入、特许权使用费收入和其他收入等九大类。其中的"其他收入"属于兜底条款，其内涵范围包括企业资产溢余收入、确实无法偿付的应付款项、已作坏账损失处理后又收回的应收款项、债务重组收入、补贴收入、违约金收入、汇兑收益等。虽然没有指明包括数据资产转让收入，但只要转让方因转让数据资产而取得的收入，也应适用《企业所得税法》的"其他收入"，对其取得的收入征收企业所得税。

（二）全生命周期管理理论

1. 信息生命周期管理理论

信息生命周期管理（Information Lifecycle Management，ILM）是一个系统化的管理策略，用于全面管理数据从生成到销毁的全过程。ILM 最早于 2003 年由全球网络存储工业协会（Storage Networking Industry Association，SNIA）提出，并由诸如 EMC 公司（现为 Dell Technologies 的一部分）等行业领导者推广。最初的 ILM 理念集中在优化存储资源，通过在合适的时间将信息存储在合适的地方，以最优的成本实现数据的管理。[1] 随着数据量和数据复杂性的不断增加，ILM 的应用范围逐渐扩大，复杂性逐渐增加，超越了最初的存储优化范畴。如今，ILM 不仅关注数据的存储，还包括数据安全、隐私保护、合规性管理以及数据的信息生命周期价值实现。[2] ILM 是企业数据管理的重要方式，也为大数据和云计算的背景下数字资产税收治理提供了有力的理论支撑。

ILM 的核心思想是将数据在其信息生命周期的不同阶段进行分类和管理，以优化其使用效率和商业价值。这一过程包括数据的生成、存储、使用、共享、归档和销毁等各个阶段（见图 3）。

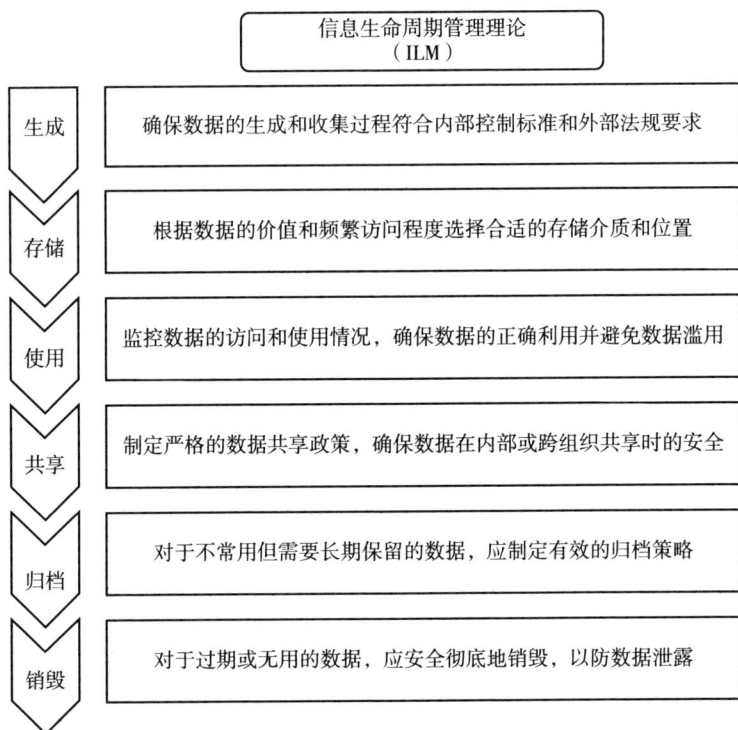

图 3 信息生命周期管理理论全过程

---

[1] Reiner D., Press G., Lenaghan M., Barta D., Urmston R., "Information Lifecycle Management: The EMC Perspective," *International Conference on Data Engineering* (2004): 804-807.

[2] Lambrechts J., "Information Lifecycle Governance (ILG)," *Journal of Telecommunications and the Digital Economy* (2014).

（1）生成阶段。数据的信息生命周期始于其生成或获取。在这个阶段，确保数据的质量、完整性和合法性至关重要。数据生成时，企业应当采取严格的标准和流程，以保证数据的准确性和一致性①。

（2）存储阶段。一旦数据被生成，就进入了存储阶段。在这一阶段，数据根据其重要性和访问频率被分配到不同的存储介质中。ILM强调根据数据的价值和使用需求来优化存储策略，例如，将高频访问的数据存储在高性能的介质上，而将低频访问的数据归档到成本更低的存储设备中。

（3）使用阶段。数据的使用阶段是数据信息生命周期的核心部分，在这一阶段，数据被用于支持业务决策和操作。为了确保数据的有效性和安全性，企业必须实施严格的访问控制措施，防止未经授权的访问或数据泄露②。

（4）共享阶段。随着数据在企业内外的流动，数据共享变得不可避免。在这一阶段，数据的保密性和完整性必须得到充分保障，特别是在跨部门、跨组织甚至跨国界的数据传输过程中。

（5）归档阶段。随着时间的推移，某些数据可能会变得不再频繁使用，但出于法律、合规或业务需求的原因，仍然需要保留。在这一阶段，数据应被从活跃存储系统中转移出来，并归档到长期存储介质上。ILM在这一阶段的目标是优化数据存储，控制存储成本，同时确保数据在需要时能够被快速检索和恢复。

（6）销毁阶段。数据信息生命周期的最后阶段是数据的销毁。当数据不再有用或超出其保存期限时，必须进行安全销毁，以防止数据泄露。销毁

---

① Tanaka T. , Ushijima K. , Ueda R. , Naitoh I. , Aizono T. , Komoda N. , Proposal and Evaluation of Policy Description for Information Lifecycle Management [International Conference on Computational Intelligence for Modelling, Control and Automation and International Conference on Intelligent Agents, Web Technologies and Internet Commerce (CIMCA – IAWTIC'06), 2005]: 261–267.

② Tanaka T. , Ueda R. , Aizono T. , Ushijima K. , Naitoh I. , Komoda N. , "Policy Description for Information Lifecycle Management Focused on Metadata," *IEEJ Transactions on Electronics, Information and Systems* 126 (2006): 498–505.

过程应遵循相关法规要求，确保数据被彻底删除且无法恢复。[1] 有效的数据销毁策略不仅保护了企业的敏感信息，还减少了潜在的法律和合规风险。

此外，随着大数据技术和云计算的不断发展，ILM 策略和工具也在不断演化。现代 ILM 解决方案结合了自动化工具和智能分析技术，使企业能够更加灵活地管理海量数据，最终实现数据价值的最大化。[2]

2. ILM 在数据资产税务管理中的特殊性

在数据资产税务管理中，信息生命周期管理（ILM）理论展现了特殊的应用场景。数据资产与传统的数据信息不同，具有更加复杂的经济价值体现和法律合规性要求。在税务管理的背景下，数据不仅是一种资源，更是一种可以被评估和交易的资产。因此，数据资产的 ILM 需要考虑到这些特性，以确保数据资产在生成、使用、交易和处置过程中能够有效地支持税务治理，并符合相关法律法规。

首先，数据资产不同于传统数据信息的关键在于其经济价值和可交易性。传统的数据信息生命周期通常关注的是数据的生成、存储、使用和销毁，但数据资产则涉及更广泛的经济活动。数据资产可以被企业用于创造收入、降低成本或提升运营效率，因此其管理不仅要考虑数据本身的安全性和合规性，还必须关注其在市场中的流通和交易。

其次，数据资产的 ILM 必须融入税务管理的特殊要求。在数据资产的交易和转移过程中，不同的税收政策和法规对企业提出了严格的合规性要求。企业在处理数据资产时，必须对其经济活动进行精确的记录和申报，确保符合相关税务法规。这一过程需要将数据资产的管理与企业的财务和税务管理系统深度整合，以进行数据资产的信息生命周期管理和税务合规管理。

基于以上特点，可以将数据资产的 ILM 简化为以下四个关键阶段。

---

① Tanaka T. , Ueda R. , Aizono T. , Ushijima K. , Naitoh I. , Komoda N. , "Policy Description for Information Lifecycle Management Focused on Metadata," *IEEJ Transactions on Electronics, Information and Systems* 126（2006）：498-505.

② Lambrechts J. , "Information Lifecycle Governance（ILG），" *Journal of Telecommunications and the Digital Economy* （2014）.

一是形成阶段，这一阶段包括数据资产的生成和获取。在这一阶段，企业需要对数据资产进行初步评估和分类，确定其潜在的经济价值和用途。这一阶段的管理重点是确保数据资产的合法性、准确性和可用性，为后续阶段的管理奠定基础。

二是使用阶段，在使用阶段，数据资产被应用于业务决策、产品开发或市场分析等活动。这一阶段的关键是将数据资产的价值最大化，同时确保数据的安全性和合规性。企业需要建立严格的访问控制和数据保护措施，以防止数据泄露或滥用。

三是交易阶段，数据资产的交易阶段是其信息生命周期的一个重要环节，涉及数据的出售、共享或转移。在这一阶段，企业必须考虑数据资产的定价、合同管理、税务申报以及合规性审核等问题。数据资产的交易不仅需要遵守市场规则，还必须符合相关的税务法规，以确保企业的合法权益。

四是处置阶段，当数据资产不再具有经济价值或达到了其信息生命周期的终点，企业需要对其进行安全处置。这一阶段的管理目标是确保数据资产的销毁过程符合法律法规，防止任何未授权的恢复或滥用。此外，企业还需要妥善处理与数据资产相关的税务记录，确保数据处置过程中的税务合规。

（三）数据资产的全生命周期税收管理

1. 数据资产形成阶段的税收管理

数据资产的形成阶段，所有者或控制者应依据数据资产的不同价值创造方式，对其进行差异化税收管理：一是依托数据进行经营的公司，对于将经营性数据经过一定的加工、处理后具有经济价值和使用价值的数据资产应当确认为无形资产；二是以数据交易为核心业务的数据平台及数字企业，对其进行加工整理后直接用于出售的数据资产确认为"存货"；三是政府所拥有的数据资产因所属主体及提供服务的公共性，与企业用于赢利的数据资产具有显著差异，不具备应税性，不纳入征税范围；四是政府通过采集用户信息，进行匿名化和脱敏处理而形成数据资产的数据平台或机构，经协商向个人用户支付的数据采集费用应当计入数据资产的初始成本。在税收优惠政策适用方面，为促进数据资产良性发展，应该特别支持企业自行开发数据资产的行为，将数据的加工、处理过程视同研究开发，允许享受研发费用加计扣除的税收优惠。基于上述分析，本报告建议在《中华人民共和国增值税法（草案）》中新增"数据资产"税目，在税收法律层面对其性质进行明确。

2. **数据资产使用阶段的税收管理**

数据平台尤其是数字企业使用数据资产创造价值，有必要对其获取的价值增值或所得征税。目前我国对基于数据资产进行广告推送所取得的收入按照一般方式征税，既未考虑数据资产在其中发挥的作用，也不像国际上新设数字服务税以对相关数字服务进行征税，现行税制显然造成了一定程度的税源流失。基于我国已经对广告服务收入征收所得税与文化建设费的现实，结合我国整体税制执行情况，不建议增设"数字服务税"等类似新税种。但对于没有纳入征税范围的数据资产，当使用数据资产创造价值时应考虑增设"数据资产税"等新税种。对于已经确认入账的数据资产，可借鉴无形资产使用过程中的折旧、摊销方式进行税前列支相关成本费用。

3. **数据资产交易阶段的税收管理**

由于数据资产具有多重占有性，该类资产的交易活动应当分为直接转让交易和包含数据资产价值在内的间接交易，不能简单将所有权的变动作为判断标准。判断是否发生数据资产的交易行为，应同时满足以下三个标准：一是受让方不拘时间地点基于己方安排支配、利用或处置数据资产；二是取得由该数据资产带来的经济利益；三是承担数据毁损、灭失所形成的数据资产风险。

从事数据资产服务的数字化平台，在国家监管下开展数据资产的登记确权和转让买卖，应按照"产权转移书据"税目计算缴纳印花税。但目前对于未确权的数据资产，不能按照"产权转移书据"税目征收印花税。现行印花税法买卖合同仅针对有形动产，建议对"买卖合同"税目扩围，也将非确权的数据资产纳入征收范围。

数据资产交易计缴所得税时应根据转让方式确定适用税目：直接转让交易按照转让价格，在受让方取得数据资产时确认纳税义务，转让方按照"财产转让所得"缴纳所得税；包含数据资产价值在内的交易，则主要体现在拥有或控制数据资产的企业（转让方）发生股权转让时，与数据资产有关的资产增值或溢价按照"转让无形资产"税目征收增值税，转让方按照"财产转让所得"直接缴纳所得税；单纯转移数据资产的使用权或收益权，这种授权许可他人使用数据资产所取得的收益的行为更接近于"特许权使用费收入"的实质，不应作为"财产转让所得"，而应作为"特许权使用费收入"① 缴纳所得税。

数据资产交易根据实际情况确定计税基础：对于外购的数据资产，以购买价款和支付的相关税费以及直接归属于使该资产达到预定用途发生的其他支出为计税基础；自行开发的数据资产，以开发过程中该资产符合资本化条件后至达到预定用途前发生的支出为计税基础，具体表现为采集信息数据而有偿支付的费用、为采集数据而发生的人员工资或劳务费用等，均可以计入数据资产的计税基础；通过捐赠、投资、非货币性资产交换、债务重组等方式取得的数据资产，以该资产的公允价值和支付的相关税费为计税基础。

4. 数据资产处置阶段的税收管理

数据资产的处置方式类同于一般资产，也有调拨、变卖、报损、报废以及将非经营性资产转为经营性资产等。数据资产处置还呈现更新数据量大、更新速度极快的特征，使得数据资产的使用年限较短，现实中不仅要特别重视数据资产的"减值"处理，还要特别关注数据资产的产权变更与价值增值。数据资产具有无限复制性和正外部性，其处置过程可能不是直接删除或销毁数据这样简单，抑或处置之后数据资产虽然不能为企业创造价值但仍然具有社会价值。

数据资产进入处置阶段，主要涉及减值、折旧和摊销三大类型的价值变化场景。依据目前数据信息更新换代较快的特性，折旧速度较快，一般认为超过一定时限的数据将会失去作用达到"报废"程度，但具体的时限长度在实践中较难核算。根据数据资源的最新会计指导意见，要求计入无形资产的数据资源，应计算摊销金额并将其计入当期损益。但对于具体的折旧期和

---

① 特许权使用费收入，是指企业提供专利权、非专利技术、商标权、著作权以及其他特许权的使用权取得的收入。

摊销期，未来需要税务、会计和资产评估相关部门共同研讨确定。本报告认为对使用时间较为确定的数据资产应均匀摊销；使用时间不确定的数据资产，应定期进行减值测试并调整减值准备。

当企业所拥有的数据资产不再为企业创造价值时，如达到"脱密"状态的企业数据，应与政府部门协商以"拉姆齐价格"① 将数据资产出售给政府使用，或将数据低价甚至赠与政府或公共部门以供研究使用或社会查阅，使数据资产完成价值创造之后再次进行社会价值创造。

（四）重构数字时代的数字税制体系

1. 数字服务税

数字服务税（Digital Service Tax）也称数字税，是针对某些数字服务（互联网业务）而产生的有效利润专门征收的一种税，其征收对象主要为数字服务企业（一些大型跨国科技互联网公司）提供数字服务所获取的收入。征收数字服务税可以缓解数字经济因突破物理空间限制、打破传统交易链条而造成生产地和消费地之间的税收分配失衡问题。在全球经济活动中，数字服务税按照数字服务的收入额征收，可视为一种流转性质的货劳税。

根据市场贡献度原则，市场国对数据产品或服务向数据输出国征收数字服务税。欧洲一些国家已经开征数字服务税（见表4），希望合法且持久地参与分配。广义的数字服务税指对数字企业取得的特定数字服务收入征收的税收，不仅特指欧盟数字服务税立法提案所涉及的以欧洲国家为代表的数字服务税。

2. 数据资产税

构建涉及数据资产的形成、使用、交易、处置等生命周期各环节的税收政策体系，主要从资产税收管理角度研究数字税制框架，与前文"数据资产

---

① 拉姆齐价格是一种略高于边际成本的定价，其着眼点于社会效益而非经济效益，实现政府与企业达成协作共赢的局面。这种定价方法主要针对数据资产或公共性资源，即在保证公司不亏损基础上将脱敏之后的数据资产以略高于边际成本的定价放开给政府或社会机构，政府主要以购买服务的形式从公司取得数据资产。

表 4　部分欧洲国家征收数字服务税的政策

国家	法案	发布时间	开征时间	具体政策
法国	《开征数字服务税暨修改公司所得税降税路径法》	2019 年 7 月 15 日	2019 年 1 月 1 日	对年全球营业额超过 7.5 欧元、法国国内营业额超过 2500 万欧元的居民和非居民企业，就其来源于法国的在线广告收入、销售用于广告目的的个人数据以及提供点对点在线平台服务的收入，征收 3% 的数字服务税
奥地利	《数字服务税法》	2019 年 10 月 22 日	2020 年 1 月 1 日	对全球年营业额达到 7.5 亿欧元和在奥地利的数字广告年营业额达到 2500 万欧元的企业就其数字广告收入征收 5% 的数字服务税
突尼斯	《2020 年财政法》	2019 年 12 月 27 日	2020 年 1 月 1 日	对非居民企业通过互联网提供数字应用程序和服务征收 3% 的数字税
意大利	《2020 年财政法》	2019 年 12 月 30 日	2020 年 1 月 1 日	对全球年营业收入超过 7.5 亿欧元，在意大利的数字服务收入超过 550 万欧元的大型科技企业，就其向意大利居民提供规定的数字服务取得的收入按 3% 的税率征收数字税
土耳其	《土耳其第 7193 号法律》	2019 年 12 月 25 日	2020 年 3 月 1 日	对全球年营业额达到 7.5 亿欧元，在土耳其的营业额达到 2000 万土耳其里拉的服务供应商，在土耳其提供在线广告服务、数字音视频广告等规定的数字服务取得的收入征收 7.5%
英国	《2020 年财政法》	2020 年 7 月 22 日	2020 年 4 月 1 日	对全球年数字服务收入超过 5 亿英镑且在英国取得的数字服务收入超过 2500 万英镑的大型企业，就其在英国取得的数字服务收入征收 2% 的数字服务税
肯尼亚	《2020 年财政法》	2020 年 6 月 30 日	2021 年 1 月 1 日	数字服务税税率为 1.5%。数字服务税不是最终税，而是可以冲抵纳税人当年的其他应纳税款
西班牙	《数字服务税法》	2020 年 10 月 1 日	2021 年 1 月 16 日	对上一年全球年营业额达到 7.5 亿欧元且来自西班牙的数字服务企业，应税数字服务收入达到 300 万欧元以上的大型数字服务企业，应税数字服务收入包括在线广告服务，在线中介服务以及销售用户数据，税率为 3%，按季申报纳税

的全生命周期税收管理"的基本逻辑相一致。

当企业利用数据资产为市场机构或其他主体提供数据服务获取收益时，应按照"现代服务"或"生活服务"等税目征收增值税；当企业售卖数字产品时，如游戏道具、数字藏品、数字音乐等，须按照"转让无形资产"税目征收增值税；当企业售卖派生数据时，对原始数据的投入、研发可以计入增值税进项税额，保证抵扣链条的完整性。

转让数据资产的使用权、所有权等为企业或个人带来收入时，应按照经营所得计算缴纳所得税。根据《企业所得税法》规定，企业或个人销售数据资源取得的收入，不论是货币形式还是实物形式，都应作为应税收入，对数据资产征收企业所得税或个人所得税。在计缴所得税时，注意区分以下不同性质的收入：一是转让数据资产的使用权，按照特许权使用费收入征收所得税；二是转让数据资产的所有权，按照转让财产收入征收所得税；三是鼓励企业升级算法或加大技术创新投入，执行研发费用加计扣除等税收优惠政策，或者给予更多的摊销优惠措施。

3. 数字资源税

数据要素参与生产及价值创造过程，是一种重要的生产要素，也是数字时代最大的新生资源之一。一种新的生产要素必然催生出某个新税种，把数据资源看成类似于矿产资源、水资源的资源，围绕资源开发利用应该征收数字资源税，因此对数据要素本身课征数据资源税，是符合税收原理的做法，且征税理由也相对比较充分。其实，数据资源税的征收逻辑，是国家以数据所有者以及市场管理者的双重身份，实现对数据创造的价值进行税收调节。

设计数据资源税的税制必须确定征税范围、课税对象与税目。考虑数字企业的负税能力与量能课税原则，数据资源税的税率设计必须考量实体经济与数字经济课税的公平性。数据资源税的税基如何确认，这与数据资源的价值密切相关，而数据资源的价值具有不确定性且依赖估值与定价方法，是一个现实中的难题。考虑到纳税人利用互联网技术上传和下载数据，可以由实实在在的物理基础设施来识别数据使用者与经营者的数据传输量。因此，建议数据资源税按照数据传输量征收，即采用从量定额征税法，这样可以避开由税基确认带来的价值认定难题。

4. 数据使用税

数据资产的使用比拥有更普及。政府可以对企业取得数据的使用范围和资质进行授权，并对企业使用数据行为征收数据使用税。数据使用税在本质上属于特定目的税或行为税，其征税目的在于调节数字企业对数据的"垄断定价"，缓解用户与企业之间的信息不对称，以及调配政府参与数据所创造的价值的收入分配。

数据使用税是一种财产税，国家征税时应区分自有数据资产的生产经营和非自有数据资产的生产经营，企业自有数据资产的生产经营行为，不纳入征税范围；企业非自有数据资产[①]用于生产经营，纳入征税范围。

四　数字治理中的智慧税务建设实践

（一）数字时代催生智慧税务

"智慧税务"一词，最早见于 2015 年国家税务总局颁发的《"互联网+税务"行动计划》，将税收工作的计划安排界定为"加快线上线下融合，逐步实现办税业务全覆盖，构建智慧税务新局面"；2020 年 11 月，"智慧税务"建设目标被写入《中华人民共和国国民经济和社会发展第十四个五年规划和 2035 年远景目标纲要》；2021 年 3 月，《关于进一步深化税收征管改革的意见》中提出智慧税务建设的战略目标：2025 年我国"基本建成功能强大的智慧税务"。

数字经济的发展催生了数据资产，也要求数字治理跟上数字时代的发展；数字经济应用大量数字技术驱动经济社会变革，反过来对数字经济的治理也必须采用数字技术。在税务监管领域，智慧税务的出现为我国税收工作

---

① 非自有数据资产来源：通过市场购买、客户无偿提供、借助网络技术自行收集。

指明了方向，政府在数字化税收征管领域迈出重要一步，是推进国家治理体系与治理能力现代化的必由之路。

（二）智慧税务的本质特征

智慧税务是基于依法治税理念和税收现代化目标，全面应用互联网、大数据、人工智能、云计算等数字技术，实现数字技术与税收制度的深度融合，以纳税人缴费人为中心，以发票电子化为突破口，以推进税收征管的数字化改革为宗旨所构建的涵盖纳税人端、税务人端、决策人端的智能化税收生态系统。

智慧税务建设的内在逻辑就是利用税收数据要素夯实税收管理体系数据基础，通过数字化升级和智能化改造，引发税务数据要素流动路径、制度规范和征管思维的改革创新，继而创造出适应新兴信息技术和经济社会发展的高集成功能、高安全性能、高应用效能的智慧税务系统，推动全数据赋能、全集成融合、全领域覆盖、全流程管理、全场景联通，构建更加和谐的税费征纳模式与税收信用动态监管模式。建设智慧税务要求构建税务大数据应用平台，达到"共享、共建、共融、共享"，实现对法人税费信息"一户式"、自然人税费信息"一人式"的智能归集，对税务机关信息"一局式"、税务人员信息"一员式"的智能归集。

具体分析，智慧税务是一个数字化、智能化税收执法、纳税服务的治理平台，它具有以下特征。一是发挥税收大数据赋能税收征管创新作用，加快实施数字化升级与智能化改造，以应对不可预知的外部社会经济环境变化。二是以生态经济学方法破解发票监管、税款征收与纳税服务难题，形成一个综合性税收治理系统。发票数据是核心资源，将所有发票整合为一种数电发票，以数电发票信息为基础融合第三方信息等形成税收大数据，推进"以数治税"，将税收管理从增值税延伸到所有税费。三是以自动化、智能化提高税收征管能力，建设全国统一的新电子税务局，全天候办理各类税收业务，实现办税服务自动化、执法监管自动化，有效防范税收执法不当和贪腐风险。

（三）智慧税务的基本架构

1. 一个支撑：税智撑

智慧税务旨在打造一个强有力的大数据平台，即税收数据智能化应用支撑平台（简称"税智撑"），如图4所示。税智撑是智慧税务的"大脑"，体现着税收大算法体系与底层逻辑框架。

2. 两大平台

智慧税务初期建设的两大系统分别是全面数字化电子发票服务平台和全国统一规范电子税务局，被称为"两大平台"。两大平台构成了纳税人进行纳税申报的基本框架。全面数字化电子发票服务平台是指支撑数字化电子发票改革的基础平台，包括四大子平台：电子发票服务平台、统一身份管理平台、应用支撑平台和征纳互动服务平台等。全国统一规范电子税务局主要功能是实现信息系统自动提取数据、自动计算税额、自动预填申报，纳税人、缴费人确认或补正后即可线上提交纳税申报。通过建设全国统一规范电子税务局，结合决策指挥平台等的建设，形成完整的纳税人端、税务人端、决策人端基础平台。"两大平台"作为智慧税务的主要载体，不断深化税收征管改革、服务于国家治理现代化。

（四）智慧税务的建设目标

1. 基本定位："两化、三端、四融合"

围绕税收征管数字化、智能化基本目标，着力构建智慧税务的"两化、三端、四融合"逻辑框架。其中，"两化"指智慧税务应在传统税务的基础上进行数字化升级和智能化改造；"三端"指智慧税务是具备以纳税人端、税务人端和决策人端三位一体的智能应用平台，智慧税务将基于全局视角建设云网融合、绿色低碳、安全可控的智能化综合性数字信息基础设施，覆盖税收征管的全环节、全流程和全主体，建成全方位汇聚各类内外部标准化数据的一体化应用平台，从而实现税收工作的提质增效；"四融合"是指智慧税务实现从"算量、算法、算力"到"技术功能、制度效能、组织机能"，

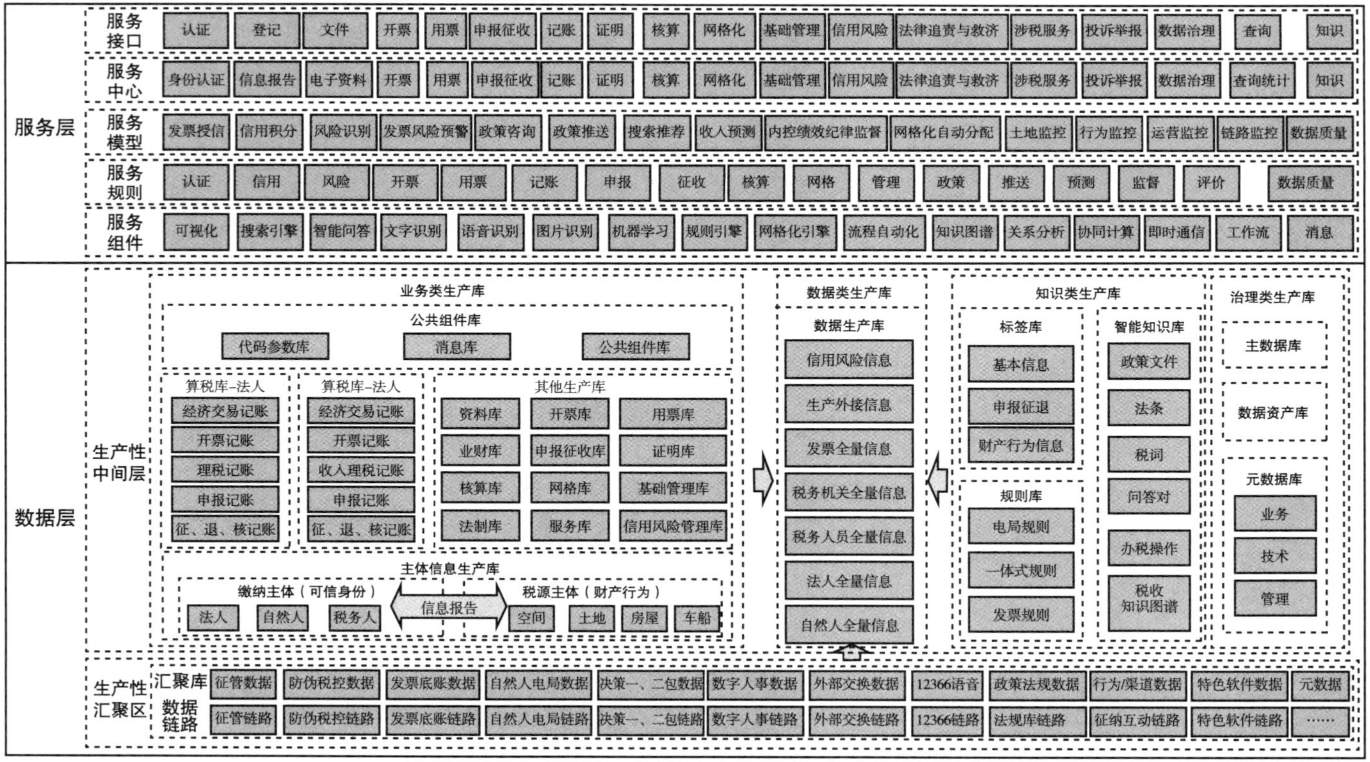

图 4 "税智掌"的基本架构

资料来源：作者根据数字电票管理政策与运行状况制作。

从"税务、财务、业务"到"治税、治队、治理"的一体化深度融合，聚焦数字化征管信息系统建设，征管内部运行方式，服务纳税人、缴费人和服务国家治理现代化等多个角度，深化大数据分析应用，助力经济社会数字化转型。

2. 深层目标：税收治理的系统性与场景化

智慧税务具有"四梁八柱"，其具体内涵如下。"四梁"指法人税费信息"一户式"、自然人税费信息"一人式"、税务机关信息"一局式"、税务人员信息"一员式"。"八柱"指税务执法新系统、税费服务新体系、税务监管新体系、风险管控系统、电子发票服务平台、法人电子税务局、大数据云化平台、信息共享平台。

智慧税务在税收治理方面，发挥系统性与场景化治理功能。第一，智慧税务具有税收生态系统性。实施"业务+数据中台"的运营模式，为数字化和智能化提供架构支撑，构建税务数字化生态系统。第二，智慧税务具有要素重构性。建设税收大数据，通过数据采集、上云、汇聚、归集、治理、应用和开放，实现开票和用票、票税、税税、税费、业票财税数据的一体融合，支撑税收业务要素化重构。第三，智慧税务重塑税收治理的智能化、场景化。构建智能算法模型，对于纳税人端，通过智能税收规则+全量算税数据按需匹配，实现多方同时算税记账，大幅提升纳税申报与专业判断力，支撑智能合规纳税申报场景。对于税务人端，利用大数据智能模型预测纳税人的风险和需求，提升服务纳税人的响应能力，支撑税收执法、服务与监管的场景化过程。

智慧税务建设是一项不断推进的系统工程，大数据治税是专业与技术的融合，推进智慧税务建设是一个实现技术融入制度、制度优化不断迭代的过程。因此，智慧税务的终极目标在于服务纳税人与缴费人，持续推进税收征管数字化升级和智能化改造，有力推动税收征管方式、征管流程、征管效能的深刻变革。

（五）智慧税务应用场景

智慧税务的建设过程，其实也是探索税收执法、监管与服务的数字化、智能化的变革过程。智慧税务离不开大数据和人工智能技术的应用。税务机关通过大数据技术挖掘分析大量的交易数据、财务数据和其他相关数据，发现异常交易和可疑行为。人工智能算法能够识别出避税行为，例如，频繁的小额交易、隐蔽性的大额转账、异常的跨境交易等。机器学习模型可以实时分析和监控企业和个人的税务行为，及时发现和预警潜在的避税风险。

依据智慧税务建设目标与技术优势，在税收管理领域开展实践应用，形成以下智慧税务应用场景：一是建立税收大数据共享云平台，实现数据共享与数据挖掘；二是引入人工智能技术，开展税务风险识别与防范，建立风险预警机制；三是采取区块链、人工智能等技术，推进精准税务稽查；四是利用税收大数据为纳税人动态画像，评价分析其纳税信用状况；五是利用税收大数据开展涉税案件智能化审理；六是引入神经网络、机器学习等算法进行税收收入预测。当然，智慧税务应用场景绝不止于此，还有很多其他应用场景有待开发。随着税收大数据的进一步发展，更多具有创新性的数字技术融入智慧税务体系，将更有力地推动我国税务执法、服务与监管工作的效率提升。

（六）智慧税务典型案例：以深圳宝安区税务局为例[①]

深圳市宝安区税务局（以下简称"宝安区局"）对标落实智慧税务建设要求，聚焦"数智赋能""流程优化"，双管齐下，着力做强税收大数据支撑体系、优化高效业务机制，在多个智慧税务应用场景方面充分发挥"以数治税"效能。

1. 精确执法：打造"1+N"数智工具矩阵

宝安区局在推动智慧税务建设中，着力贯通"内拓+外延"，将内部税收数据与外部网格数据贯通融合。其具体措施如下。

一是做强"1个网格地图"，配套数字化网格员管理模式，以宝安区政府"1区+10街道+124社区+4866网格"治理网络为基础，实现340万条地方网格数据互联互通。

---

① 特别感谢深圳市宝安区税务局提供调研机会与研究资料，感谢宝安区税务局罗雪松参与本部分写作。

二是加强税务部门和网格部门对双方数据的互认共享，探索在线验证企业注册地址，实现低风险被监控企业救济"非接触式"办结，减少税务人员实地下户频次，以"网格精准定位、税源精准掌控"取代"人盯人""人盯户"等传统人工实地核查等执法手段，释放人力资源。

三是打造"N个辅助工具"，聚焦函调、免抵退、房地产管理等重点难点执法场景，优化数智函调、退税开具小程序、个税一键零申报、远程办自动派单、电子督办台账等一揽子实用工具。以"数智函调"项目为例，以可视化技术呈现函调审核关键数据，审批查询效率显著提高。根据函调业务特点，全面系统开展"目标对象"数据穿透分析，同步生成调查评估报告、同步画好"预画像"，推动函调案头分析工作。

2. 精细服务：数字赋能征纳双方

宝安区局围绕服务办税缴费全流程，深化征纳互动应用，完善服务提醒，创新涉税中介管服模式，推动税费服务加快向便利化、智能化、集约化、高效化转型。

在办税缴费服务方面，线上强化问办协同，实施精准预约预辅导，推广应用"远程办"平台，实现资料线上提交、流程线上流转、区域协同处理、音视频线上交互的服务新体验。线下优化到厅体验，将画面高清、实时监控、智能抓拍、应急预警的智能监控融入深圳市"智税"指挥监控中心建设，试点上线电子宣传集中发布平台，实现全区大厅宣传物料一键上传、动态更新。

在涉税中介管理服务方面，遵循严管优服用好的思路，创设推广专所管理+专厅服务+专员对接管服一体模式，试点建设上线中介洞察平台，通过数据归集、洞察指标和任务设置，把管理触角从中介机构延伸至从业人员及其客户企业，实现对中介业务的穿透式分析和链条式管理，初步营造利企、利税、利市场新格局。

3. 精准监管："内外一体"筑牢防线

宝安区局牢牢把握"内控外防互相打通、内外风险一体防控"要求，切实把内部监督置于外部监督之前。在"内控"方面，以出口退税为切口完善内控机制。突出信息赋能，优化完成出口退税内控管理平台，建设出口退税内控指标库，内控管理更为规范智能。在"外防"方面，构建"基础性+实质性"风险防控体系。以"数电发票"管控为例，宝安区局重点关注数电发票衍生虚开风险问题，不断迭代数电发票风险指标，归纳虚开速度快、开票周期短、下游范围广、实名人员重合度高4个新型风险特征，将数电发票虚开风险阻断时间缩短至1个工作日。

4. 精诚共治：协同打造治理格局

宝安区局坚持协同共治、数据驱动、体系集成的理念，与地方网格办、政数局等部门合作，通过市局平台打通数据接口，推动税收大数据与网格大数据互融互通，在多个场景探索共治。在重点税源共治方面，充分利用网格内企业大数据信息，对纳税人进行"网格画像"，聚焦税收占比较高的重点企业，设立一户式档案，形成多维度指标体系，实现重点企业"一户清、一册明、一格全"，提供定制管服。在税费欠缴共管方面，加强与不动产登记中心、车管所、银行、证券等机构的协作，畅通数据交互渠道，定期获取欠税企业资产情况，准确把握企业欠税清偿能力，采取针对性应对措施。同时，网格办、不动产登记中心等部门协助监测财产转移等异常情况，做到欠税精细管理。在服务经济发展共谋方面，与地方党政部门紧密协同，共同锚定高质量发展目标。推广工业园区税务工作站，用好园区平台，变"打通最后一公里"为"服务向前一公里"；推出"税务管家"服务全市"工业上楼"重点项目，提供从开工到投产全生命周期点对点服务。

五　智慧税务框架下的数电发票制度变革[①]

（一）数电发票的内涵、特征与功能

1. 数电发票的概念

所谓数电发票，指的是全面数字化电子发票。数电发票是以可信身份认

---

① 本部分特别感谢"数电票制度研究"课题组蔡昌、焦瑞进、黄洁瑾、贺焱、李梦娟、冯守东、蔡一炜、吴奕萱、庞思诚等成员的辛苦付出，同时也感谢辽宁省税务局、深圳市大鹏新区税务局、湖北省税务局、湖南省税务局为本课题提供的支持与帮助。

证体系和新型电子发票服务平台为依托，以去介质、去版式、标签化、要素化、赋码制、赋额制为特征，以全领域、全环节、全要素电子化为运行模式的新型电子发票。从交易视角分析，数电发票指纳税人在经营交易活动中以数据电文形式开具、收取的收付款凭证。

数电发票是与纸质发票具有同等用途与法律效力的全新发票，不以纸质形式存在、不用介质支撑、无须申请领用，无联次区分，票面信息全面数字化。通过标签管理将多个票种集成归并为电子发票单一票种，实现全国统一赋码，且通过数电发票平台赋予纳税人开具金额的总额度，设立税务数字账户，实现发票自动流转交付和数据归集，以完成企业后续记账及纳税申报工作。

2. 数电发票的特征与功能

数电发票所载信息数量庞大，远远胜过纸质发票，且流转便捷，开业即开票，开票即交付。数电发票还具有不易篡改、难以伪造等特点，是一种新型发票形式，具有旺盛的生命力与时代适应性，与当今整个社会数字化转型与数字经济崛起相吻合、相匹配、相适应。数电发票的试点推行以及未来全面推广，是我国追求数字化效率、响应数字经济发展要求、挖掘和应用发票本质功能的发票制度变革，让发票更高效、更全面地体现交易活动本质，更充分发挥发票内蕴"记录、流转、使用、存储交易信息"的本质功能，从而推动我国税收征管从"以票管税"全面转向"以数治税"。

3. 数电发票的本质揭示

数电发票制度是新时期我国智慧税务建设的重头戏，全面数字化电子发票服务平台是智慧税务建设的第一个突破口。数电发票的开具、生成、流转、使用、查验、存储不受时空的限制，且具有可追溯交易历史和观察未来趋势的优势。数电发票平台的智能技术，不仅提供一种数据溯源与关联分析，还对偏离目标的虚开发票行为实施事前风险预警、事中风险监控管理。

数字化高度依赖映射与关联，数电发票平台的数据集成与算法模型，将纳税人的生产经营、管理活动纳入动态监控范围，实现业务与数据的智能链接、映射互补，发挥数电发票的数据核验与业务风险识别的双重效能。因此，从宏观层面分析，数电发票平台已经成为供应链、产业链、价值链、税收链的纽带，也成为经营活动、账务体系和税收征纳的证据链，法律规制渗透其中，对我国政府、企业、社会各界数字化转型和高质量发展起到积极的推动作用。数电发票制度作为一种引擎动力，推动中国经济社会形成一种全领域、全链条、全税种的数电发票的数字化治理模式。

（二）数电发票制度变革与创新

1. 数电发票的六大特征

与传统发票相比较，数电发票具有去介质、去版式、标签化、要素化、赋码制、赋额制等六大特征。

一是去介质。数电发票开具前无须预先领取金税盘、税控盘、税务 UKey 等税控设备，依托税务网络可信身份系统和电子发票服务平台即可开具，摆脱了专用算法和特定硬件的束缚。

二是去版式。数电发票可以选择以数据电文形式 XML 交付，破除 PDF、OFD 等特定版式要求，能降低发票使用成本，提升纳税人用票的便利度和获得感。

三是标签化。标签化指对发票类型、状态、用途进行具体描述和标识。数电发票打标签的好处：其一是改变当前多个发票票种的现状；其二是实时标识发票流转状态与使用情况；其三是有利于进行发票信息的数据挖掘与分析。

四是要素化。要素化是指发票记载的具体项目保持各自独立，形成一个个关键要素，是构成发票信息的基本数据项，并以数字形式的信息进行上传、存储，方便后续数据与关联信息的挖掘。数电发票的发票要素共有 216 项，其中基本要素 48 项、特定要素 166 项、附加要素 2 项。

五是赋码制。数电发票平台在发票开具时自动赋予每张发票唯一编码。

六是赋额制。赋额制是全面数字化电子发票在发票开具额度上的创新，从原有人工经验式管理变革为依托"信用+风险"驱动顶层设计的智能控制体系。即按照纳税人"信用"状况，结合纳税人生产经营情况、纳税信用级别、税收风险程度等因素，自动为纳税人赋予发票开具金额的总额度并动态调整，实现"以系统赋额为主，人工调整为辅"的赋额制管理。

数电发票在开具金额的总额度内，不限制发票开具份数和单张开票金额。这种数电发票的设计模式，有效简化了发票管理流程，起到了降低成本、提高企业经营管理效率的目的。同时也有助于税务机关提升发票管理水平、维护税收秩序和推进税收征管现代化，以数字化升级、智能化改造推动我国"以数治税"战略的实施落地。从更深意义上讲，数电发票模式还促进了商业的繁荣和全社会数字化转型，推动了商业模式、数字经济活动的不断变革，推动我国经济结构优化与产业升级。

2. 数电发票运行管理流程及其实践性

传统纸质发票的管理流程包括发票印制、领用、开具、使用、保管和缴销等环节，而数电票的管理模式发生很大变化，在一定程度上简化了整个发票管理流程，降低了发票管理成本，提高了发票运行效率，能够更好地挖掘和使用发票所蕴含的信息，完成对经济业务的税收监管。

数电发票所载信息具有一定的固化性，即开具或生成数电发票时，一些关键信息形成结构性数据并固定于发票内部，不易被篡改或删除。因此，数电发票所载信息天然具有类区块链功能，即形成固定的、具有内在关联的数据集，不仅真实记录反映经济业务本质，还为纳税人的记账和纳税申报提供法定证据。为更好地防止数电发票的数据被篡改或删除，国家在数电发票开具（生成）、流转、使用过程中应引入区块链技术，并对相关数据进一步加密以保证其安全性。

数据、算法模型与应用场景，是构成数电发票平台及驱动平台运行的三大要素。数据是基础，算法模型是风险防控手段，开票、交付、使用等应用场景是数电发票的实际运行环节。数电发票的全链条运行管理流程如图5所示。

从数电发票的赋额、开具（生成）、使用、存储等环节进行纯数电发票全生命周期管理以及税收治理，是一种有效的发票管理模式。

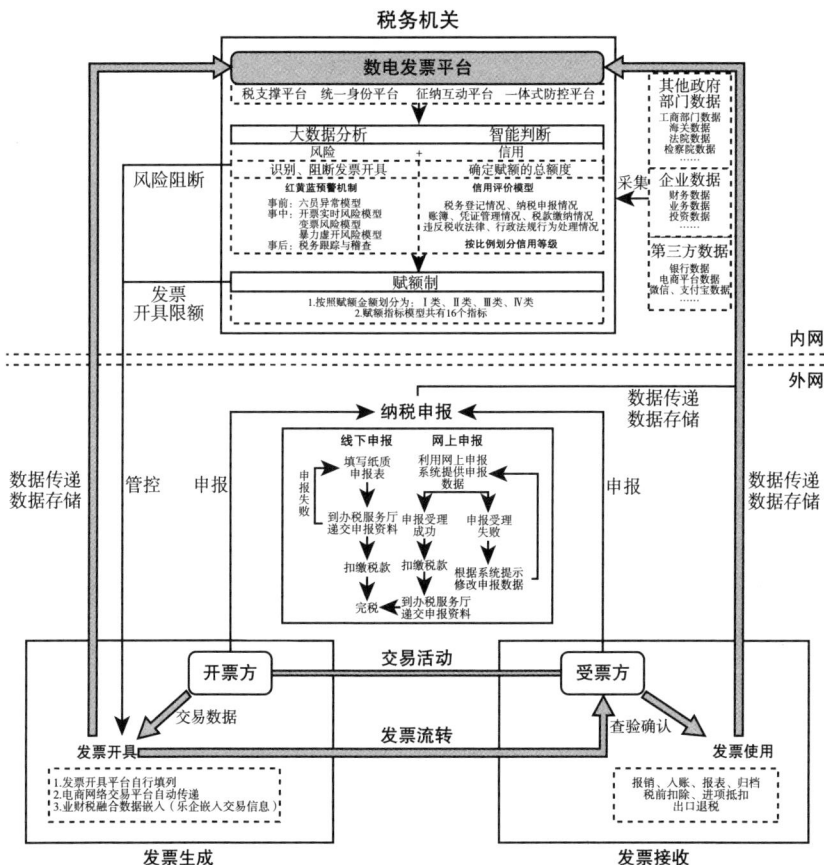

图 5　数电发票的全链条运行管理流程

资料来源：作者根据智慧税务建设情况与国家政策及参考借鉴相关资料制作。

（1）发票赋额环节。数电发票采用"赋额制"简化了领用流程。原来纸质发票管理中，主管税务机关根据领购单位和个人经营范围和规模，确认领购发票的种类、数量等，通过限制发票领用数量的方式来约束规范纳税人的发票使用行为，减少虚开发票现象的发生。但该过程会耗费大量人力、物力，影响纳税人生产经营与办税效率，也提高了税收征纳成本。数电发票采用赋额制，从原有人工经验式管理变革为依托"信用+风险"驱动的智控体系，按照纳税人"信用+风险"情况，结合纳税人生产经营、开票和纳税申报情况，自动为纳税人赋予发票开具金额的总额度并动态调整，实现"以系统赋额为主，人工调整为辅"的赋额制管理模式，大大简化了发票领用程序，提高了发票管理与运行效率。

（2）发票开具环节。数电发票的"去介质、赋码制"特征大大提高了发票运行的便捷性和管理的有效性。去介质使数电发票开具前无需预先领取金税盘、税控盘、税务 UKey 等税控设备，依托面部识别技术、税务网络可信身份体系和电子发票服务平台即可开具，摆脱了专用算法和特定硬件的束缚，实现了"认盘改认人"。结合人员预警、票种预警、申报预警等多种事前风险防控措施，实现风险防控重心前移，及时阻断潜在虚开发票行为，从源头上降低因企业逃税、骗税造成的财产损失以及税务稽查成本。同时，电子发票服务平台在发票开具时自动赋予每张发票唯一编码，发票开具后的交付与使用环节，能自动识别无须核定，简化了发票交付环节，使纳税人享受"开业即开票，开票即交付"的便捷性与高效性。

（3）发票使用环节。数电发票的"标签化、要素化、去版式"特征使发票管理的数字化和智能化程度得到提升，为全链条税收治理提供数据支撑与技术工具。传统纸质发票使用中容易损坏、丢失，难以长期保存，占用大量的实体空间，且版式纸质发票不利于数字化存储和管理，影响发票信息检索与征管效率。发票的本质就是交易活动的信息流，要素化的数电发票，相较传统发票更易获取、流转、使用交易活动的信息流。通过标签化可以更加快捷地对发票所载信息进行分类整理和处理。此外，数电发票"去版式"可以选择发票以数据电文形式 XML 交付，破除 PDF、OFD 等特定版式要求，降低发票使用成本，提升纳税人用票的便利度和获得感。这为数电发票根据不同业务内容进行差异化展示提供条件，能更好地满足纳税人现实中的多元性、可视化需求。

（4）发票存储环节。数电发票通过数字形式存储，采用分层、云化的存储方式，并依托区块链技术保证数据安全，解决了传统纸质发票占用大量物理存储空间、易损坏、易丢失等棘手问题，对个人、企业和税务机关发票保管效能提升具有重要意义。税务机关为纳税人设立数字税务账户，提供

"一户式"发票数据归集服务,"一站式"发票应用集成服务和"集成化"发票数据展示服务,实现发票信息的高效归集、集成和展示,提高发票储存能力与应用水平。此外,"个人票夹"是数电发票管理模式的创新,为数电发票制度改革注入新的活力。自然人"个人票夹"依托个人所得税 App,实现"一人式"发票信息实时智能归集。自然人作为受票方及支付方时,通过电子发票服务平台取得的、申请代开的数电发票,可以实现发票信息查询、下载、导出、拒收、扫码开票、红字发票提醒、向任职受雇单位定向推送等 16 项功能。

(三)构建基于"信用+风险"数电发票监管机制

运用"信用+风险"的理念,变革发票监管体系以适应数电发票监管要求,以生态链的思维去构建一个完备的发票监管体系。数电发票智能化监管体系的关键是赋额制,即通过控制纳税人开具发票的总额度,对纳税人的经营与纳税活动起到整体监控作用。其中,以信用监管为主,主要决定纳税人一段时期内数电发票开具的总额度;以风险监管为辅,主要基于信用评价、识别风险程度,起到开票实时阻断作用。

1. 赋额制与信用监管体系

信用评价是衡量一家企业在商业活动中的信用状况和信用风险的过程,信用评价为数电发票开具总额度的确定提供基本依据。构建信用监管体系是建立数电发票赋额制的重要一环,直接关联到不法分子可能虚开发票的风险程度。因此,下面从信用评价指标设计、信用赋额设置以及社会征信体系建设三个方面阐述信用监管体系的构建。

(1)信用评价指标设计应结合企业重点信息进行。信用评价指标可结合纳税人的财务状况、历史纳税记录、信用报告等进行分析,重点关注以下八个方面:一是财务状况;二是企业经营历史和经验;三是纳税额及税收遵从情况;四是支付记录、账款结算情况;五是行业地位;六是供应链关系;七是法律和合规性;八是社会责任。

(2)信用赋额设置应当在保证不损害正规企业经营的前提下,阻止不法分子虚开发票违法行为。

首先，应设置合理的信用赋额档次。目前，纳税人发票赋额类别划分为Ⅰ类、Ⅱ类、Ⅲ类、Ⅳ类，各档次之间的开票限额差距较大，根据信用评分系统和风险管理系统自动对纳税人进行赋额。

其次，赋额制应重点参考纳税人以往年度开票金额，构建科学合理的算法模型计算期望值，再结合纳税人信用等级，给予纳税人合理的开票额度。

最后，信用等级应采取得分制而非比例制。目前采用特定比例划分信用等级，分为高、中、低三个档次，高信用者为前10%，中信用者为中间的89.5%，低信用者为最后的0.5%。应采用信用得分作为划分依据，根据不同的分数界限划分信用等级。

（3）社会征信体系建设也是构建税收信用监管机制的重要一环。应将税收信用与社会征信体系的建设相结合，让信用监管机制能对相应失信人员形成惩戒。例如，税务失信人员不能乘坐高铁、飞机等交通工具，这一惩戒措施会将企业信用与背后的操控者结合起来，使惩戒措施穿透到操纵者，从根本上治理和监管企业税收违法行为。作为征信体系中的重要一环，税收信用监管体系建设对支撑国家征信体系建设也具有积极意义。

2. 数电发票的风险监管机制与防控策略

数电发票的风险防控策略主要是借助"三库一图"建设，修补税收政策漏洞，增加违法犯罪的成本。具体通过风险案例库、作案手法库、税务策略库和风控布防图及相关典型案例，揭示虚开发票的政策漏洞与防控策略，提炼共性规律与操作方法，为数电发票的推广提供法律保障与防控措施。下面从事前、事中、事后三个视角分析研究虚开发票的风险防控策略。

第一，事前风险监管。事前重点关注企业是否存在登记信息异常、集中注册、关联黑名单库自然人等现象。事前风险监管模型主要包括六员异常、一址多照及关联企业等风险模型。针对企业六员［法人、投资人（股东）、财务负责人、办税人员、开票人、领票人］所具有的不同信用等级和风险程度，对风险企业进行预警、限制甚至阻断其发票开具行为；根据一址多照户的IP地址和MAC地址所具有的网络协议地址和物理地址特征，事前对异地开票、同一 MAC 地址开多家票等风险企业进行预警；通过对关联企业进行关注，及时预警关联企业间为获得上市贷款等特定目的虚增虚报收入行为，以及对开、环开无实际业务的发票行为，分析、捕获纳税人的各种涉税违法失信行为，事前防住团伙化、规模化重大虚开发票行为。

第二，事中风险监管。事中风险监管模型主要针对开票环节，建立开票实时风险模型。对需要重点监控的情况，如有销无进、劳务服务监控、异常负数申报、主要责任人交叉、业务财务办理同一人、异常未开票收入申报、大额发票、风险企业开票等情形，进行重点风险布防监控。事中风险监控是风险防控的重点，也是阻断违法行为的关键环节。事中风险监控应建立常态化风险监控模型，实现对数电发票风险的智能化、自动化和实时性监管。具体而言，为兼顾数电发票的安全性与税收监管成本，对可能面临的重点风险情形（如暴力虚开模型、变票风险模型等），必须设立特殊风险预警监控模型。

第三，事后风险监管。针对事后风险监管，即纳税申报时的税款抵扣和税前扣除，应根据业务流、资金流、发票流等信息建立风险预警模型，及时核对发票信息与业务活动的真实性、一致性，保障做到全方位、多维度的税收监管。为防止虚开发票行为损害国家利益，还应建立公司注销风险防范机制，构建企业风险图谱，对风险达到阈值的企业阻断其注销公司的行为。

在数电发票环境下，完善"信用+风险"的智能化税收监管体系将成为税收治理的创新之举。随着数字技术的广泛应用，税务机关能够很好地实施数电发票监管要求，提升税收监管的精准性与效率。同时，通过提升整个税收监管生态链的完备性，实现数电发票监管的全面覆盖，为税收管理现代化提供坚实支撑。

参考文献

蔡昌、赵艳艳、李艳红：《数字资产的国际税收治理研究》，《国际税收》2020 年第

11 期。

蔡昌：《数字资产的价值计量、税收政策与税制优化》，《新经济导刊》2023 年第 7 期。

葛林羽、安同良：《数字经济赋能共同富裕的政治经济学分析》，《经济学家》2024 年第 4 期。

李蕊、苏嵘钰：《平台企业数据资产所得纳入应税所得的制度困境、克服进路及其制度建构》，《税务研究》2024 年第 1 期。

马慧洁、夏杰长：《数据资产的确权及课税问题研究》，《税务研究》2023 年第 12 期。

史丹、何辉、薛钦源：《数据分类分级制度与数据要素市场化：作用机制、现实困境和推进策略》，《福建论坛》（人文社会科学版）2024 年第 4 期。

吴江、袁一鸣、贺超城等：《数据要素交易多边平台研究：现状、进路与框架》，《信息资源管理学报》2024 年第 3 期。

张夏恒、冯晓宇：《数据要素乘数效应的逻辑解构与实现进路》，《长安大学学报》（社会科学版）2024 年第 3 期。

杨磊：《强化数据要素驱动 推进智慧税务建设的思考》，《税务研究》2020 年第 11 期。

邵凌云、张紫璇：《数字经济对税收治理的挑战与应对》，《税务研究》2020 年第 9 期。

樊勇、杜涵：《税收大数据：理论、应用与局限》，《税务研究》2021 年第 9 期。

谢波峰：《智慧税务建设的若干理论问题——兼谈对深化税收征管改革的认识》，《税务研究》2021 年第 9 期。

王钰、王建新：《智慧税务建设的目标厘定、结构逻辑与路径选择》，《税务研究》2023 年第 2 期。

周志波：《智慧税务的逻辑建构——一个组织社会学视角》，《税务研究》2022 年第 8 期。

专题篇 ▷

B.2
中国数字经济财税关系聚类
分析报告（2024）

焦瑞进　黄洁瑾[*]

摘　要：　数字经济作为我国新质生产力、高质量发展的重要引擎，已成为国民经济发展的战略重点。本报告从微观和宏观两方面搭建数字经济财税关系指标体系，从数字经济整体视角、行业视角、区域视角等多维度进行财税贡献测算和财税质量分析，阐释当前数字经济与国民经济及其财税贡献的关联关系。据此，本报告提出促进数字经济发展的财税政策，聚焦税费治理中的重点问题，以促发展、稳财政为基本原则，推进智慧税务现代化建设。

关键词：　数字经济　财税大数据　智慧税务

---

* 焦瑞进，国家税务总局大企业司原副巡视员、中国税务学会学委会原副秘书长，现任北京大数据协会财税大数据专业委员会常务副会长，主要研究方向为税收大数据、智慧税务、税收分析等；黄洁瑾，北京大数据协会副秘书长、财税大数据专业委员会常务副秘书长，中央财经大学税收筹划与法律研究中心研究员，主要研究方向为会计、税收政策与实务、数据资产与税收政策。

2023 年数字经济发展势头已经悄然形成，开启了以智能 AI 大模型为主要手段引领各领域智能化发展的新时代，推动了数字经济的高质量发展。从全球数字经济发展趋势来看，2023 年，仅美国、中国、德国、日本、韩国 5 个国家数字经济总量就已经超过 33 万亿美元，同比增长超 8%；数字经济占 GDP 的比重为 60%，较 2019 年提高约 8 个百分点。[①]

本报告以 2022 年和 2023 年不同算法的数字化指数或数字经济指数为基点，关联 2023 年宏观数据和上市企业微观数据，分析阐释中国数字经济财税关系的基本状况。

一　数字经济财税关系分析指标体系

科学的财税大数据治理要与时俱进。进入数字经济时代，相应地开展数字经济与财税分配关系的关联分析（数字经济财税关系分析），必然要求建立数字经济财税关系分析指标体系，以此细化财税大数据在数字经济领域的关联应用。以数治税，要对财税大数据有全面系统的认识，即在认识什么是财税大数据的基础上，进一步认识财税大数据的内在逻辑关系，才能对财税大数据进行科学分类管理和高效应用。

（一）数字经济财税关系分析指标的逻辑建构

开展数字经济财税关系分析，其分析指标体系的建构应满足以下方面的关系。

1. 税费源泉内在关系

税费源泉内在关系，指不同经济时代可能产生税收与非税收入的源泉是什么。税费源泉内在关系包括两个方面：一是现行税费体制下主体经济税费源泉是什么；二是税费制度设计，即首先认识不同经济时代下主体税费源泉的特征，然后研究设计相适配的税费制度，以产生最大税收和非税收入，赋能社会经济高质量发展。

---

① 《全球数字经济白皮书（2024 年）》。

2. 财税关系

税收和非税收入的基本职能是筹集政府财政收入，是政府财政收入的重要组成部分。财税关系反映一个社会新创造价值中税收和非税收入占财政收入的比重，以此来明晰政府财政收入的来源，为规范政府财政收入的法治建设提供数据支持。

3. 经济财税关系

经济财税关系是指在认识税费源泉的基础上，根据国民经济核算体系的制度规定，建立的经济与财政、税收和非税收入的关联关系。在认识经济财税关系的基础上，寻找财税大数据的基础数据，构建能系统概括说明经济财税关系的指标体系。

4. 算法逻辑关系

依据财税大数据分析的不同目的、要求建立的数据处理方式应科学合理、符合基本的逻辑关系，包括数据边界的确定、数据的清洗、数据口径的选择、不同特征指标的综合处理、经济财税内在关系的模型建立等。所有的基础数据和加工数据都应科学合理地满足宏观国民经济核算和微观企业财务会计制度核算逻辑关系的要求。

5. 维度分类关系

维度分类关系，也是指依据财税大数据分析的不同目的、要求，从不同维度观察事物的数据特征，以不同的维度进行事物分类，有针对性地提出完善管理的措施建议。如不同的时间、地点、行业、宏观、微观、纳税缴费关系人、财政收入结构、税收和非税收入结构等，以提供不同维度的分析视野。

（二）数字经济财税关系分析指标体系框架

1. 数字经济的行业范畴

数字经济，在过去"数字产业化"和"产业数字化"两个领域发展的基础上，又增加了"政务数字化"的相关内容。由此确定了数字经济的基本范围。在这一认识的基础上，国家统计局统筹考虑国民经济行业分类标准，又将数字经济分为数字产品制造业、数字产品服务业、数字技术应用业、数字要素驱动业和数字化效率提升业等五大类数字经济业务类型。其中，前四大类为数字产业化部分，即数字经济核心产业，指为产业数字化发展提供数字技术、产品、服务、基础设施、解决方案以及完全依赖于数字技术、数据要素的各类经济活动，对应《国民经济行业分类》中的 26 个大类、68 个中类、126 个小类，是数字经济发展的基础。第五类为产业数字化部分，指应用数字技术和数据资源为传统产业带来的产出增值和效率提升的各类经济活动，是数字技术与实体经济的融合。这部分行业涵盖智慧农业、智能制造、智能交通、智慧物流、数字金融、数字商贸、数字社会、数字政府等数字化应用场景，对应《国民经济行业分类》中的 91 个大类、431 个中类、1256 个小类，体现了数字技术已经并将进一步与国民经济各行业深度对接和广泛融合。

2. 数字经济及其税收宏观数据指标构成

近期数字经济研究的一个明显的趋势就是深化数字经济内容构成的研究及其在各领域的渗透以及发展趋势，已经不再用数字经济规模这一单纯指标来说明现状。国家数据局发布的《数字中国发展报告（2023 年）》显示，我国 2023 年数字经济核心产业增加值估计超过 12 万亿元，占 GDP 的比重在 10%左右，[①] 这也只是"核心产业"的一个估值，整体数字经济范畴的产值其实是很难给出一个确切值的。描述数字经济的全景，现在多用城市数字化指数、数字经济发展指数或者评估分值这样的指标。如国家工业信息安全发展研究中心发布的《全国数字经济发展指数（2021）》和工业和信息化部电子第五研究所的零壹智库发布的《中国数字经济发展指数报告（2022）》，都是用数字经济发展指数这一指标描述数字经济发展的全貌。《全国数字经济发展指数（2021）》是从数字基础设施、数字产业、产业数

---

① 《国常会再提完善数据基础制度 制造业数字化加速转型》，东方财富网，2024 年 7 月 8 日，https：//finance.eastmoney.com/a/202407073123797731.html。

字化转型、公共服务数字化变革和数字经济生态环境五个维度测算数字经济发展指数（指标体系见图1）；《中国数字经济发展指数报告（2022）》则是从数字产业化、产业数字化和数字基础设施三个方面测算数字经济发展指数（见附表1）；财新数据网发布的中国数字经济指数（Digital Economy Index，DEI）指标体系的构成则从数字经济产业、融合、溢出和基础设施四个方面构建（见附表2）。《2023中国城市数字经济发展研究报告》则是根据有关指标数据的情况评分，以得分高低评判数字经济发展状况。①

考虑到数字经济发展指数、数字经济指数或评估分值这些指标在不同报告中的指标体系构成和算法的差异，本报告采取折中方法，兼顾不同报告发布的数据，在不同算法的基础上集成计算出"数字经济发展综合指数"。

在以数字经济发展综合指数描述数字经济发展概貌的基础上，考虑到数字经济与整体国民经济的关系，数字经济的宏观数据指标还应包括：数字经济总产值、数字经济总产值占国内生产总值（GDP）比重、数字经济行业产值比例关系、数字经济地域分布比例、数字经济总产值及其行业产值变动率、数字经济税费源泉质量指数、数字经济领域投资总额及其研发费用支出总额、数字经济进出口交易额及其变动比率等。

数字经济的宏观财税大数据指标主要包括：数字经济税费总额、数字经济税费占全国税收收入的比例、数字经济各行业税费比例关系、数字经济分税种和非税收入结构比例、数字经济税费地域分布比例、数字经济税费总额变动率、数字经济分行业税费变动率、数字经济分地域税费变动率、数字经济优惠政策数据及其变动率、数字经济税费征收力度、数字经济反避税调整额。

数字经济财税关系数据指标主要包括：数字经济财税贡献、数字经济财税弹性、数字经济分行业财税贡献、数字经济分税种和非税收入贡献、数字

---

① 《〈2023中国城市数字经济发展研究报告〉正式发布》，https：//www.sohu.com/a/747683 208_378413。

□ 基础性指标　■ 前瞻性指标

一级	二级	三级
数字基础设施	数字宽带（移动宽带/固定宽带）	固定宽带覆盖率
		固定宽带连接速度
		移动宽带覆盖率
		移动宽带连接速度
	新一代信息基础设施	5G
		IPV6
数字产业	数字先导产业	人工智能产业
		互联网产业
		大数据产业
	数字支柱产业	软件和信息技术服务业
		电子信息制造业
		信息通信业
产业数字化转型	农业	企业数字技术应用
		企业电子商务
		企业数据开发利用
	工业	企业数字技术应用
		企业电子商务
		企业数据开发利用
	服务业	企业数字技术应用
		企业电子商务
		企业数据开发利用
公共服务数字化变革	电子政务	电子政务成熟度
		数字政府
	公共服务数字化能力	教育
		医疗
		社保
		治安
		交通
		生态环境
数字经济生态环境	经济环境	经济发展水平
		数字消费水平
		市场开放程度
	创新环境	研发投入
		专利与技术
	营商环境	数字经济政策制定
		政策有效执行情况
	安全环境	网络安全
		数据安全
		数字安全技能
	人才环境	电子消费者信任度
		数字时代的就业技能

图 1　《全国数字经济发展指数（2021）》指标体系

注：基础性指标：衡量当前数字经济重要领域发展水平。前瞻性指标：代表数字经济发展前沿方向。尽管这些领域的数据统计工作尚未同步跟进，但前瞻性指标所涉及领域未来应在数字经济中优先考虑并实施。

资料来源：《全国数字经济发展指数（2021）》。

经济分地域财税贡献、数字经济财税贡献变动比率、数字经济分行业财税贡献变动比率、数字经济分税种和非税收入贡献变动比率等。

3. 数字经济及其财税微观数据指标构成

数字经济的市场主体财务数据指标主要包括：数字经济市场主体资产总额、数字经济市场主体营业总收入；数字经济市场主体资产总额占全部市场主体资产总额的比率、数字经济市场主体营业总收入占全部市场主体营业总收入的比率；数字经济市场主体汇总行业资产总额比例关系、数字经济市场主体汇总行业营业收入总额比例关系、数字经济市场主体资产总额地域分布比例关系、数字经济市场主体营业收入地域分布比例关系；数字经济市场主体资产总额变动比率、数字经济市场主体营业收入总额变动比率、数字经济市场主体汇总行业资产总额变动比率、数字经济市场主体汇总行业营业收入总额变动比率、数字经济市场主体汇总地域资产总额变动比率、数字经济市场主体汇总地域营业收入总额变动比率；数字经济市场主体及其汇总行业、地域的毛利率、增值率、利润率、净资产收益率；数字经济市场主体及其汇总行业、地域的税费源泉质量指数；数字经济市场主体年度投资总额、研发费用支出总额；数字经济市场主体进出口交易额及其变动比率。

数字经济的微观财税数据指标主要包括：数字经济市场主体税费总额；数字经济市场主体税费占全国税费比例、数字经济市场主体行业税费比例关系、数字经济市场主体分税种和非税收入结构比例关系、数字经济市场主体财税地域分布比例关系；数字经济市场主体税费总额、分行业税费变动比率；数字经济市场主体优惠政策数据及其变化；数字经济市场主体征收力度；数字经济市场主体反避税调整额。

数字经济的微观财税经济关系数据指标主要包括：数字经济市场主体总体税费贡献与税费弹性；数字经济市场主体行业税费贡献、分税种和非税收入贡献、分地域税费贡献及其相关税费弹性；数字经济市场主体总体税费、行业税费、分税种和非税收入贡献的变动比率。

二　数字经济财税关系分析

（一）数字经济与宏观经济整体关系

《全球数字经济白皮书（2024 年）》数据显示，2023 年，全球数字经济占 GDP 比重为 60%，较 2019 年提高约 8 个百分点。美国、中国数字经济实现快速增长，其中产业数字化的比重最高，占比达到 89.8%。本报告将结合 2022 年和 2023 年有关数字经济数据对中国数字经济财税关系这一领域进行系统研究与分析。

1. 税源规模与结构

（1）宏观经济规模与结构

2023 年 4 月发布的《中国数字经济发展研究报告（2023 年）》数据显示，2005 年开始，数字经济规模不断扩大，其占 GDP 的比重逐年提高，2022 年数字经济规模达到 50.2 万亿元，同比名义增长 10.3%，占 GDP 比重提升至 41.5%（见表 1），同比提升 1.72 个百分点，有效支撑了经济社会发展。

2022 年我国的 GDP 为 121 万亿元，数字经济的规模已经大于第二产业规模（48.3 万亿元）。虽然两者数值比较接近，但短短几年，数字经济能超越第二产业的经济地位，足见其发展的动力强劲。

表 1　2022 年中国宏观经济与数字经济的规模结构

单位：亿元，%

指标	GDP	占 GDP 比重	占数字经济行业比重
全国	1210207.0	100.00	
第一产业	88345.4	7.30	
第二产业	483164.0	39.92	
第三产业	638698.0	52.78	

指标	GDP	占 GDP 比重	占数字经济行业比重
数字经济	502000.0	41.5	100.0
数字产业化	92000.0		18.3
产业数字化	410000.0		81.7

资料来源：《中国数字经济发展研究报告（2023 年）》。

预计 2023 年我国数字经济规模将达 56.1 万亿元，2025 年有望达到 70.8 万亿元。[①] 国家数据局发布的《数字中国发展报告（2023 年）》显示，我国 2023 年数字经济核心产业增加值估计超过 12 万亿元、占 GDP 比重为 10% 左右。[②] 按照这一组数据进行归纳整理，数字产业化增加值占数字经济的比重约为 21.39%，产业数字化增加值占数字经济的比重约为 78.61%。与 2022 年相关数据对比，2023 年第三产业比重和数字经济比重进一步提高，数字产业化比重进一步提高。2023 年中国宏观经济与数字经济的规模结构关系如表 2 所示。

表 2　2023 年中国宏观经济与数字经济的规模结构

单位：亿元，%

指标	GDP	占 GDP 比重	数字经济	增加值	占数字经济行业比重
全国	1260582	100.0	总量	561000	100.00
第一产业	89755	7.1	数字产业化	120000	21.39
第二产业	482589	38.3	产业数字化	441000	78.61
第三产业	688238	54.6			
数字经济	561000	44.5			

资料来源：《数字中国发展报告（2023 年）》。

---

① 《2023 我国数字经济规模现状　2023 中国数字经济发展产业调查》，中研网，2023 年 12 月 28 日，https：//www.chinairn.com/hyzx/20231228/170209910.shtml。

② 《国常会再提完善数据基础制度 制造业数字化加速转型》，东方财富网，2024 年 7 月 8 日，https：//finance.eastmoney.com/a/202407073123797731.html。

（2）计划与增速

"新数潮"根据各省区市的"十四五"规划及数字经济相关文件整理了31个省区市2022年数字经济发展目标。从各省区市"十四五"规划的情况看，一个总的趋势：数字经济规划近期的增长均在10%以上，数字经济占GDP的比重将达到30%以上，这些规划要求增速远远高于2023年全国GDP实际增速。通过地方的数字经济工作规划，可以预见"十四五"期间我国数字经济也将呈现迅猛增长的态势。各省区市数字经济规划的具体情况如附表7所示。

2. 数字经济与国民经济的相关性

对各地数字经济与其GDP进行相关性分析，观察各地数字经济对整体宏观国民经济的关联关系，测算数据显示，两者的相关系数为0.86，说明数字经济对各地国民经济的发展有相当大的关联关系和促进作用。

3. 税收规模与结构

目前，我国对数字经济税收尚没有相关的统计数据，只能按照经济结构比例进行推算。2022年我国的税收收入总规模为166614亿元，按数字经济规模占GDP规模的比重进行大致推算，数字经济的税收贡献不会超过69111亿元。其影响因素有两个方面：一是数字经济不会涉及有些税种，如消费税、资源税、烟叶税等；二是数字经济多为高新技术领域，大多数企业会享受税收优惠政策，其税收贡献会略低于传统产业。

（二）数字经济财税微观结构分析

微观上，用上市企业数据进行分行业税费支出规模的汇总，并以此为基础测算各行业的结构比重。

根据上市企业行业分类和数字经济行业分类的转换关系，上市企业可以分为数字产品制造业、数字产品服务业、数字技术应用业、数字要素驱动业和数字化效率提升业。如表3所示，2023年整理有效数据的上市企业共计5356户，其支付的各项税费合计46121.30亿元，同比减少了4.05%。从税费贡献率看，上市企业整体税费贡献率为6.34%，各行业的税费贡献率分别为：数字产品制造业 3.66%、数字产品服务业 3.25%、数字技术应用业 4.19%、数字要素驱动业 3.67%、数字化效率提升业 6.74%。很显然，数字产业化的税费贡献率相对低一些，主要是高新技术企业可以享受相关的各种税收优惠；产业数字化行业的税费贡献率相对高一些，多为传统产业效率提升的改造，在高新技术应用方面的税收优惠相对少一些。这 5 个行业各项税费的占比分别为 4.62%、0.41%、0.49%、1.95% 和 92.54%，与其营业收入的行业占比 8.00%、0.80%、0.75%、3.37% 和 87.09% 存在一定的差异，主要表现为前 4 个行业税费所占比重低，数字化效率提升业的税费占比高，分析其主要因素是，数字产业化多为高新技术企业，享有一定税收优惠政策，其税费比重就会低一些；而数字化效率提升业，很多行业涉及附加价值高的传统产业，并由此征收消费税或资源税等，所以其税费比重就会相对高一些。

表 3　2023 年全国上市企业数字经济各行业税费贡献情况

数字化行业	数量（家）	营业总收入（亿元）	支付的各项税费（亿元）	税费贡献率（%）	行业税费比重（%）
数字产品制造业	872	58156	2129.57	3.66	4.62
数字产品服务业	177	5781	187.69	3.25	0.41
数字技术应用业	205	5420	226.97	4.19	0.49
数字要素驱动业	72	24466	897.32	3.67	1.95
数字化效率提升业	4030	633162	42679.76	6.74	92.54
总　计	5356	726985	46121.30	6.34	100.00

资料来源：根据上市企业年报数据整理。

（三）数字经济财税关系综合发展指数

1. 省际综合指数

（1）数字经济财税关系综合发展指数测算指标说明

描述数字经济财税关系，这里选择了数字经济发展综合指数、GDP、GDP 增速、一般公共预算收入、一般公共预算收入增速、预算收入内税收占比、税收增速、税收占一般公共预算收入比例（以下简称"税比"）、财政自给率、人均可支配收入、人均可支配收入增速、数字化经济效能等 12 项指标进行关联集成，以此测算数字经济财税关系综合发展指数，以期分析数字经济对经济总量、财税贡献和共同富裕民生的影响。

其中，数字化经济效能是对 GDP 和数字经济发展综合指数两组指标数据进行无量纲标准化处理后的比值。

（2）省际分析

数字经济财税关系综合发展指数第一梯队省份为江苏和广东。江苏数字经济财税关系综合发展指数为 100.00，广东为 99.39。从具体指标看，广东以规模指标取胜，江苏则以增速指标取胜。

第二梯队省份有 4 个省市，分别为浙江、上海、北京和山东。这 4 个省市，北京的数字化程度最高，浙江和山东的规模较大、增速较高。上海和北京在数字化程度不低的情况下，人均可支配收入数一数二，预算收入内税收占比和财政自给率都非常高，数字经济发展综合指数也很好，但数字经济财税关系综合发展指数低于浙江。

第三梯队省份也不多，只有福建、湖北和四川 3 个省，属于数字化程度和经济规模中等偏上的省份。第四梯队的省份较多，有西藏、河南、河北、重庆、湖南、安徽和内蒙古等 7 个省区市，其中最值得关注的就是西藏。西藏有 5 项指标表现较好，其中 GDP 增速、一般公共预算收入增速、税收增速和人均可支配收入增速 4 项指标均表现优异，预算收入内税收占比也很高，西藏呈现的整体感觉就是两个字"发展"。第五梯队的省份最多，共有 12 个省份，属于数字化程度中等、经济规模中等偏下的省份，这里不一一赘述，详见附表 3。

广西、青海、甘肃、宁夏和黑龙江的共同特征则是规模指标都没有优势，虽然预算收入内税收占比还可以，但财政自给率不高。好在这 5 个省份人均可支配收入增速还行，在共同富裕民生发展问题上还算没有落后。

整体上对比这 12 项指标的差异，从离散系数看依次为预算收入内税收占比、GDP、一般公共预算收入、一般公共预算收入增速、数字化经济效能、税收增速、财政自给率、人均可支配收入、数字经济发展综合指数、GDP 增速、人均可支配收入增速、税比。由此可以看出，不同梯队省份数字经济财税关系综合发展指数差异主要受预算收入内税收占比、GDP、一般公共预算收入及其增速这 4 项指标的影响。反差最大的典型比较就是广东和西藏两个省份，广东在规模指标上有多项表现优异，但西藏在增速指标上有多项指标表现优异。

2. 主要城市综合指数

（1）指标说明

主要城市的数据不像省际数据容易采集，反映数字经济的内容也不能简单地用数字经济规模这一指标，而选用了更加综合性的城市数字化指数；反映数字经济与整体经济的关系采用了"数字化经济效能"这一指标；经济和财税的指标内容包括 GDP、GDP 增速、一般公共预算收入、一般公共预算收入与 GDP 的比率（以下简称"财税贡献率"）。根据以上这 6 项指标的关联关系，计算出主要城市的数字经济财税关系综合发展指数。

本报告选择的样本是根据新华三集团和数字中国研究院联合发布的《城市数字化发展指数（2023）》[1] 和《2023 中国城市数字经济发展研究报告》[2] 中兼有的且数字经济发展具有代表性的主要城市，共计 100 个。

（2）分析说明

数字经济财税关系综合发展指数较好的城市有上海、北京、深圳、重庆、杭州、广州、苏州、成都、天津和武汉。

从常规的分析看，上海在 GDP、一般公共预算收入和财税贡献率、数字化经济效能 4 项指标上表现优异；北京城市数字化程度最高，在智慧城市建设中表现出色，因此其数字经济财税关系综合发展指数也较高；杭州虽然城市数字化程度很高，但数字化经济效能不高。

从离散系数看，这 6 项指标中差异大小依次为一般公共预算收入、

---

① 《城市数字化发展指数（2023）》，http：//deindex. h3c. com/。
② 《〈2023 中国城市数字经济发展研究报告〉正式发布》，https：//www.sohu.com/a/747683208_378413。

GDP、数字化经济效能、财税贡献率、城市数字化指数和 GDP 增速。由此可见，主要城市间数字经济财税关系综合发展指数差异主要受一般公共预算收入、GDP 和数字化经济效能这 3 项指标的影响，也正是发展数字经济要追求的结果。城市数字化只是起因，如果数字化未能带动经济发展，则对经济和财税的贡献都不大。最极端的例子就是开封，数字化经济效能最低，说明在数字化与其他城市相近的情况下其经济较为薄弱。而且这一点，与其他经济发达城市正好相反，数字化带动经济率则很高。

（四）数字经济税收关系模糊聚类分析

数字经济财税关系综合发展指数只能展示多项指标的综合量化差异，看不出这 6 项指标各自量化分类的影响特征，所以需要通过模糊聚类方法展示各样本的分类特征。

1. 省际聚类

（1）聚类分组情况

对 31 个省区市距离特征值进行分层和细分，可以分为 5 组 24 类。其中，距离特征值 λ 取值完全一样的共有 7 对省份，分别为：北京和上海、浙江和山东、海南和宁夏、湖北和四川、河北和河南、辽宁和重庆、贵州和云南。其余的省份分别独立成类。聚类分布关系详见表 4。

表 4　全国 31 省份数字经济财税关系模糊聚类分组

分组	省份	距离特征值 λ 分层区间
第一组	西藏	0.46
第二组	广东	0.5463
第三组	上海、北京、江苏、福建 浙江、山东	0.56~0.6
第四组	吉林、青海、甘肃、天津 海南、宁夏、黑龙江、新疆	0.6~0.624
第五组	湖北、四川、山西、安徽、河北 河南、湖南、内蒙古、陕西、广西 江西、辽宁、重庆、贵州、云南	0.63~0.646

按聚类距离特征值 λ 的取值相近分层聚类，又可集聚成 5 组分类。

第一组只有西藏，分层特征值 λ 为 0.46，由于距离后一组的 λ 值差异较大，不宜在分层中合并。

第二组只有广东，分层特征值 λ 为 0.5463，由于距离前、后各组的 λ 值差异也较大，不宜与其他省份在分层中合并。

第三组由上海、北京、江苏、福建、浙江和山东 6 个省份组成，分层特征值 λ 介于 0.56~0.6，其中北京和上海两市的 λ 值相等，其他 4 个省的 λ 值相对独立。这一组的共同特征是典型的经济相对发达地区。

第四组由吉林、青海、甘肃、天津、海南、宁夏、黑龙江和新疆 8 个省份组成，其分层特征值 λ 介于 0.6~0.624，其中海南和宁夏的 λ 值相等，其他 6 个省份的 λ 值相对独立。这一组的共同特征是典型的经济规模相对弱小的地区。

第五组由湖北、四川、山西、安徽、河北、河南、湖南、内蒙古、陕西、广西、江西、辽宁、重庆、贵州和云南等 15 个省份组成，分层特征值 λ 介于 0.63~0.646，其实如果细分，还可以将这 15 个省份拆分为两个组，但两个组的特征值 λ 十分相近，也可以合并成一个组。这一组的共同特征是经济规模居中。

全国 31 个省份数字经济财税关系的省际聚类分组的详细情况及聚类特征值详见附表 4。

（2）聚类数据特征

本部分的聚类数据特征分析，按附表 4 特征值 λ 的取值由小到大的分组顺序进行分析。在前述综合指数分析的基础上，本小节更突出组别差异与组内样本间的差异。

第一组只有西藏，其突出的特点就是规模小，但增速大，4 项增速指标全是满分，给人的直观感受就是发展。除此之外，西藏的一般公共预算收入中税收占比较大，但地区数字化经济效能比值较低，说明地方在数字化基础建设方面已经有了一定的基础，但并没有很好地应用于带动地方经济的发展，地方经济基础很薄弱，尚待加速发展。西藏的各项指标分值详见表 5。

表5　第一组聚类成员数字经济财税关系综合发展指数情况

省份	数字经济发展综合指数	GDP	GDP 增速	一般公共预算收入	一般公共预算收入增速	预算收入内税收占比
西藏	26.82	1.76	100.00	1.71	100.00	1.53

省份	税收增速	税比	财政自给率	人均可支配收入	人均可支配收入增速	数字化经济效能	综合发展指数
西藏	100.00	91.67	8.37	34.16	100.00	6.13	67.48

　　第二组也是只有广东。该省突出的数据特征就是以规模优势胜出，4 项规模指标全是满分，由此数字化经济效能的分值也很高。但是，由于规模指标数据基数较大，增速指标数据就显得力不从心，相对较弱。广东省的各项指标详见表 6。

表6　第二组聚类成员数字经济财税关系综合发展指数情况

省份	数字经济发展综合指数	GDP	GDP 增速	一般公共预算收入	一般公共预算收入增速	预算收入内税收占比
广东	100.00	100.00	50.53	100.00	13.56	100.00

省份	税收增速	税比	财政自给率	人均可支配收入	人均可支配收入增速	数字化经济效能	综合发展指数
广东	29.41	67.85	74.33	58.15	55.61	93.26	99.39

　　第三组由上海、北京、江苏、福建、浙江和山东 6 个省份组成，这一组的共同特征是典型的经济相对发达地区，如果从规模上看，又可分为 3 个层次，其中江苏 GDP 规模最大，山东和浙江次之，福建、上海和北京处于第三个层次。所以这一组的各项指标中，GDP 的离散系数最大，并由此影响的数字化经济效能的离散系数次之，其他各项指标的离散系数均在 0.52～0.59。各项指标数据的离散系数如此整齐，就是这些省份分层聚类分为一组的典型数字特征。如果再仔细观察各项指标的特点，上海两项指标数据呈现极端反差，上海人均可支配收入的值是满分，但税收的增速值只有 9.87。第三组数字经济财税关系综合发展指数情况详见表 7。

表 7　第三组聚类成员数字经济财税关系综合发展指数情况

省份	数字经济发展综合指数	GDP	GDP 增速	一般公共预算收入	一般公共预算收入增速	预算收入内税收占比
江苏	88.13	94.51	61.05	71.69	23.03	77.88
浙江	84.69	60.85	63.16	62.09	22.08	69.55
上海	82.34	34.80	52.63	60.04	29.34	69.41
北京	94.01	32.25	54.74	44.62	25.87	52.32
山东	85.73	67.86	63.16	53.89	16.09	51.06
福建	69.77	40.06	47.37	42.65	30.91	45.47
平均值	84.11	55.06	57.02	55.83	24.55	60.95
标准差	43.61	33.57	29.56	29.69	13.03	32.72
离散系数	0.52	0.61	0.52	0.53	0.53	0.54

省份	税收增速	税比	财政自给率	人均可支配收入	人均可支配收入增速	数字化经济效能	综合发展指数
江苏	42.69	96.90	64.71	62.09	65.20	100.00	100.00
浙江	24.29	77.00	69.15	75.24	67.63	67.00	87.60
上海	9.87	93.97	85.70	100.00	75.84	39.42	86.49
北京	29.72	91.10	77.02	96.37	64.74	32.00	81.94
山东	27.13	74.87	58.93	47.02	71.68	73.82	81.52
福建	33.78	77.29	100.00	53.55	61.85	53.55	77.40
平均值	27.91	85.19	75.92	72.38	67.82	60.97	85.83
标准差	16.34	44.52	40.51	40.58	34.95	36.33	44.40
离散系数	0.59	0.52	0.53	0.56	0.52	0.60	0.52

第四组由吉林、青海、甘肃、天津、海南、宁夏、黑龙江和新疆共 8 个省份组成。从特征值取值看，海南和宁夏取值相同，其他各省相对独立。这一组的一个特点是各项规模指标的数据都不大，但是相关指标的增速都相对可观；另一个特点是一般公共预算收入规模不大，但是预算收入内税收占比较高，财政自给率除天津外都不是很高；由于 GDP 规模不大，所以数字化经济效能不高，但可喜的一面就是人均可支配收入的增速相当可观。从离散系数看，各省份之间差异最大的指标数据是预算收入内税收占比，其次是一般公共预算收入增速，再其次就是一般公共预算收入。一般公共预算收入和预算收入内税收占比这两项指数数据的离散系数大于 GDP 的离散系数，说

明这一组的财税分配关系相对复杂一些。将这些省份分层能聚类到了一个组，主要是预算收入内税收占比和人均可支配收入增速这两项指标的数据省际相近，成为这一组的共同特点。第四组数字经济财税关系综合发展指数情况详见表8。

表8　第四组聚类成员数字经济财税关系综合发展指数情况

省份	数字经济发展综合指数	GDP	GDP增速	一般公共预算收入	一般公共预算收入增速	预算收入内税收占比
新疆	48.95	13.64	71.58	15.74	48.26	13.37
吉林	45.53	9.97	66.32	7.76	82.97	6.83
天津	64.55	12.34	45.26	14.64	30.91	15.42
海南	41.18	5.57	96.84	6.50	25.87	6.52
青海	29.85	2.80	55.79	4.59	76.66	2.76
甘肃	40.04	8.74	67.37	7.24	33.44	6.82
宁夏	33.10	3.92	69.47	3.63	29.02	3.45
黑龙江	45.72	11.71	27.37	10.08	25.87	8.39
平均值	43.62	8.59	62.50	8.77	44.13	7.95
标准差	10.65	4.07	20.44	4.43	23.20	4.43
离散系数	0.24	0.47	0.33	0.50	0.53	0.56

省份	税收增速	税比	财政自给率	人均可支配收入	人均可支配收入增速	数字化经济效能	综合发展指数
新疆	32.64	85.74	35.79	34.12	80.46	25.98	59.71
吉林	52.75	72.02	24.23	35.12	75.26	20.43	58.87
天津	42.50	70.35	61.39	60.44	54.22	17.82	57.77
海南	27.89	70.74	39.63	39.13	83.47	12.61	53.77
青海	29.98	82.25	28.82	33.70	67.98	8.75	50.00
甘肃	47.63	52.11	22.06	29.48	86.36	20.37	49.73
宁夏	38.52	73.47	28.49	37.25	78.27	11.04	48.31
黑龙江	25.62	100.00	24.00	35.00	55.03	23.88	46.31
平均值	37.19	75.84	33.05	38.03	72.63	17.61	53.06
标准差	9.81	13.95	12.95	9.48	12.40	6.23	5.20
离散系数	0.26	0.18	0.39	0.25	0.17	0.35	0.10

第五组由湖北、四川、山西、安徽、河北、河南、湖南、内蒙古、陕西、广西、江西、辽宁、重庆、贵州和云南15个省份组成，其中湖北和四川、河北和河南、辽宁和重庆、贵州和云南这4对省份的距离特征值 λ 两两相同。总体上看，这一组的经济规模在31个省份中处于中间的位置，但仔细观察这一组的GDP，也可细分为两个组，GDP 30以上的为一个组，GDP 30以下的为另一个组。这15个省份虽然在规模指标方面存在一定的差异，分层聚类能分为一个组，主要是预算收入内税收占比、人均可支配收入及其增速，以及数字化经济效能和财政自给率这5项指标数据省际非常贴近，最终这15个省份综合发展得分的离散系数也不大。第五组数字经济财税关系综合发展指数情况详见表9。

表9　第五组聚类成员数字经济财税关系综合发展指数情况

省份	数字经济发展综合指数	GDP	GDP 增速	一般公共预算收入	一般公共预算收入增速	预算收入内税收占比
湖北	68.15	41.13	63.16	26.65	39.43	28.12
四川	75.39	44.32	63.16	39.92	20.82	36.13
河南	63.35	43.58	43.16	32.57	19.56	28.19
河北	59.45	32.39	57.89	30.94	17.98	25.17
重庆	58.93	22.22	64.21	17.62	50.47	14.41
湖南	68.61	36.86	48.42	24.26	26.18	21.56
安徽	66.25	34.68	61.05	28.44	3.47	25.31
内蒙古	45.81	18.15	76.84	22.26	29.02	22.76
辽宁	56.08	22.27	55.79	19.88	28.71	18.26
陕西	63.11	24.90	45.26	24.82	11.99	26.30
江西	56.41	23.73	43.16	22.09	11.99	19.74
云南	52.04	22.13	46.32	15.52	32.49	13.55
贵州	53.51	15.41	51.58	15.00	32.18	11.93
山西	50.04	18.94	52.63	25.12	2.21	24.96
广西	59.59	20.05	43.16	12.88	17.96	10.10
平均值	59.78	28.05	54.39	23.86	22.96	21.77
标准差	7.89	9.83	9.95	7.29	13.10	7.15
离散系数	0.13	0.35	0.18	0.31	0.57	0.33

省份	税收增速	税比	财政自给率	人均可支配收入	人均可支配收入增速	数字化经济效能	综合指数发展
湖北	46.78	76.88	39.45	41.43	78.38	56.28	71.45
四川	42.88	68.77	43.14	38.33	69.13	54.83	70.39
河南	31.65	91.26	40.51	35.28	70.06	64.16	66.44
河北	38.14	85.97	44.32	38.79	76.30	50.81	65.83
重庆	40.42	78.29	45.70	44.32	62.54	35.16	63.02
湖南	29.22	86.50	34.83	42.31	63.12	50.10	62.74
安徽	2.28	92.22	45.30	41.13	75.84	48.82	61.89
内蒙古	27.32	79.45	44.93	44.95	71.10	36.95	61.28
辽宁	33.40	76.14	41.66	44.78	60.92	37.03	58.37
陕西	10.63	81.42	47.55	37.87	77.23	36.80	57.54
江西	34.54	81.95	40.47	40.36	64.97	39.23	56.45
云南	40.04	77.37	31.72	33.50	63.70	39.65	55.20
贵州	47.06	75.53	33.28	31.94	72.02	26.86	55.00
山西	0.00	88.43	54.41	36.45	69.13	35.30	53.97
广西	31.13	86.68	29.04	34.79	63.35	31.37	51.91
平均值	30.37	81.79	41.09	39.08	69.19	42.89	60.77
标准差	14.88	6.59	6.68	4.14	5.90	10.56	5.97
离散系数	0.49	0.08	0.16	0.11	0.09	0.25	0.10

2. 主要城市聚类

（1）聚类样本分组情况

通过计算，模型聚类分组运算结果可以分为 64 种独立的情况，再按距离特征值 λ 的取值相邻分层合并，又可以整合为 11 个组。分组情况如表 10 所示，各组中各分层具体情况的特征值详见附表 6。

表 10　主要城市数字经济税收财税关系聚类分组情况

分层组别	城市	距离特征值 λ 分层区间
第一组	北京、上海	$\lambda = 0.5782$
第二组	深圳、九江	$0.61 < \lambda < 0.612$
第三组	鄂尔多斯	$\lambda = 0.6365$

分层组别	城市	距离特征值 λ 分层区间
第四组	广州、重庆、杭州、苏州	$0.67 < \lambda < 0.69$
第五组	厦门	$\lambda = 0.7129$
第六组	成都、武汉、珠海、南京、宁波、天津	$0.73 < \lambda < 0.742$
第七组	廊坊、东莞、宜昌、呼和浩特、连云港	$0.748 < \lambda < 0.76$
第八组	洛阳、昆明、南昌、合肥、西安、郑州 济南、长沙、无锡、青岛	$0.76 < \lambda < 0.77$
第九组	泉州、南通、福州、佛山、绵阳、镇江 温州、绍兴、扬州、开封、哈尔滨	$0.77 < \lambda < 0.78$
第十组	徐州、烟台、常州、贵阳、许昌、襄阳、漳州 兰州、威海、咸阳、汕头、衡阳、岳阳、常德 湛江、周口、吉安、滨州、新乡、商丘、湖州 潍坊、泰州、临沂、大连、盐城、唐山	$0.78 < \lambda < 0.79$
第十一组	台州、南宁、太原、乌鲁木齐、长春、金华 嘉兴、淮安、德阳、阜阳、沈阳、石家庄、德州 南阳、江门、赣州、泰安、滁州、上饶、宿迁 东营、惠州、保定、济宁、芜湖、沧州、邯郸 遵义、菏泽、淄博、中山	$0.79 < \lambda < 0.8$

（2）聚类分组数据特征

主要城市数字经济财税关系聚类，是城市数字化指数、GDP、GDP 增速、一般公共预算收入、财税贡献率和数字化经济效能这 6 项指标共同作用的结果，所以即使某些城市聚在一组，仍然存在一些指标的共同特征或个别指标的差异特征。

以下按聚类距离特征值 λ 取值由小到大的顺序，找几组有特点的聚类组进行类别特征和组内成员的差异进行一些分析。

第一组由上海和北京两个城市组成，特征值 λ = 0.5782。其中，上海和北京的共同特点是数字化程度高，规模指标数一数二，经济增速居中，由于 GDP 规模大，其数字化经济效能就高，形成了非常独特的一组。与上海相比，北京规模指标和财税贡献率略逊一筹，致使数字经济财税关系综合发展指数低于上海近 10 个数值。第一组城市数字经济财税关系综合发展指数的具体测算数据详见表 11。

表 11　第一组聚类城市数字经济财税关系综合发展指数

城市	城市数字化指数	GDP	GDP增速	一般公共预算收入	财税贡献率	数字化经济效能	综合发展指数
上海	99.84	100.00	71.43	100.00	100.00	100.00	95.21
北京	100.00	92.68	72.53	74.36	80.23	92.53	85.39

第二组，由深圳和九江组成。这两个城市是分层在一组，但聚类是两类，距离特征值是不一样的。这两个城市分层处在同一层，是指两个城市距主要城市样本中心的距离相近，但矢量方向是相反的，这一点可以从聚类特征值 λ 的不同予以说明，两者规模指标数据的差异也很好地反映了这种情境。九江市之所以特别，从数据看其特别之处在于 GDP、GDP 增速和一般公共预算收入这 3 项指标都非常小，几乎占尽了所有的不利因素。正是由于 GDP 规模小，数字化经济效能也很低，形成了典型的特类。第二组城市数字经济财税关系综合指数测算的具体数据详见表 12。

表 12　第二组聚类城市数字经济财税关系综合发展指数

城市	城市数字化指数	GDP	GDP增速	一般公共预算收入	财税贡献率	数字化经济效能	综合发展指数
深圳	93.10	73.29	76.92	49.48	67.51	78.60	73.15
九江	48.93	7.94	3.95	3.88	48.84	16.21	21.62

第三组，只有鄂尔多斯，距离特征值 λ 为 0.6365。鄂尔多斯的各项指标数据的特点，GDP 和一般公共预算收入规模不大，但 GDP 增速和财税贡献率分值很高，重点体现了鄂尔多斯的发展与贡献。由于 GDP 规模不大，所以数字化经济效能也不高。鄂尔多斯的数字经济财税关系综合发展指数详见表 13。

表 13　第三组聚类城市数字经济财税关系综合发展指数

城市	城市数字化指数	GDP	GDP增速	一般公共预算收入	财税贡献率	数字化经济效能	综合发展指数
鄂尔多斯	50.41	12.39	82.42	10.95	88.36	24.54	44.84

第四组，由综合指数相近的重庆、杭州、广州和苏州4个城市组成。其中，重庆和广州两个城市的各项指标数据相近，因此距离特征λ相等，属于同类；杭州和苏州两个城市独立成类。分指标看：杭州的城市数字化指数最高，但GDP最小，所以数字化经济效能也最低；重庆和杭州的经济增速明显好于广州和苏州；杭州的财税贡献率明显好于其他3个城市。从离散状况看，综合发展指数、城市数字化指数和GDP增速的离散系数较小，这些指标是拉近这4个城市组成一组的重要因素。第四组城市数字经济财税关系综合发展指数详见表14。

表14 第四组聚类城市数字经济财税关系综合发展指数

城市	城市数字化指数	GDP	GDP增速	一般公共预算收入	财税贡献率	数字化经济效能	综合发展指数
重庆	80.42	63.84	77.47	29.36	45.99	79.26	62.72
杭州	91.71	42.48	74.73	31.48	74.10	46.25	60.12
广州	88.76	64.29	69.23	23.39	36.38	72.31	59.06
苏州	81.92	52.21	69.23	29.56	56.61	63.64	58.86
平均值	85.70	55.71	72.66	28.45	53.27	65.36	60.19
标准差	5.41	10.44	4.12	3.51	16.16	14.26	1.78
离散系数	0.06	0.19	0.06	0.12	0.30	0.22	0.03

第五组，只有厦门一个城市，距离特征值λ为0.7129，与上下两组的差异较大，不宜合并。从各项指标的情况看，数字化程度居中，但GDP规模和一般公共预算收入规模都不大，所以数字化经济效能也不高。GDP、一般预算收入和数字化经济效能3项指标过低。厦门的数字经济财税关系综合发展指数详见表15。

表15 第五组聚类城市数字经济财税关系综合发展指数

城市	城市数字化指数	GDP	GDP增速	一般公共预算收入	财税贡献率	数字化经济效能	综合发展指数
厦门	69.98	17.08	60.99	11.21	65.64	24.37	41.55

第六组，由成都、武汉、珠海、南京、宁波和天津共 6 个城市组成。其中，成都和武汉、宁波和天津这两对城市的各项指标数据两两相近，因此每对城市的距离特征 λ 相等，归属于同类。这 6 个城市中，珠海与其他 5 个城市属于同一层不同类的情况，也即距样本中心的距离相近，但是矢量的方向不同，可以看到珠海的 GDP 和数字化经济效能明显小于其他 5 个城市。这 6 个城市数据相近的指标是 GDP 增速、城市数字化指数和财税贡献率，也是形成一组的 3 个重要因素。第六组城市数字经济财税关系综合发展指数测算的各项指标数值详见表 16。

表 16　第六组聚类城市数字经济财税关系综合发展指数

城市	城市数字化指数	GDP	GDP增速	一般公共预算收入	财税贡献率	数字化经济效能	综合发展指数
成都	87.00	46.75	76.92	23.21	49.65	53.65	56.20
天津	77.26	35.45	67.58	24.39	68.80	45.81	53.21
武汉	79.83	42.38	75.27	19.26	45.45	53.00	52.53
宁波	77.42	34.84	74.18	21.48	61.66	44.93	52.42
南京	82.56	36.90	69.23	19.49	52.82	44.62	50.94
珠海	62.26	8.97	64.84	5.80	64.73	14.38	36.83
平均值	77.72	34.22	71.34	18.94	57.19	42.73	50.36
标准差	8.41	13.19	4.81	6.74	9.22	14.47	6.85
离散系数	0.11	0.39	0.07	0.36	0.16	0.34	0.14

第七组至第十一组，每组归集的城市较多，而且聚类样本数量越大的组，同质性越强，这里就不一一赘述了。聚类分析，数据特征的最大差异应该存在于分类第一组和最后一组之间。为此，再将第一组和第十一组两组城市的数据进行比较，看一下主要是哪些数据影响了这些城市的分组关系。第一组由上海和北京两个城市组成，第十一组由台州等 32 个城市组成。从数字经济财税关系综合发展指数来看，第一组的上海和北京的平均值为 90.30，第十一组 32 个城市的平均值为 34.97，第一组平均值是第十一组平均值的 2.58 倍。分指标看，两者数据差异最大的是一般公共预算收入和

GDP 这两项指标，这两项指标数据的差异倍数分别为 18.71 倍和 9.36 倍；两组数据差异较小的是 GDP 增速，第一组均值为第十一组均值的 0.94 倍，倍数接近于 1，差异不大。这说明数字经济财税关系综合发展聚类分组影响最大的因素是规模指标，速率、比率类的指标影响相对较小一些。第一组和第十一组各项指标的量化数据比较详见表 17。

表 17　聚类第一组与第十一组数字经济财税关系综合发展指数比较

	城市数字化指数	GDP	GDP 增速	一般公共预算收入	财税贡献率	数字化经济效能	综合发展指数
第一组	99.92	96.34	71.98	87.18	90.12	96.26	90.30
第十一组	55.13	10.29	76.96	4.66	44.37	18.44	34.97
差异倍数	1.81	9.36	0.94	18.71	2.03	5.22	2.58

三　数字经济与共同富裕关联关系

前述各地数字经济与其 GDP 的关联关系，两者的相关系数高达 0.86，说明数字经济对各地国民经济的发展有相当大的关联关系和促进作用。但是，在考虑共同富裕的问题上，则要关注人均 GDP 和人均可支配收入的实际情况。

（一）数字经济与人均 GDP 的关系

测算数据显示，各地数字经济与其人均 GDP 的相关系数为 0.67，很明显低于数字经济与 GDP 的相关性。

这组数据的比较分析说明，虽然数字经济对促进当地国民经济的发展有相当强劲的促进作用，但受各地人口因素的影响，一些地方会拉低国民收入分配基础，或者说是可分配财富的资源将在一定程度上被人口单位量化缩减。

（二）数字经济与人均可支配收入的关系

人均 GDP 无疑会直接影响到人均可支配收入的分配关系。测算数据显示，各地数字经济与人均可支配收入的相关系数也不高，只有 0.7，明显低于数字经济与 GDP 的相关性。

通过数据比较可知，虽然受人口因素的影响，会拉低数字经济对共同富裕的作用力，但影响各地共同富裕的因素更多的还是当地国民收入分配关系，具体表现为国家、个人和企业三者之间的财税、劳动报酬和企业盈余之间的分配比例关系。

四　主要结论

（一）数字经济财税关系的关联性

从量化分析的角度研究数字经济财税关系，主要就是经济财富分配逻辑关系原理的基础上，看各项指标之间的相关程度，得出关联性是否密切的结论。

1. 省际各项指标的相关性

测算数据显示，省际的数字经济与 GDP、一般公共预算收入和预算收入内税收占比的相关系数如表 18 所示，分别为 0.859、0.896 和 0.891，三者与数字经济在一定程度上存在较高相关性，其中数字经济与一般公共预算收入的相关性最高，其后依次是预算收入内税收占比和 GDP。数字经济与人均 GDP 和人均可支配收入的相关性，虽然呈正相关，但是相关性不是很高。这组数据说明，虽然经济是基础，但关乎经济财富的分配问题，人口是决定性因素。

表 18　数字经济与其他各项指标的相关系数

指标	GDP	一般公共 预算收入	预算收入 内税收占比	人均 GDP	人均可支配收入
省际	0.859	0.896	0.891	0.674	0.696
城市间	0.903	0.807	/	0.570	0.730

2. 城市间各项指标的相关性

数字经济与 GDP 和一般公共预算收入的相关性，城市间和省际正好相反，城市间的数字经济与 GDP 的相关性大于与一般公共预算收入的相关性，其相关系数分别为 0.903 和 0.807。出现这种情况的原因，主要是市级财政的级别低于省级财政级别，财政分配关系使市级财政预算收入数字经济的作用更弱，所以两者的相关性更偏弱一些。

由于缺少城市间的预算收入内税收占比的数据，所以无法进行相关数据的对比分析。城市间的人均 GDP 和人均可支配收入只收集到 91 个城市的相关数据，与数字经济的相关系数分别为 0.570 和 0.730，加上人口因素，数据的离散性可能更小了，相关性也弱了。

（二）数字经济结构与经济带动作用

根据最小化类别间的相似性、最大化类别内的相似性特点，本报告通过模糊聚类分析，对省份和城市进行聚类分析。

从省际聚类分析上看，同一组的各省份中既有若干指标数据相近情况，也存在一些指标相差较大的情况。比如，同一组中的上海和北京的所有指标均较高且差异较小，而浙江和山东若干指标数据在存在一些差异的基础上又存在两两反差相互消除差异，但其综合情况归为一类，也是遵循量化规律的客观结果。

从主要城市的聚类分析上看，由于样本量较大，分类情况相对更复杂，除了相同于省际的聚类分析情况以外，依据各类指标进行区分的差异程度较小，但通过对差异系数和离散情况的比较来展开分析。

1. 内部结构

本报告按国家统计局数字经济分类标准对我国 2023 年上市企业进行了分类整理，分别从企业数量、营业总收入和支付的各项税费进行了测算。测算结果显示，数字化效率提升业依然占据绝对的重要位置，其次是数字产品制造业。这 5 个行业之间的比重关系在企业数量、营业总收入和支付的各项税费这三项指标中依次逐渐拉大，简化为产业数字化和数字产业化分别为

75.24∶24.76、87.09∶12.91 和 92.54∶7.46。2023 年全国数字经济行业内部结构的比例关系详见表 19。

表19　2023年全国上市企业数字经济结构

数字化行业	企业数量		营业总收入		支付的各项税费	
	数量（家）	占比（%）	绝对值（亿元）	占比（%）	绝对值（亿元）	占比（%）
数字产品制造业	872	16.28	58156	8.00	2129.57	4.62
数字产品服务业	177	3.30	5781	0.80	187.69	0.41
数字技术应用业	205	3.83	5420	0.75	226.97	0.49
数字要素驱动业	72	1.34	24466	3.37	897.32	1.95
数字化效率提升业	4030	75.24	633162	87.09	42679.76	92.54
总　计	5356	100.00	726985	100.00	46121.30	100.00

2. 区域结构

从区域上看，数字化实力自西向东，自北向南呈现逐步上升趋势，华东地区和中南地区占据了半壁江山，分别为 28.41% 和 21.36%，在西部地区，自南向北降低，分别为西南地区的 14.21% 和西北地区的 11.46%，北部地区依然自南向北降低，分别为华北地区的 16.72% 和东北地区的 7.85%。全国数字化区域分布情况详见表 20。

表20　全国数字化的区域分布结构

区域划分	数字化分值	比重（%）	GDP 分值	比重（%）	数字经济带动作用
华北地区	313.86	16.72	114.07	12.38	0.74
东北地区	147.32	7.85	43.95	4.77	0.61
华东地区	533.32	28.41	356.50	38.68	1.36
中南地区	400.88	21.36	247.19	26.82	1.26
西南地区	266.69	14.21	105.85	11.49	0.81
西北地区	215.04	11.46	54.00	5.86	0.51
合　计	1877.12	100.00	921.56	100.00	1.00

3.数字经济带动作用

数字经济与宏观整体经济的关系如何评价。是关注数字经济占整体国民经济的比重，还是观察整体国民经济与数字经济的比值？两个数值正好是个反向关系，对此存在不同角度的认识观点，两者之间很难说是肯定一方或否定另一方。针对这样的问题，客观地讲，应该是用整体国民经济的增速去比数字经济的增速，来分析整体国民经济相对于数字经济的增长弹性，这一弹性值越大，体现数字经济对整体国民经济的驱动作用越大。但这种分析思维遇到最大的一个问题就是数字经济规模的确切性。不论什么部门发布的数字经济报告或者提出的数字化指数、数字经济指数都不是数字经济真正产值的确切数，而只是一个模糊数。因此，基于国内统一大市场环境下，数字化程度或数字经济指数处于一定水平的基础上，各地经济总量比数字化指数或数字经济指数，其实反映的就是在一定数字经济背景下，数字经济促进国民经济发展的驱动力和带动力。

如果将全国一定时期数字化程度或发展水平与这一时期的经济总量之间的关联关系量化为1∶1，那么用各区域的经济数值去比数字化数值的这一比值即可描述为区域间数字经济带动作用。测算数据显示，我国六大区域的这一比值依次为华东、中南、西南、华北、东北、西北，其比值分别1.36、1.26、0.81、0.74、0.61和0.51。很明显，华东和中南地区的这一比值大于1，数字化经济效能更高一些；而其他四大区的这一比值小于1，说明其数字经济带动作用明显弱于华东和中南地区。

从全国的数字看，经济发展基础相对好、规模相对大的地区，数字化经济效能相对好一些。数字化经济效能较高的5个省江苏、广东、山东、浙江和河南的均值为76.65，是数字化经济效能相对较弱5个省份天津、海南、宁夏、青海和西藏均值（11.27）的7.07倍。在上述5个经济发展大省中，虽然广东的GDP高于江苏，但江苏的数字化经济效能却大于广东，一定程度上反映出各地的数字经济对整体国民经济发展的促进作用确实存在明显的差异。

（三）数字经济财税贡献关系

从量化分析上看，数字经济发展与税收增长不相关，主要受两个方面的影响：一是数字经济成分多属于第三产业或是技术服务、技术应用领域，而这些领域是增值税低税率行业，数字经济成分越大，宏观财税贡献弹性并不大；二是数字经济成分多属于高新技术企业，一定程度上享受高新技术企业优惠政策，会形成数字经济财税贡献低于传统产业经济财税贡献率的局面，也会使数字经济成分越大宏观财税贡献率表现越低。

随着数字经济的发展，既要考虑到数字经济驱动整体国民经济的作用和改善社会经济高质量发展的影响，也要关注其不同发展阶段的税收适用政策，特别要兼顾促发展和稳财政两个方面的影响，更要考虑以数治税促进智慧税务建设。

五 以数治税赋能智慧税务现代化

（一）数字化发展对经济增长的影响

推进数字化发展，不仅仅对驱动经济发展有巨大的推动作用，也是实现电子政务、数字化行政、改善行政效能的必由之路；数字经济，不仅仅是数字产业化和产业数字化，还包含政务数字化产生的经济价值。所以，一定要重新全面认识数字化的经济价值和促进发展的方方面面，营造更好的数字化环境，发挥数字化促发展作用，产生更大的经济价值。在评价数字化发展的指标体系中，一定要考虑数字技术在各个领域的应用和普及程度，特别是数字化行政的先进程度。为此，特别提出以下对策建议。

一是从依法治国、依法行政的角度考虑，建立市场主体合规运行智能风控管理体系，搭建数字行政与市场运营数字化协同共享平台，以数字化、智能化手段促进市场主体在生产经营活动中智能合规、自觉合规，形成协同共治良好的营商环境。

二是要求大企业制定税务合规指南，在《企业税务管理手册》中增加企业税务合规相关内容，详细规定主要业务的税务合规管理要点，包括基础设施建设、PPP 项目、勘察设计与咨询、资金管理等；梳理业务、财务、税务关系，从基本制度、合规办法和操作手册三个层次建立税务合规管理制度。

三是建立有效合规闭环管理运行机制。内部运行要求：建立重大税务事项报告制，防止决策不当；建立税务风险识别机制，及时预警处置，形成集团整体性、业务链条式、架构穿透性的严密防控体系。外部协同要求：利用税务部门个性化服务，开展税企直联互动合作，定期开展企业税收风险内控机制有效性测试评估。

四是推进以数治税赋能企业税务合规现代化建设，以数字技术打通企业的业务、财务、税务和法务的智能融合关系，消除各领域信息孤岛问题，实现智能审核、审计、监督预警。

（二）数字经济发展对税收的影响

数字经济的迅猛发展对税制建设和税收征管产生重大影响，提出了直接的挑战。

1. 数字经济发展对国际税收的影响

《全球数字经济白皮书（2024）》统计显示，2023 年，世界一些主要经济体数字经济增加值的规模占 GDP 比重达到了 60%。2022 年我国数字经济规模超过 50 万亿元，总量稳居世界第二，占 GDP 比重提升至 41.5%，数字经济与实体经济融合愈发紧密。

经济合作与发展组织的"双支柱"方案得到了二十国集团的认可，137个国家（地区）就该方案达成了新国际税收协议，被广泛视为国际社会需要税收合作的代表。国际社会需要税收合作的理由有三个：一是服务贸易的转型破坏了传统国际税制设计的前提；二是国际社会需要加强合作，防止美国发动贸易战；三是应该通过合作来终结税收竞争和跨国公司避税。但这与经济理论和"双支柱"方案的实际内容不一致。理论上看，无论是生产资本还是公司总部的税收竞争，终结税收竞争都不能为所有国家创造利益。就政策内容而言，"双支柱"方案更有可能被解读为限制而非增强政府对跨国公司征税的能力。"贸易条件理论"为世贸组织的制度提供了合理解释的方式，为了效仿"贸易条件理论"的成功，可能需要摒弃某些长期以来在国际税收讨论中盛行的假设。只有对国际税收的主题进行更基本的概念化重构，才能揭示国际税收合作的真实过往与未来发展。①

全球最低税改革进入了加速阶段。2022 年 2 月，经济合作与发展组织发布了全球反税基侵蚀规则征管指南。英国、韩国、荷兰和欧盟等经济体出台了关于"支柱二"立法草案。英国、韩国、日本、中国香港、瑞士、马来西亚、法国、德国、意大利、荷兰、西班牙、比利时、丹麦、加拿大、新加坡、毛里求斯、瑞士、澳大利亚等国家和地区表态将于 2024 年之后实施"支柱二"。②

2. 数字经济发展对税制改革的影响

数字经济发展对税制要素的方方面面都产生了重要的影响：一是数字经济促使征收对象由实物和现场服务转变为虚实相融的财富价值体系，主体税源发生了质的变化；二是经营主体分散化、全球化和产业链条无限渗透化，纳税主体的财富分配问题更加复杂化；三是数字经济促使业务边界模糊化，课税对象难以区分并给予准确评估；四是数字经济促使供需对接远程化、交易模式数字化，财富分配的财政权属关系难以合理确定。数字经济提出的这些挑战，都对税制建设的基础理论建设和税制结构的优化产生重大影响，形成必须解决的前瞻课题。

3. 数字经济发展对税收征管的影响

数字经济发展对税收征管改革的影响可以从现行税制挑战、现行税法体系挑战和现行征管方式三个方面概括。

---

① 资料来源于崔威、刘奇超、沈涛、吴芳蓓参与的国家社会科学基金一般项目（项目编号：22BFX088）、中国法学会部级法学研究课题［课题编号：CLS（2022）C42］"国际税收协定面临的新谜题"。

② 何杨：《多国以灵活方式引入全球最低税》，《中国税务报（网络报）》2023 年 3 月 22 日。

一是数字经济对现行税制的挑战。税制要素的变化、主体税源的变化，都将对传统的工商经济时代的征管方式形成冲击。

二是数字经济对现行税法体系的挑战。主要体现在数字技术的引入削减征纳双方信息的不对称影响，财税信息更加公开透明易获取，在此基础上纳税缴费人更关注税费法律的公平，征税人既要关注精准执法又要关注征管的效率，公平与效率出自征纳双方不同的角度作用，必将冲击现行征管方式。

三是数字经济对现行征管方式的挑战。以下问题需要引起重视：数字经济线上各种交易和支付模式引发的代扣代缴、源泉扣缴、简化征收引发的税务部门职能定位问题；税务管理关于管理对象出现谁管和管谁的问题；税收征收管理出现手段、模式、方法落后的问题；税务稽查找不到边界的问题。

（三）以数治税赋能智慧税务建设

2022 年国家税务总局重点贯彻落实《关于进一步深化税收征管改革的意见》，推进智慧税务现代化建设，通过"五融合八集成"突破条块壁垒增效，以"集成+融合"思路开拓税收征管现代化之路，提升智慧税务现代化的智能化、集成化、精细化、协同化水平。"五融合八集成"的要点如下。

一是技术融合。要求建立海量信息挖掘快、云计算技术分布式计算效率高、区块链技术安全性好、人工智能技术感知强等技术优势，集聚式应用于智慧税务建设。

二是系统融合。着重解决"系统林立"和"数据烟囱"问题，从全局视角整合各类税务应用平台，覆盖全环节、全流程、全部纳税人缴费人、全税务人的一体化应用平台。将业务系统和行政管理系统与内部控制平台有机对接，使内控监督规则渗入业务流程、融入岗责体系、嵌入信息系统，实现对税收征管各流程、内部管理各环节的集成式风险识别防控。

三是数据融合，推进"八集成"。经济交易信息"一票式"集成；个人税费信息"一人式"集成；法人税费信息"一户式"集成；税务人员履责信息"一员式"集成；税务机关信息"一局式"集成；税务系统信息"一揽式"

集成；执法服务监管"一体式"集成；内外协同共治"一并式"集成。

四是业务融合。由"各自为战"转为"多兵种合成作战"，推动执法、服务、监管、宣传等同向发力、同频共振，形成宣传与服务先行、执法与监督并举的业务大融合格局，明显提升了税收征管效率。

五是人才融合。组建 30 多个工作组，会集数千名信息技术、网络安全、人工智能等专业人才和税收征管、纳税服务等领域的业务骨干，集中办公、聚力攻关。

（四）AI 基础大模型提升智能纳税服务效能

ChatGPT 是 2023 年开年的第一个智能技术领域的热点话题，但进入 2024 年 AI 基础大模型已在全球遍地开花，积极影响和推进各个领域的智能化管理运行。以 AI 基础大模型来看我国的纳税服务 App 和电子税务局就有点太复杂了。图 2 为某地纳税服务 App 和电子税务局软件系统，打开 App 界面是一堆税收政策宣传知识材料，点击移动办税后进入电子税务局界面，依然是复杂的各种办税事项界面，再点击办税指南，又是更复杂的税收制度和政策的各种宣传介绍材料。

图 2 某地纳税服务 App 和电子税务局界面

其实，纳税缴费人打开税费服务 App，只是想了解自己关心的税费问题或办理有限的涉及税费的事项，纳税缴费人并不关心完整的税收制度和税收政策，这么多、这么复杂的税收知识纳税缴费人学不过来，也没时间学习。因此，建议将这些知识存储在后台，随时备查调用，并通过智能云平台建立链接引导纳税缴费人提出税费的问题，并办理所需办理的事项。

ChatGPT 的界面非常简单友好，只是一个简单的问答条框，你问，它答，给出智能判断科学合理的答案或解决方案。其设计思路就是从使用者"寻找问题的答案"入手，通过对话的一些关键词逐步引导跨越相关环节帮助使用者直接完成任务。依照这一思路，纳税缴费服务 App 界面可以设计为一个简单友好的询问界面——"请问您要了解什么税费事项或问题？"，然后根据对话交流的相关信息智能地了解纳税人要办理的涉税事项，逐步引导建立办税链接完成任务即可。

如使用者输入"消费税"这一关键词，纳税缴费服务 App 将引导使用者了解消费税的相关政策或办理消费税申报纳税事项；再如，使用者输入"税务发票"这一关键词，纳税缴费服务 App 将引导使用者了解税务数电发票的相关政策、分类以及办理认证、抵扣、退税等涉税事项。

基于 AI 基础大模型，可以依据使用者的对话或指令生成文本、音频、视频、图像、策略方案、智能游戏、虚拟人生，甚至能用 Python 和 C++语言编写简单的程序。所以，纳税缴费服务 App 应该可以直接应用这些功能开发出元宇宙虚拟电子税务局系统，虚拟出办税服务大厅和办税服务人员，为纳税人提供"一对一"的咨询服务并引导纳税人便捷高效地完成办税事项。关于网络安全问题，税务部门仅基于 AI 基础大模型开发出元宇宙虚拟电子税务局，所以网络安全只不过是个技术问题。当然，元宇宙虚拟电子税务局只需要对接涉税事项链接，就可以将现在的手机操作转换成虚拟办税大厅并以虚拟动漫的形式提供办税服务。对于税务代理中介等应用单位，则可以开发出虚拟咨询服务窗口并以虚拟动漫的形式提供纳税咨询服务。

附表 1 　《中国数字经济发展指数报告（2022）》指标体系构成

一级指标	二级指标	三级指标	原始指标
数字经济发展指数	数字产业化	信息产业	国产计算机 CPU 生产企业数量 国产操作系统生产企业数量 国产数据库管理系统生产企业数量 其他国产基础软硬件生产企业数量 软件行业平均工资 软件业务收入
		通信产业	光缆线路长度 移动电话交换机 移动电话普及率 互联网宽带用户数 软硬件企业数量 电信业务总量
	产业数字化	数字化广度	期末计算机台数 域名数 网页数 有电子商务的企业数量 电子商务采购额 电子商务销售额
		数字化深度	数字化第一产业企业数量 数字化第一产业企业占比 数字化第二产业企业数量 数字化第二产业企业占比 数字化第三产业企业数量 数字化第三产业企业占比
	数字基础设施	新基建	超算中心数量 数据中心数量 数据交易所数量
		数据要素	数据要素企业数量 数据要素企业占比
		辅助企业	辅助企业数量 辅助企业占比

　　资料来源：王梦梓、赵令锐、陈耿宇，《中国数字经济发展指数报告（2022）》，载赵岩主编《数字经济发展报告（2022~2023）》，社会科学文献出版社，2023。

附表 2　中国数字经济指数指标体系构成

一级指标	二级指标	大数据产业劳动投入	数据来源
数字经济产业指数	大数据产业	大数据产业的劳动投入	智联、51jab. 前程、猎聘、拉勾、58 同城、赶集等互联网招聘网站。国家知识产权局,各地工商局,私募通、投资中国等风险投资网站,各类招标网站
		大数据产业的资本投入	
		大数据产业的创新投入	
	互联网产业	互联网产业的劳动投入	
		互联网产业的资本投入	
		互联网产业的创新投入	
	人工智能产业	人工智能产业的劳动投入	
		人工智能产业的资本投入	
		人工智能产业的创新投入	
数字经济融合指数	工业互联网	工业互联网领域的劳动投入	
		工业互联网领域的资本投入	
		工业互联网领域的创新投入	
	智慧供应链	智慧供应链领域的劳动投入	
		智慧供应链领域的资本投入	
		智慧供应链领域的创新投入	
	共享经济	共享经济领域的劳动投入	
		共享经济领域的资本投入	
		共享经济领域的创新投入	
	金融科技	金融科技领域的劳动投入	
		金融科技领域的资本投入	
		金融科技领域的创新投入	
数字经济溢出指数	制造业对数字经济的利用率	制造业中信息产业作为中间投入品的比例	国家统计局
		制造业的劳动投入中信息技术相关劳动力占比	各大招聘网站
		制造业的创新投入中信息技术相关专利占比	国家知识产权局
	制造业占比	制造业的劳动投入分布	各大招聘网站
		制造业的资本投入分布	工商局、风险投资数据
		制造业的创新投入分布	国家知识产权局
	其他行业对数字经济的利用率(共 8 类)	其他行业中信息产业作为中间投入品的比	国家统计局
		其他行业的劳动投入中信息技术相关劳动力占比	各大招聘网站
		其他行业的创新投入中信息技术相关专利占比	国家知识产权局
	其他行业分别占比(共 8 类)	各个行业的劳动投入分布	各大招聘网站
		各个行业的资本投入分布	工商局、风险投资数据
		各个行业的创新投入分布	国家知识产权局

续表

一级指标	二级指标	大数据产业劳动投入		数据来源
数字经济基础设施指数	数据资源管理体系	数据采集的基础设施		各类招标网、各大招聘网站、风险投资数据、CNNIC、国家统计局
	互联网基础设施	数据存储和传输的基础设施投入		
	数字化生活应用普及程度	在线支付比例		
		共享经济比例		
		共享经济规模		

资料来源：中国数字经济指数（DEI），https：//yun.ccxe.com.cn/indices/dei。

附表3　2023年全国31个省区市数字经济财税关系综合发展指数情况

省份		综合发展指数	数字经济发展综合指数	GDP	GDP增速	一般公共预算收入	一般公共预算收入增速
第一梯队	江苏	100.00	88.13	94.51	61.05	71.69	23.03
	广东	99.39	100.00	100.00	50.53	100.00	13.56
第二梯队	浙江	87.60	84.69	60.85	63.16	62.09	22.08
	上海	86.49	82.34	34.80	52.63	60.04	29.34
	北京	81.94	94.01	32.25	54.74	44.62	25.87
	山东	81.52	85.73	67.86	63.16	53.89	16.09
第三梯队	福建	77.40	69.77	40.06	47.37	42.65	30.91
	湖北	71.45	68.15	41.13	63.16	26.65	39.43
	四川	70.39	75.39	44.32	63.16	39.92	20.82
第四梯队	西藏	67.48	26.82	1.76	100.00	1.71	100.00
	河南	66.44	63.35	43.58	43.16	32.57	19.56
	河北	65.83	59.45	32.39	57.89	30.94	17.98
	重庆	63.02	58.93	22.22	64.21	17.62	50.47
	湖南	62.74	68.61	36.86	48.42	24.26	26.18
	安徽	61.89	66.26	34.68	61.05	28.44	3.47
	内蒙古	61.28	45.81	18.15	76.84	22.26	29.02
第五梯队	新疆	59.71	48.95	13.64	71.58	15.74	48.26
	吉林	58.87	45.53	9.97	66.32	7.76	82.97
	辽宁	58.37	56.08	22.27	55.79	19.88	28.71
	天津	57.77	64.55	12.34	45.26	14.64	30.91
	陕西	57.54	63.11	24.90	45.26	24.82	11.99
	江西	56.45	56.41	23.73	43.16	22.09	11.99
	云南	55.20	52.04	22.13	46.32	15.52	32.49

续表

省份		综合发展指数	数字经济发展综合指数	GDP	GDP 增速	一般公共预算收入	一般公共预算收入增速
第五梯队	贵州	55.00	53.51	15.41	51.58	15.00	32.18
	山西	53.97	50.04	18.94	52.63	25.12	2.21
	海南	53.77	41.18	5.57	96.84	6.50	25.87
	广西	51.91	59.59	20.05	43.16	12.88	17.96
	青海	50.00	29.85	2.80	55.79	4.59	76.66
第六梯队	甘肃	49.73	40.04	8.74	67.37	7.24	33.44
	宁夏	48.31	33.10	3.92	69.47	3.63	29.02
	黑龙江	46.31	45.72	11.71	27.37	10.08	25.87
平均值		65.09	60.55	29.73	58.34	27.90	30.91
标准差		14.37	18.55	24.20	14.95	22.53	21.58
离散系数		0.22	0.31	0.81	0.26	0.81	0.70

省份		预算收入内税收占比	税收增速	税比	财政自给率	人均可支配收入	人均可支配收入增速	数字化经济效能
第一梯队	江苏	77.88	42.69	96.90	64.71	62.09	65.2	100.00
	广东	100.00	29.41	67.85	74.33	58.15	55.61	93.26
第二梯队	浙江	69.55	24.29	77.00	69.15	75.24	67.63	67.00
	上海	69.41	9.87	93.97	85.70	100.00	75.84	39.42
	北京	52.32	29.72	91.10	77.02	96.37	64.74	32.00
	山东	51.06	27.13	74.87	58.93	47.02	71.68	73.82
第三梯队	福建	45.47	33.78	77.29	100.00	53.55	61.85	53.55
	湖北	28.12	46.78	76.88	39.45	41.43	78.38	56.28
	四川	36.13	42.88	68.77	43.14	38.33	69.13	54.83
第四梯队	西藏	1.53	100.00	91.67	8.37	34.16	100.00	6.13
	河南	28.19	31.65	91.26	40.51	35.28	70.06	64.16
	河北	25.17	38.14	85.97	44.32	38.79	76.30	50.81
	重庆	14.41	40.42	78.29	45.70	44.32	62.54	35.16
	湖南	21.56	29.22	86.50	34.83	42.31	63.12	50.10
	安徽	25.31	2.28	92.22	45.30	41.13	75.84	48.82
	内蒙古	22.76	27.32	79.45	44.93	44.95	71.10	36.95
第五梯队	新疆	13.37	32.64	85.74	35.79	34.12	80.46	25.98
	吉林	6.83	52.75	72.02	24.23	35.12	75.26	20.43
	辽宁	18.26	33.40	76.14	41.66	44.78	60.92	37.03
	天津	15.42	42.50	70.35	61.39	60.44	54.22	17.82
	陕西	26.30	10.63	81.42	47.55	37.87	77.23	36.80

省份		预算收入内税收占比	税收增速	税比	财政自给率	人均可支配收入	人均可支配收入增速	数字化经济效能
第五梯队	江西	19.74	34.54	81.95	40.47	40.36	64.97	39.23
	云南	13.55	40.04	77.37	31.72	33.50	63.70	39.65
	贵州	11.93	47.06	75.53	33.28	31.94	72.02	26.86
	山西	24.96	0.00	88.43	54.41	36.45	69.13	35.30
	海南	6.52	27.89	70.74	39.63	39.13	83.47	12.61
	广西	10.10	31.13	86.68	29.04	34.79	63.35	31.37
	青海	2.76	29.98	82.25	28.82	33.70	67.98	8.75
第六梯队	甘肃	6.82	47.63	52.11	22.06	29.48	86.36	20.37
	宁夏	3.45	38.52	73.47	28.49	37.25	78.27	11.04
	黑龙江	8.39	25.62	100.00	24.00	35.00	55.03	23.88
平均值		27.65	33.87	80.78	45.77	45.71	70.37	—
标准差		24.42	17.56	10.12	20.19	17.32	9.82	—
离散系数		0.88	0.52	0.13	0.44	0.38	0.14	—

附表4　全国31个省区市数字经济财税关系的聚类分组

距离特征值 λ	省份	距离特征值 λ 分层区间		
0.46000	西藏	0.46		
0.54632	广东	0.5463		
0.56226	北京、上海	0.56226	0.5633	0.56~0.6
0.56234	江苏	0.56234		
0.57140	福建	0.57140		
0.59368	浙江、山东	0.59368		
0.60974	吉林	0.6~0.619		0.6~0.624
0.61097	青海			
0.61158	甘肃			
0.61204	天津			
0.61229	海南、宁夏			
0.61807	黑龙江			
0.62338	新疆	0.62338		

续表

距离特征值 λ	省份	距离特征值 λ 分层区间	
0.63366	湖北、四川	0.63~0.64	0.63~0.646
0.63707	山西		
0.63812	安徽		
0.63839	河北、河南		
0.63907	湖南		
0.63985	内蒙古		
0.64155	陕西	0.64~0.646	
0.64453	广西		
0.64560	江西		
0.64567	辽宁、重庆		
0.64594	贵州、云南		

附表 5　主要城市数字经济财税关系发展综合指数

城市	城市数字化指数	GDP	GDP 增速	一般公共预算收入	财税贡献率	数字化经济效能	发展综合指数
上海	99.84	100.00	71.43	100.00	100.00	100.00	95.21
北京	100.00	92.68	72.53	74.36	80.23	92.53	85.39
深圳	93.10	73.29	76.92	49.48	67.51	78.60	73.15
重庆	80.42	63.84	77.47	29.36	45.99	79.26	62.72
杭州	91.71	42.48	74.73	31.48	74.10	46.25	60.12
广州	88.76	64.29	69.23	23.39	36.38	72.31	59.06
苏州	81.92	52.21	69.23	29.56	56.61	63.64	58.86
成都	87.00	46.75	76.92	23.21	49.65	53.65	56.20
天津	77.26	35.45	67.58	24.39	68.80	45.81	53.21
武汉	79.83	42.38	75.27	19.26	45.45	53.00	52.53
宁波	77.42	34.84	74.18	21.48	61.66	44.93	52.42
南京	82.56	36.90	69.23	19.49	52.82	44.62	50.94
青岛	74.21	33.38	76.37	16.09	48.22	44.90	48.86
郑州	75.17	28.84	84.62	14.02	48.63	38.30	48.26
无锡	75.76	32.73	76.92	14.38	43.93	43.14	47.81
长沙	73.57	30.35	70.33	14.76	48.63	41.19	46.47
济南	72.28	27.02	77.47	12.76	47.23	37.32	45.68
鄂尔多斯	50.41	12.39	82.42	10.95	88.36	24.54	44.84

续表

城市	城市数字化指数	GDP	GDP 增速	一般公共预算收入	财税贡献率	数字化经济效能	发展综合指数
合肥	79.08	26.84	75.82	11.18	41.66	33.89	44.75
西安	66.13	25.44	72.53	11.45	45.02	38.40	43.16
佛山	67.09	28.12	71.43	9.63	34.25	41.84	42.06
福州	71.32	27.38	72.53	9.07	33.13	38.33	41.96
沈阳	63.80	17.20	77.47	9.63	56.01	26.92	41.84
厦门	69.98	17.08	60.99	11.21	65.64	24.37	41.55
常州	62.75	21.42	81.32	8.18	38.20	34.09	40.99
南通	66.08	25.02	75.82	8.18	32.71	37.80	40.93
石家庄	61.58	15.96	77.47	8.85	55.44	25.87	40.86
大连	61.90	18.54	76.92	9.02	48.69	29.90	40.83
烟台	63.57	21.52	80.22	8.11	37.67	33.80	40.81
温州	67.84	18.49	81.87	7.49	40.51	27.21	40.57
绍兴	62.71	16.50	86.81	6.96	42.19	26.27	40.24
嘉兴	61.10	14.96	78.57	7.60	50.83	24.44	39.58
东莞	70.47	24.22	58.24	9.68	39.97	34.32	39.48
徐州	60.35	18.85	82.97	6.57	34.85	31.19	39.13
泉州	63.81	25.78	70.33	6.99	27.10	40.33	39.06
长春	57.89	14.83	80.22	6.94	46.77	25.57	38.70
金华	61.44	12.73	81.32	6.33	49.69	20.69	38.70
唐山	55.47	19.34	76.37	6.99	36.15	34.81	38.19
潍坊	62.27	16.11	71.98	7.32	45.43	25.82	38.16
贵阳	66.61	10.92	76.92	5.37	49.15	16.36	37.55
济宁	54.30	11.68	79.67	5.71	48.92	21.48	36.96
呼和浩特	63.81	8.05	98.90	2.86	35.54	12.60	36.96
乌鲁木齐	59.83	8.74	83.20	4.45	50.95	14.58	36.96
珠海	62.26	8.97	64.84	5.80	64.73	14.38	36.83
泰州	58.34	14.26	81.32	5.29	37.10	24.40	36.78
芜湖	57.22	10.17	80.31	4.98	48.99	17.74	36.57
惠州	59.10	11.94	74.73	5.69	47.66	20.18	36.55
盐城	56.20	15.68	76.37	5.81	37.04	27.86	36.49
连云港	56.71	9.24	100.00	3.08	33.33	16.27	36.44
昆明	67.68	16.66	62.09	6.71	40.30	24.57	36.34
临沂	56.00	12.93	78.57	5.36	41.48	23.05	36.23
湖州	53.76	8.50	75.82	4.94	58.15	15.79	36.16
台州	59.21	13.22	68.68	5.95	44.99	22.29	35.72
淮安	56.33	10.62	86.81	3.81	35.91	18.83	35.38
淄博	57.34	9.66	74.18	4.75	49.19	16.82	35.32

续表

城市	城市数字化指数	GDP	GDP 增速	一般公共预算收入	财税贡献率	数字化经济效能	发展综合指数
宿迁	52.69	9.31	86.81	3.85	41.33	17.65	35.27
宜昌	55.14	12.68	92.12	3.23	25.52	22.95	35.27
扬州	63.00	15.72	76.92	4.19	26.63	24.92	35.23
太原	61.59	11.80	64.84	5.40	45.78	19.14	34.76
邯郸	52.52	9.28	75.27	4.52	48.74	17.64	34.66
镇江	61.49	11.15	78.57	3.86	34.64	18.10	34.63
遵义	53.42	9.75	81.32	3.92	40.24	18.21	34.48
中山	56.23	8.15	74.73	4.00	49.11	14.48	34.45
南宁	63.58	11.58	65.93	4.82	41.65	18.19	34.29
菏泽	51.97	9.45	81.32	3.81	40.33	18.17	34.18
沧州	54.19	9.40	75.82	4.12	43.84	17.33	34.12
东营	52.66	8.26	82.42	3.43	41.52	15.65	33.99
南昌	64.42	15.51	53.19	6.02	38.79	24.04	33.66
滨州	53.42	6.61	71.43	3.51	53.20	12.35	33.42
滁州	48.49	8.01	79.12	3.59	44.79	16.49	33.41
绵阳	58.57	8.55	87.91	2.42	28.34	14.58	33.40
保定	49.64	8.50	71.43	4.12	48.53	17.09	33.22
上饶	46.52	7.20	80.77	3.26	45.20	15.46	33.07
赣州	51.53	9.76	73.08	3.84	39.41	18.90	32.75
漳州	54.63	12.13	76.37	3.36	27.73	22.17	32.73
江门	55.25	8.52	74.18	3.33	39.13	15.39	32.63
泰安	48.99	7.04	79.12	2.88	40.84	14.35	32.20
兰州	60.65	7.39	67.59	3.07	41.54	12.16	32.06
洛阳	56.17	12.27	55.56	4.86	39.63	21.81	31.72
襄阳	55.48	12.37	68.38	3.20	25.86	22.27	31.26
南阳	50.56	9.68	70.33	3.33	34.37	19.12	31.23
哈尔滨	58.84	11.81	60.99	3.77	31.89	20.04	31.22
德阳	49.62	6.38	80.77	2.21	34.60	12.85	31.07
德州	52.57	8.06	69.99	3.02	37.47	15.30	31.07
廊坊	54.84	7.64	50.58	3.85	50.41	13.91	30.21
阜阳	47.80	7.04	75.82	2.34	33.28	14.70	30.16
威海	58.74	7.44	60.94	2.85	38.32	12.65	30.16
衡阳	48.69	8.88	73.08	2.35	26.51	18.20	29.62
岳阳	48.38	10.25	69.23	2.41	23.48	21.16	29.15
吉安	46.66	5.79	64.29	2.46	42.54	12.39	29.02
新乡	48.50	7.58	62.20	2.70	35.60	15.60	28.70
商丘	47.67	6.58	63.74	2.42	36.71	13.79	28.48

城市	城市数字化指数	GDP	GDP 增速	一般公共预算收入	财税贡献率	数字化经济效能	发展综合指数
常德	49.82	9.29	63.74	2.43	26.19	18.61	28.35
咸阳	55.34	6.10	67.58	1.67	27.36	11.00	28.17
周口	51.48	7.87	58.96	2.43	30.92	15.26	27.82
汕头	54.13	6.69	67.03	1.60	23.99	12.34	27.63
湛江	51.58	8.03	60.44	1.87	23.30	15.55	26.80
开封	51.91	5.37	48.90	2.02	37.66	10.32	26.03
许昌	50.01	7.99	48.08	2.48	30.97	15.96	25.91
九江	48.93	7.94	3.95	3.88	48.84	16.21	21.62
平均值	61.71	18.64	72.91	9.35	43.56	27.21	38.90
标准差	11.97	17.34	11.62	13.68	13.18	17.35	11.42
离散系数	0.19	0.93	0.16	1.46	0.30	0.64	0.29

附表6　主要城市数字经济发展财税关系聚类分布

距离特征值 λ	城市	距离特征值 λ 分层区间	
0.5782	北京、上海	λ = 0.5782	
0.6107	深圳	0.61<λ<0.612	
0.6114	九江		
0.6365	鄂尔多斯	λ = 0.6365	
0.6774	广州、重庆	0.67<λ<0.68	0.67<λ<0.69
0.6797	杭州		
0.6892	苏州	λ = 0.6892	
0.7129	厦门	λ = 0.7129	
0.7395	成都、武汉	0.73<λ<0.742	
0.7409	珠海		
0.7413	南京		
0.7416	宁波、天津		
0.7481	廊坊	0.748<λ<0.76	
0.7494	东莞		
0.7584	宜昌		
0.7587	呼和浩特、连云港		

续表

距离特征值 λ	城市	距离特征值 λ 分层区间	
0.7673	洛阳、昆明、南昌	0.76<λ<0.77	0.76<λ<0.78
0.7677	合肥		
0.7680	西安		
0.7681	郑州、济南		
0.7684	长沙		
0.7687	无锡、青岛		
0.7716	泉州	0.77<λ<0.78	
0.7722	南通		
0.7723	福州、佛山、绵阳		
0.7759	镇江		
0.7782	温州、绍兴		
0.7786	扬州		
0.7790	开封		
0.7791	哈尔滨		
0.7801	徐州	0.78<λ<0.79	0.78<λ<0.8
0.7811	烟台、常州		
0.7830	贵阳		
0.7843	许昌		
0.7846	襄阳、漳州		
0.7848	兰州、威海		
0.7849	咸阳、汕头		
0.7853	衡阳、岳阳		
0.7854	常德		
0.7855	湛江、周口		
0.7858	吉安		
0.7859	滨州		
0.7861	新乡、商丘		
0.7869	湖州		
0.7870	潍坊		
0.7889	泰州、临沂		
0.7890	大连、盐城		
0.7890	唐山		

距离特征值 λ	城市	距离特征值 λ 分层区间	
0.7900	台州		
0.7902	南宁、太原		
0.7906	乌鲁木齐		
0.7911	长春		
0.7913	金华		
0.7914	嘉兴		
0.7916	淮安		
0.7918	德阳、阜阳、沈阳、石家庄		
0.7923	德州	0.79<λ<0.8	0.78<λ<0.8
0.7924	南阳、江门、赣州、泰安		
0.7925	滁州、上饶		
0.7926	宿迁		
0.7928	东营		
0.7930	惠州、保定		
0.7932	济宁、芜湖		
0.7934	沧州、邯郸、遵义、菏泽		
0.7936	淄博、中山		

附表7 2018年以来31个省区市数字经济规划及实况

省份	规模或增速量化目标
北京	2022年,数字经济增加值占地区GDP比重达到55%。"十四五"期间,数字经济成为发展新动能,数字经济增加值年均增长7.5%左右,建设成为全球数字经济标杆城市。[《北京市促进数字经济创新发展行动纲要(2020—2022年)》《北京市国民经济和社会发展第十四个五年规划和二〇三五年远景目标纲要》] 2022年数字经济增加值实际规模为16000亿元,占GDP比重为38.45%
天津	"十四五"期间,支持天津经济技术开发区开展国家级两业融合发展试点。到2025年,数字经济核心产业增加值占地区生产总值比重达到10%。(《天津市国民经济和社会发展第十四个五年规划和二〇三五年远景目标纲要》)
河北	"十四五"期间,促进数字经济和实体经济深度融合,加快推进数字产业化、产业数字化。实施上云用数赋智行动,构建生产服务+商业模式+金融服务的数字化生态体系。到2025年,河北省电子信息产业主营业务收入突破5000亿元。[《河北省数字经济发展规划(2020—2025年)》《河北省国民经济和社会发展第十四个五年规划和二〇三五年远景目标纲要》]

续表

省份	规模或增速量化目标
山西	2022年,山西省数字经济创新发展基础进一步筑实,数字经济规模突破0.5万亿元。到2025年,山西省数字经济迈入快速发展期,数字经济规模达到0.8万亿元。(《山西省加快推进数字经济发展的实施意见和若干政策》)
内蒙古	2025年,数字基础设施完善。实现骨干网与全国重要城市直接联通,算力网络国家枢纽节点建设初见成效;5G基站数量达4.5万个,万物互联、人机交互、天地一体的网络基本形成,数据中心规模、技术水平和服务能力达到国内一流,建成支撑全国、辐射亚欧的数字基础设施基地。数字经济核心产业增加值占GDP比重达2.5%左右。(《内蒙古自治区"十四五"数字经济发展规划》)
辽宁	"十四五"期间,推进数字产业化和产业数字化,推动数字经济和实体经济深度融合,加快发展智慧政务、智慧教育、智慧医疗、智慧物流、智慧交通、智慧金融,深植"数字基因",加快辽宁"数字蝶变"。[《数字辽宁发展规划(2.0版)》]
吉林	"十四五"期间,"数字吉林"建设取得重大突破,经济社会运行数字化、网络化、智能化水平大幅提升,大数据、云计算、"互联网+"、人工智能成为产业转型重要支撑,信息化带动力持续增强,数字社会、数字政府建设深入推进,数字红利进一步释放。到2025年,数字经济核心产业增加值占地区生产总值比重达10%。(《吉林省国民经济和社会发展第十四个五年规划和2035年远景目标纲要》)
黑龙江	到2025年数字经济核心产业增加值占GDP比重达到10%,数字经济实现跨越式发展,成为东北地区数字经济发展新龙头。(《黑龙江省"十四五"数字经济发展规划》)
上海	2025年,全面推进城市数字化转型取得显著成效,国际数字之都建设形成基本框架;2035年,成为具有世界影响力的国际数字之都。(《上海市全面推进城市数字化转型"十四五"规划》)
江苏	2025年,数字经济强省建设取得显著成效,数字经济核心产业增加值占地区生产总值比重超过10%,数字经济成为江苏高质量发展的重要支撑。(《江苏省"十四五"数字经济发展规划》)
浙江	2022年,浙江省数字经济增加值将达到4万亿元以上,占全省国民经济生产总值(GDP)比重超过55%。"十四五"期间,数字经济增加值占全省生产总值比重达60%左右。深入实施数字经济五年倍增计划,大力建设国家数字经济创新发展试验区,打造数字强省、云上浙江。(《浙江省国家数字经济创新发展试验区建设工作方案》《浙江省高质量推进数字经济发展2022年工作要点》)
安徽	加强数字基础设施建设,协同推进数字产业化和产业数字化,支持中国声谷、科大硅谷等发展壮大。[《加快发展数字经济行动方案(2022—2024年)》]

省份	规模或增速量化目标
福建	到 2025 年,新时代数字福建建设基本实现数字政府智治化、数字经济高端化、数字社会智慧化、数据要素价值化,成为全方位推进高质量发展超越的强大引擎,成为数字中国建设样板区。同时,数字经济核心产业增加值占 GDP 比重提高 3 个百分点,年均提高 0.6 个百分点。[《福建省做大做强做优数字经济行动计划（2022—2025 年）》《福建省"十四五"数字福建专项规划》] 2022 年数字经济增加值实际达 2.6 万亿元,比上一年增加 0.3 万亿元
江西	2022 年,数字经济增加值年均增速 26% 以上,达到 1.5 万亿元以上,建成 4 万个 5G 基站。"十四五"期间,实施数字经济"一号工程",加快数字化发展,推进数字产业化和产业数字化,推动数字经济和实体经济深度融合。打造全国数字经济发展新高地。[《江西省数字经济发展三年行动计划（2020—2022 年）》]
山东	2022 年,山东数字经济占 GDP 比重由 35% 提高到 45% 以上,年均提高 2 个点以上,形成数字经济实力领先、数字化治理和服务模式创新的数字山东发展格局。"十四五"期间,数字强省建设实现重大突破,数字基础设施、数字政府、数字社会建设成效大幅提升,实体经济、数字经济深度融合发展,形成具有国际竞争力的数字产业集群,成为全国工业互联网发展示范区。[《数字山东发展规划（2018—2022 年）》《山东省国民经济和社会发展第十四个五年规划和 2035 年远景目标纲要》]
河南	通过建设三级一体化省大数据中心、建设国家(郑州)数据枢纽港等措施,助力河南省在 2022 年年底建成数字政府建设国家标杆省。"十四五"期间,数字经济核心产业增加值占地区生产总值比重年均增长 2.5%。打造具有竞争力的数字产业集群,建设数字经济新高地。(《河南省数字政府建设总体规划（2020—2022 年）》)
湖北	"十四五"期间,加快建设数字湖北,大力推进智慧城市和数字乡村建设。到 2025 年湖北省数字经济核心产业增加值占 GDP 的比重达到 10%,重点建成"四区两中心"。(《湖北省数字经济发展"十四五"规划》)
湖南	2022 年湖南力争数字经济增长 15% 以上。"十四五"期间,推动数字产业化。充分发挥数据新要素的重要作用,培育壮大数字经济核心产业,建设全国数字经济创新引领区、产业聚集区和应用先导区。到 2025 年,数字经济核心产业增加值占地区生产总值比重达 11%。(《湖南省 2022 年国民经济和社会发展计划》)
广东	2022 年数字经济增加值力争突破 6 万亿元,占 GDP 比重超过 50%。"十四五"期间,数字经济核心产业增加值占地区生产总值比重达到 20%,加快推进数字产业化和产业数字化,推动数字经济和实体经济深度融合,建设具有国际竞争力的数字产业集群,建设全球领先的数字化发展高地。(《广东省建设国家数字经济创新发展试验区工作方案》《广东省国民经济和社会发展第十四个五年规划和 2035 年远景目标纲要》)
广西	加快数字广西建设。以共建数字丝绸之路为引领,依托中国-东盟信息港,实施大数据战略,加快数字产业化、产业数字化,推动数字经济和实体经济深度融合。到 2025 年,数字经济规模占地区生产总值比重达 35%。(《广西加快数据要素市场化改革实施方案》《广西数字经济发展规划》(2018—2025 年)》)

省份	规模或增速量化目标
海南	"十四五"期间推进数字产业化和产业数字化,推动数字经济和实体经济深度融合,构筑开放型数字经济创新高地。(《中共海南省委关于制定国民经济和社会发展第十四个五年规划和二〇三五年远景目标的建议》)
重庆	2022年,数字经济总量达到万亿级规模,占GDP比重达到40%以上。"十四五"期间,数字经济发展走在全国前列,数字经济增加值占地区生产总值比重提升至35%。(《重庆建设国家数字经济创新发展试验区工作方案》《重庆市国民经济和社会发展第十四个五年规划和二〇三五年远景目标纲要》)
四川	2022年,四川省数字经济总量超2万亿元。"十四五"期间,加快建成全国领先的数字经济发展高地。到2025年四川省数字经济总量超3万亿元,占GDP比重达到43%。数字经济核心产业增加值占GDP比重达到全国平均水平。(《四川省"十四五"数字经济发展规划》)
贵州	"十四五"期间,大力推动数字产业化,实施数字经济万亿倍增计划,深入开展大数据"百企引领"行动。大力推动产业数字化,深入实施"万企融合"大行动,持续推动大数据赋能实体经济。大力推动数字化治理,创新数字治理模式,完善提升"一云一网一平台",深入实施"数字政府"建设行动。到2025年,数字经济增加值占地区GDP的比重为50%左右。(《贵州省"十四五"数字经济发展规划》)
云南	抢抓数字经济发展重大历史机遇,坚持资源数字化、数字产业化、产业数字化、数字化治理发展思路,以场景应用为切入口,用"数字"为经济赋能、为发展提质、为治理增效,把云南建设成为我国数字经济发展新高地,全面推动云南省经济社会数字化转型。(《云南省国民经济和社会发展第十四个五年规划和二〇三五年远景目标纲要》)
西藏	抓住"数字机遇",加快布局5G、绿色数据中心、物联网、工业互联网等新型基础设施,积极融入"东数西算"布局,信息化发展程度整体达到西部中等水平。加快发展高新数字产业,积极推动互联网、大数据、云计算、人工智能、卫星技术等新一代信息技术同经济社会发展深度融合,建设面向南亚数字港,推动产业数字化、数字产业化,力争数字经济规模突破600亿元。(《在中国共产党西藏自治区第十次代表大会上的报告》)
陕西	"十四五"期间,深入贯彻网络强国、数字中国国家战略,实施网络强省建设行动,推进数字产业化和产业数字化,培育数据要素市场,推动数字经济和实体经济深度融合。到2025年,数字经济核心产业增加值占地区生产总值比重达5%。(《全省国民经济和社会发展第十四个五年规划和二〇三五年远景目标纲要》)
甘肃	2025年,实现"一年显成效、三年上台阶、五年树标杆",数据要素市场基本建立,数字产业化发展活力不断增强,产业数字化水平有效提升,打造东西部算力资源调度先导区、全域经济数字化转型样板区、社会治理创新应用示范区。数字经济规模总量突破0.5万亿元,数字经济增加值占GDP的比重上升15个百分点。(《甘肃省"十四五"数字经济创新发展规划》)

省份	规模或增速量化目标
青海	2022 年底,数字基础设施建设更加完善,大数据产业有序发展,数字产业发展势头更加强劲,产业数字化程度不断提高,治理数字化成效更加突出。"十四五"期间,推动数字经济和实体经济深度融合。(《2022 年青海省促进数字经济发展工作要点》《青海省国民经济和社会发展第十四个五年规划和二〇三五年远景目标纲要》)
宁夏	2025 年,数字基础设施基本完善,数字产业化体系初步形成,特色农业、新型材料、绿色食品、清洁能源、文化旅游等重要领域和重点行业数字化转型基本完成,数字经济发展生态体系基本形成,数据资源价值进一步释放,全力建设"西部数谷",努力建设西部数字经济创新发展新高地。(《宁夏回族自治区数字经济发展"十四五"规划》)
新疆	2025 年,数字经济增加值占地区生产总值比例达 35%。同时,大力发展数字经济。推进"天山云谷"等应用服务,推动数字产业化和产业数字化,促进数字经济和实体经济深度融合。提升全民数字技能,实现信息服务全覆盖。提高网络安全防护能力,打造数字经济网络安全保障体系。(《新疆维吾尔自治区国民经济和社会发展第十四个五年规划和 2035 年远景目标纲要》)

B.3
数字经济税收理论与实践前沿报告（2024）

冯守东　王爱清*

摘　要：　尽管 2024 年全球税改"双支柱"方案落地实施，许多辖区已根据"双支柱"立法模板及其征管指南修订内部立法，但是关于数字经济的税收问题研究仍在继续，本报告旨在进一步厘清数字经济税收理论，为国际税收新秩序提供理论支撑；明确"双支柱"方案实施给本辖区带来的影响，为税收立法提供参证；阐释数字经济下数字交易的税收属性及其课税逻辑，梳理数据税的税制要素；加强税收征管数字化建设及应用，为有效落实税收执行管辖权、加强对数字经济新业态的税收监管提供思路和解决方案。

关键词：　数字税收理论　"双支柱"方案　税收征管数字化

从国际税改进程看，2024 年无疑将成为 OECD "双支柱"方案落地实施的"元年"，各国系统推出"双支柱"方案的应对之策迫在眉睫。2023年 7 月，OECD 发布成果声明，明确了"双支柱"方案的不同组成部分将以多边公约、国内立法和税收协定等各自适配的方式迈向落地实施阶段。2023年 10 月，OECD 发布了支柱二"最低税实施手册"，2023 年 12 月，OECD发布第三套《GloBE 规则立法模板的征管指南》。截至 2023 年 12 月，BEPS

---

* 冯守东，经济学博士，中国社会科学院财经战略研究院研究员，主要研究方向为财税理论与政策、财税合规、营商环境评价等；王爱清，宁德师范学院经济管理学院教授，会计系主任，中国社会科学院大学研究生院硕士生导师，主要研究方向为财务会计、税务会计、数字经济财税规划与治理等。

包容性框架①已有 140 个成员签署加入"双支柱"方案，有 58 个辖区计划或已经立法实施 IIR、UTPR、QDMTT 或在本国和地区引入与最低税类似的单项或组合措施。2024 年 4 月，OECD 发布全球反税基侵蚀（GloBE）规则立法模板（2023 年）综合注释。截至 2024 年 5 月，BEPS 包容性框架成员共计 147 个国家和地区。OECD 于 2024 年 6 月发布《支柱一——金额 B》的最新指南。至此，这场历时十年由国际社会共同书写的从 BEPS 1.0（2013 年）到 BEPS 2.0（2023 年）的跌宕起伏故事已近尾声，即将开启全球立法转化、全面实施的后 BEPS 2.0 时代新篇章！

学界围绕数字经济税收理论、"双支柱"方案实施、数据资源入表及其课税、数字经济下税收制度的适配性，以及税收征管数字化建设和应用等理论与实践问题展开深入探讨。

一 数字经济税收理论研究

持续、深入推进营业所得课税权分配规则改革，既要对传统法理依据传承与深化，也要对其进行扬弃与发展。② 用户参与价值创造论、供需利润观、特定地域租金论、税收公平原则和受益课税原则等，都尝试对税收联结规则嬗变做出适应性阐释。

（一）用户参与价值创造论

用户参与价值创造论强调，在数字经济模式下用户的个人数据、销售渠道、数据分析技术在知识算法的组合下会产生商业价值。数字用户参与得越多，产生的用户数据也会越多、越丰富，数字经济公司能从中获得越多的利润。③ 数据

---

① BEPS 包容性框架是经济合作与发展组织（OECD）和二十国集团为应对税基侵蚀和利润转移问题而设立的一个合作机制。

② 曹阳：《数字经济下营业利润征税权分配规则改革的法理依据研究》，《税务研究》2024 年第 1 期，第 70~75 页。

③ 齐萌、刘博：《数字服务税：理论阐释、国际实践与中国进路》，《上海财经大学学报》（哲学社会科学学报）2022 年第 3 期，第 139~152 页。

要素参与价值创造深刻改变了企业利润的性质，对于深度依赖数据要素的企业，其价值盈余中实际包含很多数据要素的价值。[1] 数字经济时代，数据是重要的生产要素，其背后的算法是商业价值创造的重要源泉。[2] 在数字经济产业链价值创造过程中，市场辖区用户产生了大量基础信息和数字内容，成为数字经济有效运行的关键消费主体。[3] 用户和市场辖区是交易数据的重要发源地，这些交易数据能帮助企业及时调整运营策略，创造更多商业价值。然而现行国际税收规则，尚未将数据、用户参与、市场辖区对于商业价值的贡献纳入其中。[4] "用户贡献"是企业数字资产价值的核心来源，即"用户参与价值创造"，为征收数字资产所得税提供了借鉴思路。[5] 用户创造价值理论凸显量能课税原则对传统税收分配机制的匡正，是要素分配论的有效补充。[6] 进入 BEPS2.0 阶段，通过"用户参与价值创造"这一概念说明"支柱一"的"新征税权"，以及诠释"支柱二" QDMTT 规则就是将首要课税权赋予价值创造的所在司法辖区。[7]

党的十九届四中全会首次明确提出"将数据作为生产要素参与收入分配"。我国开始引入数据要素参与分配的制度，对数据价值如何评估，如何完善数字经济分配规则和收益分配机制，已成为税收利益协调的重要内容。数字经济模式下，如何量化各要素对价值创造的贡献，这无疑是界清利润归属的前提。[8]

① 杨昭、杨杨：《数据要素影响税制体系的机理、表现和应对》，《税务研究》2023 年第 3 期，第 105~111 页。
② 邢丽、樊轶侠、施文泼：《面向数字经济时代的我国税制改革前瞻》，《税务研究》2022 年第 5 期，第 61~67 页。
③ 白彦、习文卓：《论数字经济的税法调节》，《税务研究》2023 年第 1 期，第 63~69 页。
④ 黄丙志、朱雷檬：《数字经济价值模式下国际税收"第一支柱"方案的影响与应对》，《国际贸易》2022 年第 4 期，第 39~45 页。
⑤ 蔡昌：《数字国际税收治理挑战巨大 中国如何积极应对》，《中国财经报》2020 年 12 月 15 日。
⑥ 白彦、习文卓：《论数字经济的税法调节》，《税务研究》2023 年第 1 期，第 63~69 页。
⑦ 刘奇超、沈涛、曹明星：《从 BEPS1.0 到 BEPS2.0：国际税改"双支柱"方案的历史溯源、体系建构与发展趋势（下）》，《国际税收》2024 年第 2 期，第 31~40 页。
⑧ 石媛媛：《论我国经济数字化的税收应对——基于企业所得税视角》，《税务研究》2020 年第 3 期，第 108~111 页。

（二）供需利润观

传统的供给利润观将企业销售产品或服务所产生的利润全部归属于供给要素的投入运作，不承认市场消费对企业利润的贡献。相较于传统的供给利润观，基于供需结合的利润观（简称"供需利润观"）认为数字经济模式下供给方和需求方共同创造利润。供需利润观将重点放在了市场国或消费地，更强调市场国消费需求对于商业利润创造和价值实现的贡献。质言之，市场国因素之所以能被纳入国际税收制度，主要是因其向跨国企业所供给的包括市场和用户为关键核心的统合性利益束，是数字经济下跨国公司无法放弃的利益来源。[①] 供需利润观认为消费者或用户已通过参与价值创造过程而成为"产销者"，说明消费者所在的需求端与生产者所在的供给端在共同创造价值、共同生成利润。[②]

重构数字经济时代公平合理的国际税收秩序，需要引入供需利润观。它符合经济学的基本原理，具有正当性与合理性。引入供需利润观既是实现跨境商业利润国际税收权益公平合理分配的诉求，也是有效抑制跨国集团企业通过筹划生产要素投入地而规避纳税的重要举措，从而终止各辖区无休止的税收竞争，构建一种以最终市场销售地为利润课税地的税收新秩序。[③]

站在市场主体的角度，国际税收理论研究应在供给利润观基础上"另辟蹊径"，正视生产要素投入和市场消费需求两方面互动产生利润的机制，摆脱传统理论的束缚和修修补补式的分析思路，创造性地研究数字经济时代的税收管辖权规则，夯实国际税收理论的基础。[④]

---

① 彭程：《论数字经济下税收联结规则的时空构造与规范嬗变》，《税务研究》2023 年第 11 期，第 69~75 页。

② 张志勇、励贺林：《数字经济、价值创造和财富分配——基于税收视角的分析》，《国际税收》2021 年第 9 期，第 3~14 页。

③ 廖益新：《在供需利润观基础上重构数字经济时代的国际税收秩序》，《税务研究》2021 年第 5 期，第 17~30 页。

④ 李香菊、付昭煜：《数字经济国际税改与我国应对思路》，《国际税收》2023 年第 7 期，第 18~23 页。

（三）特定地域租金论

有学者将数字服务税视为一种数字企业从特定地点获取的经济租金，称为"特定地域租金"（Location-Specific Rent，LSR）。[①] 若将数字平台经济创造的价值视为"连接租金"，把数字平台的数字空间作为显著经济存在下的数字常设机构，那么就可将数字服务税界定为对特殊地域生成的经济租金的征税。特定地域租金论认为，征税国将其数字空间作为租位租借给数字平台公司，租位所在辖区则可就租金收入主张其征税权。在典型的数字商业模式中，数字服务用户作为"产消者"的属性表明，跨国公司实际上利用了当地的要素资源获取利润，数字平台的"特定地域租金"也理应被追溯并分配给特定的辖区。[②]

从另一层意义上讲，消费者和政府分别作为个体数据与公共数据产权所有者，"数据税"就是消费者和政府因出让数据使用权而应得的"数据租"。当下，数字平台企业往往利用其平台优势以及数字技术优势独吞了数据要素收益，而数据要素的产权主体却没能获取应有利益，因而出现数据滥采滥用和税基侵蚀等问题。可见，"数据租"为数据要素利益分配提供了理论支撑。[③]

（四）税收公平原则

从众多文献资料看，数字经济下的税收公平原则有其独特的内涵，重点是要解决数字经济带来的税收分配不公问题。一是传统交易与数字交易之间的税收公平问题。经济数字化企业有能力利用自身技术优势实现全球税收成本最小化，从而造成传统企业税负不公。若对传统交易征税而不对数字资产

---

① 彭程：《论数字经济下税收联结规则的时空构造与规范嬗变》，《税务研究》2023年第11期，第69~75页。

② 谢璐华、阮烨翔：《数字平台经济下税源管理——基于数据资产权属转移视角》，《福建商学院学报》2021年第5期，第8~14页。

③ 路文成、魏建、贺新宇：《数据税：理论基础与制度设计》，《江海学刊》2022年第1期，第91~97页。

交易征税，则会带来数字资产要素与传统生产要素之间的税负差距。从维护税收公平的角度，对数字资产征税具有必要性。[①] 二是不同辖区之间的税收分配公平问题，特别是要消除数字经济带来的生产地与消费地之间的税收背离问题。由于税收归属地和税负承担地出现了背离，加大了区域间税收收入的不均衡，侵蚀了税收公平和效率原则。因而，需要在生产地与消费地之间寻求税收平衡，由生产地原则转向消费地原则。[②] 这实际体现了供需利润观。

国际税收改革需要按照公平原则平衡税收负担。"支柱一"基于数字经济企业税负远低于同期传统企业的实证研究，将课税范围设定在自动化数字服务（ADS）和面向消费者业务（CFB）行业，打破了各行业间税收的形式公平。"支柱一"重新调整课税范围和额度，在更深层次实现税收实质公平，从而揭示税收形式公平与实质公平之间的深层矛盾。[③]

（五）受益课税原则

所谓受益课税原则，就是以从公共服务中受益多少作为税负分配标准，受益多者多纳税，受益少者少纳税，受益相同者缴纳相同的税，受益不同者缴纳不同的税。按照受益原则，一方面，来源国至少从营商环境和经济环境、技术支持、法律保护、基础设施、用户贡献等方面，对其辖区内的数字化公司提供服务和支持，因此可以论证确立来源国课税权的合理性与实际贡献，[④] 或者说，由于市场国政府提供了公共产品和服务，支持互联网、在线支付等数字化基础设施的发展，才使得跨国公司远程提供数字产品

[①] 张晓宇：《对数字资产征税的必要性及可行性探析》，《国际商务财会》2023 年第 8 期，第 49~51 页。

[②] 杨杨、徐少华、杜剑：《数字经济下税收与税源背离对全国统一大市场建设的影响及矫正》，《税务研究》2022 年第 8 期，第 18~22 页。

[③] 曹阳：《数字经济下营业利润征税权分配规则改革的法理依据研究》，《税务研究》2024 年第 1 期，第 70~75 页。

[④] 刘奇超、沈涛、曹明星：《从 BEPS1.0 到 BEPS2.0：国际税改"双支柱"方案的历史溯源、体系建构与发展趋势（下）》，《国际税收》2024 年第 2 期，第 31~40 页。

和服务，所以，市场国应拥有课税权；① 另一方面，消费者承担了税收，理应享受相应的公共服务，体现"谁负担，谁受益"的税收分配公平。② 这符合财政交换论思想，也充分体现了税收"取之于民、用之于民"的思想。从 BEPS1.0 到 BEPS2.0 守正创新的理论发展看，"双支柱"方案的形成预示着从价值创造原则的延续到受益原则的复兴和量能课税原则的复归。但受益原则和量能课税原则作为经济忠诚原则的核心要义，渐渐成为主流思想。③

二 OECD "双支柱" 方案实施研究

（一）OECD "双支柱" 方案研究

全球范围内，"支柱二"的运行目前已进入全面提速阶段。在全球最低税推进过程中，BEPS 包容性框架成员表现出两个特点：一是在其国内法中引入全球最低税时，一般都服从于其国家税收利益；二是发展中经济体和传统低税辖区更倾向于保持其既有的投资吸引力，将重点行业的所得税优惠政策转移至其他税种。相对而言，"支柱一"主要是将全球税收权益由发达经济体向发展中经济体调整，且美国与欧盟之间也存在利益分配的竞争；"支柱二"主要是将发展中经济体的相关税收优惠政策产生的"放水养鱼"利益向发达经济体调整。④ 值得关注的是，2023 年以来，已有部分辖区提高或计划提高公司税率。2022 年以来尤其是 2023 年至今，从各

---

① 何杨：《经济数字化背景下的国际税收变革：理论框架与影响分析》，《国际税收》2020 年第 5 期，第 48~53 页。
② 刘杰、王胜华：《数字经济影响增值税跨地区转移的机制分析》，《税收经济研究》2022 年第 6 期，第 49~59 页。
③ 刘奇超、沈涛、曹明星：《从 BEPS1.0 到 BEPS2.0：国际税改"双支柱"方案的历史溯源、体系建构与发展趋势（下）》，《国际税收》2024 年第 2 期，第 31~40 页。
④ 管治华、宋晨泽：《全球最低税：实施进展、影响评估以及应对思考》，《税务研究》2024 年第 6 期，第 98~106 页。

国公司税率调整的情况看，全球最低税在很大程度上成为限制全球税收"逐底竞争"的利器。① 全球进入新的"加税"周期。就"支柱一"而言，金额 A 规则以签署公约为前提条件，生效公约优先于国内税法适用，同时保障其他税法规则与之协同配套；金额 B 规则则是被转让定价规则吸收并加以完善。"支柱二"的实施不需各辖区签署公约，其是以"共同方法"的形式，通过各辖区的国内法实施。随着更多辖区的加入，"支柱二"会形成自我强化的正反馈机制，从而达到遏制税基侵蚀和利润转移空间的效果。②

"支柱一"的建立意味着从运行近百年的传统基石性规则（独立核算原则、独立交易原则和常设机构原则）的守正，到单一税制、新联结度规则的创新。从政策设计看，BEPS1.0 阶段并未突破三项基石性原则，而"支柱一"试图将新制度建立在这些规范之上，在符合新联结度规则的前提下，由经济活动发生地对跨国公司的部分剩余利润征税，这标志着全球"单一税制"的重现。就是说，税法上将从事单一业务的跨国集团视为单一法人实体，要求其在业务运营的每个辖区提交一套统一的全球合并账目，并根据反映其在每个辖区实际业务比例的加权公式将总利润分配到各辖区进行纳税。③ 值得注意的是，来源地规则实际上限缩了市场国的范围，让处于价值链中间且同时借用数字化手段购买中间产品或服务的市场国无法获取金额 A 的课税权，而这些辖区同样为产品或服务价值的实现产生贡献，也应当获得部分课税权。④

虽然"支柱一"只针对大型跨国企业有限的剩余利润进行税收再分配，

---

① 罗秦、牟岫筠：《"双支柱"方案背景下世界公司所得税改革：动态及趋势》，《国际税收》2024 年第 7 期，第 3~13 页。
② 陈虎：《适应性治理视域下全球数字税制变革的再审视》，《税务研究》2023 年第 10 期，第 101~106 页。
③ 刘奇超、沈涛、曹明星：《从 BEPS1.0 到 BEPS2.0：国际税改"双支柱"方案的历史溯源、体系建构与发展趋势（下）》，《国际税收》2024 年第 2 期，第 31~40 页。
④ 樊政荣、林星阳：《国际税收征税权划分的正义价值取向——兼评支柱——金额 A 征税权划分机制》，《税收经济研究》2023 年第 5 期，第 35~44 页。

但该方案对未来国际税法的改革与发展仍具有积极深远的影响。① 尽管"支柱二"的落地无法改变因此引起的一些新形式的投资竞争，但相对于BEPS1.0，BEPS2.0 方案演化出的新模式、新理论、新规则和新程序，对于寻求一套全球性公平、可持续和现代化的国际税收体系而言，无疑是迈出了具有划时代意义的关键一步。②

参与辖区将 GloBE 规则转化为国内立法，以及通过"多边公约"的签署或双边谈判的方式，将应税规则（STTR）纳入双边税收协定，这是"支柱二"落地实施的关键环节。截至 2023 年底，全球已有 25 个辖区完成了GloBE 规则的立法转换，另有 30 多个辖区正在推进辖区内的立法修订。其中，有近 30 个辖区计划从 2024 年起实施全球最低税。从实施"支柱二"的世界版图看，立法活动最活跃的地区为欧洲。这个作为受税基侵蚀和利润转移影响最严重的地区，以德国和法国为代表的欧盟成员国是全球最低税改革的主要推手。在这方面，亚太地区也较为积极。因没有类似于欧盟的区域协调机制，在立法步调和落地实施的路径方面，亚太各辖区存在较大不同。截至 2023 年底，已完成"支柱二"立法的辖区有韩国、日本、越南和马来西亚。在美洲，加拿大 2023 年 3 月的联邦预算案中明确将于 2024 年起实施IIR 和 QDMTT，从 2025 年起实施 UTPR。③ 2023 年 7 月，OECD 正式发布经BEPS 包容性框架批准的共识性报告——《应对经济数字化税收挑战：支柱二应税规则》。从收入筹集效应看，由于"触发"STTR 的最低税率仅为9%，其为发展中国家带来的税收收入较为有限。④

从各辖区应对策略看，引入 QDMTT 已成为应对"支柱二"的优选策

---

① 廖益新：《旨在重塑公平合理国际税收秩序的全球性税改：BEPS 项目国际税改启动十周年评述》，《国际税收》2023 年第 12 期，第 3~12 页。

② 刘奇超、沈涛、曹明星：《从 BEPS1.0 到 BEPS2.0：国际税改"双支柱"方案的历史溯源、体系建构与发展趋势（下）》，《国际税收》2024 年第 2 期，第 31~40 页。

③ 邱冬梅：《全球最低税引发的各国立法变革及我国应对之若干思考（上）》，《国际税收》2024 年第 2 期，第 41~48 页。

④ 沈涛、刘奇超、李睿康：《支柱二之应税规则的全景观照（下）》，《国际税收》2024 年第 7 期，第 38~44 页。

略。第一，因 QDMTT 优先于 IIR、UTPR 实施，几乎阻止了其他辖区对跨国集团有效税率低于 15% 的辖区的超额利润征收补足税。第二，QDMTT 可减轻税收辖区改革或减少税收优惠措施的压力，防止财政收入跨境转移，并最大限度地保留了税收政策的效果，使 GloBE 范围外的企业仍可充分利用现有税收优惠。第三，QDMTT 具备更好的财政收入筹集效应。[①] 传统低税辖区或将以取消税收优惠、提高本辖区税率或引入 QDMTT 等方式，争取对本辖区来源收入的课税权，以避免跨境税收流失。[②] 目前，已有 27 个辖区在 2024 年引入了 QDMTT，还有十几个辖区准备在 2025 年实施 QDMTT。尽管 QDMTT 并不是与 IIR 和 UTPR 等列并行的税收规则，但却是影响"支柱二"下税权分配格局的重要因素。目前推进 GloBE 规则实施的立法先行者中，有辖区先引入 IIR（如日本），有辖区先引入 QDMTT（如瑞士），有些辖区引入"IIR+UTPR"（如韩国）或"QDMTT+IIR"的组合（如越南和马来西亚），还有部分辖区则一揽子引入了"QDMTT+IIR+UTPR"（如欧盟成员国、英国和列支敦士登）。一些辖区自 2024 年起先行实施"支柱二"规则，税权分配规则的博弈出现重大调整。在保护投资者所在居民辖区对受控外国公司取得收入课税上，越来越多的资本输出国已不再将 CFC 税制作为唯一手段。[③]

CFC 税制仅针对 CFC 的消极所得或具有较大流动性的收入，并将其纳入 CFC 股东居民国的税基课税，对 CFC 的积极所得则不适用。因而能够较为准确地打击有害税收竞争行为诱发的利润转移问题。而 IIR 将征税范围不加区分地扩展到积极所得，即使位于低税辖区的关联实体从事实质性经营活动所取得的是积极所得，但只要其有效税率低于 15%，GloBE 规则都可授权控股母公司居民辖区或相关子公司居民辖区追征补足税。这种制度设计对那些并非采用有害税收竞争措施，而是实行普遍性的低税率政策吸引外国投资促进经济

① 刘奇超、沈涛、曹明星：《从 BEPS1.0 到 BEPS2.0：国际税改"双支柱"方案的历史溯源、体系建构与发展趋势（下）》，《国际税收》2024 年第 2 期，第 31~40 页。

② 吴小强：《全球最低税实施过渡："走出去"企业面临的关键挑战与应对》，《国际税收》2023 年第 11 期，第 15~22 页。

③ 邱冬梅：《全球最低税引发的各国立法变革及我国应对之若干思考（下）》，《国际税收》2024 年第 4 期，第 32~39 页。

发展的发展中国家来说，或会造成较大的负面影响。因此，GloBE 规则与 BEPS 项目计划提倡的利润应在价值创造地和实际经营活动地课税的核心理念和基本原则相悖。[①] 换言之，在低税管辖区不存在有害税收竞争实践的情况下，全球最低税制度赋予其他辖区课征补足税的权利，实际上是以牺牲低税辖区"不征税的主权"为代价的。[②] 不过，尽管"GloBE 规则立法模板"将更多实体作为排除实体，能够减轻纳税申报以及补足税纳税义务，但对于跨国集团而言，在某些特定情况下，跨国集团选择将排除实体作为成员实体或许更为有利。[③]

实际上，"支柱二"仍难以真正遏制逐底竞争。一方面，根据基于经济实质的所得排除规则，实质经济活动所产生的常规利润将被排除在补足税之外，因而各辖区仍旧可在吸引实质经济活动方面展开逐底竞争；另一方面，在实施"支柱二"后，跨国公司会筹划将其雇员和有形资产投在税收上有吸引力的国家，从而加剧逐底竞争。"支柱二"虽然设置了基于经济实质的所得排除规则，但仍无法保证发展中经济体的税收优惠不会因此失效。这不仅有干涉税收主权之嫌，而且有悖联合国可持续发展目标。因此，有学者建议在 GloBE 规则中引入"视同纳税加回规则"，即将发展中经济体这类吸引实质性投资、促进经济发展的税收优惠对应的税额视同有效税收。[④]

（二）应对"双支柱"方案的对策研究

研究表明，短期内我国企业受全球最低税改革的影响相对有限，从长期来看，全球最低税改革的实施符合我国构建高水平对外开放新格局的战略。当前我国主要投资伙伴正加速推进全球最低税的落地实施，我国也应积极参

---

① 廖益新：《旨在重塑公平合理国际税收秩序的全球性税改：BEPS 项目国际税改启动十周年评述》，《国际税收》2023 年第 12 期，第 3~12 页。

② 陈镜先：《全球最低税改革：法理检视与完善进路》，《财政科学》2023 年第 8 期，第 123~135 页。

③ 杜莉：《全球反税基侵蚀规则中选择条款的解读与分析》，《国际税收》2023 年第 11 期，第 3~14 页。

④ 李辉、刘奇超、沈涛：《惑与思：支柱二全球最低税改革的多维审视》，《税务研究》2023 年第 7 期，第 89~96 页。

与全球最低税改革。[1]

应当注意的是，实施 GloBE 规则对于基于收入的税收优惠不友好，而对于基于支出的税收优惠是相对友好的，如固定资产加速折旧、研发支出加计扣除、投资抵免、投资税收津贴、再投资退税等，在考虑基于实质的所得排除的情况下，征收的补足税相对有限。[2] 因此，在转化国内立法过程中，我国应为国内税制调整预留一定空间。一是及时调整税收优惠措施，多渠道、全方位给予企业政策支持，对被纳入"支柱二"范围的跨国公司给予增值税低税率等优惠，或以补贴等非税方式进行组合式替代；二是合理调整跨境税收规则，如逐步完善我国受控外国企业规则等；三是加快构建与数字经济相适配的国内税收制度，如建立新型增值税征管模式、修订所得来源地判定规则、增加虚拟经济活动认定标准等。[3] 在企业层面，我国跨国企业应严格实施关联交易规范及合规性，控制内部关联交易总量。[4] 我国跨国企业应加强境外"业、财、税"数据的标准化，加强区域协同配合，定期共享区域财税政策和信息数据，确保集团内各成员实体数据口径的一致性和数据质量的稳定性。[5]

三 数据资源和数字资产课税研究

（一）数据资源入表的税收政策研究

数据资源已可作为无形资产和存货入账入表，成为企业的重要资产。但

[1] 何杨、孟晓雨、罗文淇、于曙光：《全球最低税：理论溯源、政策实践与影响分析》，《财政研究》2023 年第 8 期，第 87~100 页。

[2] 张伦伦、吕敏：《全球最低税影响税收优惠的机理及应对》，《财政科学》2023 年第 8 期，第 102~111 页。

[3] 李香菊、付昭煜：《数字经济国际税改与我国应对思路》，《国际税收》2023 年第 7 期，第 18~23 页。

[4] 杜莉：《全球反税基侵蚀规则中选择条款的解读与分析》，《国际税收》2023 年第 11 期，第 3~14 页。

[5] 龙新文：《我国跨国企业"五步法"应对支柱二国际税改研究》，《国际税收》2023 年第 7 期，第 57~61 页。

现行税法对于数据要素的定性规定几乎是空白，增添应税项目、划分应税收入、裁量税率层级已成为完善税收立法的首要任务。[1] 数据作为生产要素，本身并不能直接参与价值分配，而是通过数据的收集、加工、整理、分析，并传输给数据的使用者将其应用到具体的商品生产、服务或消费场景，并通过具体的生产、服务或交易、消费活动，才能创造或实现其价值。[2] 因此，要基于数据要素在国民收入循环各环节中体现出的经济本质，围绕生产、分配、交换、积累四个环节进行数据税制建设。如在生产环节进行数据生产税建设，在分配环节进行数据报酬税建设，在交换环节进行数据消费税建设，在积累环节进行数据财产税建设。[3]

对数据价值创造进行科学有效的衡量及权属界定是数字经济税收体系建设的前提。首先，在数据资产价值的衡量上，根据会计核算要求，数据资产入表要满足"有关经济利益很可能流入企业""成本或价值能可靠计量"两大资产确认条件。其次，在根据数据全链条来分析数据所有权方面，数据全链条包括数据内容、数据采集、数据存储、数据管理和数据分析五个环节，每个环节都涉及多方主体，且不同主体都广泛参与了数据价值的创造，这将为数据确权带来一定的困难。[4]

目前，我国已按照一定的标准和要求将数据资产的价值增值行为纳入增值税征收范围，主要按照"信息技术服务"类别征税。[5] 企业提供促进交易的服务，若为数据资源交易主体提供专业资格认证服务、审计认证服务、咨询服务等，应属于增值税中的"认证咨询服务"；若提供数据隐私计算、数

---

① 孙正、闵庆汉、朱学易：《数据课税的理论、逻辑与中国方案》，《税务研究》2023 年第 1 期，第 56~62 页。

② 辛浩：《数字经济下税收管辖权划分研究——基于数据资产权属转移的视角》，《税收经济研究》2020 年第 4 期，第 71~79 页。

③ 孙正、闵庆汉、朱学易：《数据课税的理论、逻辑与中国方案》，《税务研究》2023 年第 1 期，第 56~62 页。

④ 许正中、周静：《数字经济时代税收在推进中国式现代化中的重要作用》，《国际税收》2024 年第 1 期，第 8~15 页。

⑤ 蔡昌：《数字资产的价值计量、税收政策与税制优化》，《新经济导刊》2023 年第 7 期，第 43~51 页。

据处理等服务，应属于"信息技术服务"。① 客观地讲，应当依据数据资产的不同价值创造方式，对其进行差异化认定：一是依托数据进行经营的公司，对于将数据经过一定加工处理后具有商业价值和使用价值的数据资产，应当确认为"无形资产"；二是以数据交易为主业活动的数据平台、互联网企业，对数据进行加工整理后直接用于出售的数据资产应确认为"存货"。未来开放具有投资属性的虚拟货币交易时，应当将其视作"投资产品"，可借鉴美国资本利得税制度，结合我国"交易性金融资产"的征税政策，根据持有时间采取不同的征税策略，以持有一年为界，一年以下为短期投资，一年以上为长期投资，按照不同的税率进行征税。②

就数据资源相关的所得税问题而言，企业转让数据资源所得应按照"其他所得"类别缴纳所得税；对网络虚拟货币的个人所得税问题，国家税务总局早已经作出了规定，明确个人收购虚拟游戏货币加价出售所得属应税所得，按照"财产转让所得"缴纳所得税；根据不同交易情形，还可能涉及财产转让所得、特许权使用费所得或偶然所得。③

数字经济时代，经过市场的合理配置，数据作为新型生产要素逐渐"资产化"，成为可计量或交易的、直接或间接带来经济和社会效益的数据资产。④ 值得关注的是，《企业数据资源相关会计处理暂行规定》自 2024 年 1 月 1 日起施行，数据资产正式进入资产负债表。这为企业所得税单独设置"数据资产形成的收入"税目提供了有利条件。要在税收各构成要件与数字经济价值创造、贮存和流转过程之间建立联结关系，首先要解决的是数据资

---

① 秦荣生：《数据资源入账入表的管理和税收问题探讨》，《税务研究》2024 年第 5 期，第 29~33 页。
② 蔡昌：《数字资产的价值计量、税收政策与税制优化》，《新经济导刊》2023 年第 7 期，第 43~51 页。
③ 秦荣生：《数据资源入账入表的管理和税收问题探讨》，《税务研究》2024 年第 5 期，第 29~33 页。
④ 褚睿刚：《数据资源税：一种数据税立法模式的体系考察》，《税务研究》2023 年第 9 期，第 66~72 页。

产的产权界定、计量和报告问题。[①] 数据资产的可税性具有三个经济层面的要求：一是作为税基的数据能够给数字平台带来显著的经济利益；二是流入数字平台的经济利益能够被会计确认与计量，以便能够准确识别数据税源作为计税依据；三是数字平台企业能够实现价值增值。[②]

《关于进一步深化税收征管改革的意见》明确提出，要根据数据来源和数据生成特征分别界定数据生产、流通、使用过程中各参与方享有的合法权利，施行数据资源持有权、数据加工使用权、数据产品经营权"三权"分置。若实施"三权"分置，则同一数据资源会存在多项财产权利，并通过不同的应用场景衍生出不同的权属交易及其主体。这不但给数据资源的确权增添难度，且在一定程度上使得税收征管中明确征税的主体、客体以及税收政策适用变得更为复杂。现行增值税法对于出售数据资源的税目归属尚未作出明确规定，是按照"信息技术服务"，还是"销售无形资产"，抑或按照货物项目进行增值税处理，以及被出售的数据资源"入表"是否会影响其增值税税目判断等，都会产生一定的争议。[③]

首先，在数据资产课税制度建设中，应构建数据资产的产权体系。根据科斯的产权理论，应明确在数据提供、加工、流动过程中的数据权属，以合理界定哪些属于数据资产。[④] 由国家数据局作为数据管理机构建立数据要素产权登记制度，逐渐形成数据要素分类分级授权体系的国家标准，按照无授权、最小必要授权、内部授权、允许外部主体在本地利用数据、允许数据匿名化流出和允许原始数据流出等多层级对数据要素进行分级授权，以保障

---

① 周波、刘晶：《应对数字经济挑战的税收治理变革》，《税务研究》2023年第12期，第33~38页。

② 谢璐华、阮烨翔：《数字平台经济下税源管理——基于数据资产权属转移视角》，《福建商学院学报》2021年第5期，第8~14页。

③ 余鹏峰：《数据资源入表对税收征管的挑战与应对》，《税务研究》2024年第5期，第34~40页。

④ 马婉宁：《数字经济时代我国面临的税收治理挑战与应对》，《公共财政研究》2023年第3期，第84~96页。

数据要素交易市场有序建立和交易市场的良好运行。① 其次，应基于生成场景进行数据确权。在个人数据、企业和组织数据、公共数据的确权协商过程中引入分级授权机制，各数据参与方在具体的数据生成场景中由分散协商订立数据初始产权合约。最后，应根据"实质重于形式"的原则，考虑数据资产在交易、转让过程中的权属转移情况，根据不同产权主体在价值创造过程中的实际价值贡献来判定实际受益人，以合理的价值评估方法制定差异化的权益分配方案，由实际受益人合理分担税收。② 国家制定数据资源权益保护相关的税收法规对于发展新质生产力和促进社会公平具有重大意义。③

狭义的数据资产税主要是针对虚拟货币等数字资产的投资与交易获利征收的一种数字资产税。其本质上属于资本利得税或在转让环节征收的财产税。广义的数据资产税则是将数据作为商品或资产，针对其交易金额征税，可融入我国现行的增值税与所得税体系。《企业数据资源相关会计处理暂行规定》的印发，标志着数据资产正式"入表"。这意味着数据资产税的构想更具可行性。④ 然而，也有学者认为，根据"资本本身不得课税"原则，不应对数据资产课征财产税，建议对数据资产的收入征收数据使用税和所得税。⑤

未来，数据财政不可避免地将逐步代替土地财政，成为数字经济时代地方政府的必然选择。这对于解决财政纵向平衡提供了一种全新的理念及方案。数据财政形成和赋能数字经济的关键是实现政府的公共数据市场化。除

---

① 刘涛雄、李若菲、戎珂：《基于生成场景的数据确权理论与分级授权》，《管理世界》2023年第2期，第22～37页。
② 李香菊、付昭煜、王洋：《基于资产属性视角的数据资产课税制度研究》，《税务研究》2022年第11期，第23～28页。
③ 秦荣生：《数据资源入账入表的管理和税收问题探讨》，《税务研究》2024年第5期，第29～33页。
④ 余莎、孔祥思、王文甫：《适应数字经济发展的税制选择：数据使用税》，《税务研究》2023年第12期，第39～43页。
⑤ 马慧洁、夏杰长：《数据资产的确权及课税问题研究》，《税务研究》2023年第12期，第44～49页。

数字身份认证服务外，数据要素交易环节中需要确权、交易凭证、簿记和权利证明等文件。因此，不论这些私域数据交易采用点对点、交易所还是其他形式，政府都可征收数据交易印花税。[①]

（二）关于开征"数字税"的研究

对数据征税成为未来税制改革的一项重要内容。近年来，财税领域已围绕数据资源课税议题展开了研究。在理论上，对于数据资源是否课税以及如何课税，一直是争论的焦点。一些学者认为可对数据资源开征新的税种，如对数据资源开征数据税[②]、数据资源税[③]和数据使用税[④]。既有文献侧重于论证数据资源的可税性、税收治理难点及治理路径，或是为数据资源量身定税，鲜有从会计确认和计量角度讨论如何对数据资源征税。对于用于外售的数据资源和非持有式使用的数据资源，可在交易环节征收增值税，并对交易所得征收所得税；对于自主开发或加工的以支撑企业经营活动的数据资源，可将其作为一项财产来开征数据资源使用税。[⑤] 在构建数据税法体系上，对于如何实现对数据资源公平、有效地征税，形成了在数字产品和服务消费地征收数字服务税、在数据收集环节征收数据资源税、在数据交易环节征收数据资产税、在数据使用环节征收数据使用税等多种观点。[⑥]

如今，数字经济发展迅猛，数据不断资产化、资本化以拓展数据价值途径，正外部性特征奠定了其在数字经济下的主体生产要素地位，也塑造了其

---

① 杨飞虎、王志高、余炳文：《数据要素、数据财政与经济增长》，《当代财经》2022年第11期，第40~52页。

② 路文成、魏建、贺新宇：《数据税：理论基础与制度设计》，《江海学刊》2022年第1期，第91~97页。

③ 褚睿刚：《数据资源税：一种数据税立法模式的体系考察》，《税务研究》2023年第9期，第66~72页。

④ 余莎、孔祥思、王文甫：《适应数字经济发展的税制选择：数据使用税》，《税务研究》2023年第12期，第39~43页。

⑤ 董小红、储安琪：《企业数据资源入表后课税问题浅析》，《税务研究》2024年第5期，第41~45页。

⑥ 余鹏峰：《数据资源入表对税收征管的挑战与应对》，《税务研究》2024年第5期，第34~40页。

在税制体系建设中的核心地位。数据作为主体生产要素资源，其参与循环的逻辑基础没变，但由于征税对象与要素价值创造机制的变化，税种的具体内容也相应发生变化。因此，应考虑围绕数据要素开征相应的税种，例如数据生产税、数据报酬税、数据消费税与数据财产税等数据相关税种，形成数字经济时代的主体税种。[①]

1. 数据税的税收属性及其课税逻辑

在选择数字资产交易所涉税种前，应优先根据数字资产的类型确定其税收属性，据此将数字资产交易嵌入现有税制体系，这也是大多数国家的普遍做法。国际实践表明，数字资产往往被确认为商品、数字支付代币、数字金融资产三种税收属性，其交易主要涉及流转税和所得税。[②] 据《数字经济及其核心产业统计分类（2021）》，对数字资产课税可首先集中于数字技术应用业和数字要素驱动业。其中，网站、数据库、程序、软件等数字产品，以及远程教学、运动健身应用程序等数字服务可先行纳入课税范围，并按照"类比原则"将范围逐步扩大至其他数字产品和服务。[③]

理论上，可根据我国数字经济发展实情，适时开征数据税。数据税的设计应依托数据产权制度、数据要素流通和交易制度、数据要素收益分配制度、数据要素治理制度等基础制度。[④] 从理论上讲，开征数据税是为了将数字经济公司无偿占有的数据利益"反哺"给数据所有人。分散的用户与掌握交易信息优势企业之间的利益交换并不平等，需要通过征税予以平衡。用户既无议价能力，又未知自己的数据会被如何使用。这种情况下，政府可对企业获得数据的使用范围和资质进行授权，并对企业征收数据使用税。可

① 孙正、闵庆汉、朱学易：《数据课税的理论、逻辑与中国方案》，《税务研究》2023年第1期，第56~62页。
② 王敏、袁娇：《数字资产税收治理难点与治理路径创新》，《税务研究》2022年第11期，第17~22页。
③ 周波、刘晶：《应对数字经济挑战的税收治理变革》，《税务研究》2023年第12期，第33~38页。
④ 管治华、宋晨泽：《全球最低税：实施进展、影响评估以及应对思考》，《税务研究》2024年第6期，第98~106页。

见，数据使用税在本质上属于特定目的、行为税，其征税目的包括调节数字企业对数据的"垄断定价"，缓解用户与企业之间的信息不对称，将数据使用的负外部性内在化，以及政府（代表个人）参与数据所创造价值的收入分配。[①] 应予明确的是，作为课税对象的不是数据本身，而是数据产生的经济收益。当数据作为生产要素时，在解释论层面，无法通过现行法实现对数据的征税，因而只有在立法论层面设立数据税这一税种。在具体路径上，既可将数据税嵌入《企业所得税法》，也可单独开征数据税。[②]

在数据确权上，有学者认为，将数据收集主体作为数据资产的所有人不但符合洛克劳动价值论的要求，而且利于数据资产转让定价执法。有必要在把握法律定义的作用基础上，参考 BEPS 行动计划中无形资产的定义，来确定我国转让定价领域对无形资产的定义，将数据资产等新型资产包含其中。[③]

在征税的内在逻辑上，"数据税"是消费者和政府因出让数据使用权而应得的"数据租"，以"资源税"定性"数据税"也明确了数据的生产要素属性。与"数字服务税"不同，数据税是以数据要素作为课税对象，针对收集数据的企业创设的一种税，突出了数据的生产要素属性和资源属性，强化了对数据产业的监管，更符合经济学逻辑。[④] 可以说，数据资源税是一种根据数字经济以及数据特质创设的新税种，是对使用国家所有的数据资源的纳税人征缴租费的一种方式。相比于传统税种，其税制设计更契合数字经济发展的模式。数据资源税的立法应以宏观调控为立法首要目的，以组织财政收入为次要目的，数据资源税法承载着税制优化、市场规范和数据主权保障三维立法期待。[⑤] 数据资源税的开征同样可以是国家以数据所有者以及市

---

① 余莎、孔祥思、王文甫：《适应数字经济发展的税制选择：数据使用税》，《税务研究》2023 年第 12 期，第 39~43 页。

② 赵申豪：《数据课税的理论基础与二元实现路径》，《税务研究》2023 年第 8 期，第 52~59 页。

③ 戴芳、谢磊：《我国转让定价税制的优化研究——基于数据资产视角》，《财会月刊》2023 年第 14 期，第 131~137 页。

④ 路文成、魏建、贺新宇：《数据税：理论基础与制度设计》，《江海学刊》2022 年第 1 期，第 91~97 页。

⑤ 褚睿刚：《数据资源税：一种数据税立法模式的体系考察》，《税务研究》2023 年第 9 期，第 66~72 页。

场管理者的双重身份，实现分享数据创造的价值、提高数据资源配置效率的目标。①

2. 数据税的税制要素（纳税主体和征税对象）

数字税的纳税主体应该是具备一定规模、营业收入较高、用户群体广泛的大型数字经济企业。数字税的征收应主要针对传统商品和服务交易以外的业务类型，因为一般的商品和服务交易已被纳入现行税制体系。根据"用户参与"思想，结合我国数字经济发展状况，我国开征数字税应针对以下类型的企业：一是搜索引擎；二是社交媒体；三是交易平台。以此调节平台企业的垄断收入，进而创造相对公平、有序的市场发展格局。②

就征税对象而言，平台企业可税数据资产主要包括：用于产业与行业发展的公共数据资产、平台企业所收集的用户个人数据资产、平台企业在生产经营过程中自行形成的除员工隐私数据外的企业自有数据资产。税收征管数字化转型使我国具备对平台企业数据资产所得课税的条件。③ 从国际视角看，市场辖区有理由对在其数字市场上远程访问和运营的外国数字供应商课征数字许可证通行税，即数据税。作为一种新型税种，以通过网络传输数据的数量计算税基，可以面向辖区内所有互联网企业征收，同时以互联网与境内数据流量、数字交易的数量，或用户在线访问网站的次数为基础，并作为市场辖区之间分配全球数据税收入的指标之一。④

总之，从短期来看，对数据的征税仍聚焦对现行税制的完善。从长期来看，需要解决数据征税在理论和实践方面存在的争议，研究在现行税种之外是否需要开征专门的"数据税"。一方面，在数据确权的情况下，要明确对

① 余莎、孔祥思、王文甫：《适应数字经济发展的税制选择：数据使用税》，《税务研究》2023 年第 12 期，第 39~43 页。
② 洪联英、周天宇：《共同富裕导向下数字税征税逻辑与推进思路——基于数据要素融入收入分配制度改革的思考》，《财会通讯》2023 年第 4 期，第 3~8 页。
③ 李蕊、苏嵘钰：《平台企业数据资产所得纳入应税所得的制度困境、克服进路及其制度建构》，《税务研究》2024 年第 1 期，第 63~69 页。
④ 邬展霞：《数据要素价值创造的原理、模式及其对税收制度的挑战》，《税务研究》2023 年第 5 期，第 60~67 页。

数据征税的必要性；另一方面，也需要考虑激励数据资源的合理流动，充分发挥数据效能，避免因征税而抑制其价值的发挥。此外，是将数据视为资源或财产等进行征税，还是基于现有税种进行税制设计，都要根据未来数字经济发展的进程中数据要素价值的发挥程度来判断。[①]

（三）关于现行税制与数字经济的适配性研究

1. 现行税制要素：数据交易未被覆盖，收入性质界限变得模糊

第一，在数字经济下，行业、产品与服务之间的界限日益模糊，而增值税区分产品和服务设置的多档税率结构，已然成为阻碍数字经济融合发展的因素。电子商务、共享经济、零工经济等新模式、新业态的发展，使得个人的工薪所得、劳务所得、经营所得的收入性质划分愈加困难，现行个人所得税仍划分过多的收入类型和税目，并适用不同的税率结构和计税规则，已不适应劳动与资本所得类型之间的融合化现状。[②] 从而给纳税人带来税务合规风险。因此，应明确课税主体、征税对象、税率等税制要素的适用，同时逐步缩小销售货物与服务的税率差；在明确平台税务责任义务、征管技术条件成熟的条件下，明确依托平台经营的各类主体，无论单位和个人的销售行为，无论以何种方式、渠道取得的全部收入均应按照相应销售项目确认为销售收入纳税。[③]

第二，数据要素价值创造对税收制度带来诸多挑战，但应当明确的是，只有数据参与交易的价值创造模式才会带来冲突，而与数据交易无关的数字经济，则仍可适用传统税制模式。[④] 基于重新划分劳务和无形资产，应将形

---

① 许文：《分步构建面向数字经济的友好型税收体系》，《国际税收》2024 年第 4 期，第 25~31 页。

② 许文：《分步构建面向数字经济的友好型税收体系》，《国际税收》2024 年第 4 期，第 25~31 页。

③ 中国税务学会课题组：《适应数字经济发展的税收制度建设与完善》，《税务研究》2023 年第 11 期，第 94~98 页。

④ 邹展霞：《数据要素价值创造的原理、模式及其对税收制度的挑战》，《税务研究》2023 年第 5 期，第 60~67 页。

成共识的数字经济新业态的数字产品和服务纳入增值税范围。就税目及其税率而言，可先参照性质相同或相近的产品和服务税率进行征税，再在未来增值税法的修订中对其予以确定。① 数字经济时代税制体系的建设，首先应着眼于对数据交易价值的分析与捕捉。可进一步将已确权的数据资源交易设为流转税征税对象，对数据的加工、处理等服务，按照"信息技术服务"征税；对销售数据可按销售无形资产征税。②

第三，数据交易的税收属性及其税务处理。一是元宇宙是构建在新一代互联网技术基础上的一种创新型的，由数字身份、数字资产、数字市场、数字货币、数字消费等关键要素形成的自洽、完整的经济体系，是纯粹的数字产品生产、交换、消费的完整链条。现行所得税法尚未对元宇宙数字产品收益给予明确定性，也没有明确数字产品收益的纳税主体，对这些数字产品收入征税尚无可资遵循的法律依据。③ 但随着未来以元宇宙为代表的下一代互联网的发展，必将对以"双支柱"为核心的数字税改革带来新挑战，也将进一步分离实体管辖权和执行管辖权，导致所得税和增值税的不协调问题。④

由于源自元宇宙数字产品生产和交易的收益具有经济上和法律上的可税性，应对其收益征收所得税；应透过元宇宙虚拟数字身份，对其背后的真实权利主体征税；所得税法应将数字产品转让所得和许可使用费所得分别纳入"转让财产所得"和"特许权使用费所得"的课税。⑤

二是数字藏品成为市场新"风口"。对于迅速崛起的数字藏品，我国税

① 周波、刘晶：《应对数字经济挑战的税收治理变革》，《税务研究》2023年第12期，第33~38页。
② 邬展霞：《数据要素价值创造的原理、模式及其对税收制度的挑战》，《税务研究》2023年第5期，第60~67页。
③ 陈鹏：《元宇宙经济课征所得税的理论基础与实践进路》，《重庆邮电大学学报》（社会科学版）2023年第3期，第29~37页。
④ 孙毅、贺子涵：《数字税2.0：展望元宇宙驱动的税收变革》，《税务研究》2023年第1期，第50~55页。
⑤ 陈鹏：《元宇宙经济课征所得税的理论基础与实践进路》，《重庆邮电大学学报》（社会科学版）2023年第3期，第29~37页。

法出现一定的政策缺位，导致税收流失严重。从税收视角看，数字藏品作为区块链技术下的数字资产，其发行、交易、持有以及传承具有类实物资产的税收属性，应属于课税对象。① NFT（Non-Fungible Token）是依托区块链技术的非同质化资产的数字证书，即每个 NFT 都是某特定数字资产或实物资产所有权的数字证明，具有独特性。数字世界中，数字资产的流转、持有，数字化的所得，数字化的凭证等，本质上并未脱离传统税制的经典概念。②

在增值税方面，鉴于数字藏品有多种形式，且各国在数字作品和资产或权益间侧重不同，应关注交易的实质，根据数字藏品的具体类别来确定其税目、税率。从企业所得税来看，可单独将数字藏品作为一个资产类别核算并征税。从个人所得税来看，数字藏品也属于个人的资产，可根据其使用方式确定所得类型：如果基于数字藏品的多次使用或流转均可获得收益则作为经营所得，如果仅在一次转让中取得收益则作为财产转让所得。③

对于非同质化通证类数字资产，建议在增值税法中新增"NFT"税目，与图书、报纸、杂志、音像制品、电子出版物并列；对于包含版权的 NFT 数字藏品，应依据"无形资产——NFT"确认税目，对数字藏品的交易应按"财产转让所得"确认；对附加版权的 NFT，在原有基础上进行二次创作产生的增值额应确认为增值税课税对象。而对于需要通过"挖矿"而不是购买的方式取得的虚拟货币，因其投资属性明显，可将其确认为"交易性金融资产"；对网络游戏虚拟货币类数字资产，可在无形资产科目下设置"网游虚拟货币"。④

根据国家新闻出版署发布的《数字藏品应用参考》，可将 NFT 归类为数

① 王宝顺、张燕、蔡颜西：《数字藏品对我国税收制度的挑战与应对》，《税务研究》2023 年第 6 期，第 59~64 页。

② 潘宁：《NFT 税收治理：意义、挑战与应对》，《地方财政研究》2023 年第 3 期，第 64~71 页。

③ 王宝顺、张燕、蔡颜西：《数字藏品对我国税收制度的挑战与应对》，《税务研究》2023 年第 6 期，第 59~64 页。

④ 蔡昌：《数字资产的价值计量、税收政策与税制优化》，《新经济导刊》2023 年第 7 期，第 43~51 页。

字出版物，并按电子出版物征收增值税；可借鉴国际经验，将 NFT 作为数字资产征收资本利得税，对企业的 NFT 交易，按其转让财产所得征收企业所得税；就个人 NFT 交易，对 NFT 的原作者出售其创作的 NFT，视为个人著作权转让或许可行为，按特许权使用费征个人所得税，对个人购买 NFT 藏品再转让行为，可按财产转让所得征税。[①]

NFT 市场健康发展具有重要的经济意义、文化意义和战略意义，因而对 NFT 课税具有显著的税收收入意义和以税规制的发展意义。[②]

2. 税收分配机制：纳税地与负税地严重背离

应改变基于生产地或注册地原则的增值税横向分配机制，采用生产地原则和消费地原则相结合原则对地方分成部分在地区间分配；改变现行以注册地为中心的企业所得税横向分配机制，在省际、地市间采用基于资产、劳动和销售三权重的公式分配法，对地方分成部分进行分配。[③] 具体来说，按照消费地原则，平台企业申报增值税时可预扣除属于消费地的一定比例增值税，避免税源过度聚集于数字平台企业注册地；针对在平台上经营的自然人，由平台代扣代缴其个人所得税，并自动划转至自然人所在地；对于平台企业的营业所得，按照各地消费额在地区间分配和征税。[④]

也有学者提出三点建议。一是在具体税种的分配上，应将税基流动性较强的税种归属中央，将流动性较弱、收入较为稳定的税种归属地方。二是调整增值税纵向分配制度，调整中央与地方的分配比例，将增值税收入中的一小部分用于平衡地区间横向收入。并充分考虑各地经济发展水平和数字经济给欠发达地区所带来的税收流失情况，综合人口规模、财政自给率、地区消

---

① 管治华、宋晨泽：《全球最低税：实施进展、影响评估以及应对思考》，《税务研究》2024年第 6 期，第 98~106 页。
② 潘宁：《NFT 税收治理：意义、挑战与应对》，《地方财政研究》2023 年第 3 期，第 64~79 页。
③ 李建军、赵晓彧、李鑫：《数字经济与横向税收分配：商品价值增值效应和去分支化效应》，《财政研究》2023 年第 8 期，第 101~113 页。
④ 马婉宁：《数字经济时代我国面临的税收治理挑战与应对》，《公共财政研究》2023 年第 3 期，第 84~96 页。

费水平、产业结构等因素，在一定程度上给数字经济欠发达地区予以补偿。三是建立"一站式纳税平台"，应采取生产地原则与消费地原则相结合的方式确定增值税征税地。建议以发票金额作为分配地方间增值税的依据。增值税横向分配的理想状态是不扰乱市场运行的内在机制并提高资源配置的效率，尽量使企业的价值创造和实现过程与地方公共服务供给相匹配。①

四　税收征管数字化应用研究

（一）税收征管数字化建设

以 5G、大数据、人工智能、云计算、区块链等为数字技术核心的进步，深刻影响着税收征纳行为，并使税收征管从传统的"以票管税"向数字化升级转变。② 税收征管数字化的实质，就是在保障纳税人信息安全的情况下，以数字化征管系统和数字技术工具为依托，对涉税数据进行采集、加工、分析和结果运用，从而提高税收遵从、降低遵从成本的过程。③ 除却工作方式和征管模式的转变，数字技术将更加深入细致地嵌入征管流程，自动识别税收风险；同时探索提高税务部门同第三方合作的水平和质量，以应对新兴经济业态的挑战。④

近年来，FTA 发布的《税收征管 3.0：税收征管的数字化转型》，内容涵盖数字能力建设、数字身份、电子发票以及连接原生系统等规划项目。其核心理念是将税收规则应用嵌入纳税人、相关政府部门、相关市场主体、税

---

① 许文：《分步构建面向数字经济的友好型税收体系》，《国际税收》2024 年第 4 期，第 25～31 页。
② 贾楠、鲁钰锋：《运用以 ChatGPT 为代表的生成式人工智能提升税法遵从度的几点思考》，《税务研究》2023 年第 6 期，第 10～15 页。
③ 李慧敏、燕晓春：《韩国税收征管数字化的主要做法、效应评价及启示》，《税务研究》2023 年第 3 期，第 131～136 页。
④ 国家税务总局福建省税务局课题组：《数字化转型背景下优化我国税收征管质效的思考》，《税务研究》2022 年第 6 期，第 129～136 页。

务部门的信息管理系统，实现税务信息系统与多主体信息系统的联通和集成。指出未来的征管流程将逐渐融入纳税人工作生活和交易活动，逐步实现税收遵从管理"上游化"，大幅减轻纳税人遵从负担。《税收征管3.0和纳税人数字身份识别：初步调查结果》指出，安全识别纳税人身份是现代税收治理高效运行的关键。《税收征管3.0和电子发票：初步调查结果》指出，未来增值税征管流程将嵌入纳税人原生系统，电子发票能够为税务部门提供直接参与企业原生系统的机会，实现更大程度的自动化连接。《税收征管3.0和与原生系统连接：初步调查结果》针对共享和零工经济等新兴业态，从直接税角度分析税收征管系统转向互联数据系统所面临的挑战，提出建立税务部门、第三方平台和纳税人共同参与的良性互动机制。①

全球各辖区以数字技术为依托，在数字身份建设、电子发票、跨境税收以及平台税收治理等关键领域积极探索，对税收征管进行数字化升级和智能化改造。其中，加强数字身份建设至关重要，在数字身份验证和数据安全等方面，各辖区采取一系列创新举措。一是运用区块链技术进行数字身份建设；二是加强与第三方合作，实现联合身份验证；三是整合现有数字身份资源，简化数字身份管理流程；四是为特定人群或企业提供专属身份识别码。②

当前，我国税收征管数据主要依靠统一社会信用代码进行串联。而在不同类型、级别的数据库中，无法直接通过单一数字身份匹配涉税数据，因此使得税务部门难以依托用户画像进行监管。当下各省份税务机关之间的数据联通也存在一定阻塞，跨地区经营的纳税人不得不在多个税务系统中重复录入信息。建议税务部门考虑采取开放式全球标准，依托算法规则建立细颗粒度实时数据处理模式，推动纳税人数据跨区域、跨部门互联互通，使用云端虚拟平台实现数据的远程共享。此外随着我

---

① 吴越：《OECD税收征管3.0实践经验对我国税收征管数字化的启示》，《税务研究》2023年第6期，第91~96页。

② 国家税务总局北京市税务局课题组：《数字经济背景下税收制度与税收管理的国际比较研究》，《税务研究》2024年第5期，第99~107页。

国发票电子化改革逐渐深入，现行税制的滞后性也在一定程度上拖延了发票数字化建设进程。《税收征管法》尚未对涉及纳税人权益保护的内容作出明确规定，难以为税务机关获得纳税人授权采集原生系统数据的合规性提供必要支持。①

（二）对平台经济、零工经济等新兴业态的税收征管

针对数字经济领域的新兴业态，许多辖区采取了新的税收监管措施：一是明确电商平台代收代缴和披露供应商信息的义务；二是围绕身份认证制定灵活用工雇佣标准；三是在加密资产方面，加强对纳税人和交易平台的监管，完善部门间协作机制，创新监管制度等；四是强化 NFT 交易者和创作者自主纳税申报，运用实质重于形式原则，通过"透视"NFT 的实质来确定征管方式。②

在网红经济、平台经济、元宇宙经济快速发展的当下，应加强对自然人的税收征管。一是明确自然人的法律义务，完善自然人税收征管相关法律框架。二是出台针对数字经济业态的税收规则，明确税务部门涉税信息采集和利用的权责，以及获取第三方平台数据的法律依据，将自然人税务登记嵌入平台注册登记流程，智能归集跨平台交易涉税信息，从而达到对多平台经营自然人的有效管理。③ 三是税务部门需克服身份识别、税制重叠、安全维护、信息保护等多方面挑战，创建安全有效的数字身份认证系统，构建同第三方平台的沟通协作机制，明确各方共享数字身份、提取交易数据的范围和程度，构建与之相关的数据标准和共享协议。④

---

① 吴越：《OECD 税收征管 3.0 实践经验对我国税收征管数字化的启示》，《税务研究》2023年第 6 期，第 91~96 页。
② 管治华、宋晨泽：《全球最低税：实施进展、影响评估以及应对思考》，《税务研究》2024年第 6 期，第 98~106 页。
③ 马婉宁：《数字经济时代我国面临的税收治理挑战与应对》，《公共财政研究》2023 年第 3期，第 84~96 页。
④ 吴越：《OECD 税收征管 3.0 实践经验对我国税收征管数字化的启示》，《税务研究》2023年第 6 期，第 91~96 页。

网络平台作为一种新的商业模式的"停靠港"，可成为平台经济税收治理的理想工具。数字平台具有信息控制、交易控制、技术能力和税源距离优势，已成为涉税信息聚集地，具备带来更大的税收透明度和降低税收征纳成本的潜力。[1]

根据我国《电子商务法》的规定，目前，国内数字平台企业已担负依照税法规定向税务部门报送平台经营者身份信息与涉税信息的责任，相关意见也已对网络直播平台的涉税数据报告责任进行了规定。应修订《税收征管法》，为进一步细化相关规定提供法律依据。[2] 要进一步强化第三方数据交易平台的联动、协同治税义务，明确平台对涉税数据交易信息的报告责任，明确涉税信息的报告范围与特殊规定。[3] 可在电商与税务部门之间建立开放数据接口等形式的自动化信息报送机制。[4]

实际上，平台本身也具有税收征管合作的动机。应以修订《税收征管法》为契机，完成对平台税收征管义务的系统性立法。理论上比例原则的适当性要求与现实中平台经济的客观形态，是确定平台具体征管义务的立法基础。实践中，平台在税收征管中承担全额征管、委托代征、代扣代缴以及协助征管四种功能。当纳税人出现大额交易或高频率交易时，平台就应自动识别并将纳税人在平台的注册信息转化为税务登记信息。平台应依法向平台经营者提供在线税务登记服务。[5] 可将税务登记注册软件直接嵌入平台系统，使自然人及小型企业可以通过平台在线完成登记注册。[6]

---

① 施正文、刘林锋：《论数字平台的税收征管义务》，《国际税收》2024年第4期，第10~24页。

② 许文：《分步构建面向数字经济的友好型税收体系》，《国际税收》2024年第4期，第25~31页。

③ 孙正、闵庆汉、朱学易：《数据课税的理论、逻辑与中国方案》，《税务研究》2023年第1期，第56~62页。

④ 王东、罗敬蔚：《我国构建数字经济税收法律制度的现时难题和优化路径》，《重庆邮电大学学报》（社会科学版）2023年第3期，第47~56页。

⑤ 施正文、刘林锋：《论数字平台的税收征管义务》，《国际税收》2024年第4期，第10~24页。

⑥ 岳树民、谢思董、白林：《适配数字经济发展的税制结构优化》，《国际税收》2024年第4期，第3~9页。

（三）对元宇宙经济的税收征管

当前，元宇宙因其去中心化、匿名性、资产加密性以及虚实交互性等特征尚未被纳入数字税收规则体系。虚拟数字人的纳税地位尚未得到法律认可，加密资产信息的缺失增加了税收监管的复杂性，加密资产的相关权属及其可税范围难以界定和明确。[①] 元宇宙中的数字人具有多重数字身份和多重人格，应建立国际税收的数字身份、数字存在及数据价值的新联结规则，以反映元宇宙的经济联结和运营实质。[②] 应穿透虚拟化身或虚拟实体，对其背后的真实权利主体征税。[③] 应建设数字身份识别系统，绑定数字身份和数字钱包，建立交易和涉税数据共享机制。将涉税信息获取嵌入元宇宙交易过程，保证交易信息的实时共享，确保实时追踪涉税交易。要综合智能合约技术建立元宇宙电子发票系统以即时记录交易信息和确认计税依据，在每次交易完成后自动生成电子发票，实现税款自动计算。[④]

区块链、智能合约、人工智能、法定数字货币的应用为税收嵌入现实空间与虚拟空间的经济活动提供了技术支撑。若能在元宇宙底层经济运行规则设计时，将涉税数据获取嵌入区块链驱动的交易，便可利用智能合约等技术，对发生的数据资产交易所对应的应纳税额进行自动计征。[⑤] 在这方面，可借鉴美国的 CAS（Certified Automated System）系统对数字交易实时征税。CAS 系统不需要识别最终消费者所在地，安装该款软件，系统就会自动计算税款并实时进行源泉扣缴。如果发现某一笔交易被不恰当地征税，那么税

---

① 孙毅、贺子涵：《数字税2.0：展望元宇宙驱动的税收变革》，《税务研究》2023年第1期，第50~55页。

② 李慧敏、燕晓春：《韩国税收征管数字化的主要做法、效应评价及启示》，《税务研究》2023年第3期，第131~136页。

③ 陈鹏：《元宇宙经济课征所得税的理论基础与实践进路》，《重庆邮电大学学报》（社会科学版）2023年第3期，第29~37页。

④ 王竞达、梅延拓：《元宇宙的课税难点与解决路径探讨》，《税务研究》2024年第4期，第77~83页。

⑤ 国家税务总局深圳市税务局课题组：《新质生产力与税制变迁：元宇宙的视角》，《税务研究》2023年第12期，第5~11页。

务局可通知卖方进行更正。该系统不但能减少小企业的税务代理费用，而且能消除销售商税率适用错误的法律责任。这会在一定程度上提高卖方登记注册的积极性，也能适当缓解消费者为逃税而故意提供虚假个人地址信息的问题。[①]

未来，元宇宙可能发展成为新型数字经济形态，与税收的"交集"也将越来越密切。由此，以数据集成与应用作为发展路径、可充分提升治理效能的"元宇宙+税务"将成为《关于进一步深化税收征管改革的意见》落实的有力抓手。[②]

（四）ChatGPT 在税务领域的应用

ChatGPT 作为一种崭新的生成式人工智能技术，影响巨大。它给税收征管带来了新的发展机遇。[③] 作为我国税收征管改革的重点，智慧税务建设是我国走向税收现代化的必由之路，而引入 ChatGPT 将为实现智慧税务建设提供技术支撑，为税收征管提供新的应用场景。[④] 总的来说，ChatGPT 在征税人端、纳税人端、中介机构端应用具有独特优势。征税人端将 ChatGPT 应用于税务执法、服务和监管方面；纳税人端将 ChatGPT 应用于纳税申报、税收筹划和企业合规管理方面；中介机构端借助 ChatGPT 提供专业服务，能创造出新的商机。[⑤]

ChatGPT 具有整合分析涉税大数据并得出结论的潜质。一方面，ChatGPT 能对每个纳税人的需求偏好作出响应，并提供专门化、个性化的纳

---

① 宫廷：《我国跨境 B2C 数字化服务增值税管辖权规则的检思与建构》，《国际税收》2019 年第 10 期，第 41~49 页。

② 王佳龙、刘泽瑜、陈茹佳：《元宇宙税收全景治理模式的实践探索与蓝图构建：基于场景应用实践的分析》，《国际税收》2024 年第 3 期，第 61~68 页。

③ 杨森平、余丽莎：《以 ChatGPT 为代表的生成式人工智能对税收管理带来的机遇和挑战》，《税务研究》2023 年第 6 期，第 16~20 页。

④ 蔡昌、曹晓敏、王艺琳：《ChatGPT 的税务应用逻辑与实践：价值分析、局限性及创新路径》，《商业会计》2024 年第 2 期，第 4~11 页。

⑤ 蔡昌、庞思诚：《ChatGPT 的智能性及其在财税领域的应用》，《商业会计》2023 年第 9 期，第 41~46 页。

税服务，从而增强客户对税务机关的信任感、提高纳税人的获得感和满意度。另一方面，ChatGPT 能发挥其高度智能辅助功能，使税务人员可以专注数据挖掘和风险防控。如它能对聊天记录、电子邮件等与会计、税收、金融等财务交易相关的数据加以分析，通过对用户语义、情境、情绪进行自动化分析、审核，对潜在的纳税失信、税收欺诈风险进行预警。税务部门不仅能以其先进的算法、模型及时精准识别税收风险，有效配置税收征管资源，而且能依托其海量数据和强大的数据处理能力，准确分析经济运行和税收政策执行的情况，为决策者提供信息资讯和解决方案，进而提高税收政策与经济运行之间的适配性。[1] 因此，应坚定 ChatGPT 在税收领域的深化应用。其与税务应用场景的深度融合，需要构建以业务特征工程为基础的和面向纳税人行为特征和征纳关系理解的大数据模型系统。[2] 税务人员应在已有的智能机器人基础上，充分学习 ChatGPT 等新一代人工智能技术，打造特色鲜明的"ChatGPT+税务"。同时，应考虑将 ChatGPT 技术同其他人工智能技术结合，提高人工智能技术与经济运行的适配性。[3]

（五）OECD 跨境税收征管机制创新与合作

为应对经济数字化带来的增值税欺诈和违规风险，需要针对不同的交易模式采取差异化征管策略，并加强双边情报交换和推进以"双支柱"为代表的多边税收协调机制。针对 B2B 跨境数字交易，欧盟多数成员国实行国内逆向征税机制（Domestic Reverse Charge Mechanism），要求由购买方对交易扣缴增值税；少部分成员国采取分割支付机制，即在交易发生后将价款和税款分别处理，购买方将价款支付给销售方，将税款以某种方式上缴给税务机关。拆分缴税机制改变了纳税主体，将增值税定期申报转变为实时缴纳。

---

[1] 杨森平、余丽莎：《以 ChatGPT 为代表的生成式人工智能对税收管理带来的机遇和挑战》，《税务研究》2023 年第 6 期，第 16~20 页。

[2] 贾楠、鲁钰锋：《运用以 ChatGPT 为代表的生成式人工智能提升税法遵从度的几点思考》，《税务研究》2023 年第 6 期，第 10~15 页。

[3] 杨森平、余丽莎：《以 ChatGPT 为代表的生成式人工智能对税收管理带来的机遇和挑战》，《税务研究》2023 年第 6 期，第 16~20 页。

针对 B2C 跨境交易，欧盟创建进口一站式服务机制（Import-One-Stop Shop, IOSS），卖家可主动注册 IOSS 享受快速清关流程，规避清关风险，并方便和简化低价值（不超过 150 欧元）进口货物增值税的申报和缴纳。[①] 同时，还推动欧盟快速交换增值税欺诈信息网络建设，以加快增值税欺诈信息交换，要求成员国的税务机关充分利用行政协作工具，并及时对税收风险进行审核控制。[②]

在 B2C 的征管方面，OECD 在第五届全球增值税论坛所提交的《数字平台对在线销售征收增值税/货物劳务税的作用》，提议由平台承担跨境 B2C 交易税款缴纳的完全责任、连带责任并提倡一些其他角色协助征收税款。完全责任制度是指平台作为纳税人，对通过其平台进行交易所产生的收入缴纳增值税税款；连带责任制度是指当线上供应商不遵从其纳税义务时，在一定情况下，数字平台将承担连带责任。[③] 明确数字平台在线销售的纳税义务，由数字平台承担并缴纳跨境 B2C 在线数字交易和低价值货物交易的增值税。欧盟、阿根廷、澳大利亚等国家和地区已率先改革，要求将第三方数字平台作为纳税人履行增值税纳税义务。[④]

五　评述与展望

近年来，国内学者在数字经济税收领域开展了卓有成效的研究。在数字经济税收理论上进行了有益探索和归纳总结，从用户参与价值创造论、供需利润观到特定地域租金论，以及数字经济下的税收公平原则和受益课税原

---

① 国家税务总局北京市税务局课题组：《数字经济背景下税收制度与税收管理的国际比较研究》，《税务研究》2024 年第 5 期，第 99~107 页。

② 樊勇、邵琪：《数字经济、税收管辖与增值税改革》，《国际税收》2021 年第 3 期，第 11~17 页。

③ 樊勇、邵琪：《数字经济、税收管辖与增值税改革》，《国际税收》2021 年第 3 期，第 11~17 页。

④ 万莹：《数字经济税收治理：完善法律保障 搭建共治平台》，《中国税务报》2021 年 8 月 18 日。

则，无不贯穿着新时代数据要素的价值及其给税收带来的影响。在对 OECD "双支柱"方案实施研究上，重点就"双支柱"实施给各辖区的税收立法及税收利益所带来的影响，以及全球税收治理等问题进行深入探讨，并提出可行性的应对策略。数据资源入表和对数据资产课税是当下的热点议题。对此，学者们围绕相关税收政策和开征"数字税"问题，或从数据资产确权、计量、交易、加工和使用等方面，研究数字交易的税收属性及其课税逻辑，并进一步厘清数据税的税制要素，或从现行税制的要素和税收分配机制方面，对现行税制与数字经济的适配性进行深入思考。在税收征管数字化应用方面，重点研究数字化建设的重要意义、具体内容和应用场景等，对平台经济、零工经济、元宇宙经济的税收征管和 ChatGPT 技术在税务领域的应用进行分析，并结合国际经验，提出相应的解决方案。最后，对 OECD 跨境税收征管机制创新与合作经验作简要总结归纳，为我国跨境税收征管提供系统的决策参考。

数字经济向纵深发展和数字技术的快速迭代，必将深刻影响世界税收制度和征管手段以及全球税收治理格局，同时，相关税收理论、税收逻辑、税收规则和征管理念都将不断加速演进，不远的将来定会出现高效统一的、高度智慧的税收管理模式，全球税收治理将步入一个崭新的时代。

B.4
人工智能税收理论与实践前沿报告

蔡昌 孙睿 李为人*

摘 要： 人工智能作为推动经济发展和社会进步的重要引擎，具有广阔的发展前景和较高的应用价值。本报告首先基于人工智能的概念及发展现状，分析人工智能对税收制度、税收征管及税务管理的多方面影响。随后进一步探讨了人工智能课税的理论分歧，梳理了当前学术界和实践中存在的主要争议点，包括人工智能对社会的广泛影响、课税技术难题及数据隐私保护等问题。最后，通过对国际上人工智能税收实践的案例分析，总结了其他国家在应对人工智能课税方面的成功经验，并提出了适合中国国情的建议。在制定人工智能财税政策时，应调整和优化税收制度，通过制定税收优惠政策鼓励人工智能领域的研发和创新，并从经济和社会发展的整体角度调整对人工智能的税收政策。此外，为了防止人工智能加剧贫富差距，需在税收政策中保持公平性，避免技术进步引发严重的就业不平等。

关键词： 人工智能 税收制度 税收征管 机器人税

2024 年的国务院政府工作报告中，"人工智能+"作为关键词引发了广泛的关注，这是"人工智能+"首次被写入政府工作报告。在谈到"科技创

---

* 蔡昌，会计学博士，中央财经大学财政税务学院教授，中央财经大学税收筹划与法律研究中心主任，博士生导师，博士后合作导师，北京大数据协会财税大数据专委会会长，主要研究方向为财政与税收理论、数字财税与智慧税务、税收契约与产权税收学等；孙睿，中央财经大学税收学博士研究生，中央财经大学税收筹划与法律研究中心研究助理，主要研究方向为税收理论与政策、人工智能与税收等；李为人，中国社会科学院大学应用经济学院副院长、研究生导师，主要研究方向为税收理论与政策、税收风险管控、税收信息化等。

新实现新的突破"时，政府工作报告肯定了"关键核心技术攻关成果丰硕"，特别提到"人工智能、量子技术等前沿领域创新成果不断涌现"；在谈及"大力推进现代化产业体系建设，加快发展新质生产力"时，政府工作报告指出，深化大数据、人工智能等研发应用，开展"人工智能+"行动，打造具有国际竞争力的数字产业集群。[①]

近年来，随着大数据、云计算、物联网、ChatGPT 等新技术的不断迭代发展，人工智能技术得到了历史性的跨越，以生成式人工智能为代表的新一代人工智能在传统人工智能的基础之上发展了认识和学习功能，同时具备语言理解、信息检索、内容生产等多种功能，能通过使用者的自然语音输入反馈与人类思维类似的回答。这无疑赋予了人工智能在各个领域的巨大发展潜力，让其成为推动经济社会进步发展的动力源泉。在国家税务总局 2024 年发布的《关于开展 2024 年"便民办税春风行动"的意见》中指出，要进一步强化税务服务数字赋能，"通过推进数据互通共享、加强数字技术运用，推动办税缴费流程优化、资料简化、成本降低，切实做到高水平优化提升税费服务"[②]。从这些政策文件中不难看出，国家对于人工智能在税务领域的应用予以高度重视，而随着人工智能相关技术的进一步发展，其在税务领域的应用也将会更加深入。但人工智能本身具有更新迭代快、技术要求高的特性，与人工智能应用相配套的税收政策仍有待出台，在人工智能高速发展的当下，尽快探索对于人工智能的相关征税方案并研究如何将人工智能的新技术灵活地运用到税收征管体系，提高税收征管水平是需要尽快解决的问题。为此，必须结合人工智能的功能特征来分析人工智能对税收所产生的影响，以及设计科学合理的人工智能课税方案，推动人工智能与税收管理的深度融合，助力智慧税务建设。

---

① 《2024 年国务院政府工作报告》。
② 《国家税务总局关于开展 2024 年"便民办税春风行动"的意见》，https：//www.gov.cn/zhengce/zhengceku/202404/content_6943099.htm。

一 人工智能的内涵、外延和发展现状

（一）人工智能的内涵与外延

1. 人工智能的基本概念

人工智能被定义为利用计算机和相关技术来模拟、延伸和扩展人的智能的计算机科学的分支。它的目标是使用算法和数据构建能够表现出人类智能的系统，包括语言理解、问题解决、学习、认知和决策等能力。[1] 人工智能还被定义为一种数学模型、计算程序和执行系统，包括软件和硬件，能够胜任和完成由人类或自然智能所具有的功能和任务。[2] 按智能程度不同，人工智能可以分为只专注于完成某个如语音识别、图像识别和翻译等特别设定任务的弱人工智能；能在非监督学习情况下处理前所未见的细节，并同时与人类开展交互式学习的强人工智能；通过模拟人类的智慧而具备自主思维意识，能够像人类一样独自进行思维的超人工智能。现阶段所应用的人工智能大部分还属于弱人工智能的范畴。

人工智能的技术主要包括机器学习、深度学习、自然语言处理、计算机视觉、机器人技术等方面。机器学习作为人工智能的基础技术之一，是指通过机器学习算法，让计算机从数据中自动学习知识和经验，以实现智能化的目的。深度学习是一种基于神经网络的机器学习方法，它通过多层次的神经元来学习数据的特征表示，从而实现对复杂的高维数据的建模和处理。自然语言处理是指让计算机能够理解和处理自然语言的技术，主要包括语言模型、文本分类、信息检索、机器翻译等方面。计算机视觉是指让计算机能够理解和处理图像和视频的技术，主要包括图像分类、目标检测、图像分割、人脸识别等方面。机器人技术是指将人工智能技术应用于机器人领域，让机

---

[1] 尚文倩编著《人工智能》，清华大学出版社，2017。
[2] 黄卫平编著《数据智能科学技术导论》，清华大学出版社，2022，第1~274页。

器人能够自主地感知、决策和执行任务，主要包括机器人视觉、机器人控制、机器人规划等方面。

2. 人工智能的主要应用领域

随着人工智能技术的不断发展，它已经在各个领域中加以应用，并对各个领域造成了巨大的影响。在医疗领域，人工智能技术被广泛应用于辅助诊断、患者监护、药物研发和制定个性化治疗计划等方面，同时，依托人工智能技术构建的医疗大模型能基于海量无提示数据进行预训练，在前期就赋予模型更广、更深的知识水平，而在下游具体任务中只需微调，就能够低成本、高适应性地为后续应用赋能，[1] 对医疗行业的发展起到了至关重要的推动作用。

在制造业方面，通过引进人工智能技术，制造企业能够更精准地预测市场需求，优化生产计划，实现生产过程的智能化和自动化，同时，人工智能技术还能为制造企业带来更高的生产效率和更低的成本，促进了工业转型升级和智能制造的发展。

在教育领域，人工智能被用于设计个性化学习计划、智能辅导，慕课、超星等智能教育平台依托大数据、云计算、人工智能等技术，不仅可以通过快捷搜索、智能推荐等方式，为学习者提供多种符合个性化学习要求的智慧服务，还能通过对课程信息及学习数据进行实时采集、计算、分析，为教师教学与学生学习提供定制化、精准化分析服务。

人工智能技术在农业领域的应用也越来越广泛，通过数据分析和预测，优化农作物的生长和产量，提高农业生产效率和农产品质量的智能种植技术以及通过感知和控制技术，提高动物养殖的效率和健康程度的智能养殖技术等都为农业的现代化提供了强大的动力。

（二）人工智能的发展及现状

1950 年，艾伦·图灵（Alan Turing）在 *Computing Machinery and Intelligence*

---

[1] 张一帆、张泽瑞、董敬等：《大模型时代下的医疗人工智能技术进展与挑战》，《中国医学装备》2024 年第 6 期，第 189~194 页。

中提出了著名的"图灵测试"，在通常为五分钟内的多次测试之中，如果有超过30%的测试者不能确定被测试者是人还是机器，那么机器就通过了测试，并被认为具有人类的智能，这标志着人工智能研究的开始。"人工智能"一词的概念最早由约翰·麦卡锡在1956年的达特茅斯会议上正式提出，该会议对人工智能的设想是"制造一台机器，该机器可以模拟学习或者智能的所有方面，只要这些方面可以精确描述"。[①] 自此，人工智能确定了概念与发展方向，迎来了第一个发展高潮，并实现了机器定理证明、跳棋程序等众多成就。发展初期的突破性进展大幅提升了人们对人工智能的期望，并让它们开始尝试更具挑战性的任务，但由于设定目标的过于超前以及当时算法本身的局限性，让一次次尝试都以失败告终，人工智能的发展陷入了低谷。

20世纪70年代出现的专家系统模拟人类专家的知识和经验解决特定领域的问题，实现了人工智能从理论研究走向实际应用、从一般推理策略探讨转向运用专门知识的重大突破。DEC、IBM、TI等诸多企业以及MIT、Stanford等大学都加入了专家系统的研究，让专家系统在医疗、化学、地质等领域取得了巨大的成功，推动人工智能走入应用发展的新高潮。然而，随着应用的不断加深，专家系统存在的应用领域狭窄、缺乏常识性知识、知识获取困难、推理方法单一、缺乏分布式功能、难以与现有数据库兼容等问题逐渐暴露，当时苹果、IBM又开始推广费用远低于专家系统软硬件开销的第一代台式机，人工智能再度陷入低迷。

20世纪八九十年代，贝叶斯网络、隐马尔科夫模型以及其他大量的统计模型广泛地应用到了模式识别、医疗诊断、数据挖掘、机器翻译和机器人设计等领域，1997年5月，在一场国际象棋的人机大战中，超级计算机深蓝（Deep Blue）首次击败了当时等级分世界第一的棋手卡斯帕罗夫。这标志着人工智能进入了新的发展阶段。

进入21世纪，大数据、云计算、互联网、物联网等信息技术的发展，泛在感知数据和图形处理器等计算平台推动以深度神经网络为代表的人工智

---

① 中国人工智能学会组编《人工智能导论》，中国科学技术出版社，2018。

能技术飞速发展，大幅跨越了科学与应用之间的技术鸿沟，诸如图像分类、语音识别、知识问答、人机对弈、无人驾驶等人工智能技术实现了从"不能用、不好用"到"可以用"的技术突破，迎来爆发式增长的新高潮。[①] 2022年11月，OpenAI 于 2018 年发布的 GPT-1 基础之上向 InstructGPT 模型不断成熟发展改良，推出了 ChatGPT，这标志着以之为代表的生成式人工智能登上了历史舞台，成为引领人工智能发展的新方向。

（三）全球人工智能的发展趋势

2024 年 7 月，中国科学技术信息研究所联合北京大学共同研制的《2023 全球人工智能创新指数报告》在世界人工智能大会科学前沿主论坛上发布。报告显示，目前全球人工智能发展整体格局依然是美国遥遥领先，中国位居第二，中美远超其他国家（见图 1）。我国人工智能发展在数据开发利用、重大原始创新等方面存在不足，大模型、生成式人工智能等新技术新赛道掀起人工智能科研和产业领域新一轮发展热潮。

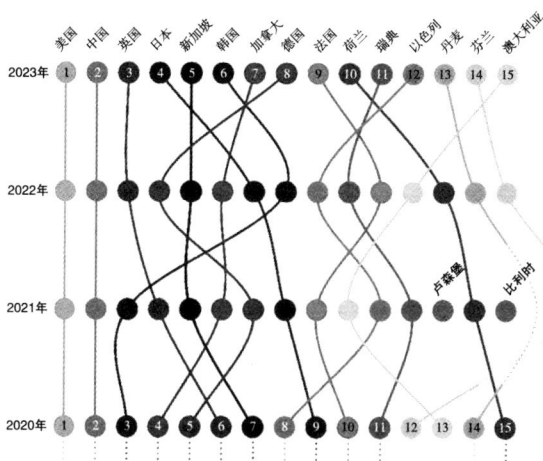

图 1　2020~2023 年全球人工智能创新指数得分排名变化

资料来源：《2023 全球人工智能创新指数报告》，2024。

---

① 《人工智能的起源和人工智能发展历程》，传智教育，2021。

报告反映出全球人工智能创新发展趋势。首先，大模型突破带动了人工智能技术创新加快，自然语言处理和多模态等在人工智能创新发展中起到非常重要的作用，2023 年全球发布的机器学习模型数量同比增加 91.2%，达到近十年来最大增幅。其次，产业界在模型开发上的领先优势在不断扩大，2023 年产业界独立研发的机器学习模型达 176 个，为学术界的 3.5 倍。此外，生成式人工智能开源项目的数量激增，GitHub 上发布的生成式人工智能开源项目从 2022 年的约 1.7 万个激增到 2023 年的约 6 万个。另一显著特点是新增人工智能企业数量开始增长，创业、创投低迷的趋势有所转。2018~2022 年，全球新增人工智能企业数量在逐年递减，但是这种递减趋势在 2023 年得到了抑制，同时有回转的倾向，2023 年新增企业数量同比上涨了 21.5%。

根据斯坦福大学人工智能研究所（Stanford HAI）发布的《2023 年人工智能指数报告》显示，几乎所有美国工业部门对人工智能相关专业技能的需求都在增加。在美国有数据的部门（农业、林业、渔业和狩猎业除外）中，与人工智能相关的工作岗位的数量平均从 2021 年的 1.7% 增加到 2022 年的 2.05%（见图 2），美国的雇主正越来越多地寻找具有人工智能相关技能的工人。

2022 年，全球人工智能私人投资为 919 亿美元，自 2021 年以来下降了 26.7%。[①] 与人工智能相关的融资事件总数以及新融资的人工智能公司数量也同样减少。不过，2013~2022 年，人工智能投资呈现大幅增长趋势（见图 3）。在 2022 年，人工智能的私人投资金额是 2013 年的 18 倍。

AI Index 对 127 个国家的立法记录的分析显示，包含"人工智能"的法案被通过成为法律的数量，从 2016 年的仅 1 个增长到 2022 年的 37 个（见图 4）。对 81 个国家的人工智能议会记录的分析同样表明，自 2016 年以来，全球立法程序中提及人工智能的次数增加了近 6.5 倍。

在 2022 年 IPSOS 的调查中，78% 的中国受访者同意"使用人工智能的

---

① 《2023 年人工智能指数报告》，Stanford HAI。

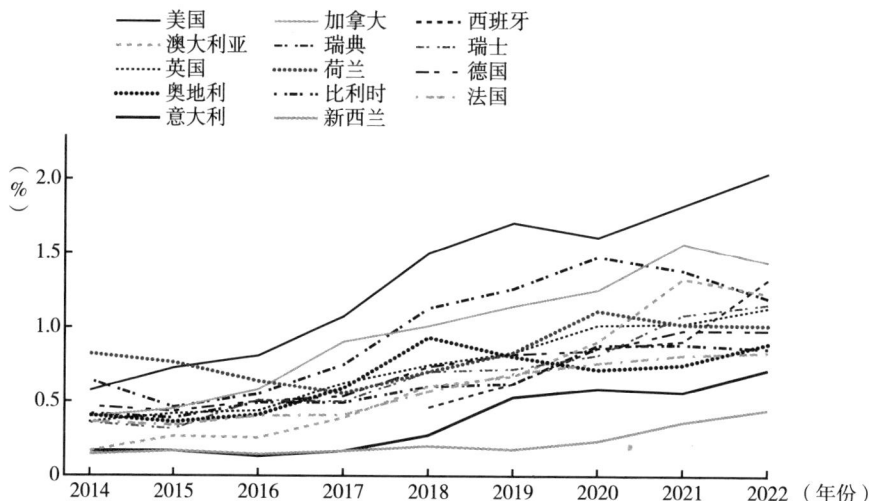

图 2　2014~2022 年按地理区域划分的人工智能相关职位占比

资料来源：《2023 年人工智能指数报告》，Stanford HAI。

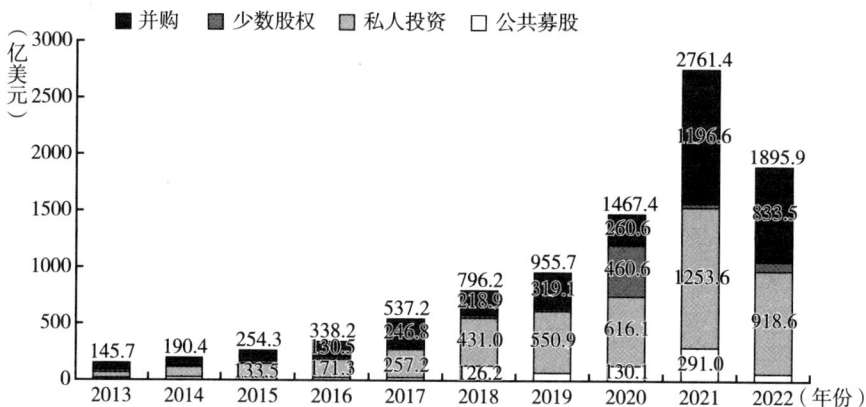

图 3　2013~2022 年按投资活动分列的全球人工智能公司投资

资料来源：《2023 年人工智能指数报告》，Stanford HAI。

产品和服务的好处多于坏处"，这在接受调查的国家中是比例最高的。除此之外，来自沙特阿拉伯（76%）和印度（71%）的受访者认为人工智能产品"利大于弊"，而只有 35% 的美国受访者同意这一说法，这在被调查国家中是占比较低的，如图 5 所示。

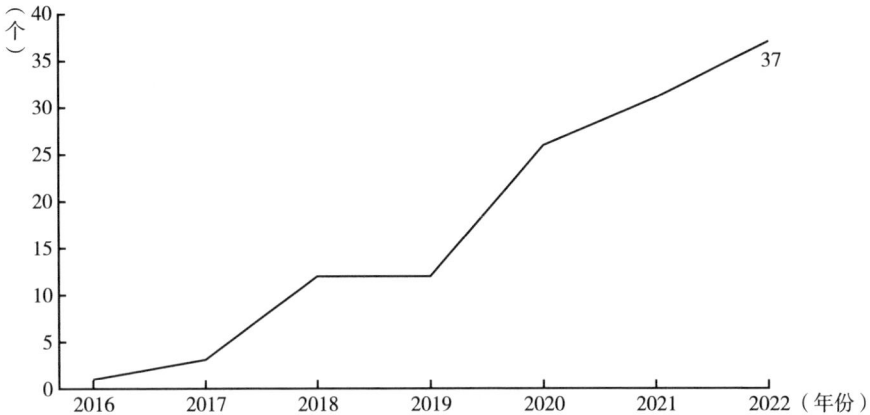

图 4 2016~2022 年被选定的 127 个国家中通过的人工智能相关立法数

资料来源：《2023 年人工智能指数报告》，Stanford HAI。

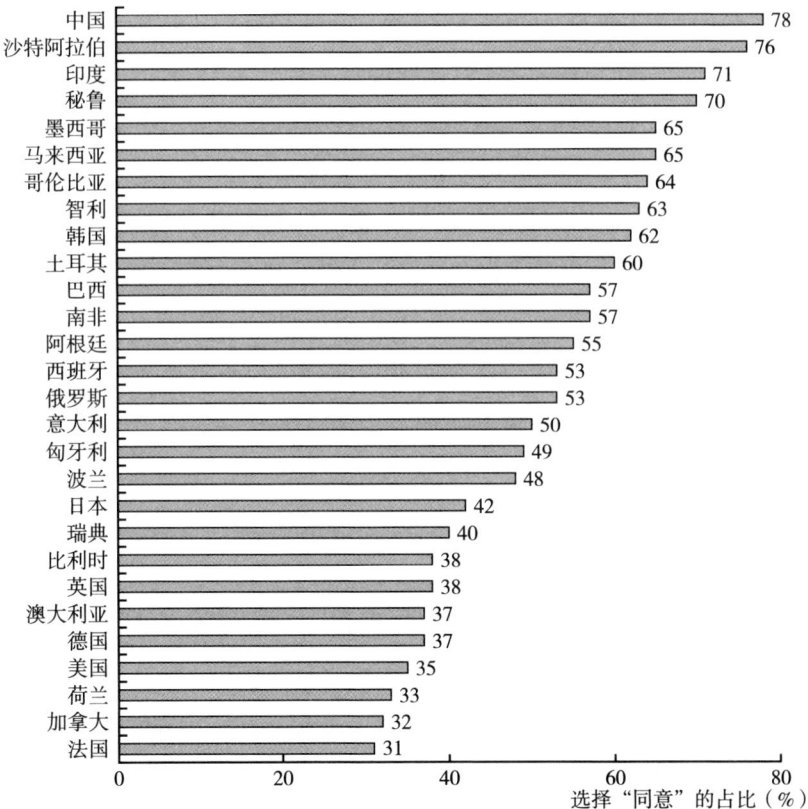

图 5 2022 年"人工智能产品服务利大于弊"调查国别报告

资料来源：《2023 年人工智能指数报告》，Stanford HAI。

（四）我国人工智能的发展趋势

根据赛迪智库发布的《2024 年我国人工智能产业发展形势展望》，人工智能产业规模呈快速增长态势，2023 年全球人工智能 IT 总投资规模 1540 亿美元，同比增长 19.6%。数据统计显示，我国人工智能核心产业规模已达5000 亿元，企业数量超过 4400 家。2023 年我国人工智能大模型市场规模21 亿美元，同比增长高达 110%，占全球市场规模 10%。预计 2024 年全球人工智能市场规模将达 6158 亿美元，我国将突破 7993 亿元。预计 2024 年全球人工智能大模型市场规模将突破 280 亿美元，我国大模型市场规模将达216 亿元，继续保持两位数以上增速。截至 2023 年 11 月，国产大模型有188 个，其中通用大模型 27 个。2024 年，大模型将逐步拓展外延赋能自动驾驶和具身机器人等领域，人工智能驱动科学研究（AI for Science）也将持续赋能科学研究，促进科学领域的创新，提升研究效率。赛迪智库于 2024年 7 月发布的《2023—2024 年中国人工智能市场研究年度报告》显示，2023 年中国人工智能市场规模达 1848.5 亿元，同比增长 10.5%。其中，国内计算机视觉市场持续保持了强劲的增长态势，市场规模不断扩大，应用领域也在逐渐拓宽，市场规模达 571.9 亿元，同比增长 20.2%。报告认为，当前国内计算机视觉市场集中度较高，发展前期需要重资产支出和长周期投入，头部厂商先发优势和规模效应明显，前五大厂商占据 16.9% 的市场份额（见图 6）。各大厂商在广泛应用领域已经具有了广泛的客户基础，并进一步拓展大客户的需求，人工智能与实体经济深度融合增速不断加快。

二　人工智能在税收治理中的现实应用

随着税收征管数字化进程的推动，人工智能在税收治理领域的应用范围与形式也在不断拓展。OECD 于 2023 年发布的《2023 年税收管理：OECD与其他发达和新兴经济体的比较信息》显示，2021 年在纳入样本的 52 个国家或地区中，有 54.4% 的国家和地区在税收征管中应用了人工智能技术，

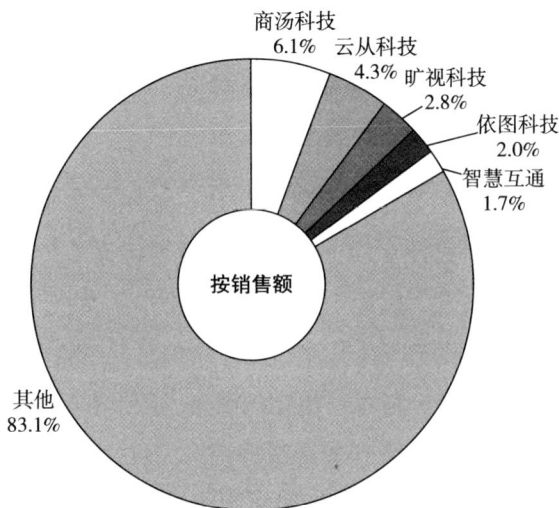

图 6 2023 年中国计算机市场厂商占比

资料来源：《2023~2024 年中国人工智能市场研究年度报告》。

较 2018 年增长了 22.8 个百分点，各国税务部门中使用行为洞察的比例也从 2018 年的 62%增长至 2021 年的 76%。荷兰税务与海关管理局早在 2004 年就开发了一种人工智能网络抓取工具（XENON），可以自动从网页、社交媒体或电子商务平台收集数据，并实现与税收数据库中已有数据的自动匹配。瑞典、丹麦等国家于 2011 年，西班牙、斯洛伐克、斯洛文尼亚等国家于 2012 年开始将人工智能应用于税收征管领域。法国、比利时于 2014 年开始利用机器学习算法自动在网络收集数据，并进行税收风险分析。匈牙利、波兰等国家大多在 2016~2019 年开始在税收领域应用人工智能。[①] 2024 年 2 月，印度财政部向议会报告，该国税务部门利用 NETRA、BIFA、ADVAIT 等先进的数据分析和人工智能模型对涉嫌虚增进项税额抵扣税款的高风险纳税人进行监控识别，取得较好效果，仅对 2023 年 4 月~12 月的数据审核，就发现了 14597 起逃税案件，涉嫌虚增进项税额 1800 亿卢比。

---

① 陈洁：《欧盟成员国税收征管领域人工智能应用情况比较分析》，《国际税收》2024 年第 4 期，第 49~54 页。

在人工智能税务应用方面各国都有所创新。智利税务局（SII）开发了所得税交互式报告，利用 SII 持有的信息、在纳税申报表上检测到的不一致情况以及在所得税申报过程中收到的第三方声明来分析纳税人的行为，使税务官员能够从不同角度监控和了解多个问题。加拿大税务局不断探索包括机器学习和深度学习在内的高级分析方法应用，如图形数据库管理系统和算法、社会网络分析、集成异常检测和无监督学习、人工智能自动编码器技术、短期记忆神经网络等，以识别潜在的高风险中小型企业，并对这些企业进行审计。俄罗斯联邦税务局依托增值税发票信息及纳税人申报数据，开发了自动化增值税遵从系统，通过可视化的图表、图形和数据，监控货物和服务的整个生命周期（从生产者到最终消费者），及时发现风险、启动稽查并予以处理。比利时税务局开发了 4 种预测模型（Iris 模型、Pegasus 模型、Delphi 模型、Hermes 模型），以助力增值税和预提所得税的债务风险管理，指导采取的干预措施和后续步骤。新加坡国内收入局开发了一款虚拟助手 AskJamie，可利用自然语言处理引擎理解公众提出的问题，并作出适当回应。当问题过于复杂时，AskJamie 还可通过与纳税人进行逻辑缜密的多轮交互，挖掘深度信息，再提供合理答案。如果问题仍得不到解决，纳税人还可在线咨询税务官员；此时，税务官员的答复将被用于进一步训练智能助手。可以看出，各国都在积极投入人工智能与税收的融合应用工作并取得了一定的成效。

我国对于人工智能的税务应用也给予了高度重视，稳步推进智慧税务建设工作，着力提升税费治理效能，深化拓展了 31 项税收征管改革措施。2024 年全国统一规范电子税务局扩围上线，稳步推进了全面数字化电子发票推广应用。大数据风控平台通过引入人工智能算法，对企业进行画像，精准定位税收风险，提高风险识别命中率。一些税务机关开通了刷脸缴税窗口，将"人脸识别+支付"技术应用到税务领域，提升办税便利性。在粤港澳大湾区税收治理中，应用人工智能构建以纳税人需求为导向的智慧咨询和智能办税服务体系，降低纳税人遵从成本，提高税法遵从度，给予纳税人更具个性化的税收服务。国家税务总局开发的 12366 智能问答库作为集网络咨询、人工智能和云技术于一体的综合型服务平台，利用大数据和人工智能技术，为纳税人和缴费人提供高效、精准的税费咨询服务，从历史咨询录音中提炼关键词与同义词，以归纳出标准化咨询问题并构建涵盖广泛税收政策、办税难点的数据库，引入智能匹配关键字技术，实现涉税咨询秒回服务，当智能客服无法解答复杂问题时，纳税人可以通过输入"人工"获得在线客服的实时帮助，实现了智能与人工服务的有效结合。

三 人工智能对税收的深刻影响

（一）人工智能对税收制度的影响

1. 对税率的影响

人工智能技术的迅猛发展对税率产生影响。首先，工业机器人的使用有效提高了企业的生产技术和自动化水平，改进了企业生产方式，与此同时，工业机器人的购置和应用也悄然影响着企业的资本结构，对企业的所得税实际税率产生潜在影响。[①] 其次，作为企业的一项重要生产经营性固定资产投资，工业机器人的购置和使用增加了企业的资本性支出，进而增加应纳税所得额计算时的折旧扣除额，从而会降低企业的所得税实际税负率。[②] 最后，在税率设计方面，人工智能的应用能够提供更加精准的数据分析和预测，帮助政府合理确定税率，避免过高或过低的税率对经济造成负面影响。

2. 对税基的影响

工业机器人的使用使企业能够通过资产结构调整，降低企业的实际有效税率，并通过影响企业产出和经济绩效，产生直接的税基扩大效应。首先，工业机器人的大规模应用会带动新企业进入和机器人相关产业链发展，有助

---

① 李建军、吴周易：《机器人使用的税收红利：基于新质生产力视角》，《管理世界》2024 年第 6 期，第 1~15、30 页。
② 刘啟仁、赵灿、黄建忠：《税收优惠、供给侧改革与企业投资》，《管理世界》2019 年第 1 期，第 78~96、114 页。

于扩大企业产出，提高企业产品增加值和经营绩效，从而厚植税基、扩大税源。其次，工业机器人的使用能够有效激发市场活力、吸引企业进入，最终增加税源、扩大税基。最后，工业机器人的使用能够催生新兴产业发展，促进税基拓宽增厚，由此带来政府税收收入的增加，最终实现减税的收入反馈机制，呈现与"拉弗曲线"类似的"降税率—增税收"特征。

3. 对税制改革的影响

人工智能的发展对收入分配和社会公平产生了深远影响。人工智能的发展会影响经济增长、劳动力就业和收入分配，人工智能技术的应用虽然提高了生产效率和经济增长，但也加剧了收入分配的不平等。高技能劳动者和资本所有者由于其在人工智能领域的优势获得了更多收益，而低技能劳动者的就业和收入则面临压力。因此，税收政策需要考虑如何通过税收制度的调整来缓解这种不平等，促进社会公平。税制改革既要对促进就业和就业转型给予税收支持，税收上做"减法"，又要适时对人工智能机器人征税，做"加法"，同时，还为破解个人所得税改革和房地产税立法开征的难题创造条件，优化税制。[①]

（二）人工智能对税收征管的影响

1. 提高税收征管效率

人工智能技术在税收征管中的应用极大地提高了税务部门的工作效率。传统方式下涉税服务机构获取纳税人信息主要来源于已登记的信息以及少量共享的数据，信息更新速度慢，且不能有效地批量使用。在人工智能背景下，涉税服务机构可以通过智能爬虫和数据清洗技术实现对大量涉税数据的自动采集、识别、归集、处理和应用，服务机构能够快速地提取高质量的信息和精确地分配有效信息，更全面地了解纳税人需求和政府要求，从而设计出更符合客户需求、满足政府要求的产品组合，并根据纳税人的具体需求和

---

① 葛玉御、宫映华：《借势人工智能，实现税收现代化》，《税务研究》2018 年第 6 期，第13~18 页。

政府的发展变化及时更新业务范围。人工智能技术可以通过自动化流程处理大量的税务数据，减少人工操作的时间和错误，信息的获取渠道更多、信息处理方式更科学。此外，人工智能在税务征管中的应用不仅提高了效率，还大大加强了信息管理能力。通过人工智能技术，税务机关可以建立完善的税务信息数据库，实时更新和共享纳税人的信息。这不仅有助于提高税务数据的准确性和完整性，还能有效防范和打击税收欺诈和逃税行为。

2. 规范税务部门行为

人工智能技术的应用提高了对税收征管的监督能力，在一定程度上规范了税务部门的行为。人工智能可以加强税务部门自身行为的规范，避免征税的随意性。人工智能可以通过对税法规定的学习理解，严格准确地确定应征税款的数额，在实现监管功能的同时，可以对税务机关的征收行为进行规范化的管理，提升税收征管的法定化和专业化程度。[1] 同时，通过自动化系统和智能化流程，减少了税务人员在税收征管过程中的主观判断和操作空间，降低了人为因素带来的风险。此外，通过智能化系统和区块链技术，税务机关可以实时监控和分析税收征管的各个环节，实现税收数据的透明化和可追溯性，及时发现和纠正存在的问题，加强对税务人员的监督，防止腐败和滥用职权。

（三）人工智能对税务管理的影响

1. 优化税收风险管理

人工智能为突破当前税收风险管理工作瓶颈提供了有效的手段。第一，人工智能显著提高了税务机关的风险防控能力。通过大数据分析和机器学习技术，税务机关可以准确预测和识别潜在的税收风险。例如，通过分析纳税人的历史数据和行为模式，人工智能系统可以提前预警可能存在的逃税和避税行为，帮助税务机关采取预防措施，降低税收流失风险。第二，人工智能

---

[1] 翁武耀、倪淑萍：《人工智能促进税收征管现代化的方式与影响》，《税务研究》2018年第6期，第19~24页。

助推传统税收风险管理体系的优化。随着大数据、云计算、人工智能等现代信息技术在税收管理中的大规模运用，对涉税数据的数量提出了较高的要求，人工智能提升了包括非结构化数据在内的数据分析和运用能力，有利于优化税收风险管理流程，助推税收信息系统优化。第三，人工智能在税收风险管理中的应用实现了对传统方式的革新。人工智能技术通过机器学习和数据驱动的模型，实现了对纳税人行为模式的深度分析，推动风险分析方式、风险应对方式以及模型修正模式的创新。[1] 随着征税方对纳税方信用的判断成本的大幅度下降，纳税评估成本同步下降，信息收集将更加方便，税收风险也会随之下降。[2]

2. 优化纳税服务

人工智能分析带给税务机关和纳税人的不仅仅是管理效率的提高，还有纳税服务水平的提升。智能客服系统和在线税务平台的建立，使纳税人能够更加方便快捷地获取税务信息和服务。首先，人工智能可以通过分析纳税人的习惯来推送相关的税收政策，这将对纳税人遵从税法提供明显的帮助。其次，人工智能系统可以综合多方面情况对纳税人的遵从意愿和遵从能力进行评判，并对纳税人遵从税法情况进行排序。这有助于区别不同纳税人的具体情况，并针对具体情况给予不同的纳税服务措施，提供定制性质的个性化服务，大幅提升了纳税服务的质量和效率。[3] 此外，人工智能技术还可以优化税务申报流程，减少纳税人的操作步骤和时间，提高税务申报的便利性。

总之，人工智能技术的发展对税收制度产生了深远的影响。在税收制度方面，工业机器人的广泛应用不仅改变了企业的生产方式和资本结构，从而对所得税际税率产生影响，而且通过增加资本性支出影响折旧扣除额，进而降低税负率。同时，人工智能的数据分析能力提升了税率设计的精准性。此外，人工

---

① 刘昊：《人工智能在税收风险管理中的应用探析》，《税务研究》2020 年第 5 期，第 79~82 页。

② 杨志勇：《人工智能、税收政策与税收理论》，《税务研究》2018 年第 6 期，第 6~12 页。

③ 李为人、李斌：《在税收风险分析中引入人工智能技术的思考》，《税务研究》2018 年第 6 期，第 29~34 页。

智能还通过调整企业资产结构、激发市场活力和催生新兴产业等方式，扩大了税基，增加了政府税收收入。在税收征管方面，人工智能提升税收征管效率，规范了税务部门行为。税务管理方面，人工智能技术的应用显著提升了税收风险管理的效能，通过大数据分析和机器学习准确预测和识别税收风险，优化了税收风险管理流程。同时，人工智能还通过智能客服系统、在线税务平台等手段，提升了纳税服务的便捷性和个性化度，不仅提高了管理效率，也大幅提升了纳税人的遵从意愿和服务体验，增强了纳税人的便利性和遵从性。综上所述，人工智能的应用在推动税收制度现代化和优化税收结构方面发挥了关键作用，但也带来了对劳动市场和收入分配的挑战。人工智能技术的应用为税收领域带来了新的机遇和挑战，需要政府、企业和社会各界共同努力，合理利用人工智能技术，实现税收制度的优化和税收管理的现代化。

四　人工智能课税理论前沿探讨

（一）人工智能对社会的影响

1. 促进科技创新与技术进步

人工智能技术的快速发展引领世界进入智能化时代。人工智能作为21世纪的颠覆性技术，极大地推动了科技创新和技术进步。人工智能的应用遍布各行各业，从医疗、教育、交通到金融、制造业，无处不在地改变着传统的运营方式和生产流程，显著提升了各行各业的生产力和效率，推动了经济增长。这一经济增长带来的企业利润和个人收入增加，直接扩大了税基，提升了所得税和增值税等税收收入。此外，人工智能技术推动了高科技企业的发展，这些企业通常具有高附加值和高利润率，成为税收的重要贡献者。相对而言，传统低附加值行业的税收贡献可能会有所减少。因此，税收结构逐渐向高科技、高附加值行业倾斜。

2. 推动收入分配与社会公平

人工智能技术的应用对收入分配和社会公平产生了深远的影响。人工智能技术促进了经济增长，提高了社会财富的总量。同时，人工智能还具有工作创造效应和生产率效应，创造出原先不存在的任务和工作，促进其他非人工智能使用部门的劳动力需求上升。然而，技术进步带来的收入分配差距也引发了社会公平问题。人工智能的发展虽然有利于社会总财富的增加，但该技术的普及难以实现"帕累托最优"，将损害一部分人的利益，而使另一部分人获益。人工智能对劳动力群体的影响存在异质性，会对劳动力产生替代效应，可能导致就业极化和收入极化，减少低收入人群向上流动的机会，导致社会阶层固化、机会不均等问题加剧。自动化进程会经历三个阶段，在自动化程度较低的第一阶段，收入分配状况和劳动收入份额较稳定；在自动化程度加深的第二阶段，收入分配格局会随着自动化程度的加深而发生改变，劳动收入份额下降，不平等现象加剧；在自动化程度趋向稳定的第三阶段，要素报酬份额相对稳定，但收入差距将持续扩大。[1] 人工智能主要通过自动化、"机器换人"的形式作用于经济生产，是资本替代劳动的过程，因而随着人工智能技术的发展，由于现实社会中资本不均远胜于劳动不均，人工智能的发展将使得生产过程中资本要素份额提升，劳动报酬份额则会下降[2]，这将导致收益分配进行倾斜，仅有少数企业家可从中获利，从而产生不公平的市场竞争[3]。此外，人工智能技术的应用导致高技能人才和低技能劳动者之间的收入分配差距扩大。高技能人才由于其稀缺性和重要性，在劳动力市场上获得了更高的薪酬和待遇；而低技能劳动者则面临收入增长缓慢甚至收入下降的困境，加剧了社会的不平等。人工智能的普及和发展固然能提高许多企业的工作效率，但因此"企业获利、员工受损"所引发的收入不均问

① Hémous D., Olsen M., "The Rise of the Machines: Automation, Horizontal Innovation, and Income Inequality," *American Economic Journal: Macroeconomics* 1 (2022): 179-223.

② Brynjolfsson E., McAfee A., *The Second Machine Age: Work, Progress, and Prosperity in a Time of Brilliant Technologies* (WW Norton & Company, 2014); Benzell S. G., Kotlikoff L. J., LaGarda G., et al., "Robots are Us: Some Economics of Human Replacement," National Bureau of Economic Research, 2015; DeCanio S. J., "Robots and Humans - complements or Substitutes?" *Journal of Macroeconomics* 49 (2016): 280-291.

③ Korinek A., Stiglitz J. E., *Artificial Intelligence and its Implications for Income Distribution and Unemployment* (University of Chicago Press, 2018): 349-390.

题仍然值得深思。

3. 劳动替代与就业

人工智能被视为一种自动化技术，其对劳动力市场和劳动报酬的影响已被广泛研究。在劳动市场方面，短期内技术进步对低劳动技能劳动者薪酬和就业产生负面影响，而对高劳动技能劳动者则产生正面影响。[①] 人工智能技术的应用不仅在制造业和服务业中替代了重复型和劳动密集型工作，也在一定程度上创造了新的高技能工作岗位。长期来看，机器人和人工智能的持续发展可能会对所有劳动者的薪酬和就业造成负面影响。自动化技术的发展能够促进经济增长，但也会带来更高的失业率。[②] 人工智能具有工作创造效应和生产率效应，但由于其对劳动群体的异质性可能导致就业极化，会对劳动力产生替代效应，自动化将导致从事常规工作的劳动力失去工作。[③] 美国麻省理工学院和美国波士顿大学的研究发现，1990~2007 年在美国每个机器人平均取代 3.3 名工人，每增加 1000 名工人中的一个机器人，美国的就业人口比例可能会下降 0.2%，工人的工资可能会降低 0.42%。这种替代效应不仅影响了个体的收入水平，还可能减少个人所得税的税基。[④] 因此，尽管人工智能的发展为经济增长提供了推动力，但其对劳动力市场的潜在负面影响需要通过有效的政策和教育体系来应对，以确保就业和经济的持续稳定。

（二）人工智能课税的观点分歧

1. 支持课税观点

支持人工智能课税的观点主要围绕以下方面展开。在机器人不具备同自

---

① 韩青江、韩民春：《机器人技术进步对劳动力市场与社会福利的影响研究》，《技术经济》2021 年第 1 期，第 38~48 页。

② 张敬亭：《自动化技术与机器人税——基于可计算一般均衡模型的研究》，《市场周刊》2022 年第 12 期，第 151~153、182 页。

③ 陈斌开、徐翔：《人工智能与社会公平：国际经验、影响机制与公共政策》，《国际经济评论》2024 年第 3 期，第 1~19 页。

④ Daron Acemoglu, Pascual Restrepo, "Robots and Jobs: Evidence from US Labor Markets," *Journal of Political Economy* 6 (2020): 2188-2244.

然人、企业等适格纳税主体特征的情况下，应以防范劳动力市场失衡和激励科技发展的功能导向赋予机器人税的立法目的，优先发挥税收的调控功能。开征机器人税能有效缓解现阶段人工智能高速发展所带来的社会问题，并提高各国税收收入。

第一，基于税收公平原则，人工智能的普及虽然提高了生产效率，降低了经营成本。然而，这一技术进步的红利主要由企业和高收入群体分享，易导致部分劳动者失业或收入下降，形成了收入不平等的问题。许多国家的现行税制是"偏颇的"，表现为对工人的工资、薪金征税，而对技术资本的应用却是激励科技发展功能下的税收优惠。因此，当自动化带来政府税收流失时，为遵循税收公平原则，税收政策应适时调整，应向因人工智能获利的企业征收机器人税，以补贴受影响的失业群体，通过创设针对机器人的"自动化税"来缓解工人由此而受到的失业冲击，让机器人和工人在经济发展中人机共存。通过这种方式，可以在一定程度上平衡社会财富的分配。

第二，开征机器人税能够缓解收入不平等。机器人税是为应对人工智能、机器人和自动化等技术的负面效应而产生的一种特殊税，从而在推动科技高质量发展的同时，促进公平负担、支持劳动力市场的平稳过渡，确保人工智能技术的广泛应用不会加剧社会不平等，通过对机器人征税，维护社会和经济稳定。[1] 当机器人具备类人类特征并对社会发展作出重大贡献时，如产生重大成果等，可以考虑对其征税。[2] 麻省理工学院研究发现，开征机器人税是应对自动化加剧收入不平等的最佳政策之一，建议税率应在其价值的1%～3.7%。

第三，开征机器人税有助于增加财政收入，促进经济发展。人工智能的迅速发展导致政府税收减少，而失业救济等社会公共开支却不断增长。

---

[1] 郝琳琳、汤思源：《智能化时代征收 AI 机器人税的路径选择——以激励科技发展与防范劳动力市场失衡为功能导向》，《北京理工大学学报》（社会科学版）2024 年第 6 期，第 163～171 页。

[2] 赵格：《机器人税开征的探析》，《湖南税务高等专科学校学报》2024 年第 1 期，第 9～14、52 页。

机器人替代劳动者后，工薪税也将锐减。向机器人征税是缓解公共财政困难的办法。[①] 自动化带来的税基萎缩问题可以通过征收机器人税来弥补。这不仅有助于平衡机器人和普通工人之间的矛盾，还能缓解政府财政压力，提高税收收入。征收机器人税不会阻碍技术创新，反而可以激励企业提高机器人的单位劳动效率，以降低税收成本，从而推动国家科技进步和经济发展。[②] 如果能将征收上来的"机器人税"税款成立专项战略培养基金用来培养计算机人才，既能缓解失业者的心理压力，也能促进社会新就业形态。[③]

2. 反对课税观点

反对课税的观点主要集中在税收主体定义、创新抑制以及税收效率问题三个方面。第一，税收主体难以定义。机器人是人类创造的产物，是物化劳动的一种。机器人本身并没有与雇主和税务部门之间的税收法律关系，不能作为课税主体。机器人在生产产品和创造服务的过程中，只是转移了其自身和其他生产资料的价值，未创造新的价值，因此不具备纳税人的税收法律关系。[④] 第二，机器人税将抑制创新。提高自动化成本会阻碍生产效率的提升，带来社会整体生产力下降。开征机器人税会阻碍技术创新和产业转型，并带来高昂的企业合规成本和税务机关的税收管理成本。[⑤] 在"机器换人"的时代，高新技术产业的产生速度可能超过传统岗位的消失速度。因此，人工智能不仅不会导致失业率上升，反而会创造新的就业机会，促进经济发展。第三，不利于提升税收效率。机器人的应用和发展对各国社会的整体冲击有限，开征机器人税所带来的社会冲突和经济成本远高于其收益。机器人税的理论和实践经验不足，模糊的定义和高昂的管理成本会进一步加剧这一

---

① 朱力、夏恩君：《机器人税：人工智能和自动化时代的税收挑战》，《未来与发展》2022 年第 4 期，第 35~44 页。

② 刘灿邦、CFP：《向机器人征税意味着征资本利得税》，《企业观察家》2017 年第 4 期，第 20~21 页。

③ 陶欢：《人工智能对劳动法的挑战》，《合作经济与科技》2022 年第 18 期，第 178~180 页。

④ 蔡磊、吴婧、张钟月：《对机器人应该征税吗？》，《税务研究》2018 年第 9 期，第 105~106 页。

⑤ 张肇廷：《对 AI 机器人税的质疑》，《哈尔滨工业大学学报》（社会科学版）2022 年第 6 期，第 68~74 页。

问题。对机器人征税不符合税收效率原则，应从引导人工智能更好地辅助人类工作和建立更全面的社会保障制度等方面来协调人工智能的发展与失业问题，而不是通过征税来解决。①

3. 中立派观点

中立派认为，虽然人工智能替代人力是大势所趋，但现阶段开征人工智能税的现实意义不大。从短期来看，现阶段我国尚不具备开征机器人税的条件，目前机器人的发展和应用还未造成就业率和税收收入的大规模下降。② 短时间内政府应通过其他有效税收政策来保障和转型失业劳动者，出台关于机器人的扶持性和鼓励性的税收政策，但可以针对未来的实施路径对机器人税进行预研究。③ 从长期来看，应该将机器人税纳入考虑范围。随着人工智能的发展，未来需要调整政策以应对可能出现的社会和经济变化。④

4. 未来趋势

随着数字经济产业的迅猛发展，人工智能在各国的应用逐渐从单一领域扩展到多元化领域，以前所未有的速度融入我们的生活。人工智能的技术进步提高了生产力和工作效率，但也带来了许多社会问题。生产力的提升所导致的"机器换人"的现象未来可能会造成低技能劳动者的大规模失业，同时，工作效率的提高使资本更多地流向企业家，进一步加剧了收入不平等的趋势。为应对技术进步带来的负面社会效应，各国学者广泛探讨了开征机器人税的可行性。征收机器人税可以在一定程度上缓解机器人和普通工人之间的就业矛盾，缓解收入不平等，增加国家税收收入，并为培养高科技人才提供资金支持。然而，设立这一新税种所需的高昂成本以及机器人不具备纳税

---

① 李雪梅：《对机器人应该征税吗？——兼谈如何平衡人工智能的发展与失业》，《山西财税》2019年第6期，第51~53页。
② 周铭川：《强人工智能刑事责任之否定》，《上海政法学院学报》（法治论丛）2019年第2期，第118~126页。
③ 王桦宇、潘婕：《人工智能和机器人的税收规则与治理图景》，《检察风云》2023年第10期，第14~15页。
④ 朱力、夏恩君：《机器人税：人工智能和自动化时代的税收挑战》，《未来与发展》2022年第4期，第35~44页。

身份的问题仍是主要障碍。关于是否应开征机器人税，学术界仍存在较大争议。

（三）人工智能课税的三大挑战

1. 立法挑战

第一，现行税法主要是针对传统商业模式和实体经济制定的，而人工智能涉及的虚拟产品和服务形式多样，传统税法难以全面适用。随着人工智能技术的快速发展，机器人拥有越来越强大的智能，机器人与人类的差别有可能逐渐缩小。将机器人视为"人"，赋予其相应的主体资格，难以在现有的民法理论中得到合理的解释，同时，人工智能带来的收入形态和利润模式复杂多变，现有的税法条款和税收政策难以涵盖和解释这些新型经济活动。第二，人工智能技术的应用和发展带来了新的收入来源，但如何确定这些收入的税基和适用税率是一大难题。人工智能生成的内容和服务的价值如何评估，人工智能带来的效率提升和成本节约如何量化并纳入税收范围，仍然有待研究。第三，人工智能技术具有高度的跨国性，涉及跨境数据流动和服务提供。各国税收制度不同，容易导致税收的重复征税或逃税漏税。如何在国际范围内协调税收政策，制定统一的税收规则，是一项艰巨的任务。

2. 技术难度挑战

人工智能技术的应用面临技术壁垒和技术鸿沟的风险。第一，人工智能技术本身复杂多样，涉及机器学习、深度学习、神经网络等多个领域，税务机关在征税过程中，需具备足够的技术能力来理解和评估这些技术，识别和核算相关的税基和税收行为。技术的复杂性加大了税务机关的管理和监督难度。第二，人工智能技术的高门槛和高成本使得其主要掌握在少数大企业手中，易形成技术垄断和数字壁垒。一般企业难以进入这一领域，从而造成市场不公平竞争。如何通过税收手段调节这一不平衡，促进中小企业的发展，也是一个重要的挑战。第三，人工智能技术虽然简化了纳税程序，但也加剧了税务机关与纳税人之间的信息不对称。技术性正当程序理论要求算法公开、透明和可问责，但税务算法涉及国家利益，保密性要求使纳税人难以获取算法信息。即使税务机关想公开算法决策依据，算法的复杂性也使其难以实现。

3. 数据隐私权挑战

人工智能技术的应用依赖于大量数据。税务机关在征税过程中需要获取和处理大量涉及纳税人隐私的数据信息。在数据隐私权保护前提下，合法合规地收集和使用这些数据是一大挑战。

第一，人工智能技术带来的税收风险管理问题不可忽视。机器学习和算法的应用可以提高税收征管效率，但同时也增加了系统漏洞和网络攻击的风险。

第二，人工智能技术的应用使得纳税人隐私保护变得更加迫切。在数字化背景下，税务机关为实现精准监管而拓宽了数据来源，不可避免地扩大了对纳税人数据的收集和处理，由此引发了纳税人对隐私的担忧。

第三，由于税收数据具有较高的实用性与延展性，正成为数据泄露的重灾区。目前，我国涉税信息系统和平台较多，各个平台信息的管理标准尚不统一，操作性不强。税务系统缺乏大数据专门人才，税收风险管理人员知识结构老化，业务能力参差不齐，对大数据分析工具的掌握和运用不够充分，无形中增加了数据遗失或被篡改的风险。

人工智能的迅猛发展对社会产生了广泛而深远的影响，尤其是在税收和社会公平方面。人工智能推动高科技企业蓬勃发展，扩大了税基，提高了税收收入，但同时也加剧了收入分配的不平等，造成就业和收入的两极分化。为应对技术进步带来的负面社会效应，学者们广泛探讨了开征机器人税的可行性。征收机器人税可以在一定程度上缓解机器人和普通工人之间的就业矛盾，缓解收入不平等，增加国家税收收入，并为培养高科技人才提供资金支持。然而，人工智能课税面临多重挑战。首先，现行税法主要针对传统经济活动，而人工智能涉及的虚拟产品和服务形式复杂，难以全面适用。如何确定人工智能技术带来的新收入的税基和适用税率，以及评估人工智能生成内容的价值，仍需深入研究。其次，人工智能的跨国性和技术复杂性对现有税收制度提出了巨大挑战，要求在国际范围内协调统一的税收规则。此外，人工智能在税收征管中也面临技术壁垒、数据隐私保护和信息不对称等问题，税务机关需具备足够的技术能力来应对这些挑战。综上所述，人工智能课税的挑战需要通过制定合理的法律框架、提升技术能力以及加强数据隐私保护来应对。如何通过税收政策调节人工智能带来的不平衡，促进社会公平和经济发展，是未来税收研究的重要方向。

五　人工智能课税的国际经验借鉴

（一）国际经验

1. IMF：不建议对生成式人工智能征税

国际货币基金组织（IMF）近期发布的《拓宽生成式人工智能的收益：财政政策作用》认为生成式人工智能具有巨大的潜力，虽然能够促进生产力增长和推进公共服务的可及性[①]，但也引发了大规模失业和不平等问题。IMF 预期，与过去的颠覆性技术不同，人工智能时代存在诸如"高技能职业工作岗位减少"的可能性。在税务政策方面，IMF 不建议对生成式人工智能直接征收特别税，但各国需针对人工智能发展全方位调整自身税收制度，在人工智能发展和保护劳动力中取得平衡。IMF 认为，直接对生成式人工智能征收特别税来缓解这一最具颠覆性的"自动化工具"对劳动力市场的冲击在实践中并不可行，同时还会阻碍社会生产力的发展。各经济体需要将针对生成式人工智能的税收政策调整扩展到更广义的"自动化投资"领域。部分发达经济体对旨在取代劳动力的自动化投资给予了过高的税收激励，需要重新考虑对这方面投资的支持政策，以缓解人工智能放大劳动力市场不均衡带来的影响；而部分发展中经济体的情况正好相反，目前在这些经济体使用自动化工具替代人力会导致更加沉重的税收负担，这将阻碍人工智能部署，

---

① "Broadening the Gains from Generative AI: The Role of Fiscal Policies," IMF, 2024.

进而影响社会发展。政府可以考虑向减少自动化导致的劳动力流失的行为给予税收抵免，即使这些行为并不针对特定职业。

2. 欧盟：提交《机器人规则》报告

2016年，欧洲议会议员Mady Delvaux向欧洲议会提交了一份完善机器人与人工智能规则的报告，称为《机器人规则》。该报告建议向机器人所有者征税，将税款用于资助因机器人应用而失业的工人的培训和再就业，特别是工业和医疗等机器人应用广泛的行业。随着机器人和人工智能的发展，许多工作岗位被机器人替代，这引发了对未来就业、社会福利和养老金缴款等问题的担忧。继续维持目前的税法框架，可能会加剧财富分配的不平等。因此，为保持社会凝聚力和充分就业，除为失业工人提供资金支持和再培训机会外，还应探索对机器人征税或对使用机器人的资本支付额外费用的可能性。这种辩论旨在确保政府和民众能够获得稳定的收入，适应新的就业模式和税收的可持续性。

3. 美国：自动驾驶税实践

自动驾驶税与AI机器人税有一定的关联性。自动驾驶税包括车辆销售税、里程税以及基于车辆价值按年征收的财产税，其税率结构设计兼顾了激励创新与维护公平，尽量避免对自动驾驶行业带来不当压力。2022年，美国内华达州立法汇编第372B章第145款规定了"客运-承运人税"，对通过应用软件、调度中心或其他数字化技术提供交通服务的自动驾驶汽车网络公司征收消费税，税率为运输服务总票价的3%。这一费用涵盖汽车生产成本、附加费、技术费、信用卡或借记卡使用费等。这种税种已经在多个国家的大城市推行，包括伦敦、慕尼黑和斯德哥尔摩等地。这些城市允许自动驾驶汽车在公共道路上运营，使用者需支付一定比例的企业所得税或消费税，税款用于政府基础设施建设和维护。自动驾驶汽车作为AI机器人的一种，具有自动识路和风险检测应对功能，自动驾驶税的制度设计进一步丰富了AI机器人税的功能导向。

4. 韩国：适度的税收优惠

韩国是世界公认的人工智能驱动自动化发展的重要国家，为了促进提高生产力的投资，韩国政府规定企业通过投资使用专用设备以提高生产力，可享受投资额3%的税收抵免，从投资者营业收入相关的个人所得税或企业所得税中扣除。同时，韩国也是首个通过税收立法限制自动化趋势的国家。韩国政府认为人工智能机器人在工业制造、医疗手术、农业开发等领域的广泛应用，降低了企业雇工的意愿，扩大了社会失业率。2018年，韩国对现行《特别税收法案》进行立法修正，将相关的投资税收抵免从投资额的3%减少至投资额的1%。这一举措被认为是引入消极机器人税的第一个立法举措，以减缓人工智能驱动自动化的步伐，防止其对劳动力市场造成消极影响。这项政策表面上是激励企业技术创新，但实质上是通过减少税收优惠力度限制企业对人工智能的过度投资，从而在科技创新与劳动保障之间取得平衡。尽管韩国政府并未直接实施"AI机器人税"，但通过调整税收优惠政策以减轻就业压力，与AI机器人税的价值取向基本一致。

5. 日本：支持人工智能发展的财税政策

日本作为机器人和人工智能技术的先行者，其政府积极布局人工智能发展，并推出以财税支持政策为主要内容的发展战略规划，发挥政府引领人工智能发展的积极作用。日本政府自20世纪80年代起就实施"科技立国"战略，近年来更是将人工智能技术视为实现"超智能社会"和第四次产业革命的关键。通过制定一系列人工智能发展战略，明确未来目标和重点领域。日本政府通过一系列税收优惠政策，激励企业在人工智能技术研发方面的投入。具体来说，对于投资于人工智能研发和应用的企业，政府提供了一定比例的税收减免。此外，为了吸引更多的人才投身于人工智能领域，日本政府还对在人工智能领域工作的研究人员、工程师给予个人所得税的减免。这些税收优惠政策的实施，不仅促进了日本人工智能产业的快速发展，还提高了该国的国际竞争力。[①] 然而，随着AI技术对劳动市场影响的加剧，政

---

① 周颖昕、徐秀军：《日本政府支持人工智能发展的财税政策分析》，《国际税收》2023年第12期，第53~58页。

府开始反思现有的税收优惠政策，探讨是否应对用以替代人力的机器人及自动化设备征收额外的税种，以减慢机器人对人力的替代速度，并利用这些税收支持失业工人的再培训和社会保障。

6. 德国：平衡人工智能发展与劳动力保护的税收政策

德国政府在面对人工智能技术的快速发展时，采取了一种平衡的税收政策。一方面，政府为投资于人工智能技术的企业提供税收优惠，以鼓励创新和产业升级。德国在 2020 年推出了《研究补助法案》（FZulG），其中规定企业可以获得高达 25% 的研究开发费用补贴，涵盖人工智能和其他高科技领域的研发支出。另一方面，政府也关注到人工智能技术可能对劳动力市场产生的影响。因此，德国政府通过各种再培训和职业转换计划，帮助工人适应新的就业环境。德国联邦劳动和社会事务部（BMAS）实施的"数字工人计划"提供资金用于失业工人的再培训和技能提升，这些资金部分来自税收收入。这一政策的目的是在推动人工智能技术发展的同时，保护劳动者的权益。

（二）国际经验总结及对我国的启示

人工智能机器人作为前沿科技，已被各国政府列入招商引资、鼓励投资和产业升级的目标，各国在应对人工智能带来的经济和社会变化时，采取了多种财税政策，以平衡技术发展和劳动力保护的需要。整体看，为抢占技术高地，发达国家对于开征"人工智能税"普遍秉持谨慎态度，抑制人工智能应用的税收政策仍"雷声大、雨点小"。首先，国际上许多政府采用税收优惠政策以鼓励企业投资于人工智能技术的研发和应用，旨在增强科技发展的核心竞争力。这包括直接的税收减免、研发费用补贴等措施，对于促进创新和维护财政可持续性具有重要意义。其次，随着人工智能技术的普及，各国认识到需要全方位调整自身税制，探讨是否应引入新的税种来应对人工智能带来的挑战。考虑到生成式人工智能的潜在影响，建议在实施税收政策时需谨慎，不建议对此类技术征收特别税，以免阻碍社会生产力的提升。此外，鉴于人工智能和自动化技术可能导致的就业问题，某些国家考虑通过税收政策来减缓这种影响，在推动人工智能技术发展的同时，保护劳动者的权益，确保社会的稳定和公平。例如，调整与自动化投资相关的税收激励，或者为减少自动化带来的劳动力流失的企业提供税收抵免，力求在推动技术进步、产业升级的同时，缓解对劳动力市场的负面影响，实现社会的平衡和可持续发展。这些政策的制定和调整，不仅关乎经济增长和技术进步，更涉及公平与社会正义的平衡，为我国对于人工智能的课税政策提供了重要的参考和借鉴。

在制定人工智能财税政策时，我国应综合考虑技术创新、劳动力保护、社会公平与正义等多方面因素，借鉴国际经验，制定灵活、平衡且可持续的税收政策，以促进人工智能技术的健康发展和社会的和谐稳定。首先，面对人工智能技术带来的新挑战，我国税收制度需要进行相应调整和优化。我国在制定人工智能相关税收政策时，应探讨是否应引入新的税种来应对人工智能技术特定影响，同时避免简单地对人工智能技术本身征税，而从整体经济和社会发展的角度出发，调整对自动化投资的税收激励政策，平衡技术进步与劳动力保护之间的关系。其次，我国应考虑制定税收优惠政策来鼓励企业和研究机构在人工智能领域的研发和创新。通过提供研发费用的税收抵免，或为初创企业提供税收减免，以促进人工智能技术的发展和应用。可以借鉴德国的综合性政策，在提供税收优惠以促进人工智能技术发展的同时，实施再培训计划，帮助劳动力适应技术变革，促进社会稳定和就业再分配。此外，制定税收政策时需要保持公平性，应在鼓励人工智能技术研发和应用的同时密切关注其对劳动力市场的影响，适时调整税收政策，确保技术进步不会导致严重的就业不平等。对于高收益的人工智能企业和个人，可能需要考虑更高的税率，以促进财富的合理分配。同时，为低收入群体提供税收减免，减轻他们的经济负担。

参考文献

赖龙辉、陈庆海：《促进人工智能产业发展的财税政策思考》，《对外经贸》2024 年第 4 期，第 114~117、128 页。

唐滔、李媛、胡晨旭：《国内外对征收"机器人税"的研究述评》，《金融发展研究》2020 年第 3 期，第 44~48 页。

B.5
数字经济背景下中国智慧税务
发展报告

广东财经大学财税学院课题组*

摘　要： 本报告聚焦数字经济背景下的智慧税务建设，从智慧税务的内涵界定、建设成效与短板等视角探讨智慧税务的特征与发展现状，并从智慧税务框架体系优化、路径优化、生态系统优化等角度研究智慧税务的机制创新与实现路径，提出数据要素驱动智慧税务建设、拓展税收大数据应用场景、构建统一集成的嵌入式智慧税务信息系统等一系列政策建议。

关键词： 数字经济　智慧税务　框架体系优化　智慧税务信息系统

一　数字经济发展对智慧税务建设的强力驱动

（一）数字经济与智慧税务的内涵界定

1.数字经济

根据联合国贸发会发布的《2019年数字经济报告》，"数字经济"的定义共分为三个层面：一是核心层，指数字产业，由信息科技（IT）、信息与通信

---

* 执笔人：李林木，广东财经大学财政税务学院院长、教授、博士生导师，中国财政学会理事，教育部高等学校财政学类专业教学指导委员会委员，主要研究方向为财税理论与政策、税收治理、税收遵从与税务管理等；余可，广东财经大学财政税务学院副教授，主要研究方向为财税理论与政策，数字经济和智慧税收等；蔡倩怡，广东财经大学讲师，研究方向是税法基础理论及前沿问题。

技术（ICT）两部分构成，包括硬件生产、软件、IT咨询、信息服务业和电信业；二是中间层，指的是经济产出当中完全或主要来源于以数字技术为基础的数字商品或服务；三是指信息与通信技术在所有经济领域的使用。其中，核心层和中间层是狭义的数字经济定义，而第三层则是广义的数字经济。

经济合作与发展组织（OECD）将数字经济界定为一个由前沿数字技术群所构成的综合性体系，这一体系以数字技术为核心驱动力，持续推动着经济社会领域的深刻转型与全面升级。具体而言，该体系囊括了多项关键技术要素，包括但不限于大规模数据处理与分析能力（大数据）、实现万物互联的智能网络架构（物联网）、模拟人类智能并超越其局限的高级算法系统（人工智能），以及构建去中心化信任机制的创新账本技术（区块链）。这些技术相互交织、协同发展，共同塑造了一个动态演进、不断优化的数字经济生态系统，为全球经济注入了前所未有的活力与变革潜力。

近年来，我国对数字经济的重视程度达到了前所未有的高度。国家统计局在《数字经济及其核心产业统计分类（2021）》中将"数字经济"一词定义为："以数据资源作为关键生产要素、以现代信息网络作为重要载体、以信息通信技术的有效使用作为效率提升和经济结构优化的重要推动力的一系列经济活动"。

综观以上权威机构的解释，数字经济的内涵可以总结为三个方面。

第一，数字经济由两大核心支柱构成：产业数字化与数字产业化。前者聚焦非数字产业的数字化转型，即通过数字技术的深度渗透与融合，赋予传统产业新的增长动能与效率优势，促进其价值链的延伸与增值。后者则涵盖了电子信息制造业、基础电信服务业、软件与信息技术服务业，以及蓬勃发展的互联网行业等，这些领域专注于数字技术的创新研发与产品化应用，不断推动数字产业自身的规模化扩张与创新性发展，为数字经济体系奠定了坚实的基础。

第二，数字经济应被视为一个融合了软硬件元素的综合性生态体系，该体系具有高度的自适应性与进化性，能够紧随技术革命的浪潮不断进行自我革新，持续拓宽边界与影响力。此生态体系不仅囊括了云计算、大数据分析、智能人工智能等当前技术前沿，还前瞻性地吸纳了物联网技术、区块链技术，以及未来可能涌现的任何新兴技术形态。这些技术元素相互依存、协同作用，共同推动着数字经济生态的繁荣与发展，展现了其作为新时代经济引擎的强大潜力与无限可能。

第三，数字经济应以数据资源为核心生产要素。随着工具和载体的改变，为了寻求更广大的受众群、实现惠及与覆盖更广泛的地区与行业，数字经济正在快步迈入有着广阔市场的"云物大智链"时代，展现赋能世界、改变全球的强大力量。

2. 智慧税务

"智慧税务"一词，最早见于2015年《国家税务总局关于印发〈"互联网+税务"行动计划〉的通知》（税总发〔2015〕113号）中，文件要求加快线上线下融合，逐步实现办税业务全覆盖，构建智慧税务新局面。

2020年11月"智慧税务"一词被写入《中华人民共和国国民经济和社会发展第十四个五年规划和2035年远景目标纲要》。2021年3月，又出现在《关于进一步深化税收征管改革的意见》（以下简称《意见》）中。该文件提出，我国深化税制改革的主要目标是到2025年，深化税收征管制度改革取得显著成效，基本建成功能强大的智慧税务，形成国内一流的智能化行政应用系统，全方位提高税务执法、服务、监管能力。其为税收现代化进程指明了方向。

自"智慧税务"出现以来，我国学术界的学者陆续对"智慧税务"的概念界定做过一系列的研究。从实现路径的角度来看，智慧税务具有感知全面、识别准确、应对及时、持续创新等四个方面的基本特征。[1] 智慧税务建设需要构建一个税务大数据中心，承载税务大数据的生产、分配、交换、消费职能，形成以数据资产为核心的全流程、全要素业务管理体系。[2] 税务大

---

① 重庆市国家税务局课题组：《"智慧税务"的基本特征及基层的实践探索》，《税务研究》2017年第8期，第108~112页。

② 孙存一、谭荣华：《简析大数据支撑下的"互联网+智慧税务"》，《税务研究》2018年第4期，第104~107页。

数据与税收征管全过程都具有密切的联系。① 将智慧税务与人工智能的关系界定清楚，是探讨技术与业务在高应用效能业务系统中融会贯通的基础。②

根据 2021 年发布的《意见》，智慧税务可以总结为以税务数据要素为基础，以涉税信息智能归集、纳税人缴费人行为精准管理、税务人员履责自动考核、税务决策信息和任务自主分类推送为基本内容，全面应用互联网、大数据、云计算等现代化信息技术，充分实现税收制度和税收技术融合，具有安全、高效、便利、友好等特性的税务生态系统。

（二）数字经济发展对税收管理的挑战与机遇

1. 数字经济发展对税收管理的挑战

（1）常设机构难以认定

常设机构认定是确定纳税义务人的重要依据，根据 OECD 和联合国的双边税收协定范本，在判定常设机构时，既要有固定营业场所，又要将辅助性和准备性活动排除在外。

然而，在数字经济的新语境下，传统常设机构的认定框架显得捉襟见肘，其固有的时间和空间绑定性无法适应虚拟服务器所驱动的经济活动模式，这些活动不再受限于物理空间与时间的固定框架。此外，跨国经营的界定亦发生根本性变化，固定营业场所作为所得来源的实体性基石地位已逐渐瓦解，不再构成必要条件。企业活动愈发灵活多变，能够轻易跨越国界，依托网络平台的强大功能，将产品研发、生产制造乃至管理决策等核心环节远程化、在线化，从而有效替代了传统常设机构的角色。

值得注意的是，数字经济中，原本被视为辅助性或预备性的业务活动，其经济价值与战略意义显著提升，这些活动可能直接贡献了大量价值创造与收入获取。这种所得获取方式的根本性变革，进一步拓宽了传统常设机构所界定的营业活动范畴，迫使我们重新审视并定义跨国经济活动的新常态。

---

① 樊勇、杜涵：《税收大数据：理论、应用与局限》，《税务研究》2021 年第 9 期，第 57~62 页。
② 谢波峰：《智慧税务建设的若干理论问题——兼谈对深化税收征管改革的认识》，《税务研究》2021 年第 9 期，第 50~56 页。

（2）税收属地原则难以适用

税收属地原则，作为界定税收管辖权的关键准则，其基石在于纳税人的地域属性，是国家或地区确保税源稳定的关键支柱。然而，在数字经济浪潮的冲击下，这一原则的效力正面临前所未有的挑战。具体而言，数字经济所依托的虚拟化交易环境，使得交易主体及其活动场所的界限变得模糊且高度流动，这不仅削弱了地域标识的明确性，还导致了价值创造与地域归属之间的界限日益模糊。

进一步地，数字经济下的税收筹划往往倾向于选择"税收洼地"作为纳税地，这种选择往往并非基于经济活动的真实发生地，而是出于税负最小化的考虑。这一现象加剧了数字经济企业的地域集聚趋势，以及交易活动的跨区域特性，导致税收收入高度集中于某些特定的企业聚集区域。若继续沿用传统的属地原则进行征税，势必加剧地区间税源分布的不均衡状况，既不利于税收公平性的维护，也可能对地方财政的可持续发展构成威胁。

因此，面对数字经济的深刻变革，重新审视并调整税收属地原则的适用性与实施策略，以适应数字经济时代的新要求，成为一个亟待解决的重要课题。这要求在确保税收制度公平、高效的同时，也要兼顾对数字经济创新发展的支持与促进。

（3）纳税主体认定困难

数字经济的运作基石是数字基础设施的广泛铺设，其经济活动往往跨越多个产业与领域，形成复杂的纳税主体网络。这一跨界融合的特性，加之供给侧产业边界的模糊化与供给主体的高度分散，显著提升了纳税主体界定的复杂性与挑战性。在数字经济范式下，供需双方的联结主要依赖于网络及平台媒介，这种非传统的交互模式为交易双方提供了利用高科技手段轻易更改或隐匿真实身份信息的机会，从而增加了税收监管的难度与不确定性。

此外，随着数字经济催生的灵活就业趋势，大量自由职业者及新兴交易平台可能未履行市场主体及税务登记手续，导致税务当局在识别与追踪这些潜在纳税主体时面临重重困难。这一现状不仅削弱了税收体系的完整性，也对税收公平与效率构成了潜在威胁。因此，面对数字经济带来的纳税主体界定难题与税收征管挑战，亟须构建适应新经济形态的税收监管体系，以强化税收征管能力，确保税收制度的有效运行与持续优化。

2. 数字经济发展对税收管理的新机遇

（1）为税收管理现代化发展带来全新的理念

在数字经济时代，涉税大数据展现出前所未有的特点：数据规模浩瀚无垠，数据类型纷繁复杂，数据流转瞬息万变，而价值密度则相对较低。面对如此庞大的数据海洋，单纯依赖人力进行深度分析已难以支撑税收管理现代化的步伐。为此，近年来计算机技术的飞跃性发展成为关键驱动力，特别是在数据捕获、存储及处理能力上实现了质的飞跃。

云计算与人工智能等尖端技术的融合应用，为税务机关开辟了全新的数据分析路径。这些技术不仅赋能税务部门高效处理各类结构化与非结构化数据间的复杂关联，还深入挖掘纳税行为、登记轨迹等隐性模式，揭示其内在逻辑与规律。这一过程不仅超越了传统经验式税收管理的局限，更引领了税收管理理念的根本性变革，确立了"数据为核，分析为翼"的现代化管理范式，即依托数字力量驱动决策，运用数据分析优化管理，从而实现了税收治理的精准化、智能化与高效化。

（2）为税收管理现代化发展带来新的数据管理模式

在数字经济蓬勃发展的当下，税务机关的职责范畴持续拓展，其掌握的税务数据已全面渗透至企业、个人及政府等所有经济活动参与者的日常运营中，广泛覆盖社会生产、分配、流通与消费的各个环节。面对如此庞大的数据规模，税务机关急需高效手段从海量信息中剔除冗余，精准捕捉有价值的相关性信息。

传统上，数据抽取依赖于预设规则（如专家系统），这一过程不仅效率低下，且难以灵活适应不同场景，移植性受限。为适应数字经济对税收管理提出的新要求，基于人工智能的数据抽取与挖掘技术得到了显著发展。这些技术能够智能地将散乱的数据通过预设框架整合为结构化的数据形态，极大地降低了对人工干预的依赖，提高了数据处理的效率与准确性。

在数据挖掘层面，税务机关运用先进的统计分析方法，对收集到的数据进行系统性的过滤、整理与建模。通过构建多样化的模拟模型，税务机关能够从不同维度深入剖析数据，挖掘出潜在的关联性与深层次信息。这一过程超越了简单因果关系的局限，能够在不完全的信息基础上推导出相关关系，进而提升了税收风险管理的精细化水平与响应速度。税务人员据此能够作出更为精准的前瞻性预测与决策，为税收管理的科学性与有效性奠定了坚实基础。

（3）为税收管理现代化发展带来新的技术支持

在信息技术日新月异的市场环境中，随着纳税主体数量的激增，传统税收风险管理模式的局限性在数字经济浪潮下愈发凸显，"重审批、轻监管"的框架已难以适应时代需求。为此，税务机关正积极拥抱云计算、区块链、人工智能等前沿技术，将其作为提升征收管理效能的关键工具。

在涉税信息档案管理领域，新技术的引入实现了档案收集、整合、分类归档的自动化与智能化转型，为税务部门提供了更为清晰、动态的税源监控视图，显著增强了税源管理的精细化与前瞻性。税务人员依托这些智能系统，能够高效地对纳税人档案进行深度分析、精准分类与画像构建，为后续发票管理与账户管理策略的制定奠定了坚实基础。

特别是在发票管理环节，智慧稽查项目的闪反识别应对系统成为打击逃税、虚开发票等违法行为的利器。该系统运用人工智能算法，深度挖掘纳税人历史行为数据，精准识别并标记出具有逃税、虚开嫌疑的"黑样本"，并通过量化分析进一步评估其违法程度。在此基础上，系统首先依据预设的专家规则库进行初步筛选，对于未直接匹配规则的情况，则自动转至人工复核环节，以确保判断的准确性与公正性。这一流程的优化，不仅大幅提升了违法行为的识别效率与精准度，还有效减轻了税务人员的工作负担，推动了税收征管向更加智能化、精准化的方向发展。

（三）智慧税务建设的意义与目标

1. 智慧税务建设的意义

（1）加快税收现代化建设

近年来，随着数字经济的持续发展，传统的税收管理方式已经难以适应大数据时代智能化征管的实际需要，我国的税收治理能力亟须进行变革。充分运用新技术、新手段，在更广范围、更深程度利用涉税信息数据资源，实现业务处置的高效化和智能化，切实提升税收治理能力，全面推进税收现代化建设，推动税收管理体制的持续完善，建成功能强大的智慧税务体系，是当前税务部门的重要任务。

（2）有效提升税收征管的信息化水平

税务数据要素，作为智慧税务构建的基石，其核心价值在于突破了传统税务数据孤立、分散的局限，实现了跨领域、跨空间的资源整合。它不仅整合了税务系统内部的数据孤岛，还广泛吸纳了金融、生态、社会等多维度数据资源，构建起一个全面、丰富的税务数据资源池，形成了独特的税务数据资源集聚效应。

云计算技术的深度应用，则为税务管理带来了革命性的变革。它有效减轻了税务人员在日常征管中的重复性、机械性劳动负担，通过自动化、智能化的手段，快速高效地完成了大量原本需要人工处理的程序化任务。这一过程不仅显著提升了税收征管的精确度和效率，还实现了"人机协同、数据驱动、云端运算"的新模式，即"人在主导、数据流转、云端赋能"。

在此模式下，税务机关得以将宝贵的时间、精力与资源重新配置，聚焦更高层次的税收风险管理、政策分析与决策支持等核心职能。这种资源的优化配置，不仅促进了税务管理效能的全面提升，也为构建更加公平、高效、智能的现代税收体系奠定了坚实的基础。

（3）有效提升税务人员执法质量

随着市场主体的迅速扩张，传统依赖书面审批、领导签章等手工流程来控制执法质量的手段，其效率瓶颈日益凸显。单一依赖税务执法人员的职业道德作为行为约束，已难以充分保障执法质量的持续提升。在当前税务执法全面迈向电子化、信息化的时代背景下，税务数据要素成为驱动执法质量飞跃的新引擎。

通过深度整合与利用税务数据要素，构建智能化执法体系，不仅能够克服人工操作的局限性，还能实现执法过程的精准化、透明化与高效化。这一转变不仅是对传统执法模式的革新，更是对执法质量提升路径的深刻探索。在智能执法的框架下，数据驱动决策，算法辅助判断，有效减少了人为因素的干扰，确保了执法行为的一致性与公正性，从而为税务执法质量的全面提升开辟了新路径。

2. 智慧税务建设的目标

根据《意见》，"智慧税务"建设总目标是建成功能强大的智慧税务，形成国内一流的智能化行政应用系统，全方位提高税务执法、服务、监管能力。这一目标可分解为三部分，包括构建税收服务新体系、税务监管新体系和税务执法新体系。

（1）构建税收服务新体系

基本建成"线下服务无死角、线上服务不打烊、定制服务广覆盖"的税费服务新体系，实现全领域、全环节、全要素的发票电子化，提供法人税费信息"一户式"、自然人税费信息"一人式"的智能化服务，按照纳税人的不同情况量身打造最适合的服务。

（2）构建税务监管新体系

以人为本，设计以服务纳税人缴费人为中心的监管方式和工作模式，从"以票管税"向"以数治税"分类精准监管转变，实现税务机关信息"一局式"、税务人员信息"一员式"智能归集，深入推进对纳税人缴费人行为的自动分析管理。实现全过程监管，对税务人员履责的全过程自控考核考评、对税务决策信息和任务的自主分类推送。

（3）构建税务执法新体系

实现数字化、规范化、精准化和法治化执法，充分运用现代信息技术驱动税务执法数字化，实行无风险不打扰、有违法要追究政策，从经验式执法向科学精确执法转变，用法治思维和法治方式提升税收执法法治化水平。

二 我国智慧税务建设成效与短板

（一）我国智慧税务建设的历程

1. "智慧税务"萌芽时期（2015~2017年）

我国智慧税务建设始于2015年，这一年的国务院《政府工作报告》中提出的"互联网+"行动计划代表着一种以互联网为基础设施和实现工具的经济发展新形态。同年，国家税务总局印发的《"互联网+税务"行动计划》正式提出"智慧税务生态系统"的概念，这一系统具有"全天候、全方位、全覆盖、全流程、全联通"的特点。

自 2016 年起，税务机关积极响应时代变革，将金税三期系统的深度优化与"互联网+税务"战略行动计划紧密融合，致力于构建一个功能卓越、国内标杆、国际领先的智慧税务信息系统。随着金税工程三期优化版应用系统在全国范围内的逐步部署与启用，这标志着我国税务信息化建设迈入了一个全新的系统规划与实施阶段。税务机关开始系统性地整合多源涉税数据，这些数据跨越不同渠道、覆盖广泛对象，为构建全面而精准的风险分析体系奠定了坚实基础。在此基础上，税务机关进一步建立了科学的风险分析模型与税源监控平台，实现了对税源动态的实时掌握与高效监管，推动了税务管理向智能化、精细化方向的深刻转型。

2."智慧税务"发展时期（2018~2020年）

在税收领域"放管服"改革持续深化的背景下，我国智慧税务体系日益彰显出以大数据为核心驱动力、依托现代化电子税务局平台构建的新业态风貌。2018 年，国家税务总局高瞻远瞩，制定了全国范围内统一规范电子税务局建设蓝图，并于同年岁末成功构建起这一标准化、一体化的电子税务局体系，标志着我国税务服务与管理正式迈入全面数字化时代。

此后，各地税务机关积极响应国家号召，纷纷投身于税收监管与服务模式的数字化创新浪潮中。其中，广东省税务局与华为公司携手合作，共同探索并实施了新一代电子税务局解决方案，该方案旨在实现税收业务的全面线上化办理，确保所有涉税事项均能通过电子税务局平台高效、便捷地完成，从而达成100%线上办税率及全流程电子化处理的宏伟目标，为纳税人提供了前所未有的便捷体验，也为我国智慧税务的深入发展树立了典范。

2018 年 8 月，中国首张区块链电子发票在深圳的成功开具，标志着区块链技术在税收征管领域的创新应用正式拉开序幕，预示着税收管理新时代的到来。步入 2020 年，国家税务总局携手阿里云，共同构建了智慧税务大数据平台，该平台实现了税务业务处理流程的显著智能化升级，从半自动化向自动化迈进，极大地提升了工作效率与精准度。

与此同时，深圳、上海、苏州等前沿城市积极响应，纷纷推出"智慧稽查"系统，该系统聚焦执法质量的深度优化，通过强化疑点线索的智能分析、创新手法的即时感知预警以及对违法趋势的精准研判，构建了全方位、多层次的税务监管网络。这一系列举措不仅彰显了大数据技术在税务领域的广泛应用潜力，更为全国税务系统内的科技创新与业务实践深度融合奠定了坚实的基础，推动了税务管理向更加智能化、高效化的方向迈进。

3."智慧税务"突破时期（2021年至今）

2021年3月，中共中央办公厅、国务院办公厅印发《意见》，明确提出"深化税收征管制度改革，着力建设以服务纳税人缴费人为中心、以发票电子化改革为突破口、以税收大数据为驱动力的具有高集成功能、高安全性能、高应用效能的智慧税务"，并对加快智慧税务建设提出了具体要求："充分运用大数据、云计算、人工智能、移动互联网等现代信息技术，着力推进内外部涉税数据汇聚联通和线上线下有机贯通，驱动税务执法、服务、监管制度创新和业务变革，进一步优化组织体系和资源配置"。

在2021年11月16日举行的第50届亚洲—大洋洲税收管理与研究组织年会上，国家税务总局领导发表了重要演讲，强调要围绕构建智慧税务的宏伟蓝图，需全力推进"两化、三端、四融合"的战略布局。[1] 其中，"两化"核心在于加速税务领域的数字化转型与智能化重塑，为智慧税务奠定坚实的技术基础。"三端"则预示着智慧税务体系构建完成后，将形成一套以纳税人服务、税务人员操作及决策支持为核心，高度集成的智能应用平台架构，全面优化税务生态的各个环节。"金税四期"工程作为此战略的关键一环，旨在构建一个全局视野下的智能化、绿色、安全可控的数字信息基础设施，该设施将深度融合云网技术，实现税收征管全链条、全流程、全主体

---

[1] 《王军出席第50届亚洲—大洋洲税收管理与研究组织年会并作主旨发言》，国家税务总局网站，2021年11月19日，https://anhui.chinatax.gov.cn/art/2021/11/19/art_9429_919254.html。

的无缝覆盖。通过这一平台，各类标准化数据得以全面汇聚，为税收工作的质量提升与效率优化提供强大支撑。

"四融合"标志着智慧税务的最终形态将是多维度、深层次的一体化融合。具体而言，这一融合不仅涵盖技术层面的"算量、算法、算力"与"技术功能、制度效能、组织机能"的紧密结合，还体现在税务管理从"税务、财务、业务"向"治税、治队、治理"的全面升级。这一战略聚焦数字化征管信息系统的构建、征管内部流程的革新、对纳税人与缴费人服务模式的创新，以及服务国家治理现代化的深层次需求。通过深化大数据分析应用，智慧税务将有力推动经济社会向数字化转型的纵深发展，开启税务管理的新纪元。

（二）我国智慧税务建设的成效

1. 全流程业务云化的智慧办税平台

目前，随着以电子税务局和"12366"为代表的互联网纳税服务平台的持续优化，以及智能办税终端的进一步普及，纳税人办税方式和办税渠道不断拓宽，涉税服务体验持续提升。在推进智慧税务建设、构建税收服务新体系、依托税收大数据驱动、对纳税人缴费人涉税数据实现深度分析解读的同时，通过纳税人缴费人所涉及的行业、税种、税率、纳税遵从度等数据指标，编织出清晰明确的纳税人标签，并为各类纳税人精准画像，明确纳税人所需的涉税业务，实现纳税人个性化特征和一体化管理的协同兼顾。

2. 以税务数据驱动的智慧监控系统

当前，税务部门已成功构建了一套相对完善的智慧税务监控体系，该体系以税务数据为核心驱动力，实现了税源管理的可视化呈现与风险应对的标准化模板化运作。在税源管理可视化层面，税务部门利用先进的可视化技术，如税源地图，生动直观地展示了辖区内纳税人的分布状况及潜在的管理风险点。通过构建税收数据的三维立体地图，系统能够自动识别并高亮显示企业相关的疑点信息，即时触发预警机制，确保税源管理单位能够迅速响应，对疑点进行核查并在系统内提交反馈，从而增强了税源管理的主动性与精准度。

在风险应对模板化方面，税务部门针对识别出的风险疑点，精心设计了一套应对模板，并创新性地引入了"任务导航图"概念。该导航图集成了风险点所需佐证数据的查询路径、比对结果的直观展示、核查工作的具体要求以及分析结论的自动生成等功能，形成了一个闭环的信息化任务处理流程。这一流程被无缝嵌入智慧税务管理平台，不仅提高了风险应对的效率与规范性，还促进了税务管理从经验判断向数据驱动、从人工操作向智能处理的深刻转变，为税务风险管理的科学化、精细化奠定了坚实基础。

同时，为加强重点领域风险防控和监管，搭建了信息共享数据平台，拓宽了数据采集渠道，实现与第三方涉税信息的交换和深度利用，"以数治税"的税收治理环境日臻成熟。

3. 以规范精准为导向的智慧执法方式

在智慧税务建设的过程中，税务部门深入推进精准执法，税务执法方式不断优化、持续创新。通过建立税务执法决策支持库，对以往税收执法案件甄选分析，形成大量税务执法数据，并将其录入税务执法决策支持库中，以便于税务执法人员根据决策支持库数据分析税收案件，实现全流程引导执法，对每项操作、每个岗责以及需遵循的全部规则进行设定，通过流程管理、过程控制，可实现对执法错误的即时干预、强制阻断，实现从经验式执法向科学精确执法转变。同时，开发执法记录仪智能语音监控，把各类执法场景中需遵守的步骤和规范用语嵌入执法记录仪，选择执行场景即可获取规范化流程。在执法过程中，执法记录仪可对执法人员关键语言行为进行自动识别，实时阻断不规范执法行为，引导现场更正，实现执法过程全程记录、提醒、督导。通过不断提升税务执法的规范性和精准性，税务执法方式实现由理念到制度的转变

（三）当前我国智慧税务建设存在的短板

1. 数据共享共治水平不高

当前，税务机关在涉税信息获取方面面临资料渠道相对有限的问题，其

主要依赖纳税人自行申报、事前信息采集与事后监管等手段来掌握涉税信息。然而，跨部门间在数据信息的收集、存储、处理及共享机制上尚未形成稳固的长效合作框架，导致数据流通性受限，"数据孤岛"现象依然显著。此外，由于数据标准的不统一、口径与格式的差异，使得数据资源整合工作面临重重挑战，大量宝贵的数据资源难以被充分、高效地挖掘与利用。

这一现状尤其体现在第三方数据的有效获取与利用上，其效率普遍不高，特别是在县市级层面，第三方数据的采集、处理及应用仍处于较为零散的状态，缺乏系统性的规划与实施方案。以自然人为例，其在灵活就业社保、城乡两费缴纳、股权转让、二手房交易等领域的涉税信息，需政府多个部门的协同配合与信息共享。但在当前信息共享机制尚不完善的环境下，智慧税务系统的构建与效能提升受到了明显制约，难以充分发挥其在税收征管中的智能化优势。

还有一些问题主要包括税收信息平台集成度不高和数据管理机制不畅。税收信息平台集成度不高，主要是由于现阶段纳税人端服务平台和税务人端系统均未实现真正的共联共享，平台集成度不高。[1] 数据管理机制不畅，主要表现为有效数据提供不足、部门间数据交流较少、数据标准不一、第三方涉税数据获取不易等现象，这是由于税务机关涉税数据采集与利用缺乏规范性、系统性，涉税数据的基础支撑作用尚难以充分发挥。[2]

另外，我国在智慧税务建设中面临数据采集不够全、数据质量不够高、数据共享范围不够广泛和数据应用不够深等问题。[3] 利用数据要素驱动建设智慧税务存在的主要问题包括：税收法律层级不高，制约涉税数据获取渠道。[4]

---

① 胡立文：《深化以数治税应用 强化税收风险防控》，《税务研究》2021 年第 6 期，第 12~17 页。

② 刘建徽、罗琳：《智慧税务建设的基础条件、制约因素与现实路径》，《税务研究》2022 年第 9 期，第 139~143 页。

③ 付广军、李为人：《大数据背景下的智慧税务建设报告》，载蔡昌、焦瑞进主编《中国数字经济税收发展报告（2022）》，社会科学文献出版社，2022，第 314~347 页。

④ 杨磊：《强化数据要素驱动推进智慧税务建设的思考》，《税务研究》2020 年第 11 期，130~134 页。

要解决这些数据管理问题，需要通过畅通涉税数据采集渠道、强化涉税数据质量管理和标准化建设，不断加强数据要素管理，着力打造数据集成平台，激发数字驱动作用。[①]

2. 税费信息管理系统众多且分散，系统风险分析工具应用不够丰富

本课题组在南部地区调研中了解到，我国税费信息管理系统众多且分散，几乎每个税种、收费都有自己的信息管理系统，基层税务管理干部需要记住二十多个系统的账号和密码，严重影响了税务管理工作的效率。

在日常风险管理的分析维度上，当前各省级大数据平台普遍依赖于自行设计的一套通用指标体系进行综合性评估，这种模式虽有其基础作用，但不可避免地存在局限性。具体而言，在涉及税种细分、发票管理、税收优惠及特定专题性数据的运用上，现有平台的广度和深度均显不足，难以充分挖掘和利用这些关键信息的潜在价值。同时，针对性强、精准度高的指标集成库构建尚显薄弱，其有效性和目标导向性有待进一步增强，以更好地服务于精细化风险管理需求。

近年来，尽管一些成熟且行之有效的风险分析监控模型已被开发并验证，但缺乏一个统一、规范的运用与发布机制，这一现状在很大程度上制约了大数据技术在风险管理领域的全面推广与应用，限制了大数据潜力在提升风险识别、评估与应对能力方面的充分发挥，从而阻碍了整体风险监管效能的进一步提升。

3. 复合型税务人才储备不充足

智慧税务体系的构建对税务干部的知识结构提出了多元化、复合化的要求，亟须融合税收业务、计算机科学、数据分析与应用等多领域专业知识的人才支撑。然而，审视当前税务系统公务员招聘的历史沿革，不难发现其专业门槛设置上主要聚焦税收学、会计学、财政学及经济管理等直接关联领域。这在一定程度上造成了信息技术及其他关键技术领域专业人才储备的

---

① 刘建徽、罗琳：《智慧税务建设的基础条件、制约因素与现实路径》，《税务研究》2022 年第 9 期，第 139~143 页。

匮乏。

当前税务机关内部，能够胜任设备运维管理职责，并深入挖掘数据价值、实施高效风险数据再分析的专业人才数量严重不足，这一现状难以满足智慧税务建设快速推进的迫切需求，成为制约智慧税务创新发展与效能释放的关键因素。因此，优化人才结构，加强跨学科复合型人才的引进与培养，成为推动智慧税务迈向新阶段的必由之路。

三　我国智慧税务建设的框架体系优化

（一）我国智慧税务建设的总体框架

1. 智慧税务建设的平台是数字基础设施

数字基础设施是以大数据创新为驱动、以通信网络为基础、以数据算力设施为核心的基础设施体系。数字基础设施主要涉及 5G、大数据中心、云计算服务器、人工智能大模型、物联网、区块链等新一代信息通信技术，以及基于此类技术形成的各类数字平台。这些数字平台既是数字经济发展的重要支撑，同时也是智慧税务建设的平台。

要建设我国智慧税务，就必须完善我国的数字基础设施。因为只有完善的数字基础设施，才能建设具有强大的承载量和计算能力，以及具有较强区域间兼容性的统一大数据收集和处理平台，而算力和数据是推动数字经济和智慧税务高质量发展的推动力，只有具有强大的算力和数据基础，智慧税务建设才能顺利推进。国家信息基础设施建设、政府网络建设、税务部门信息化建设的日益成熟，为智慧税务建设提供了必需的基础设施方面的条件。[①]

2. 智慧税务建设的动力是数据驱动

智慧税务建设的动力是数据驱动，这是数字经济的时代特征。智慧税务

---

① 黎涛、薛昌融：《新形势下强化智慧税务建设的思考》，《税收征纳》2021 年第 12 期，第 33~35 页。

建设需要在数字化场景下实现税收治理模式的数据化。这就要求我们按照数据驱动的发展逻辑，运用数据采集、数字分析、数字建模以及虚拟仿真等方法和手段实现以数治税，其突出表现就是税收征管数据的动态可视化和系统化。

数据驱动下的智慧税务建设将使得我国的税收治理理念从经验治税向数据治税转变，税源从模糊显示向清晰化展现迁移，税收治理结构从碎片化向整体性迈进。① 这就意味着我国税收征管部门的传统组织形式、工作流程、决策模式要进行组织重构和优化，以及工作流程的再造。

3. 智慧税务建设的方向引领是应用服务

应用服务是智慧税务系统中进行人机交互的窗口。税务部门要充分利用好这一人机交互的窗口的发展规律引领智慧税务的建设方向，以更好的情感体验服务于纳税人，以更有效率的工作岗位提供给税务征管人员。

完善的应用服务的演变方向包括纳税服务便捷化、税收分析主动化、风险监控精确化和税收管理智能化。② 智能税务建设过程中人工智能的应用实践包括人工智能在内部组织管理、税收征管和纳税服务智能化方面的应用。③ 为了拓展智慧税务的应用场景，应该从加快税收大数据集成处理体系建设、激发涉税数据资产的潜在价值和提升税收大数据的横向流动效能等三个方面进行。④

4. 智慧税务建设的核心环节是构建智慧税务算法体系

算法是一系列命令的集合，税务算法则是基于特定税务工作场景的命令的集合。税务部门需要借助税务算法，将税务数据输入分析系统，可以形成

① 杨庆：《数字时代税收治理转型的理论逻辑与实践路径》，《税收经济研究》2023 年第 1 期，第 1~6 页。
② 王钰、王建新：《智慧税务建设的目标厘定、结构逻辑与路径选择》，《税务研究》2023 年第 2 期，第 76~81 页。
③ 赵晓玲、王志扬、张平竺等：《智慧税务建设过程中人工智能的应用：实践与路径》，《税务研究》2022 年第 12 期，第 138~141 页。
④ 周开君：《智慧税务建设的价值意蕴、逻辑机理与实践路径》，《税务研究》2022 年第 8 期，第 52~56 页。

相应的分析结果，并对数据各种变化进行预测，从而帮助决策者制定相应的行动对策。特定的税务算法针对个别类型的税务场景问题，而集合的税务算法则能够处理多类型的税务场景问题。[①] 涵盖所有智慧税务管理流程的不同集合的税务算法就构成了智慧税务算法体系，它是智慧税务建设的核心环节。

智慧税务算法体系贯穿在智慧税务管理的全流程、全环节和全领域，是智慧税务运行的内在动力和灵魂，这既是由税法和税收政策决定的，也是由税收征管体系和智慧税务管理机制决定的。在建设智慧税务的过程中，税务部门有必要通过构建基于纳税人需求的智慧税务算法的提供机制和体系，来丰富智慧税务的应用场景，并最终为纳税人提供优质高效的纳税服务。

（二）我国智慧税务建设的结构优化

1. 建设统一的数据收集和处理云平台

坚持实施和深化数据治税战略，确立数据的基础性地位，搭建支撑大数据税收治理平台，提高数据采集、归集、处理、分析、共享程度。[②] 创新数据采集方式，实现多渠道多维度的采集，贯通"金税四期"和其他税收业务系统之间的桥梁，基于数据仓库和云数据平台，全面拓展整合内外数据资源，将各业务、各系统、各领域的碎片化数据整合起来，把相互割裂的"信息孤岛"彻底打通，形成完整统一、分类分级的税收数据资源，构建透明高效、互联互通的数据平台。[③]

要建设统一的数据收集和处理云平台，需要在全国范围内实现数据收集和处理的顶层设计，构建全国统一的税务大数据收集和处理云平台。该云平台不但包括税务部门内部的各种税收业务和管理数据，还包括政府各部门的

---

① 王钰、王建新：《智慧税务建设的目标厘定、结构逻辑与路径选择》，《税务研究》2023年第2期，第76~81页。
② 黎涛、薛昌融：《新形势下强化智慧税务建设的思考》，《税收征纳》2021年第12期，第33~35页。
③ 李聪：《"金税四期"背景下智慧税务的构建与实现》，《地方财政研究》2022年第8期，第64~72页。

涉税数据，以及第三方的外部数据。该平台不但能收集和处理各类涉税结构化数据，还能收集和处理各类非结构化和半结构化数据。该平台还应该具有海量数据的承载量、计算能力和兼容性，具备对高频数据的获取、分析和处理能力。

2. 打造高度聚合的数据共享中心

打造高度聚合的数据共享中心，就是要将税务部门内外部数据资源全部整合到一个数据平台，以便于税务部门征管人员利用各类数据进行税务治理。智慧税务建设需要整合的内外部数据包括税务部门收集的关于税收政策、税费缴纳和服务等税务部门内部数据，政府其他各部门财政、金融、住建和国土等收集的政府部门内部涉税数据以及网络舆情、历史地域和行业发展等政府部门外部数据。在统一的数据平台上，实现对税务数据资源的集中统一管理和充分利用，促进内外部数据业务化，从而构建以税资政、以税资商的税收大数据共享应用体系，具体来说就是实现数据纵向集成、数据横向共享和数据全面融合。[①]

要打造高度聚合的数据共享中心，还应该制定统一的数据收集标准、格式和统计口径。本课题组在东莞市税务局的调研中得知，东莞市税务局在收集供水、供电和供气方面的数据时遇到了较大的困难，具体表现为数据格式、口径和计量单位不一，从而导致税务部门在数据获取和处理方面的工作效率降低。

3. 构建高效完善的智慧办税中心

构建高效完善的智慧办税中心，就是构建统一的智慧办税体系，再造"一键式"办税缴费流程，提供基于需求的个性化服务模式。[②]

首先，要整合线下和线上的办税渠道。要将传统办税服务模式下的网办业务处理中心、远程协办处理中心、12366 纳税服务热线、"数电票"征纳

---

① 王钰、王建新：《智慧税务建设的目标厘定、结构逻辑与路径选择》，《税务研究》2023 年第 2 期，第 76~81 页。

② 王钰、王建新：《智慧税务建设的目标厘定、结构逻辑与路径选择》，《税务研究》2023 年第 2 期，第 76~81 页。

互动运营中心等"办""问"渠道整合为一个系统的智慧办税体系，从而形成"办问协同"的"智税中心"。[①] 同时，还要实现线上智慧办税应用软件系统的整合，要使各类税费办理均集成在单一应用软件中，从而方便纳税人办税。办税渠道的整合必然要求智慧办税中心工作人员的集中办公与工作流程的再造，从而实现线上与线下税费服务人员的充分有机整合。

其次，要完善智慧办税中心的职能。为了提升其职能，税务部门有必要扩大智慧税务办税中心的管理权限，提升其资源配置能力，从而确保其在各类整合的办税渠道中为纳税人网上办税提供实时的辅导辅助，将智慧办税中心打造成云端办税服务厅的服务枢纽。这就要求税务部门要完善智慧办税中心与业务科室、税源管理部门的沟通机制，实时处理纳税人的各项个性化办税需求。

4.建立科学前瞻的智慧税务分析中心

要建立科学前瞻的智慧税务分析中心，税务部门要负责统筹税务系统的数据分析模型，统一组织模型的使用及评价工作，全国各地各级税务机关要结合本地实际情况做好数据分析模型的验证与优化工作。税务部门还要制订统一的数据分析模型管理办法和实施流程，实现科学规范管理，为建立科学前瞻的智慧分析中心提供有力保障。

首先，利用数据分析模型提高对本地各类税收收入预测的精确度，分地区分行业观察各类企业的主营业务收入和缴纳的主要税种收入的动态变化及异常情况。如珠海市税务局通过构建 MLP+GRU 深度学习神经网络模型，对选样企业 2021 年盈利情况进行预测，获得了良好的效果和评价；其次，利用数据分析模型实现对税源的监控和前瞻性管理，全面掌握重点税源企业纳税状况和动态演变趋势；最后，建立经济税收分析指标体系，综合分析我国宏观经济走向与微观经济趋势，将数据的分析结果与经济运行的动态数据和分析结果相互印证。

---

① 徐朝威：《智慧税务背景下税费服务新体系构建的实践与思考——以"宁好智税"服务体系建设为例》，《宁波经济》（三江论坛）2023 年第 7 期，第 29~32、36 页。

5. 设立灵敏精准的智慧税务风控中心

设立灵敏精准的智慧税务风控中心就是要运用纳税人缴费人基础数据（如注册资本、所在行业）和相关属性数据（如申报偏好、风险信息），建立并完善相关税务风控数据库，例如，纳税人缴费人特征库、需求库、税收风险特征库、税收知识库等，结合人工智能大模型对纳税人缴费人遵从特征进行智慧总结和描述，以便于税务部门对其税收遵从情况进行预判，并有针对性地挑选税务检查对象，实现"无风险不打扰，有违法要追究"，最大程度节约征纳双方的资源。

设立规范精准的智慧税务风控中心不但是要对纳税人缴费人的税费风险进行监控，还需要对税务机关的综合运行情况进行全面监控，这里的综合运行情况就包括税费管理、行政管理、涉税数据的异常波动，以及涉税业务的发展动向等情况。只有对税务部门的综合运行情况进行规范精准的监控，才能实现智慧税务的风控职能。

6. 建造协同共治的智慧税务治理中心

建造协同共治的智慧税务治理中心就是要在智慧税收治理体系中，在各级党和政府机关领导下，督促各部门的公共数据资源平台深度参与到智慧税收治理体系和数据共享，以各种方式鼓励第三方数据平台参与到智慧税收治理体系中，并实现数据共享。

建造协同共治的智慧税务治理中心需要根据各地的实际情况来有针对性的构建，对于那些数字基础设施良好，政府和社会的协同治理理念深入人心的地方，可以将这种协同共治的治理理念无形地融入智慧税务的各类控制中心或者信息交换中心，从而实现形式上无治理中心，但在智慧税务各项工作中处处体现协同治理的理想境界。但对于那些数字基础设施较差，政府和社会协同治理理念淡漠的地区，则需要设立有形的智慧税务治理中心，以促进税务部门内部、其他政府部门和社会各界的智慧税务协同共治。

7. 建构深度学习的智慧税务大脑中枢

建构深度学习的智慧税务大脑中枢就是要建立并构造包括智慧办税、分析、风控、共治中心等各个子系统的机器深度学习模型，对系统的运行结果进行评价，从而完成各个子系统模型的自我纠偏，自动提升办税、分析、风控和共治的能力。[①]

基于本课题组前往珠海市税务局调研的经验，解读一个运用智慧税务大脑中枢的案例。在珠海市税务局智慧税务建设中，其给人印象较深的经验是构建珠海市税务局集约办税中心，该中心聚焦"优化、高效、统一"的目标，以专业化、智能化为导向，集中专业人员处理专业事项，减少由分散导致的人力资源浪费。其智能化就是对那些重复、频繁的业务可运用智能化辅助手段提升集约效率；其专业化就是在处理专业度高的疑难杂症事项时，全部交由专业人员处理。对于专业化问题的处理过程和结果数据，建议应该完整保存并运用智慧税务大脑和深度学习算法对智慧税务系统进行学习训练，从而更快地将这些专业化的问题转化为智能化的问题，并提交智慧税务系统解决。

（三）我国智慧税务建设的流程优化

1. 精细纳税服务体系的流程再造

精细纳税服务体系的流程再造就是要全面落实"线下服务无死角、线上服务不打烊、定制服务广覆盖"的税费服务新体系建设要求，充分发挥"非接触式"税费服务优势，加快融入一体化政务服务大局，优化征纳互动方式，持续提升税费服务标准化、规范化、便利化、专业化水平，提高税费服务能力，保障税费征管方式顺利转变，引导纳税人缴费人自觉遵从，从而实现与智慧税务相匹配的精细纳税服务体系。

精细纳税服务体系的流程再造包括创新税务征管流程再造和办税服务流程精细再造两方面。在创新税务征管流程再造方面，需要将传统的税务管理模式转变为数字经济时代的税务管理模式，即税务管理应由"登记—申报—征收—评估—稽查""业务流"模式升级为"业务环"模式。智慧税务

[①] 王钰、王建新：《智慧税务建设的目标厘定、结构逻辑与路径选择》，《税务研究》2023 年第 2 期，第 76~81 页。

管理模式除了应升级为"业务环"模式，还应该进一步升级为以纳税人缴费人为中心"业务环"模式，即税务机关应该站在纳税人缴费人的立场上，改变传统的"业务流"税务管理模式，升级为围绕着纳税人缴费人缴税交费需求"业务环"模式，其服务理念的实质就是将税务管理的成本留给税务机关内部消化，将纳税服务的便捷和友好态度奉献给纳税人缴费人。[①]

在办税服务流程精细再造方面，一是要建立多维互补办税新格局。加强网上办税厅和电子税务局建设，实现数据多跑路，纳税人少跑腿，使其符合网络化、信息化、现代化的发展趋势，既减少纳税人到厅办税的业务量，又降低税务人员前台工作压力。二是建立纳税服务评价体系。利用多方面、多维度的涉税大数据，引入层次分析法、多层模糊综合评价模型等评价技术，以促进纳税人从表层的顺从向深层次的认同和内化转变，使纳税服务项目更加实际，满足纳税人的需求。[②]

2. 精准税收监管体系的流程再造

数字经济时代下的智慧税务监管体系需要实现精准税收监管体系的流程再造，其再造思路就是以"数据+规则"为驱动，以"信用+风险"为基础，推进税费监管数字化转型，促进纳税人、缴费人自我遵从，构建与智慧税务相匹配的精准税收监管体系。

精准税收监管体系的流程再造包括分析评估精确流程再造和税务稽查精准流程再造两个方面。其中，在分析评估精确流程再造方面，要建立全面的涉税分析指标体系，实施必要的纳税评估，构筑税收风险预防机制。在税收稽查精准流程再造方面，要建立大稽查网络搜索机制和精准稽查体系。[③]

要规范智慧税务精准稽查信息管理流程和运行机制，准确、全面、及时的数据和精准、高效、稳定的模型是智慧税务稽查精准流程的核心和精髓。要确保数据"采集、整理、保存、加工、提供"过程的完整性，突出数据

---

① 王文清：《推进"智慧税务"建设路径探讨》，《中国税务》2021年第12期，第58~60页。
② 王文清：《推进"智慧税务"建设路径探讨》，《中国税务》2021年第12期，第58~60页。
③ 王文清：《推进"智慧税务"建设路径探讨》，《中国税务》2021年第12期，第58~60页。

的全面性和多维性特征（包括线上线下数据），打造出数据来源全面、更新及时、描述动态的精准税务稽查运行机制和工作流程，可以有效弥补传统模式下数据维度少、不够及时、无法动态描述信用变化等缺陷。[①]

3.精确税收执法体系的流程再造

精确税收执法体系的流程再造就是，以促进税收遵从为目标，以柔性税务执法为导向，优化税务执法方式；以刚性税务执法为底线，严厉打击涉税违法犯罪行为，从而构建以"无风险不打扰，有违法必追究，全过程强智控"的与智慧税务相匹配的精确税收执法体系。

精确税收执法就是税收执法服务的标准化，即在国家税收法律、法规和政策规定下，通过流程再造，进一步整合梳理各类执法服务政策，对重复性事项、经常性事项制定和发布实施标准，实行标准化作业、流程化操作、目标式管理的一种税收活动。精确税收执法体系就是实现税收执法服务的标准化的一系列政策措施和制度。[②]

构建税收服务标准化机制的核心，即根据流程再造（BPR）理论，重塑税收执法服务过程。其具体做法包括：确定流程改造对象；描述执法服务流程；把握流程节点控制；遵循"统一性"原则，规范相应文书制作。[③] 这些做法在数字经济时代仍然有效，但其表现形式有所不同，不同点就在于税收执法服务流程的网络化、电子化和智慧化。因此，在数字经济时代，需要重新确定精确税收执法的流程改造对象，重新描述精确税收执法的服务流程，重新把握精确税收执法的流程节点控制，重新制定精确税收执法的服务标准。

4.精诚税收共治体系的格局优化

精诚税收共治体系是国家治理体系的有机、重要的组成部分，是跨层

---

① 李蕊、李水军：《数字经济：中国税收制度何以回应》，《税务研究》2020年第3期，第91~98页。

② 马伟、杨国良、杨建中：《税收执法服务标准化问题研究》，《税务研究》2009年第8期，第75~78页。

③ 马伟、杨国良、杨建中：《税收执法服务标准化问题研究》，《税务研究》2009年第8期，第75~78页。

级、跨地域、跨系统、跨部门、跨业务的精诚协同共治。精诚税收共治体系的格局优化就是针对当前智慧税务共治体系中存在的相关问题，提出解决的政策措施，从而实现智慧税务的协同共治，更好地提升国家治理能力，完善国家治理体系。

税务部门要针对当前智慧税务建设中存在的互联互通难、数据共享难、业务协同难等三大智慧税务建设痛点，坚持平衡、融合、效能三大理念，持续推进业务、技术、组织变革，构建智慧税务生态系统，实现以创新驱动治理变革。[1] 通过构建税收治理纵向和构建税收治理横向协同机制，推进政府部门、市场主体、社会各界等不同主体之间构建"横向耦合"的数字化税收综合治理生态体系，来实现智慧税务建设的协同共治。[2]

四 数据要素驱动我国智慧税务建设的路径优化

（一）智慧税务建设的动力机制优化

1. 数据要素驱动智慧税务建设

数据要素是建设智慧税务的驱动力，这既是税务管理模式从经验管税、"以票控税"到"以数治税"的历史规律，也是智慧税务本身就建立在大数据分析技术基础上的内在要求。

要实现数据要素驱动智慧税务建设，就必须了解我国智慧税务建设中存在哪些与数据要素有关的问题。我国税务部门在实践运用中面临涉税数据获取渠道受限、数据系统不完善、数据利用不充分等问题，为此有学者建议通过稳步推进税收立法、强化数据采集整理、深挖税收大数据价值，来为数据

---

[1] 王志平、张景奇、杜宝贵：《新坐标、新维度框架下的智慧税务建设研究》，《税务研究》2021 年第 12 期，第 124~128 页。

[2] 周开君：《智慧税务建设的价值意蕴、逻辑机理与实践路径》，《税务研究》2022 年第 8 期，第 52~56 页。

驱动智慧税务建设提供良好的条件。① 数据驱动层面是智慧税务建设的坚实基础，要在数据驱动层面，以共享为核心，打造高度聚合的数据海洋；整合内外部数据资源，消除数据孤岛；制定数据治理规范，高效管理数据。② 另外，还有一些我国智慧税务算法体系的数据管理问题，如我国税务机关数据管理机制不畅、有效数据提供不足、部门间数据交流较少、数据标准不一以及第三方涉税数据获取不易③等问题。④ 目前，这些问题已经通过组建政府数据局得到很好的解决，如珠海市税务局的数据中台均是建立在当地市政府数据局的数据平台之上的。

由此可见，要实现数据驱动智慧税务建设，就必须解决两方面问题，一方面是数据的管理问题，另一方面是数据应用问题。解决数据管理问题的关键在于推动多环节、多部门、多口径的数据融合，建立统一的数据收集和处理平台，实现数据的纵向集成、横向共享和全面融合，与此同时还需要建立完善的数据质量管理机制，引进数据质量管理平台，制定数据治理规范。⑤ 解决数据应用问题的关键在于，拓展税收大数据应用场景，深挖税收大数据价值，加强数据规范化建设，强化税收大数据的增值利用，增强税务大数据的话语权。⑥

2. 推动多环节、多部门、多口径的数据融合

智慧税务建设的重点就是"数据融合"，因此有必要推动构建完善的数据收集、加工、存储、清洗体系。税收大数据既涉及纳税人经营业务的直接

---

① 杨磊：《强化数据要素驱动推进智慧税务建设的思考》，《税务研究》2020 年第 11 期，130~134 页。
② 王钰、王建新：《智慧税务建设的目标厘定、结构逻辑与路径选择》，《税务研究》2023 年第 2 期，第 76~81 页。
③ 周洪波：《关于构建税收数据治理共同体的思考》，《税务研究》2022 年第 1 期，第 135~139 页。
④ 刘建徽、罗琳：《智慧税务建设的基础条件、制约因素与现实路径》，《税务研究》2022 年第 9 期，第 139~143 页。
⑤ 王钰、王建新：《智慧税务建设的目标厘定、结构逻辑与路径选择》，《税务研究》2023 年第 2 期，第 76~81 页。
⑥ 杨磊：《强化数据要素驱动推进智慧税务建设的思考》，《税收征纳》2021 年第 11 期，第 130~134 页。

数据，也涉及各个政府经济主管部门的间接数据。因此，智慧税务建设应基于"以税收大数据为驱动力"，推进多环节、多部门、多口径的数据融合工作。[①] 为此，要分别从技术层面、组织层面和内容层面提出了具体的数据融合措施。这些数据融合措施可以由税务总局实现顶层设计，也可以发挥各地各级税务主管部门的能动性、积极性和创造性，鼓励其在数据融合措施上进行创新性探索。

除了上述这些具体的数据融合措施，要实现多环节、多部门、多口径的数据融合，还必须在国家层面建设数据收集和处理的标准体系，通过制定科学的数据收集和处理标准，来规范税务部门在数据收集、加工、存储、清洗等环节的行为，提升涉税数据的质量，统一涉税数据的口径，从而为数据融合提供坚实的数据收集和处理标准基础。

3. 拓展税收大数据应用场景

拓展税收大数据应用场景，是智慧税务建设的内在要求。这是因为，智慧税务的工作机制是在数字化升级和智能化改造的基础上，以技术平台为依托，以分析应用为目标，形成税收数据"采、存、通、用"全生命周期的税收治理数字化生态系统，进而引发税收大数据要素流动路径、制度规范和税务执法方式创新。[②]

因此，有必要加快建设税收大数据集成处理体系，完善纳税人缴费人税费联动申报系统，强化企业生产业务数据、第三方平台数据、互联网大数据等涉税数据的税务采集、校验、清洗、整理，构建税收大数据应用场景体系；挖掘涉税数据资产的潜在价值，运用人工智能大模型将税收大数据优势转化为智慧税务优势和治理效能；进一步加强政府不同部门和市场主体的联系广度和深度，通过顶层设计吸引多部门深度参与，加大对人工智能大模型与智慧税务应用场景有机融合的研究，提高税收大数据的横向

---

① 周开君：《智慧税务建设的价值意蕴、逻辑机理与实践路径》，《税务研究》2022 年第 8 期，第 52~56 页。

② 周开君：《智慧税务建设的价值意蕴、逻辑机理与实践路径》，《税务研究》2022 年第 8 期，第 52~56 页。

流动效能。①

可以从大数据采集、预处理、存储与安全、分析与挖掘、应用方面构建了一个"底层数据不动,增值服务输出"的系统性逻辑架构,并基于这一税收数据增值逻辑架构迭代升级的长期需求,提出了从顶层设计优化、底层数据整合、创新科技赋能与法律法规支撑层面的税收数据增值逻辑架构的优化路径。②

拓展税收大数据应用场景是一个系统工程,需要系统性的设计与构建,需要税务部门与政府其他部门和整个社会协同共建。因此,拓展税收大数据应用场景应该放在国家治理体系和能力建设的总体框架中进行,只有在这一总体框架中,才能真正发挥税收大数据的增值能力,实现最大限度地拓展税收大数据的应用场景。

(二)智慧税务建设的技术体系优化

1. 构建统一集成的嵌入式智慧税务信息系统

智慧税务建设的技术体系优化应重点打造集所有税费的税务执法、纳税服务、税务监管于一体的嵌入式智能税务信息系统,将税收治理终端嵌入纳税人经营管理业务全流程,从而实现税务登记、合同备案、发票开具、收入成本认定、税款申报和缴纳、涉税咨询和争议解决的业务全流程线上管理。③

智慧税务建设需充分依托大数据、云计算、人工智能、区块链等现代信息技术,以新一代信息技术推动税收治理体系从"以票治税"向"以数治税"转变。要实现这一目标,智慧税务信息系统需要重点解决数据的收集和传输处理两大问题。对于第一个问题来说,可以利用新一代信息技术对企业内部原有财务管理系统加以赋能和改造,与主流财务软件供应商进行深度

---

① 周开君:《智慧税务建设的价值意蕴、逻辑机理与实践路径》,《税务研究》2022年第8期,第52~56页。
② 李万甫、刘同洲:《深化税收数据增值能力研究》,《税务研究》2021年第1期,第110~119页。
③ 张靖:《深化数字技术运用 推动智慧税务建设》,《税务研究》2022年第5期,第128~130页。

合作，结合涉税中介服务机构的专业化意见进行改造；对于后一个问题来说，可以抓住国家加快"新基建"发展战略的机遇，着力提升传统基础设施信息处理的速度和承载力，大力推动 5G 信息基础设施建设，有效促进光纤宽带网络优化升级，并在此基础上，构建全国统一、规范、高效的嵌入式智能税务信息系统。[①]

在构建统一集成的嵌入式智能税务信息系统的同时，税务部门要制订纳税人税务管理信息标准，并向纳税人宣传、介绍这一标准，督促并引导纳税人按照管理信息标准形成企业内部税务管理信息体系，以便于税务部门在事前、事中、事后等环节进行及时、统一的监管；嵌入式智慧税务信息系统能推动税收征管模式由传统模式向主动征管模式转变，可运用区块链技术将事后数据收集环节前移至事中；可利用智能合约技术实现对真假合同和阴阳合同的智能识别。一旦基础信息、物流信息、资金流信息与合同一致，即可自动触发电子发票的实时开具，并及时实现流转税的自动申报和缴纳，从而进一步简化涉税事项的办理程序；要利用大数据分析，对纳税人的生产经营业务财务状况和纳税遵从情况进行精准画像和信用评级，智能识别涉税风险，有效及时应对纳税服务需求，准确高效地评估税收政策影响的实际效果。[②]

由此可见，构建统一集成的嵌入式智慧税务信息系统可以极大地提升税收征管的效率，提升涉税数据收集和处理的及时性、准确性，有助于智慧税务算法的运用与升级。然而，要构建这一系统，还需要推动纳税人参与税收治理的信息系统建设，其最终目标是在该信息系统上实现纳税人涉税业务全流程线上管理。

2. 推动纳税人参与税收治理的信息系统建设

推动纳税人参与税收治理的信息系统建设，是智慧税务建设的必要路径和重要基础。这是因为，智慧税务建设离不开税收数据治理共同体的构建，

---

① 张靖：《深化数字技术运用　推动智慧税务建设》，《税务研究》2022 年第 5 期，第 128～130 页。

② 张靖：《深化数字技术运用　推动智慧税务建设》，《税务研究》2022 年第 5 期，第 128～130 页。

而构建"党的领导+税务主责+公众参与"的数据管理新体制，是构建税收数据治理共同体的首要实践路径。[①] 我国公众也是纳税人，与其说推动公众参与税收数据治理共同体，还不如说推动纳税人参与税收治理的信息系统建设更为直接与具体。

要推动纳税人参与税收智利的信息系统建设，就必须通过智慧税务建设，在纳税人、税务人、决策人之间构建基于"上云算税"的数字化综合治理生态体系，着力推动税收大数据的协同共建和共享，有效构建税收治理横向协同机制。在纳税人端，实现税费信息智能归集和敏捷监控，让纳税人感知风险并预警，提高税法遵从度。[②]

与此同时，从税务机关提供的纳税服务看，各级税务部门要充分运用大数据处理和挖掘、云计算、人工智能大模型等现代信息技术，分析和研判纳税人的行为轨迹、办税习惯、服务需求、信用信息、遵从状况等数据，搭建征纳互动网上平台，从而实现"送、问、办、询、评"的一体化、精准化、智能化服务。[③]

3. 实现纳税人涉税业务全流程线上管理的信息系统建设

信息系统建设的建设要实现纳税人涉税业务全流程线上管理，就必须从纳税人的角度出发，对税收征管模式进行智能化改造，以便捷友好的方式加强纳税服务系统的顶层设计，实现纳税服务便捷化、网络化和智能化。要建立纳税人端的智能化纳税工具，自动抓取、匹配、核实与纳税人有关的涉税数据，从而实现智能化的纳税申报和税款缴纳。

要加快实现法人税费信息的"一户式"、自然人税费信息的"一人式"智能归集系统建设，积极推进一体化纳税申报系统的建设和完善，实现多税费种联动征管，以税费治理的数字化倒逼企业业务流程再造。完善电子税务

---

① 周洪波：《关于构建税收数据治理共同体的思考》，《税务研究》2022 年第 1 期，第 135~139 页。
② 周开君：《智慧税务建设的价值意蕴、逻辑机理与实践路径》，《税务研究》2022 年第 8 期，第 52~56 页。
③ 赵晓玲、王志扬、张平竺等：《智慧税务建设过程中人工智能的应用：实践与路径》，《税务研究》2022 年第 12 期，第 138~141 页。

局的规划实施，进一步推进全国电子税务局建设。应逐步推进实体办税服务厅向网上延伸，加速实现线上线下不同媒介间的深度融合，完善优化实体办税服务厅"智能导税"系统，形成互补协调、立体多样的纳税业务系统，统筹纳税服务资源，以确保做到线上线下无缝衔接，搭建专业和服务并存的多元化的办税服务渠道和载体，满足纳税人日趋多样的服务需求，顺应相关新一代信息和数字前沿技术的发展趋势。[①]

（三）我国智慧税务建设的管理机制优化

1. 建立智慧税务综合服务中心

建立智慧税务综合服务中心就是为了落实以纳税人缴费人为中心的思想，坚持整体性集成式提升税收治理效能的工作原则，从而实现"线下服务无死角、线上服务不打烊、定制服务广覆盖"的纳税服务新体系，制定并推出从无差别服务向精细化、智能化、个性化服务转变的具体政策举措，打造具有集约、智能、绿色、低碳的新型纳税服务新体系。

近年来，国内一些学者对智慧税务综合服务中心有一些论述。有学者提出，建立高效完善的智慧办税中心的三条具体措施，那就是构建统一的智慧办税体系、"一键式"办税缴费流程和基于需求的个性化服务模式。[②] 有些学者从税务机关组织信息资源利用和职责分工的角度，提出了加强涉税信息分析应用、合理设置纵向职能分工和横向角色定位的建立智慧税务综合服务中心的具体举措。[③]

建立智慧税务综合服务中心的实质就是建立以纳税人为中心的税收征管模式的组织重构和流程再造。其目标就是通过税务机关的组织重构和流程再造，尽可能地降低纳税人的办税成本，或者通过数字化、网络化、智能化的

---

① 李聪：《"金税四期"背景下智慧税务的构建与实现》，《地方财政研究》2022年第8期，第64~72页。

② 王钰、王建新：《智慧税务建设的目标厘定、结构逻辑与路径选择》，《税务研究》2023年第2期，第76~81页。

③ 王文清：《推进"智慧税务"建设路径探讨》，《中国税务》2021年第12期，第58~60页。

技术手段与征管模式将办税成本由税务机关内部承担和消化。

2.实施税收数据集中管理

要实施税收数据的集中管理,就是要基于我国税务部门数据管理机制不畅的现状,针对有效数据提供不足、部门间数据交流较少、数据标准不一和第三方涉税数据获取不易等具体问题,[1] 构建统一的数据收集和处理平台,搭建支撑大数据税收治理平台,打造税收数据治理共同体。

首先,是要整合政府数据资源,对各部门数据的编码、处理、共享、交换和保密等进行统一规范,从而形成数字化税收数据库应用体系。[2] 其次,要坚持实施和深化数据治税战略,确立涉税数据资源的基础性地位,构建大数据税收治理平台,提高数据采集、归集、处理、分析、共享程度。[3] 再次,是要分别在技术层面、组织层面和内容层面采取相应的技术措施、制度保障和应用系统的改造,以推动多环节、多部门、多口径的数据融合工作。[4] 最后,是要在税务机关内部的纵向职能分工和横向角色定位进行合理设置,以加强涉税数据的分析应用,深度开发利用数据资源,实现广域的数据共享和信息比对,逐步解决征纳双方信息不对称的问题。[5]

五 支撑我国智慧税务建设的生态系统优化

(一)我国智慧税务建设的人才支撑

1.智慧税务建设人才支撑现状与问题

数字经济快速发展的新形势下,数字化、智能化建设对我国税务人员的

---

① 刘建徽、罗琳:《智慧税务建设的基础条件、制约因素与现实路径》,《税务研究》2022年第9期,第139~143页。
② 王文清:《推进"智慧税务"建设路径探讨》,《中国税务》2021年第12期,第58~60页。
③ 黎涛、薛昌融:《新形势下强化智慧税务建设的思考》,《税收征纳》2021年第12期,第33~35页。
④ 周开君:《智慧税务建设的价值意蕴、逻辑机理与实践路径》,《税务研究》2022年第8期,第52~56页。
⑤ 王文清:《推进"智慧税务"建设路径探讨》,《中国税务》2021年第12期,第58~60页。

数据收集、识别、分析与处理能力提出更高要求，税务人员需具备更高的税务监管、风险防控、税收专业知识储备等能力。智慧税务建设的关键在于人才支撑，但我国智慧税务建设人才支撑现状不容乐观。

现阶段，我国智慧税务专业化人才与管理团队储备尚显不足，税务管理观念、方式、程序陈旧，专业知识更新频次低，对新一代信息技术的把握还未达到智慧税务建设的要求，一些欠发达地区的基层税务机关严重缺乏既能掌握新一代信息技术应用，又熟悉纳税业务的复合型人才。另外，税务部门尚未形成高效的培养、任用、选拔机制，人才短缺问题难以在短期内得到有效解决。[①]

2. 智慧税务建设人才支撑规划与需求

智慧税务建设需要大量的具有自主创新能力、数据分析能力和系统运维能力的人力资源支撑，因此，要在未来智慧税务发展规划的基础上，做好人力资源的支撑规划，满足智慧税务建设对人才的需求。

首先，要构建智慧税务人才队伍体系。加大对税务系统内部员工的数字技术知识培训力度，以适应智慧税务征管的需要。[②] 要围绕智慧税务所要具备的自主创新能力、数据分析利用能力、系统运维保障能力建设，挖掘人力资源潜力，注重构建人才储备体系，打造专业扎实、结构合理、规模匹配的信息规划、数据分析、系统运维等智慧税务专业队伍。[③]

其次，是要重新优化配置智慧税务管理人员。按税收征管数据流的方向、环节、重点进行优化配置。实现税收管理员制度的改革和创新，引入数据管理员、数据分析员、风险管理员等人才制度和岗位，加强数据运维关键环节、关键节点的人才保障。[④] 要探索建立适合税收治理体系和治理能力现代化要求的人员管理制度，优选一批能研判、会分析、懂业务的智慧税务干

① 付广军、李为人：《大数据背景下的智慧税务建设报告》，载蔡昌、焦瑞进主编《中国数字经济税收发展报告（2022）》，社会科学文献出版社，2022，第314~347页。

② 王文清：《推进"智慧税务"建设路径探讨》，《中国税务》2021年第12期，第58~60页。

③ 黎涛、薛昌融：《新形势下强化智慧税务建设的思考》，《税收征纳》2021年第12期，第33~35页。

④ 王文清：《推进"智慧税务"建设路径探讨》，《中国税务》2021年第12期，第58~60页。

部，形成由数字化专家、业务型专家以及其他领域专家构成的智慧税务建设团队，实行项目化管理推进机制，切实做好智慧税务建设的核心技术创新、流程优化再造等重点工作。[1]

3. 智慧税务建设人才的培养与提升

智慧税务建设人才不但要靠现有大学培养新型的复合型税务人才，也要靠对现有税务干部相关技能不断地培养与提升。

一是要集聚现有人才和广招外部人才，培养选拔税务干部的未来储备力量；要广泛开展新一代信息技术和数字技术应用专业培训，及时更新税收专业知识，推进以数治税；要完善数字化人才引进、培养、激励机制，运用智慧税务建设标准培养实用型人才，以保障专业人才储备充足。[2]

二是要健全智慧税收业务评价机制，完善智慧税收征管质量评价体系，增强智慧税务人员考评指标的科学性；要结合新一代信息技术加强数字人事系统建设，强化绩效管理工作机制，对税务人员相关工作开展业务全流程考察评审，通过考核明确责任，以强化风险防控意识。[3]

三是要强化有利于人工智能大模型在智慧税务中应用的人才支撑，建成一支既懂新一代信息技术和数字技术，又懂税收业务，同时具备统计、分析、写作等基本技能，综合素养较高的智慧税务队伍，使得人工智能大模型在智慧税务中应用的人才基础更加厚实。[4]

要通过有针对性地组织人工智能相关的专题业务知识培训，实时更新税务干部的观念和知识结构；要加强税务干部国际交流的力度，深入学习发达国家税收智能治理的成熟做法与成功经验；要构建智能工具平台，降低非技

---

[1] 黎涛、薛昌融：《新形势下强化智慧税务建设的思考》，《税收征纳》2021年第12期，第33~35页。

[2] 刘建徽、罗琳：《智慧税务建设的基础条件、制约因素与现实路径》，《税务研究》2022年第9期，第139~143页。

[3] 刘建徽、罗琳：《智慧税务建设的基础条件、制约因素与现实路径》，《税务研究》2022年第9期，第139~143页。

[4] 赵晓玲、王志扬、张平竺等：《智慧税务建设过程中人工智能的应用：实践与路径》，《税务研究》2022年第12期，第138~141页。

术型税务干部接触人工智能的门槛，使业务一线人员能够在有限的知识框架体系下，利用功能模块化和自适应系统，快速便捷地搭建智能税收业务模型，在实践中探索税收业务与数字智能技术的深度融合；另外，要通过全国税务系统智税比赛和组建智税项目团队，来促进人才的培养与提升。

（二）我国智慧税务建设的制度保障

1. 智慧税收的相关立法

法治作为现代社会治理必须遵循的基本准则，在智慧税务建设中也必须坚持法治的思维和理念，运用法治方式引领推动智慧税务各项工作开展。[①]要运用法治方式推动智慧税务建设，这就需要对智慧税务进行相关立法。

在智慧税收建设立法方面，我国没有在宪法中规定有关税收立法的原则，没有制定出台税收基本法，一定程度导致税务机关的数据强制获取渠道受限，影响了智慧税务功能的最大化发挥。另外，当前我国税制以间接税为主、以直接税为辅，与之相匹配的税收法律体系也是以"间接税"为主。税制改革的方向将是以间接税为主体逐步向以直接税为主体转变，实现直接税与间接税的均衡布局。[②] 因此，有必要研究建立适应以"直接税"为主的税收法律体系，以推进数据驱动型智慧税务建设。

当前，我国税法体系不能完全预知数字经济发展的现实需求，更难以精准匹配税收征管实际，导致税务机关在具体执法中拥有较大的自由裁量空间，增加税收治理的复杂性和不确定性，为智慧税务建设带来阻碍，同时衍生出税收流失等问题。[③] 从微观数据要素的视角看，智慧税务的建设和运转需要依赖于数据要素的投入和使用，但税法未能明确涉税数据资产相关法律规则，如涉税数据收集规则、涉税数据共享规则、涉税数据安全规则等，不

---

① 黎涛、薛昌融：《新形势下强化智慧税务建设的思考》，《税收征纳》2021 年第 12 期，第 33~35 页。

② 杨磊：《强化数据要素驱动推进智慧税务建设的思考》，《税务研究》2020 年第 11 期，130~134 页。

③ 赵琳、唐权：《我国共享经济税收治理的问题与对策》，《南方金融》2021 年第 11 期，第 75~82 页。

利于涉税数据集约化整合使用，导致涉税数据使用失范和共享困难。①

为此，有必要加快以数字经济产出为计税依据的税法修订和完善，为数字经济税收征管提供法律支持。② 要推动智慧税务建设，首先应当落实《法治政府建设实施纲要（2021—2025）》关于数字法治政府的建设要求，推动数字化与法治化的深度融合，规范税收数字治理，打击信息犯罪，从而使数字技术应用在"税务—技术—人"的有机融合中呈现价值理性与工具理性的统一。③

2. 智慧税务安全标准的制定

智慧税务作为税收管理的新方法、新模式，在其未来的运行中不可避免地存在着安全隐患，为了消除这种隐患，提高防范这种安全隐患的应对能力，有必要制定智慧税务安全标准。

对于智慧税务建设未来可能遇到的安全隐患，要制定智慧税务身份识别安全标准和认证标准，防止数据被滥用，避免泄露商业秘密，保障数据安全。④ 一些学者在讨论推动智慧税务的指标体系建设时，提出将数据信息的透明度、数据提供规则的确定性、是否落实数据安全保障义务作为关键指标以衡量税务机关信息治理能力的高低。⑤

3. 涉税违法信息的技术防范

在我国税务管理的历史中，涉税违法信息主要是指倒卖发票和虚开增值税专用发票等违法信息。由于新一代信息技术的运用，特别是将区块链技术运用到电子发票之中，这一类的涉税违法信息大幅度减少以至于绝迹。但这并不意味着在未来的智慧税务建设中，可能无法预料和想象的涉税违法信息

① 李智水、邓伯军：《数字社会形态视阈下社会治理的逻辑进路研究》，《云南社会科学》
  2020 年第 3 期，第 109~115、188 页。
② 王文清：《推进"智慧税务"建设路径探讨》，《中国税务》2021 年第 12 期，第 58~60 页。
③ 周开君：《智慧税务建设的价值意蕴、逻辑机理与实践路径》，《税务研究》2022 年第 8 期，
  第 52~56 页。
④ 周开君：《智慧税务建设的价值意蕴、逻辑机理与实践路径》，《税务研究》2022 年第 8 期，
  第 52~56 页。
⑤ 王婷婷、高向东、胡若醒等：《契机、挑战与应对：智慧税务建设的国际经验及启示》，
  《国际税收》2023 年第 6 期，第 43~50 页。

不会出现，为了防范这类数据对我国智慧税务产生的危害，要加强数字技术防范，增强数据安全预警和溯源能力，有效控制和过滤涉税违法数据和信息。[①] 要运用新一代信息技术手段、区块链加密技术等技术手段，配置完备的入侵检测、漏洞扫描、安全边界、智能备份等安全防护措施，健全数据管理、授权使用等制度，严控各类数据管理、系统运行风险。[②]

4. 智慧税务伦理准则的制定

智慧税务由于采用了大数据、区块链、人工智能等新一代信息技术，使得税收征管的各参与方不得不严格按照税法和税收政策的要求征税和纳税。这也使得税务伦理的价值观从传统税务的强制遵从到被动遵从，再到智慧税务的主动遵从和认同转变。这就需要制定智慧税务伦理准则，推动智慧税务相关利益方和参与方高度自律。[③]

参考文献

卢阳、王蕴、赵艳：《税务稽查数字化转型的实践与展望：基于"数字+税务稽查"的个案研究》，《财政监督》2022 年第 23 期。

陈龙、虞立教、黄珣：《构建精准监管体系　探索智慧税务浙江路径》，《中国税务》2021 年第 11 期。

邓力平、陈丽、王智烜：《高质量推进新时代税收征管现代化》，《当代财经》2022 年第 6 期。

鲁钰锋：《互联网+智慧税务：趋势、规律和建议》，《国际税收》2017 年第 4 期。

李三江：《变革、挑战、应对——"互联网+"下的税收治理》，《税务研究》2016 年第 5 期。

刘昊：《人工智能在税收风险管理中的应用探析》，《税务研究》2020 年第 5 期。

---

① 周开君：《智慧税务建设的价值意蕴、逻辑机理与实践路径》，《税务研究》2022 年第 8 期，第 52~56 页。
② 黎涛、薛昌融：《新形势下强化智慧税务建设的思考》，《税收征纳》2021 年第 12 期，第 33~35 页。
③ 周开君：《智慧税务建设的价值意蕴、逻辑机理与实践路径》，《税务研究》2022 年第 8 期，第 52~56 页。

范士新、陈冬梅、邵春锋等：《智慧税务管理体系的构建与实施》，《国企管理》2023 年第 2 期。

姚轩鸽、马岩：《税收道德的核心价值——国内税收伦理研究现状述评》，《社会科学论坛》2019 年第 3 期。

单伟力、张晗、李丹：《智能画像技术和服务推荐技术在电子税务局中的应用场景探讨》，《税务研究》2022 年第 4 期。

李国锋、李祚娟、王哲吉：《基于多任务深度神经网络的企业纳税行为甄别研究》，《统计研究》2022 年第 7 期。

郑庆华、师斌、董博：《面向智慧税务的大数据知识工程技术及应用》，《中国工程科学》2023 年第 2 期。

国家税务总局安徽省税务局课题组：《数字化智慧化税费服务建设的国际经验借鉴与思考》，《国际税收》2023 年第 5 期。

张有乾：《智慧税务的构建与探索》，《税务研究》2022 年第 11 期。

张雄：《税收大数据在国家治理中的价值实现路径探析》，《税务研究》2022 年第 12 期。

周志波：《智慧税务的逻辑建构：一个组织社会学视角》，《税务研究》2022 年第 8 期。

王蕴、卢阳：《中国式现代化背景下税收征管数字化转型研究》，《税务与经济》2023 年第 4 期。

国家税务总局北京市丰台区税务局课题组：《基于智慧税务的税收风险管理研究》，《国际税收》2022 年第 12 期。

袁娇、陈俊言、王敏：《数字经济时代的税制改革路径：基于税制与征管互动关系的思考》，《税务研究》2021 年第 12 期。

马洪范、胥玲、刘国平：《数字经济、税收冲击与税收治理变革》，《税务研究》2021 年第 4 期。

张经纬：《数字财税：数字时代财税改革的必然选择》，《地方财政研究》2021 年第 4 期。

崔景华、姜福进：《"互联网+税务稽查"数据管理系统运行机制研究——基于韩国和美国"互联网+税务稽查"改革实践的探索》，《税务研究》2017 年第 8 期。

程俊峰：《构建协同共治的智慧税务：实践与探索》，《税务研究》2022 年第 9 期。

B.6
中国智慧税务发展报告（2024）[*]

马 莉 贺 焱[**]

摘 要： 智慧税务是完善现代税收制度、深化税收征管体制改革、推动税收征管现代化的主要着力点。智慧税务以服务纳税人缴费人为中心、以发票电子化改革为突破口、以税收大数据为驱动力，具有高集成功能、高安全性能、高应用效能的特征。智慧税务的目标是驱动税务执法、服务、监管制度创新和业务变革，进一步优化组织体系和资源配置，促进税收高质量发展，更好服务税收治理体系和治理能力现代化。本报告梳理智慧税务概念特征，聚焦"金税四期"、发票电子化改革、全国统一规范电子税务局、智慧办公平台等三端发展现状，发现存在基础理论缺位、信息技术面临瓶颈、数据质量存在偏差、技术业务融合不足、系统数据易发风险、风控精准度有待提升、国际征管合作有待加强等问题。通过对我国智慧税务面临的挑战进行分析，吸收和借鉴美国、新加坡等国智慧税务经验，从制定智慧税务具体战略规划、进行系统整体协同性变革、实现技术数据业务深度融合，以及"以数治税"税收风险防范、深化税费领域全面征管改革等方面探索促进我国智慧税务建设的税收现代化方案。

关键词： 智慧税务 "金税四期" 新电子税局 效能税务 税收现代化

---

[*] 本报告获得北京大数据协会财税大数据专业委员会的特别专业支持。

[**] 马莉，国家税务总局税务学院原副教授，国家税务总局五星级名师，国家税务总局大企业人才库和教育人才库成员，具有扎实的理论基础和丰富的税收工作经验，主要研究方向为税收政策解析、税收与会计差异、大企业税收管理、金融行业税务管理及税务稽查；贺焱，中国人民大学财政金融学院经济学博士，国家税务总局级师资（税收大数据和风险管理条线），北京大数据协会财税大数据专业委员会副秘书长，上海财经大学客座教授，主要研究方向为增值税实务、税收风险管理、大企业税收管理及税务稽查。

一 智慧税务的概念与特征

（一）智慧税务的概念

1. 税务部门智慧税务概念

（1）智慧税务概念提出

2015 年 9 月，国家税务总局印发的《"互联网+税务"行动计划》（税总发〔2015〕113 号）中首次出现智慧税务，要求"以提升税收治理能力为目标，深化互联互通与信息资源整合利用，构建智慧税务新局面"。

（2）智慧税务蓝图绘就

2021 年 3 月 5 日，《中华人民共和国国民经济和社会发展第十四个五年规划和 2035 年远景目标纲要》中明确要完善现代税收制度，深化税收征管制度改革，建设智慧税务，推动税收征管现代化。同年 3 月 24 日，中共中央办公厅、国务院办公厅印发《关于进一步深化税收征管改革的意见》，提出着力建设以服务纳税人缴费人为中心、以发票电子化改革为突破口、以税收大数据为驱动力的具有高集成功能、高安全性能、高应用效能的智慧税务。要加快推进智慧税务建设：充分运用大数据、云计算、人工智能、移动互联网等现代信息技术，着力推进内外部涉税数据汇聚联通、线上线下有机贯通，驱动税务执法、服务、监管制度创新和业务变革，进一步优化组织体系和资源配置。到 2025 年，深化税收征管制度改革取得显著成效，基本建成功能强大的智慧税务，形成国内一流的智能化行政应用系统，全方位提高税务执法、服务、监管能力。

（3）智慧税务"两化、三端、四融合"

2021 年 11 月 16～17 日，第 50 届亚洲—大洋洲税收管理与研究组织（SGATAR）年会上提出建设"金税四期"，依托"金四"推进税收征管数字化之路，围绕构建智慧税务目标，着力推进"两化、三端、四融合"。"两化"指构建智慧税务，有赖于推进数字化升级和智能化改造；"三端"指智慧税务建成后，将形成以纳税人端、税务人端和决策人端为主体的智能应用平台体系；"四融合"是实现算量、算法、算力的"三算"一体化深度融合，实现技术功能、制度效能、组织机能的"三能"一体化深度融合，实现税务、财务、业务的"三务"一体化深度融合，实现治税、治队、治理的"三治"一体化深度融合。

（4）"智慧税务"春风行动主题

2022年1月11日，国家税务总局以"智慧税务助发展 惠企利民稳增长"为主题开展便民办税春风行动，助力中小微企业复工复产、创新发展、纾困解难。2023年国家税务总局深入开展"春风行动"，分三批接续推出一系列改革创新举措，持续推动诉求响应提质、政策落实提效、精细服务提档、智能办税提速、精简流程提级、规范执法提升，为激发市场主体活力、维护法治公平税收环境、推动高质量发展贡献力量，以税收现代化的深入推进更好地服务中国式现代化。

（5）跨越式推进智慧税务建设

2022年6月，《以深入开展"学查改"专项工作为契机扎实推动习近平经济思想在税务系统落地生根》一文提出以科技创新为驱动，持续推进税收征管数字化升级和智能化改造。不断迭代升级金税工程，跨越式推进智慧税务建设，有力推动税收征管方式、征管流程、征管效能的深刻变革。坚持事事联动、稳中求进，基本完成"金税四期"技术框架和主体应用建设，同步推进税费业务变革，推进绩效管理和数字人事与岗责体系、内控平台等全面贯通，推动我国税收征管数字化转型走在国际税务部门前列。

（6）"金税四期"（智慧税务）基本开发完成

2022年9月21日，国家税务总局在第三届"一带一路"税收征管合作论坛上提出，要深入推进技术融合，提速税收征管智能化。税务部门不断探索融合大数据技术海量信息挖掘快、云计算技术分布式计算效率高、区块链技术安全性好、人工智能技术感知强等技术优势，集聚式应用于智慧税务建设。通过将多项先进技术融入税收征管信息系统底层架构、应用平台、算法标准，推动税收征管智能化水平大幅跃升。如税务部门在"金税四期"建设过程中，推进云计算、区块链等先进技术深度交互，与系统底层架构深度融合，推动传统 IOE 架构改造升级为适应大数据时代的"全云化"技术架构，实现征管系统海量数据存储和高并发响应、高可靠运行、高性能算力、高安全防护，更好服务税收治理体系和治理能力现代化。赋能技术创新，持续推进智慧税务建设。随着信息革命浪潮快速发展，税收征管已进入转型期。2022 年底基本开发完成"金税四期"。

（7）智慧税务的"四梁八柱"基本形成①

2023 年 6 月，《奋力推进税收现代化服务中国式现代化开新局建新功》提出，智慧税务建设是数字政府建设的重要组成部分。税务部门初步建成了全国统一规范电子税务局并上线试点，稳步推广全面数字化电子发票，智慧税务的"四梁八柱"基本形成。要在推动税收征管数字化升级和智能化改造上持续下功夫，深入学习借鉴国内外先进做法，吸纳融合各方数字化转型经验，推动智慧税务建设实现数字化、智能化和场景化的全面跨越，新电子税务局实现业务、技术和应用的全面升级，助力提升经济社会数字化水平。

（8）税收现代化服务中国式现代化

建设智慧税务是全面深化征管改革的总体目标，是以税收现代化服务中国式现代化的"破题之钥"。②《以党的二十大精神为指引 为全面推进中国式现代化贡献税务力量》提出，深入贯彻落实优化税制结构、加大税收调节力度、完善个人所得税制度、完善支持绿色发展的财税政策等重大决策部署，坚持依法依规组织税费收入，守牢不收"过头税费"的底线。持续落准落稳落好各项税费优惠政策，助力稳定宏观经济大盘和社会就业。切实加强税收监管和税务稽查，维护法治公平的税收秩序。加快建设智慧税务，力争在更好地服务国家治理上取得新的更大突破。③

---

① 王军：《奋力推进税收现代化服务中国式现代化开新局建新功》，《学习时报》2023 年 6 月 14 日。
② 李杰：《加快推动税收数字化智能化转型升级 以高质量的税收现代化服务中国式现代化》，《中国税务》2023 年第 2 期，第 10~12 页。
③ 王军：《以党的二十大精神为指引 为全面推进中国式现代化贡献税务力量》，《旗帜》2022 年第 11 期。

（9）推动智慧税务建设实现整体突破

加快推进智慧税务建设。深入落实《关于进一步深化税收征管改革的意见》，稳步推进电子发票服务平台在全国上线，持续深化全面数字化电子发票试点，进一步扩围全国统一规范电子税务局，建成启用决策指挥管理平台，顺利上线税务人端智慧办公平台，初步搭建形成涵盖纳税人端、税务人端、决策人端的智慧税务"三端一体"的智能应用平台，推动智慧税务建设实现整体突破。[1] 2024 年，税务部门全面实施深化税收征管改革提升行动，集成发挥技术、业务、组织"三大变革"效应，着力建设国际一流、中国特色的智慧税务。[2]

（10）着力打造效能税务高质量推进中国式现代化税务实践

税务部门要牢牢把握高质量推进中国式现代化税务实践这一主线，坚持以科学精细、务实高效的管理理念着力打造效能税务[3]，深入推进税费业务建设，在更好履行部门职责、服务高质量发展中展现税务担当；不断提升税务部门税费征管、便民服务、风险防控的能力和水平，这是打造效能税务的重要任务；着力构建严管体系，深入推进干部队伍建设，在坚持严的基调、严的措施、严的氛围中锻造税务铁军。进一步全面深化改革推动中国式现代化行稳致远，要强化"一把手"负总责、班子成员分工负责、层层督进、环环紧扣的抓落实工作机制，逐项细化制定改革落实的任务书、路线图、时间表，确保把责任压实到岗、明确到人、具体到事。要着眼大局顺应大势，把握好方式方法，统筹好收与支、税与费、增与减、稳与进，着力营造良好改革氛围，确保各项涉税改革任务不折不扣落地见效。要把学习贯彻党的二十届三中全会精神与深化中央巡视整改、推进各项税务工作统筹结合起来，以改革增效、以改革强能，持续深化依法治

---

① 《国家税务总局 2023 年法治政府建设情况报告》，国家税务总局网站，2024 年 3 月 29 日，https：//www.chinatax.gov.cn/chinatax/n810214/c102374/c102386/c5222178/content.html。

② 《2023 年新增减税降费及退税缓费超 2.2 万亿元 》，国家税务总局网站，2024 年 1 月 19 日，https：//www.chinatax.gov.cn/chinatax/n810214/c102380/c101807e/c5220754/content.html。

③ 胡静林：《高质量推进中国式现代化税务实践》，《学习时报》2024 年 7 月 5 日。

税、以数治税、从严治税，持续打造效能税务，高质量推进中国式现代化税务实践，高水平助力深化改革目标圆满实现。[①]

2. 学术界对智慧税务的认识

（1）服务高质量发展税收目标

智慧税务，即运用包括计算机视觉、自然语言理解与交流、认知与推理、机器人学、博弈与伦理、机器学习等人工智能领域多学科（狭义智能技术）的方法和技术，在硬件和软件等不同层面，实现自主的感知、认知、学习、决策、执行、协作等一种或多种能力，支持税收政策和税收管理的应用要求，从而提升和增强税收管理的能力和效率，以更好地改造税收管理的各项职能，实现高质量推进新发展阶段税收现代化的重要目标。[②] 智慧税务建设是实现税收现代化更好地服务中国式现代化的必然要求，它通过数据对税收征管进行动态感知，采用算法和模型对海量数据进行智慧化分析，以形成最优解决方案并提供高效服务。[③]

（2）建设全要素数据驱动体系

智慧税务是一种总体的状态，不仅是单项智能税务应用的加总，而且由于加总效应实现了由"能"到"慧"，即从计算机应用项目的被动赋能到模拟人类的主动寻"智"。[④] 智慧税务将统筹推进技术融合、业务融合、数据融合，在深化发票电子化改革，构建发票全领域、全环节、全要素电子化的基础上，构建超级算量、智能算法、强大算力的数据驱动体系，推动形成税收征管要素全链条、全场景、全环节的数字化。[⑤]

---

① 《国家税务总局召开党委（扩大）会议 传达学习贯彻党的二十届三中全会精神》，国家税务总局网站，2024 年 7 月 19 日，https://www.chinatax.gov.cn/chinatax/n810219/n810724/c5233041/content.html。

② 谢波峰、尹天惠：《智慧税务的实践现状和发展探索》，《国际税收》2021 年第 10 期，第 21~26 页。

③ 潘欣欣：《现代治理视域下智慧税务的逻辑建构》，《税务研究》2022 年第 3 期，第 107~114 页。

④ 谢波峰：《智慧税务建设的若干理论问题——兼谈对深化税收征管改革的认识》，《税务研究》2021 年第 9 期，第 50~56 页。

⑤ 周开君：《智慧税务：从前、现在与未来》，《中国税务报》2022 年 7 月 6 日。

（3）打造税收现代化新生态系统

智慧税务是我国主动适应数字经济发展趋势，运用大数据、人工智能、云计算和区块链等现代信息新技术，将人类智慧与税收治理相结合，具有数字化、智慧化、交互化特征的税收管理新生态。其智慧税务是税收治理现代化的"一体两面"。智慧税务可以说是人类智慧与税收治理实现"基因融合"之后的一种自我学习、自我革命、自我完善、自我进化的税收治理形态。[1] 其是以新发展理念为指导，以"五位一体"总体布局为背景，以税收大数据为驱动力，以税收现代化新"六大体系"为核心的税收治理新生态;[2] 智慧税务具有技术、资源和文化层面的三重属性，是执法、服务、监管和治理等维度有突破的新型税务生态系统。[3] 其是人类社会智慧治理在税收领域的自然延伸和范畴拓展，是人类智慧注入税收治理实践后，在治理现代化的高级阶段所建构的一种税收治理生态，这种治理生态源自税收治理现代化进程中所形成的一系列制度集簇，并抽象地表达为一种治理有效的税收治理秩序。[4]

（4）赋能税收征管现代化

智慧税务赋能税收征管现代化的实现路径是当前学界和业界关注的焦点。依据智慧税务赋能理论与机理分析，应构建以组织、制度、文化、技术为基础的赋能逻辑，优化机理关系节点，构筑现代化新生态、新方法、新协同体系。针对逻辑框架不成熟、征管体系不健全、风险防控机制不完善的挑战，借鉴智慧税务赋能的优势和问题，我国要持续完善智慧税务赋能动力体系，优化税收征管服务体系，提升涉税信息风险防控能力，推动构建税收协

① 潘欣欣：《现代治理视域下智慧税务的逻辑建构》，《税务研究》2022 年第 3 期，第 107~114 页。
② 邵凌云：《智慧税务背景下税费服务体系的建构：挑战与路径》，《税务研究》2022 年第 11 期，第 124~128 页。
③ 王婷婷：《智慧税务的实践属性、现实困境与未来路径》，《税务研究》2022 年第 4 期，第 56~61 页。
④ 周志波：《智慧税务的逻辑建构：一个组织社会学视角》，《税务研究》2022 年第 8 期，第 44~51 页。

同共治格局。① 针对税收征管工作中高频性、不确定性的决策优化问题，综合应用人工智能、运筹学等技术理论，解决办税窗口调度、智能业务审批等问题。例如，通过开展纳税信用动态评级，实现税法遵从更守信；通过应用大数据和机器学习算法等分析纳税行为和与纳税人相关的资产信息、银行流水信息、金融资产交易信息，对纳税人进行全方位、个性化的剖析，实现对不同行业、规模、存续时间的企业分类分级，做到科学客观授信，为精细化、个性化管理服务纳税人提供更多维度参考。②

3. 智慧税务国际借鉴

中国税务部门近年来学习借鉴各国先进经验，着力在网上和云端构建科学的数字税务系统，全方位优化整合服务资源，将税费优惠政策及时精准地匹配到每一个适用的纳税人缴费人，由"人找政策"转变为"政策找人"，给纳税人缴费人带来"问中能办""办中可问""办问协同"的服务体验，并多维度跟踪分析政策实施效果，有效提升政策制定的科学性、政策落实的快捷性、红利释放的精准性、效应评估的客观性，推动中国税收治理效能持续提升，实现服务纳税人缴费人、服务税务内部管理、服务国家治理体系和治理能力现代化、服务国际税收征管数字化转型和交流合作的跨越升级。③

2021 年，对标一流谋划形成"金税四期"顶层设计。借鉴 4 个国际组织、26 个国家（地区）的 320 多条先进做法，完成"金税四期"建设的顶层设计，形成推动我国税收征管方式从"收税"到"报税"再到"算税"、征管流程从"上机"到"上网"再到"上云"、征管效能从"经验管税"到"以票管税"再到"以数治税"的智慧税务蓝图。④ 深入推进税收征管

---

① 孙永军、赵可、辛彩云：《智慧税务赋能税收征管现代化路径研究：实践经验与启示》，《税务与经济》2024 年第 3 期，第 42~50 页。
② 李荣辉、罗伟平、董立峰：《人工智能赋能税收征管现代化的思考》，《税务研究》2023 年第 8 期，第 60~66 页。
③ 邓汝宇、高阳：《税收征管数字化转型升级的全球浪潮——2023 年税收征管数字化高级别国际研讨会综述》，《国际税收》2023 年第 12 期，第 29~34 页。
④ 《进一步深化税收征管改革这一年》，国家税务总局网站，2022 年 4 月 19 日，http：//www. chinatax. gov. cn/chinatax/n810219/n810724/c5174641/content. html。

数字化转型，充分利用大数据、云计算和人工智能等现代信息技术创新税收服务管理方式，推动税收信息系统实现高效联动和及时响应，提升税收治理能力，形成税收征管数字化的全球性标准，为世界各国税务部门提供中国经验和中国智慧，如智能化个税汇算清缴和税务海关转让定价协同管理机制，智慧税务建设特别是以纳税人端、税务人端和决策人端为主体的智能应用平台体系建设的经验做法。[①]

2023 年，优化自然人税收管理系统"以数治税"取得成效。以数字中国建设为契机，建立应用程序编程接口（Application Programming Interface，API）优化自然人税收管理系统，打造以涉税数据采集颗粒度精细化、信息共享一体化、企业运营风险视图全景化、报告生成自动化、经济分析多维智能化、政策支持精准化为优势的企业信息数字化平台，并结合人工智能技术应用等一系列举措，推进智慧税务的建设进程，进一步提升税收风险管理质效。[②]

各国税务管理部门积极实践，基本上在纳税服务、涉税申报、风险管理等业务中开展了智能税务应用，如巴西的"信任"大企业合作遵从项目；俄罗斯的欠税管理工具、税收情报交换数据系统；印度的非接触式税收征管、纳税申报智能升级；南非的税收遵从风险评价与监控系统；世界银行与塔吉克斯坦合作的税务部门数字化转型项目税收遵从风险管理和基于风险的自动退税系统等。[③] 税收风险治理围绕税收大数据"采、存、通、用"全生命周期深度应用有效激活数据潜能，致力于将静态数据通过有效处理转换为动态数据流，真正构建起立体化、流动性、全景式的数据集，发挥大数据应

---

① 《中国国家税务总局—亚洲开发银行"税收征管数字化"研讨班举办》，国家税务总局网站，2024 年 5 月 30 日，https：//www. chinatax. gov. cn/chinatax/n810219/n810724/c5232087/ content. html。

② 李冬妍、梁磊、马燕梅：《智慧税务视域下优化税收风险管理的国际经验借鉴》，《税务研究》2024 年第 10 期，第 99~105 页。

③ 《"一带一路"税收征管合作机制开展第七次税务部门主题日活动》，国家税务总局网站，2024 年 6 月 4 日，https：//www. chinatax. gov. cn/chinatax/n810219/n810744/n1671176/n3465625/c5232228/content. html。

用的乘数效应，显著提升税收管理质效。

（1）全方位的纳税服务

一是制定数字化战略规划。美国实行"以纳税人为导向"的税收征管改革 IRS 战略规划，IRS 在《纳税人优先法案》（*Taxpayer First Act*，*TFA*）基础上全面聚焦维护与拓展纳税人权利，全面提升纳税人体验、推进税收现代化进程、加快税收机构改革、加强网络安全和身份信息保护、促进税收执法公正公平，打造值得信赖、服务精细、覆盖面广的数字化税务机构，并从服务、执法、人员和转型四个方面明确目标，提出了实现路径。[①]尼日利亚联邦税务局确定了税收征管数字化转型四项改革目标，前两项分别为"以客户服务为中心"与"以数据驱动为导向"，将纳税服务与税收征管数字化改革紧密联系在一起。阿联酋联邦税务局在税收征管数字化转型过程中，提出了一系列优化纳税服务的制度和方案，确保纳税服务创新的效率及有效性。日本国税厅则提出通过优化数字化程序及工具的多样性，为所有纳税人（包括不熟悉数字化程序的纳税人）提供高效便捷且用户友好的服务。[②]芬兰税务局坚持"以用户为中心"，主动采纳公民意见与反馈，利用"众包"模式优化服务流程，以提高税收管理工作质量，公民可以通过多种数字化渠道如社交媒体、专用投诉平台反馈投诉或建议，鼓励各部门非技术官员使用无代码或低代码开发平台创建和调整应用程序实现技术与业务的深度融合。这些应用程序与综合数据室相连，能够实时跟踪执法人员失职、执法环节不当等投诉的处理流程，确保每一个流程实时化监控、透明化公开、效率化处理，该中心系统还能够分析收集到的公民数据如投诉的数量、类型及处理状态，以帮助税务部门识别服务中的问题或公民关注的热点，推动服务的持续改进和不断优化。巴西联邦税务部门在设计其绩效评价指标体系时，引入公民在社交网络上发布的评论作为指

---

① 邓嵩松、秦中晓、孙妍等：《美国国内收入局战略规划（2022—2026 财年）：简介与启示》，《国际税收》2023 年第 4 期，第 72~75 页。

② 邓汝宇、高阳：《税收征管数字化转型升级的全球浪潮——2023 年税收征管数字化高级别国际研讨会综述》，《国际税收》2023 年第 12 期，第 29~34 页。

标参量，以衡量项目在提升公民纳税遵从度方面的效果，并据此进一步优化项目。

二是进行信息化身份识别。秘鲁、巴西、捷克、墨西哥等国家利用纳税人生物信息，采取多步身份验证方式防范假冒身份问题；秘鲁税务局（SUNAT）利用生物检测技术，通过在线设备远程验证指纹信息来识别申请人身份并传输给税务局；英国将数字税务账户作为纳税人在数字化税收中的身份通行证明和办税操作工具。

三是推广电子化发票管理。欧洲、亚洲、非洲、拉丁美洲等地区的许多国家的税务部门都建立了电子发票系统，德国、意大利、韩国、澳大利亚、日本、新西兰、新加坡等国注重电子发票的推广普及。[①] 韩国国税厅的电子发票开具系统提供 6 种不同的开票方式供纳税人选择，按规定开具电子发票的纳税人可以获得税收抵免、豁免申报义务、无须打印和保管纸质发票等权益，纳税人还可以拨打电子发票专用服务热线咨询开票问题。泰国税务局在推广电子发票业务时并没有采取强制措施，而是利用税收优惠政策鼓励纳税人使用电子发票。泰国税务部门已经搭建起涵盖税务局、中央银行、电子交易发展机构、软件公司、涉税服务机构等的电子税务与电子收据生态系统，旨在为纳税人提供"无缝"的开票办税体验。塞拉利昂税务部门 ITAS 电子发票系统自 2021 年 5 月正式投入使用以来，纳税人到办税服务厅办税的时间大幅减少，电子发票系统打破了线下办税的时间限制，能够采集精确的发票数据，及时满足纳税人的开票需求。乌干达税务局国内税务部通过电子发票系统获得的数据可以用于验证纳税人的交易行为，纳税人在提出退税申请时，系统可以快速处理退税需求；税务部门还提供预填申报表服务，纳税人在申报时无须再填写信息，只需点击确认即可完成申报。[②] 哈萨克斯坦推行商品可追溯体系，对进口货物的报关、运输、批

---

① 袁娇、夏凡、付可昕：《RCEP 下跨境数字经济税收协调现实困境及破解之策》，《国际税收》2023 年第 4 期，第 54～62 页。

② 邓汝宇、高阳：《税收征管数字化转型升级的全球浪潮——2023 年税收征管数字化高级别国际研讨会综述》，《国际税收》2023 年第 12 期，第 29～34 页。

发及零售环节实行信息化链条式管理，对电子报关和部分进口货物（皮草制品、烟草制品和酒精饮料）添加电子标签、物流环节开具电子货运发票、批发环节开具电子发票、97%的零售环节使用在线网控现金收银机。美洲税收管理组织联合西班牙、巴西、危地马拉、哥斯达黎加等国的税务部门与微软等软件供应商合作，使用开放源代码搭建了能供拉丁美洲多国使用的电子发票异常监测系统。

四是预填系统化税务数据。澳大利亚税务局（ATO）通过设立"数字伙伴关系办公室"管理数字服务，集成新产品和新服务数字生态系统，利用 My Deductions 软件帮助自然人和个体工商户收集分类存储相关汽车、差旅费用、利息扣除额和税款缴纳等涉税信息，通过嵌入外部系统获取来自雇主、银行和保险公司的工资、利息和私人医保等数据，为纳税人提供个人所得税预填报服务。新加坡国内收入局（IRAS）纳税人端通过应用程序编程接口（API）从第三方会计软件中提取财务数据，基于预定的规则将其转化为税务数据，自动生成公司所得税、货物和劳务税申报表和相关附属资料。爱尔兰税务局通过智能预填申报表技术以及自动化技术审查或更改纳税人自行填报部分中的异常情况。

五是提供个性化智能服务。荷兰创建的基于自然语言处理技术的计算机智能应用理解响应处理来源于纳税人的非结构化消息，其中80%可以采用自然语言处理（NLP）算法直接回复，20%转由人工处理。澳大利亚通过虚拟助手 Alex 搜索引擎 24 小时与客户对话交流税务问题。西班牙、俄罗斯、英国等国家税务机关通过"聊天机器人""AI 虚拟助手"等工具提供了几乎"24×7"的全天候纳税服务。新加坡税务局虚拟助手杰米（Jamie）运用自然语言处理引擎、虚拟助手互动，根据税务智能算法提供纳税咨询服务，还可以与其他智能应用联通，全面识别纳税人信息进而实现个性化服务。

六是增强政策适用确定性。作为提供税收确定性的工具之一，税收事先裁定不仅历史悠久，而且在解决税收不确定性问题的有效性上已成为国际通行的税收制度安排，世界上有至少109个国家实施了税收事先裁定制度，其中包括美国、日本、欧盟成员国等发达经济体和印度、巴西等新兴经济体。[1] 荷兰接受有"实质经济活动"企业，以及满足法定实质性条件之外，金融服务公司的海外关联方所在国与荷兰之间存在情报交换协议的税收事先裁定申请。马来西亚纳税人未能如实按照税务机关要求提供足够的材料的，则税务机关应拒绝其提供税收确定性的申请；对于纳税人申请预先裁定的相关安排，如果其已经达成或实施了这些安排，则马来西亚国内收入局将拒绝其申请。

七是赋能税收征管创新。阿联酋税务局通过税收征管数字化改革，零售商只需扫描核验国际游客护照即可实现退税，在机场等地点设置的自助设备可以帮助游客自助办理退税。澳大利亚税务局为在线商业服务平台零售行业提供了专属服务，用于零售商进行自我纳税管理。西班牙税务局有完整的线上申报程序，但有些纳税人仍然希望在电话辅导下完成线上纳税申报，还有一部分纳税人希望到服务大厅现场申报。为此，西班牙税务局网站为纳税人提供了"线上+线下"的所有服务选项目录，纳税人可以根据自身需求选择不同的服务组合。西班牙税务局要实现以纳税人为中心的纳税服务创新目标，需要税务机关在税收征管数字化改革中调整机构设置、优化绩效指标、改变组织文化、加强能力建设。阿尔及利亚税务总局简化纳税流程、提高纳税服务、改善税收营商环境，畅通税收征管流程和优化税务人员配置，成立了税收现代化转型司、信息系统管理司、宣传司等部门；基层局也进行了机构调整，对纳税人实行分类服务和管理，每一类纳税人只需与特定的一个部门打交道，该类纳税人的所有业务在该部门都可以办理。[2]

（2）智能化的风险管理

一是创建不遵从预测模型。美国应用高级分析和数字服务了解纳税人需求和偏好，提升在线数字化纳税申报功能，发挥实时情报和技术优势，依靠

---

[1] 谭伟、张文：《建立我国税收事先裁定制度的路径初探》，《税务研究》2024 年第 5 期。

[2] 邓汝宇、高阳：《税收征管数字化转型升级的全球浪潮——2023 年税收征管数字化高级别国际研讨会综述》，《国际税收》2023 年第 12 期，第 29~34 页。

人工智能和自然语言处理技术获取实时情报，创建税收不遵从和税务欺诈风险预测模型，加强纳税人行为预测和税收流失因素研究，在海量涉税数据中准确识别异常违规行为，提高预警和快速反应能力。[①] 墨西哥利用事件关联分析模型打击税务网络犯罪，主要通过制定事件关联规则，利用网络连接、浏览历史记录、登录用户账户等产生的活动数据进行关联跟踪，进而识别出异常行为与潜在安全威胁，并使用专门的信息系统记录风险数据以不断更新分析模型，为税收风险的事前预防、事中控制和事后评估提供有力工具。[②]

二是运用新技术识别风险。加拿大、巴西、法国等国家的税务机关应用前沿技术分析数据，尽量减少人工介入；荷兰税务局通过所得税自动申报系统智能处理涉税电子发票信息，确定交易税收属性及纳税义务，对自由职业者进行纳税遵从风险管理；美国、日本等国家的税务机关通过运用大数据技术分析工具，分析税务机关内部及第三方电子数据（包括其他国家和地区的数据），加强纳税遵从风险管理；[③] 俄罗斯联邦税务局开发了自动化增值税遵从系统，通过增值税发票及纳税人申报数据可视化的图表、图形和数据，监控货物和服务的整个生命周期（从生产者到最终消费者），及时发现风险启动稽查并予以处理。[④]

三是汇集大数据分类应对。加拿大税务部门利用图像数据库管理系统和社会网络分析技术识别经济实体的不同模式和特征，利用机器学习和深度学习等高级分析技术确认风险等级，通过集合异常检测（如孤立森林、局部异常因子、均值漂移聚类）和无监督学习（如 K-Means、高斯混合模型、层次聚类）方法分析中小企业群体的低、高风险及异常细

---

① 邓嵩松、秦中晓、孙妍等：《美国国内收入局战略规划（2022—2026 财年）：简介与启示》，《国际税收》2023 年第 4 期，第 72~75 页。

② 李冬妍、梁磊、马燕梅：《智慧税务视域下优化税收风险管理的国际经验借鉴》，《税务研究》2024 年第 10 期，第 99~105 页。

③ 崔茂权、王建华、孙斌：《OECD 总结各国税收征管数字化转型经验》，《中国税务报》2021 年 11 月 2 日。

④ 国家税务总局安徽省税务局课题组：《数字化智慧化税费服务建设的国际经验借鉴与思考》，《国际税收》2023 年第 5 期，第 58~63 页。

分情况，使用人工智能自动编码器技术压缩高维数据和短期记忆神经网络算法，从纵向金融和经济实体数据中提取信息，以生成不合规的预测因子，通过深度学习和图神经网络高级分析，识别低、高风险的中小型企业纳税人及其相关经济实体的税收风险等级。哈萨克斯坦税务局利用大数据及人工智能技术开发风险管理系统，汇集电子发票、在线网控现金收银机、第三方数据库、货物报关系统及会计信息系统数据等，通过人工智能技术进行关联识别和高级分析，挖掘隐匿的不遵从行为和异常数据，根据纳税人风险等级分类应对，对风险等级较高的纳税人发出消除违法行为通知书等。① 新加坡税务部门将数字化转型策略融入风险处理工作，在高效开展风险等级评估后，开发聊天机器人和其他自助服务工具来处理低风险案件，而由综合执法前线工作组利用实体风险概况模型等信息分析手段针对性地处理高风险和复杂案件，以达到有效开展税收征管活动的目的。瑞典税务部门引入基于人工智能的自动化系统，用于区分高风险和低风险的税务案件，机器人流程自动化技术能够在不增加额外资源的情况下有效识别不同风险等级的税务案件，每年为税务局节约大约 2800 万瑞典克朗（约占商业登记过程总成本的 16%）的税务成本。

四是挖掘纳税人行为模式。深入分析纳税人行为模式为全面识别潜在税收风险并提前制定应对策略提供有效支撑。OECD 国家在多元化、多维度补充涉税数据的内容中纳入洞察纳税人行为的非结构性数据，大约 1/3 的 OECD 税收征管论坛（FTA）成员辖区交叉应用行为经济学、社会学、心理学等跨学科知识，将行为洞察理论应用于税收征管和纳税服务领域。美国发起联合统计研究项目鼓励学术界和研究机构通过实验设计、数据科学和其他跨学科方法，以纳税人的经验数据与税收立法、执法活动的有效互动为主题，从纳税人的种族类型、纳税体验以及对政策法规的响应等非结

---

① 《国际 | "他山之石可以攻玉"全球智慧税务建设有哪些可借鉴之处?》，卓越领跑者百家号，2021 年 4 月 7 日，http://baijiahao.baidu.com/s? id=1696340792613703480。

构性数据切入，形成新的数据结构集，为后续研究与服务改进提供了更全面的数据洞察。[①] 加拿大税务局（CRA）利用"数据挖掘管道"，采取机器学习技术探索数据库中的变量间关联方式，快速追踪探索数据流程，及时智能识别各类税收风险，为后续风险分析应对指明更具针对性的重点领域和潜在趋势。新加坡税务局应用文本挖掘工具提高智能化水平，将收集分析功能嵌入涉税流程，深入研究纳税人行为模式，对货物劳务税（GST）退税进行更智能更精确的风险评估。

（3）税收征管数字化转型

一是运用模型自评结果推动税收征管数字化转型。韩国政府建立了新税收综合系统（NTIS），实现了30多个子系统的全面整合与功能优化，为纳税人的准确、便捷申报提供了有力支撑，被世界银行评为税收征管数字化转型的最佳实践之一。中国税务机关从更广视野、更深层次、更高水平，提升FTA税收征管3.0愿景，将"服务国家治理"理念涵盖进来，优化升级成熟度模型，在更高层面推动税收征管数字化转型迭代升级。巴西联邦税务局通过了解目前的税收征管能力状况，以及需要如何改变才能实现更高水平的发展这样一个根本性的流程转变，创新性地使用数字技术以及战略性地运用关键资源，来实现能力的发展和完善。在优化完善成熟度模型过程中，还应考虑如何促进整体政府的发展和国家治理的需要，以及成熟度模型新技术可能给税收征管带来的机遇和挑战。

二是税收规则嵌入纳税人自有系统。[②] 英国皇家税务海关总署公开了一套标准的数字化税务系统兼容标准（包含网络安全、客户个人数据安全、存储、管理和处理的技术标准），积极推进API与商业软件的第三方市场化合作，鼓励软件开发商提供多样化的解决方案，以满足不同的企业需求，有效提高了汇总性涉税数据的接入率和覆盖率，实现数据的高质量汇总，已有500

---

① 李冬妍、梁磊、马燕梅：《智慧税务视域下优化税收风险管理的国际经验借鉴》，《税务研究》2024年第10期，第99~105页。

② 邓汝宇、高阳：《税收征管数字化转型升级的全球浪潮——2023年税收征管数字化高级别国际研讨会综述》，《国际税收》2023年第12期，第29~34页。

多种软件产品实现与英国"数字化税务"计划兼容，大大推进数据兼容统一化进程。拉脱维亚将 API 嵌入企业会计系统和电子申报系统，采用了统一公认的数据格式标准及通信协议，以保证数据的无缝传输，并进行逻辑、数值等的自动化校验，确保数据口径一致性，提升了数据处理质量。日本将税收征管系统内嵌到纳税人的自有系统当中，简化纳税申报及年终汇算清缴流程，提供工资信息的自动填报服务，优化电子化税务用户界面及提升用户体验，推广使用公共收款账户进行无现金缴税和退税等；简化信息认证申请服务，优化电子税务局页面，实施个人信息在线认证服务，可自动在线获取纳税证明和纳税信息；完善咨询服务，广泛使用聊天机器人在线咨询服务，提升网站信息搜索能力及电话咨询的熟练度和便利性，广泛使用社交媒体提供信息等。俄罗斯联邦税务局在纳税人的自然系统内嵌应用程序接口，动态采集实时传输涉税数据，引入增值税分析工具来监管商业交易及增值链，接入全国在线收银系统以全面收集零售信息数据；引入无线射频识别技术追踪商品的国内流通动态，并实现在线直接访问企业的电子财务系统、会计报表和税务报表，查看所有金融交易的功能。澳大利亚薪酬支付一键直达系统（Single Touch Payroll，STP）由企业雇主通过该系统向员工支付工资时，通过与 STP 连接的管理系统、软件或中介机构实时向税务部门申报每位雇员的工资薪金、预扣税款和养老金数额。该系统还向纳税人提供养老金缴纳服务、预填申报表服务等，雇主使用 STP 后，雇员可通过澳大利亚政府"MyGov"网上账户连接税务局系统，查看工资、薪金、养老金和纳税信息。匈牙利着力打造以纳税人为中心的税收征管体系，通过提供"情境驱动"的解决方案赋能纳税人，即辨识纳税人生活或商业情境并提供定制式、便捷化的解决方案；在电子薪资管理系统中，通过区块链技术的应用，加强数据的完整性和透明度；在电子支付系统中，通过提供用户友好的路径让纳税遵从变得更为简单。

三是无缝对接共享政府部门数据。[①] 捷克司法部门、财政部门与税务部

---

① 邓汝宇、高阳：《税收征管数字化转型升级的全球浪潮——2023 年税收征管数字化高级别国际研讨会综述》，《国际税收》2023 年第 12 期，第 29~34 页。

门合作，通过协商和立法实现涉税数据的转移与共享。特定法人实体可以将纳税申报系统中的财务数据直接传递到其他政府部门（如法院），为约30万家企业简化流程提高财务报表的可靠性。澳大利亚税务局通过STP的不断优化与统计局等其他政府部门实时共享数据，为其他政府部门提供税费大数据分析、经济发展趋势分析等服务。新加坡推出国家数字身份（National Digital Identity，NDI）系统，由自然人使用的新加坡数码个人身份（SingPass）和企业使用的新加坡数码公司身份（CorpPass）组成。SingPass支持登录政府提供的各项电子服务，包括税务账户（myTax）、即时缴税（Making Tax Just Happen）和交互式房产税账单（i-Bill）等。企业可通过CorpPass安全、便捷地与政府机构和客户等实体进行交易或互动。比如，企业的会计和工资系统或软件将业务数据转换为财务数据后，通过应用程序编程接口（API）可转换为税务数据并无缝连接到新加坡国内税务局和会计与企业管理局，报送申报表、财务报表、雇员收入等信息。俄罗斯联邦税务局实施与现有税务信息系统平行运行的税收监控（Tax Monitoring）也称合作遵从（Cooperative Compliance）制度试点，依靠强大、可靠的身份验证和授权功能，允许税务部门采用基于风险的审计方法（Risk-Based Approach，RBA）通过应用程序编程接口（API）远程访问企业的会计和税务申报系统。俄罗斯联邦税务局可以对企业实施持续的税收尽职调查和"交易级"监控，确定交易是否存在风险萌芽或早期预警信号，以此替代传统的税务审计，为企业提供了全面连接、部分开放访问权限以及以规定版式（如XML或PDF/A-3）提供佐证资料三种形式，在政府强制实施之前调整系统以适应新制度的良好契机，不少大规模、数字技术先进的企业自愿参与了试点。

四是跨境互操作性及创新性观点。在数字经济发展趋势下，世界各国逐步孕育出一系列数字治理的规则、标准或监管要求，进行了电子发票标准的跨境兼容、数字身份标准的协调互通、完善跨境互操作性相关基础设施等方面的探索。中国税务部门充分考虑数字贸易的发展与合作需求，高度重视电子发票规则、标准建设，尤其注重与国际通用规则和技术标准的互联互通，在要素信息、文件格式、业务流程、数据安全监管等方面都尽可能与国际通行标准对接，力求实现数据互通、标准可转、安全可控。比如，数据要素方面，中国电子发票基本涵盖国际跨境交易通用涉税要素信息，其核心要素与发票、收款单、收据等国际上作为商事凭证的基本要素一致，文件格式方面采用了数据电文形式 XML，便于读取、识别、采集和转换；建立全国统一的税务可信数字身份体系，以法定基础身份证件和国际标准的机读旅行证件等为基本数据要素，运用协同签名、人脸识别、数字证书等多种验证方式，为纳税人提供全国统一、终身唯一的数字身份认证；在实现标准化、统一性的基础上，通过身份信息跨系统、跨部门、跨区域、跨层级"互认通用"，实现数字身份的境内交互操作，而且能够与中国国家电子政务平台身份通用，使纳税人可通过税务数字身份便捷享受各类政务服务。OECD FTA 推出的《税收征管 3.0》各项改革举措可有效提升跨境互操作性，建立零工经济平台，以安全的方式向各国税务机关实时共享纳税人的涉税信息，自动识别纳税人的身份和状态；建立全球统一的数字身份识别机制，用以识别不同平台纳税人的可信电子身份，并供不同辖区使用。完善跨境互操作性相关基础设施，印度尼西亚税务部门与海关部门近年在数据流通领域加强合作，跨部门互操作性有较大突破。

（二）智慧税务的特征

1. 空间维度特征
（1）以服务纳税人缴费人为中心

以纳税人缴费人为中心实现纳税服务有效供给。基于大数据充分掌握纳税人多元化、个性化、集中性需求等有效信息条件，通过新技术手段、新服务模式向税收高质量发展目标迈进；推动不动产登记办税便利化改革，在全国范围实现不动产登记和办税"一件事一次办"；不断改进提升办税缴费服务，加快跨区域涉税事项协调机制建设，协调解决跨地区涉税诉求；升级完善税费服务诉求解决机制，上下联动解决纳税人缴费人共性热点诉求。例如，北京市税务部门制定了"一政策一方案"精准推送优惠政策，开通"智能咨询"渠道锚定问题识别率和答复准确率核心指标，充分满足纳税人缴费人"24×7"即时税费智能咨询需求。99%的税费申报业务实现"网上办",开业、发票、退税等 8 个高频业务可以"自动办","新办智能开业"场景将新办企业涉税事项办理时长由 90 分钟压缩至 5 分钟,自动化办理率达到 92%。创新"线下零窗口"智能"云厅",利用区块链技术打造不动产登记税费缴纳"全程网办",房屋交易"居家办证",个人出租房屋委托代征业务税款逐笔实时入库、线上开具电子完税证明,车船税业务实现即报废车辆自动退税、挂车车船税自动申报和公路客运车辆自动减免"三自动";社保费车船税、车辆购置税申报缴纳等 21 项税费业务可以在北京市政府"京通"小程序上办。① 深圳、北京、上海三地金融主管税务部门通过征纳互动平台跨省互动,为全国社会保障基金理事会开具证券交易印花税完税凭证,实现业务同时提交申请、同步审核资料、同步开具证明。这也是全国首个通过征纳互动平台同时获取三地证券交易印花税完税凭证的创新实践。②

探索建立税收事先裁定制度及工作程序。针对大企业特殊税务风险事项,税务部门通过事先裁定、预约定价安排等国际通行的税收制度安排增强企业税务处理的确定性,为合规、稳妥地推进并解决风险事项做出积极尝试和探索。雄安新区税务局探索推行税收事先裁定。青岛市税务局对第一批纳入"税链通"服务范围的山东极视角科技股份有限公司重大涉税事项事先裁定。浙江省税务部门与 21 家企业签订《税收遵从合作协议》,引导大企业提升税法遵从度,为桐昆集团、新凤鸣集团等开展重大涉税事项事先裁定,帮助企业科学准确规划经营战略。上海市税务局印发《上海市税务局税收事先裁定工作管理办法(试行)》的通知,为企业预期发生的股权收购、政府依法收回土地使用权等复杂涉税事项书面出具裁定意见。河北雄安新区、茂名市税务局、北京市税务局等制发税收事先裁定工作办法。深圳市税务局联合广东税务推动统一大湾区税收执法标准,开展国际

---

① 《走进税收一线 看高质量发展——国家税务总局组织开展 2024 媒体税务行活动》,国家税务总局网站,2024 年 2 月 2 日,https://www.chinatax.gov.cn/chinatax/n810219/n810724/c5221114/content.html。

② 《京沪深联合开具证券交易印花税完税凭证》,《中国税务报》2024 年 9 月 4 日。

税收事项事先裁定。① 对大企业未来可预期的复杂涉税事项如何适用税收政策给予正式答复，为大企业提供事前防范涉税风险服务，增强企业税收政策适用的确定性。

（2）以发票电子化改革为突破口

实现"以数治税"智慧税务关键突破口。全面数字化电子发票（以下简称"数电发票"）在为纳税人提供"一站式"服务和一体化入账归档的同时，将纸质发票的票面信息全面数字化，通过标签管理将多个票种集成归并为电子发票单一票种，实现全国统一赋码、系统智能赋予发票金额总额度，设立数字账户实现发票自动流转交付，自动"一户式""一人式"数据归集"一表集成"申报。数字化电子发票强力推动数字技术、信用机制的纵深应用，实现税务、财务、法务、商务一体化深度融合，践行全面深化税收征管改革，到 2025 年基本实现发票全领域、全环节和全要素的电子化。

积极推进数电发票应用试点。② 电子发票服务平台用户数量突破千万级；③ 在数电发票受票试点基础上，2023 年 11 月，青海、宁夏、北京等 7 地数电发票开票试点，2023 年 12 月 1 日，西藏自治区数电发票开票试点，全国 36 个省、自治区、直辖市、计划单列市税务局已全部实施数电发票试点。2024 年 12 月 1 日，在全国式推广应用数电发票。

"乐企"直连服务平台建设。推广应用"乐企"直连服务，实现企业端关键数据一键导入，持续提升纳税便利度。"乐企"直连是一种以规则嵌入企业自有系统、税企数据双向开放为手段的生态平台，由国家税务总局向符合条件的企业，通过税务信息系统与企业自有系统直连的方式，提供规则开

---

① 《深圳：发布税惠服务举措 助力经济向好发展》，国家税务总局网站，2024 年 4 月 3 日，https：//www. chinatax. gov. cn/chinatax/n810219/n810739/c5222373/content. html。

② 《上海市人民政府办公厅关于印发〈上海市坚持对标改革持续打造国际一流营商环境行动方案〉的通知》，上海市人民政府网站，2024 年 2 月 18 日，https：//www. shanghai. gov. cn/nw12344/20240208/6cc563eb3da047e5afea539a2c5e1720. html。

③ 《关于数字经济发展情况的报告》，国家发展和改革委员会网站，2022 年 11 月 16 日，http：//www. ndrc. gov. cn/xwdt/2t2l/s2jj/zcjd/202211/t20221116_ 1386738. html。

放、标准统一的全面数字化电子发票等涉税服务，旨在实现税企"未税先联"，减轻企业办税负担，促进即时征管，提升税收遵从。符合条件（涉及票种核定、纳税信用等级、营业收入、开票及受票量或金额、重大税收违法行为记录等方面）的大企业可以申请"乐企"直连，通过"乐企"嵌入式发票引擎免费对接税务信息系统，实现免扫脸认证、票据归集以及发票的合规开具、查验、入账、用途确认等功能。通过"乐企"直连平台，将税务规则设置为标准服务，由企业按需选择，将服务嵌入自有系统，企业记账、出纳、购销等业务自动在税务规则下运行处理；企业自有系统在交易发生时自动触发发票开具、交付、归集等流程，发票信息同时进入购方、销方及税务部门三方信息系统，保证发票数据的准确性与真实性，实现"交易即开票，开票即交付，交付即归集，归集即税控"。[①]

（3）以税收大数据为驱动力

高效发挥税收大数据要素驱动作用。打造规模大、类型多、价值高、颗粒度细的税收大数据，不断完善税收大数据云平台，加强数据资源开发利用，持续推进与国家及有关部门信息系统互联互通。与 24 个部门建立"总对总"常态化数据共享机制，依法保障涉税涉费必要信息获取；充分发挥八部门常态化打击涉税违法犯罪工作机制作用，构建从行政执法到刑事司法全链条、一体化工作新格局。健全涉税涉费信息对外提供机制，完善税收大数据安全治理体系和管理制度，加强安全态势感知平台建设，常态化开展数据安全风险评估和检查，健全监测预警和应急处置机制，确保数据全生命周期安全。加强智能化税收大数据分析，不断强化税收大数据在经济运行研判和社会管理等领域的深层次应用。

广泛应用于税收征管各环节全过程。税务机关以纳税人依法报送的纳税申报（含财务报表）数据为主要内容，加上在税务登记、发票管理、税务检查、信息交换等征管环节产生与获取的数据，通过存储、加工和整理

---

① 王焱、郑俊峰、周俊明：《税收征管 3.0 理念下的"与原生系统连接"模式对我国"乐企"直连的启示》，《税务研究》2024 年第 5 期，第 108~114 页。

成为系统化的信息，并将其运用到税源管理、税收分析、税款征纳、纳税服务和稽查评估等各个环节，来实现促进税收遵从、降低征税成本、管控税收风险、服务经济建设等多种微观与宏观效益。税务部门将税收大数据广泛应用到税收征管的各方面各环节全过程，坚持"数据+规则"驱动，发挥数据作为生产要素对税收业务的驱动和创新作用，基于业务流程节点数据，利用规则或模型进行分析判断决策，驱动业务事件从起点走向终点。将"数字人民币+税费缴纳"应用场景拓展至掌上终端，已实现银行端查询缴款、签订三方协议扣款缴税、电子税务局扫码缴纳税费、异地清缴税款、"全链"跨境缴税等数字人民币多场景应用，形成全国领先的线上线下、"数币"运营机构、所辖区域全覆盖的能缴可退数字人民币缴税服务体系。[①]

加强税收风险管理智能化精准化。税务部门通过"一户式""一人式"的税务数字账户对纳税人的涉税数据进行归集，利用票流、吞吐量、关系云等可视化工具，对其发票的开具、取得以及进销过程进行分析，全量扫描某一户或某一类企业日常税收征管经验中发现的企业可能存在问题，通过人工构建风险指标并利用机器批量化扫描，快速识别风险特征，通过人工智能机器学习方式向数据投喂参数，由系统自行计算得出结果，并辅以人工分析形成数据收集、风险识别、风险排序和风险应对等多环节全过程风险报告，实现税收风险管理的智能化、精准化与效率化目标。

2. 信息技术特征

（1）数字化

围绕构建智慧税务目标，着力推动税收征管方式从"收税"到"报税"再到"算税"升级，税收征管流程从"上机"到"上网"再到"上云"转变，税收征管效能从"经验管税"到"以票控税"再到"以数治税"提升。[②] 在数字

---

① 《增添便民办税新方式 数字人民币试点持续深化》，国家税务总局网站，2024年4月18日，https://www.chinatax.gov.cn/chinatax/n810219/n810780/c5223024/content.html。

② 《从五大税收流行语 看税收工作新成效》，国家税务总局网站，2022年1月19日，http://www.chinatax.gov.cn/chinatax/n810219/n810724/c5172217/content.html。

化升级方面，税务部门以数字化电子发票改革为突破口，将各类业务标准化、数据化，让全量税费数据能够根据应用需要，多维度适时化地实现可归集、可比较、可连接、可聚合。

（2）智能化

基于大数据、云计算、人工智能、区块链等新一代信息技术，对实现数字化升级后的税费征管信息，像串珍珠一样灵活组合，并通过其反映现状、揭示问题、预测未来，更好地服务纳税人缴费人，更好地防范化解征管风险，更好地服务国家治理；推进数字化升级和智能化改造，及时发现已有的税收征管风险，提前揭示税收征管中的苗头性、倾向性问题；及时满足纳税人缴费人提出的需求，精准分析和满足纳税人缴费人潜在的需求。例如，加强与市场监管部门的登记业务协同，共享同步变更税务登记信息并自动提示推送服务，优化跨区迁移流程；通过智能化改造发票审批流程，实现全流程自动办结；通过税收大数据中心实现涉税数据集中存储、有机整合和可视化管理，有力夯实智慧税务数字基础。

（3）场景化

全场景智慧办税依托场景化办税智能平台，将政策解读、发票开具、申报表填写等多个涉税业务梳理归集为少量场景，再细分办税条件提供个性化业务指引，对涉及的业务要素进行组合筛选，通过大数据确定纳税人缴费人的导税需求，为其精准"画像"提供导税服务，实现涉税业务全覆盖。通过搜索和数据集成在系统应用上贯穿丰富而全面的多样化场景，符合用户实际情况，渗透到税收各环节和业务领域。税务部门将若干相关联的单项业务组成场景，实现要素化引导式申报、数字化智能化场景化办税，并提供双语办税、免填单和"国际汇税通"智能税款计算器等服务，进一步优化国际纳税人办税体验，便利跨境税收服务。

2023年，国家税务总局上线并逐步推广全国统一规范电子税务局，创新推出"新办智能开业""简易确认式申报"等12个业务场景，实现业务相对简单的纳税人可一键提交申报。同时，创新实现跨境缴退库全程网办，2023年办理税费缴纳超180亿元，跨境税费入库时间由4个工作日压缩至1

个工作日，更加便捷高效。[1] 2024 年统一规范电子税务局（新电子税局）实现全国上线，办税时长比过去减少 20%。[2]

一是非居民跨境办税缴费"一次都不用来"。非居民企业通过中国的电子税务局，在网上即可全流程快速办理相关业务，并可选择银联、云闪付、跨境汇款等多种方式在境外完成缴税，真正实现"一次不用来"。此外，电子税务局还将若干相关联的单项业务组成场景，实现要素化引导式申报、数字化智能化场景化办税，并提供双语办税、免填单和"国际汇税通"智能税款计算器等服务，进一步优化国际纳税人办税体验，让跨境办税越来越便利。

二是新办企业"智能开业、发票即配"。在新办纳税人中推行新办智能开业场景，纳税人在市场监管部门办理注册登记后，信息系统根据纳税人生产经营情况自动为其配备发票额度、核定税费种、分配税务主管科（所），实现了涉税信息自动匹配。为经营主体提供"一网通办、智能开业、发票即配"快速通道，既实现"开业就能开票"，又有效化解征管风险。

三是简易确认，税费申报"一次办"。简易确认式申报场景，对于经营业务简单的纳税人，可以一次办理增值税、消费税、企业所得税、城市维护建设税、印花税、教育费附加、地方教育附加、文化事业建设费和工会经费等 9 个税费种申报。"简易确认式申报"创新场景，与过去纳税人要分别填写各税费种申报表相比，平均耗时从约 40 分钟缩短至 5 分钟以内，大幅减轻了办税缴费负担。

四是优良信用者"按需开票"。通过优良信用者试行按需开票场景，让长期经营且无涉税风险的诚信纳税人无需再办理发票增额手续，可以享受按

---

[1] 《税费服务更加精细智能》，国家税务总局网站，2024 年 5 月 24 日，https：//www.chinatax.gov.cn/chinatax/n810219/n810780/c5228872/content.html。

[2] 《国新办举行"推动高质量发展"系列主题新闻发布会（国家税务总局）》，国家税务总局网站，2024 年 9 月 20 日，https：//www.chinatax.gov.cn/chinatax/n810219/n810724/c5234643/content.html。

需开票服务，为纳税信用一贯优良者提供更好开票服务。[①]

（4）协同化

一是形成精诚共治税收征管新格局。探索区块链技术在社会保险费征收、房地产交易和不动产登记等方面的应用，并持续拓展在促进涉税涉费信息共享等领域的应用；拓展数据共享，与海关总署等部门深化合作，以数据信息及时共享提升企业出口退税等办税缴费事项的服务效能；主动对接市场监管部门，积极推进企业信息变更"一次办"、企业注销"一网办"，助力高效办成企业上市合法合规信息核查"一件事"和企业破产信息核查"一件事"。[②] 不断完善税收大数据云平台，加强数据资源开发利用，持续推进与国家有关部门信息系统互联互通；健全涉税涉费信息对外提供机制，完善税收大数据安全治理体系和管理制度，加强安全态势感知平台建设，常态化开展数据安全风险评估和检查，健全监测预警和应急处置机制，确保数据全生命周期安全；实现"万物互联、网络协同、价值共生"的智慧税务生态体系，最终形成"精诚共治"的税收征管新格局。[③]

二是签署数据共享协同共治备忘录。国家税务总局与海关总署签署合作备忘录，将建立联席会议制度和日常联席制度，分步有序推进34类数据共享，更好服务经营主体。税务、海关部门将密切关注经营主体需求，依托电子税务局、国际贸易"单一窗口"等信息系统，深化共享数据在优化政务服务方面的应用，包括持续推行出口退税"非接触"办理、出口退税"免填报"，加快推动退运通关无纸化举措落地等。[④]

---

① 《完善便民服务新生态 上线税费办理新场景——征管和科技发展司在电子税务局上线4项创新场景典型案例》，国家税务总局网站，2023年7月26日，https://www.chinatax.gov.cn/chinatax/c102421/c5210172/content.html。

② 《国新办举行"推动高质量发展"系列主题新闻发布会（国家税务总局）》，国家税务总局网站，2024年9月20日，https://www.chinatax.gov.cn/chinatax/n810219/n810724/c5234643/content.html。

③ 张有乾：《智慧税务的构建与探索》，《税务研究》2022年第11期，第43~46页。

④ 《税收助力稳外资外贸》，国家税务总局网站，2024年1月18日，https://www.chinatax.gov.cn/chinatax/n810219/n810780/c5220660/content.html。

国家税务总局与国家医疗保障局签署"推进数据共享 深化协同共治"合作备忘录，进一步深化巩固两部门合作，拓展双方数据资源优势，持续提升服务效能，以部门协同共治更好服务经济社会高质量发展，以数字治理助推国家治理体系和治理能力现代化，进一步深化政务服务合作，共同打造数据双向赋能和共享共治新样板。根据合作备忘录，国家税务总局和国家医疗保障局将分别成立工作组，建立联席会议制度和日常联系机制，分步有序推进双方数据共享。税务、医保部门将密切关注纳税人、参保人需求，依托电子税务局、国家医保服务平台等信息系统，进一步优化政务服务，加强在基本医疗保险费征缴、个人所得税大病医疗专项附加扣除审核、优化职工医保个人账户家庭共济等领域的合作，深化构建协同共治格局，不断提升纳税人、参保人获得感。[①]

国家税务总局广东省税务局、国家税务总局深圳市税务局与香港特别行政区税务局、澳门特别行政区财政局在香港签署《税收服务粤港澳大湾区建设四方合作备忘录》，共同深入研究粤港澳大湾区建设中税收服务规则和协作机制对接融通等问题，更好促进大湾区高质量发展，特别是着力推进纳税服务协同，共同为粤港澳大湾区内纳税人提供优质高效智能的办税体验；加强税收征管协调，推进粤港澳大湾区纳税人跨境业务涉税事项办理更加顺畅；加强经验交流，及时分享各方重要税收征管及政策变动信息，持续推动优化税收管理及服务举措；促进人才建设，深入开展常态化交流互鉴，携手培养更多国际化税收专业人才，为粤港澳大湾区现代化建设汇聚更强税务力量。同时，四方着力健全合作工作机制，建立联席会议和联络人制度，共同研究和落实相关重点工作任务，不断深化拓展合作范围。[②]

---

① 《推进数据共享 国家税务总局与国家医疗保障局签署合作备忘录》，国家税务总局网站，2024年6月3日，https：//www.chinatax.gov.cn/chinatax/n810219/n810780/c5232183/content.html。

② 《粤港澳深四方签署税收合作备忘录 助力推进粤港澳大湾区高质量发展》，国家税务总局网站，2024年9月25日，https：//www.chinatax.gov.cn/chinatax/n810219/n810724/c5234789/content.html。

三是统一区域税务行政处罚裁量基准。推动华北、长三角、东北、西南、中南、西北等区域税务机关，联合推出区域内统一适用的税务行政处罚裁量基准，并实现执法信息互通、执法结果互认，为制定全国统一的税务行政处罚裁量基准奠定基础。北京、天津、河北、山西、内蒙古等地税务局自2024年12月1日起施行《华北区域税务行政处罚裁量基准》，对违反税务登记管理、账簿凭证管理、纳税申报管理、税款征收、税务检查、发票及票证管理和纳税担保等7类54项税收违法行为的处罚裁量标准予以细化明确，积极主动服务华北区域经济社会发展，统一华北区域税务执法标准，促进区域内税务执法信息互通、执法结果互认，严格规范税务执法行为，不断提升税务执法精确度，优化华北区域税收营商环境，更好服务国家区域协调发展战略。广东、河南、湖北、湖南、广西、海南、深圳六省（区）一市税务局自2024年4月1日起施行《中南区域税务行政处罚裁量基准》，涵盖7类共58种税务违法行为，推进区域间税务执法标准统一，切实保障税务行政相对人的合法权益。① 国家税务总局南京市浦口区税务局、国家税务总局滁州市南谯区税务局、国家税务总局全椒县税务局、国家税务总局和县税务局共同签署《长三角一体化税费合作备忘录》，形成"三级远程协同"服务体系，明确四地税务机关将一体推进纳税咨询、协同推动纳税辅导、全面推进业务受理、全力推行智慧服务、探索共享信用评价、定期交流互促提升，标志着四地税务机关在已建立的税收协同共治机制基础上，进一步深化合作，打造长三角一体化跨区域税费服务协同工作新体系。②

3. 税费治理特征

（1）高质量推进中国式现代化税务实践

智慧税务是税收治理体系和治理能力现代化的重要体现。智慧税务将人

---

① 《聚焦深化税收征管改革三年成效 220多项举措出台 税收服务国家治理能力持续增强》，国家税务总局网站，2024年5月14日，https://www.chinatax.gov.cn/chinatax/n810219/n810780/c5226099/content.html。

② 《安徽：税惠添动能 向新求发展》，国家税务总局网站，2024年5月11日，https://www.chinatax.gov.cn/chinatax/c102920/c5224997/content.html。

类智慧与税费治理体系和治理能力融合，服务税收治理体系和治理能力现代化。加快推进智慧税务建设，着力提升税费治理效能。深入贯彻落实《关于进一步深化税收征管改革的意见》，精确执法、精细服务、精准监管、精诚共治取得新进展，深化拓展 31 项税收征管改革措施，一体推进智慧税务建设，特别是电子发票服务平台在全国上线、全面数字化电子发票试点持续深化、新电子税务局上线扩围等，税费征管数字化升级和智能化改造迈上新台阶。①

（2）高水平提升治理效能，维护公平经济秩序

深入贯彻落实《关于进一步深化税收征管改革的意见》，一体化推进智慧税务建设，通过税费征管的数字化升级和智能化改造，健全以动态"信用+风险"为基础的新型税务监管体系，依法严厉打击涉税违法犯罪行为，有效维护公平有序的市场经济环境。②

（3）引领保障，中国式现代化税务实践行稳致远

紧紧聚焦高质量推进中国式现代化税务实践这一工作主线，着力强化政治统领，着力强化依法治税，着力强化改革创新，着力强化管理增效，着力强化服务提质，着力强化风险防范，以服务高质量发展为首要任务，以聚财生财并举为首要担当，以优服务强监管为有力抓手，以智慧税务建设为有力支撑，以全面从严治党为有力保障，守正创新、接续奋斗，真抓实干、善作善成，高质量推进中国式现代化税务实践，更好发挥税收在国家治理中的基础性、支柱性、保障性作用。

（4）健全从严管理体系，推进"智慧监督"。持续深化纪律教育，持续强化纪律自觉。突出严在日常，健全从严管理体系，紧盯重点领域，加快推进"智慧监督"，加大案件查办力度，抓实抓好税务系统群众身边

---

① 《走进税收一线 看高质量发展——国家税务总局组织开展 2024 媒体税务行活动》，国家税务总局网站，2024 年 2 月 2 日，https：//www.chinatax.gov.cn/chinatax/n810219/n810724/c5221114/content.html。

② 《高质量推进中国式现代化税务实践的生动诠释——2023 年税收工作亮点扫描》，国家税务总局网站，2024 年 2 月 6 日，https：//www.chinatax.gov.cn/chinatax/n810219/n810724/c5221224/content.html。

不正之风和腐败问题集中整治等，推动全面从严治党和全面从严治税有机贯通。立足税收、服务大局，为推进中国式现代化挺膺担当、聚力奉献。[①]

二 智慧税务发展现状

税务部门一体推进智慧税务建设，连续开展"便民办税春风行动"，持续推出优化办税缴费服务举措；强化税收执法内部控制和监督，健全动态"信用+风险"新型监管机制；通过税费大数据常态化跟踪监测分析经济社会运行态势，与24个部门建立"总对总"常态化数据共享机制；持续完善"一带一路"税收征管合作机制，集成创新推出"税路通"跨境税收服务品牌。[②] 全国36个省级税务机关均建立了各具特色的子品牌，形成品牌矩阵。[③] 2023年，全国新增减税降费及退税缓费超2.2万亿元。其中，新增减税降费大约是1.57万亿元，办理留抵退税大约是6500亿元，享受税费优惠比例最高的是制造业以及与之相关的批发零售业，其新增减税降费及退税缓费将近9500亿元，约占总规模的43%；受益最明显的中小微企业新增减税降费及退税缓费的规模约1.43万亿元，占比是65%。[④] 2023年，京津冀、长三角、珠三角三大动力源地区全年销售收入合计同比增长5.4%，全国商品消费和服务消费销售收入同比分别增长11.4%、9%。2023年，新办涉税经营主体即首次到税务部门办理税种认

---

① 《税务总局召开党委（扩大）会议暨党建工作领导小组会议总结税务系统党纪学习教育工作》，国家税务总局网站，2024年9月14日，https：//www.chinatax.gov.cn/chinatax/n810219/n810724/c5234559/content.html。

② 《聚焦深化税收征管改革三年成效 220多项举措出台 税收服务国家治理能力持续增强》，国家税务总局网站，2024年5月14日，https：//www.chinatax.gov.cn/chinatax/n810219/n810780/c5226099/content.html。

③ 《"税路通"一周年政企交流活动在上海举办》，国家税务总局网站，2024年10月30日，https：//www.chinatax.gov.cn/chinatax/n810219/n810724/c5235552/content.html。

④ 《2023年全年财政收支情况国务院新闻发布会文字实录》，财政部网站，2024年2月1日，https：//www.mof.gov.cn/zhengwuxinxi/caizhengxinwen/202402/t20240201_3928049.html。

定、发票领用、申报纳税等涉税事项的经营主体达 1687.6 万户，同比增长 28.3%。[①]

（一）精确执法

一是延续优化完善税费优惠。2023 年，税务部门发文明确了 77 项延续优化完善的税费优惠政策，大部分政策直接延续到 2027 年底，聚焦特定领域、关键环节，精准实施先进制造业增值税加计抵减政策，支持制造业高质量发展；提高集成电路和工业母机企业研发费用加计扣除比例，增强科技创新能力；提高 3 岁以下婴幼儿照护、子女教育、赡养老人个人所得税专项附加扣除标准，进一步减轻家庭生育养育和赡养老人的负担；对保障性住房项目建设交易给予税费优惠，支持保障和改善民生。[②] 2023 年以来发布有关政策问答 168 个，联合相关部门或单独更新编制发布支持科技创新、促进制造业发展、推动协调发展等税收优惠政策指引 13 个。编制发布《研发费用加计扣除政策执行指引》并及时更新完善，针对研发活动认定和政策操作中的难点问题，适时发布指导案例，进一步明确和规范政策执行标准，更好帮助企业精准及时享受优惠政策。[③]

二是提升税务行政效能。认真贯彻国办印发的《提升行政执法质量三年行动计划（2023—2025 年）》，制定税务系统落实《提升行政执法质量三年行动计划（2023—2025 年）》任务举措，提升税务行政执法质量；在增值税一般纳税人登记等特定性质的税务事项中运用说服教育、约谈警示、风险提醒等非强制性执法方式，让税务执法既有力度又有温

① 《坚持以习近平新时代中国特色社会主义思想为指引高质量推进中国式现代化税务实践——全国税务工作会议在北京召开》，国家税务总局网站，2023 年 1 月 25 日，https：//www.chinatax.gov.cn/chinatax/n810219/n810724/c5220873/content.html。
② 《2023 年全年财政收支情况国务院新闻发布会文字实录》，财政部网站，2024 年 2 月 1 日，https：//www.mof.gov.cn/zhengwuxinxi/caizhengxinwen/202402/t20240201_3928049.html。
③ 《国新办举行"推动高质量发展"系列主题新闻发布会（国家税务总局）》，国家税务总局网站，2024 年 9 月 20 日，https：//www.chinatax.gov.cn/chinatax/n810219/n810724/c5234643/content.html。

度；根据行业、地域、企业类型、人员身份等，依托税收大数据自动识别智能匹配税费政策与适用对象，分时点、有重点地精准推送相应政策内容，实现从"政策找人"到"政策落地"税务行政效能全环节提升，2024年1~8月，税务部门坚持依法依规组织税费收入，持续深化"政策找人"，依托税收大数据，智能匹配优惠政策与适用对象，开展政策精准推送3.6亿户（人）次，推送各类税费优惠政策信息5.4亿条，确保结构性减税降费政策扎实落地。

三是增强政策执行确定性。修订完善《税收征管操作规范》，进一步推动了税收征管全国标准化、规范化建设。同时，指导长三角、东北、华北、西北、西南、中南等区域税务机关联合推出区域内统一适用的税务行政处罚裁量基准，增进税务执法的统一性和规范性。2024年6月底结束的个税汇算清缴数据显示，2023年全国约6700万人享受到了该项政策红利，减税规模超过700亿元，人均减税超1000元。其中，子女教育、赡养老人和3岁以下婴幼儿照护减税分别约360亿元、290亿元和50亿元。政策覆盖面、减税规模、减税力度比较大，给"上有老下有小"的纳税人及时送上了政策红利。一系列促进科技创新和节能环保的税费支持政策，有力推动了制造业企业朝着高端化、智能化和绿色化方向转型升级。从2024年上半年结束的2023年企业所得税汇算清缴数据来看，全国共有62.9万户企业享受研发费用加计扣除金额达3.45万亿元，为加快发展新质生产力注入了新动能，有力地支持了高科技企业和民营企业的创新发展。2023年，40.5万户高新技术企业享受加计扣除金额为2.83万亿元，同比增长15.1%，户均加计扣除金额是非高新技术企业的2.5倍；民营企业享受加计扣除金额为2.59万亿元，同比增长12.5%，占全部企业加计扣除金额的75%。2024年1~8月，支持科技创新和制造业发展的主要政策减税降费及退税超1.8万亿元，为加快发展新质生产力增添动能。

四是抵制违规招商引资行为。税务部门积极配合相关部门，坚决抵制各类破坏全国市场统一性和公平性的违规招商引资行为。税务总局及各省级税务局均成立违规招商引资涉税问题专项治理工作领导小组，建立健全常态化监控指标体系，对发现的疑点及时预警、及时核查处理，并会同相关部门通报违规招商引资涉税问题典型案例，推动以案促治。[①]

（二）精细服务[②]

一是提升纳税人缴费人满意度。连续开展"便民办税春风行动"，升级完善税费服务诉求解决机制，税收营商环境进一步优化；[③] 先后推出 5 批 109 条便民办税缴费服务举措，全国税务部门一个步调推进、一个标尺落实，特别是聚焦民营经济推出 28 项举措，助力民营企业发展壮大；联合全国工商联持续开展"春雨润苗"专项行动，组织开展中小企业服务月、服务季活动，累计开展走流程听建议、税费服务体验师等活动 1 万多场次。构建"精准推送、智能交互、办问协同、全程互动"的服务机制，畅通业务办理和税费辅导服务渠道，全年累计提供互动服务 1091 万次，开展可视答疑 2324 场，近 600 万人次观看，回答问题 26.7 万个。完善税费服务诉求解决机制，高质高效解决涉税难题，2023 年共解决共性热点诉求 814 项。有效提升各类市场主体满意度，纳税人缴费人满意度调查得分由 2020 年的 86.1 分提高至 2023 年的 89.24 分。

二是增强办税缴费服务便利性。在"非接触式"办税缴费事项 233 项中，全国 96.68% 的办税缴费事项实现"非接触式"办理；96% 的税费事项、99% 的纳税申报通过网上办理，95% 以上的税款通过电子缴税方式缴纳入库。电子税务局成为纳税人缴费人办理涉税涉费业务的首选渠道，

[①] 《国新办举行"推动高质量发展"系列主题新闻发布会（国家税务总局）》，国家税务总局网站，2024 年 9 月 20 日，https：//www.chinatax.gov.cn/chinatax/n810219/n810724/c5234643/content.html。

[②] 《高质量推进中国式现代化税务实践的生动诠释——2023 年税收工作亮点扫描》，国家税务总局网站，2024 年 2 月 6 日，https：//www.chinatax.gov.cn/chinatax/n810219/n810724/c5221224/content.html。

[③] 《坚持以习近平新时代中国特色社会主义思想为指引高质量推进中国式现代化税务实践——全国税务工作会议在北京召开》，国家税务总局网站，2023 年 1 月 25 日，https：//www.chinatax.gov.cn/chinatax/n810219/n810724/c5220873/content.html。

97.48%的纳税人缴费人通过电子税务局全程自主办理新的组合式税费支持政策相关业务，通过电子税务局自动预填85%以上留抵退税申请数据，及时完成退税审核办理退付，企业退税资金从申请到入账平均用时同比压缩40%。增值税一般纳税人申报高频业务，系统提供了432项数据的预填服务，95%的纳税人可实现3分钟内办结申报。持续优化服务措施，推行社会保险经办和缴费业务"一网通办"，企业社保缴费"网上办"、个人缴费"掌上办"业务量占比超95%，全国3800多个办税服务厅、政务服务中心实现社保缴费业务"一厅通办"。2023年落实多项企业跨区（省）迁移涉税事项便利化措施，大力支持企业跨区（省）经营，增强税费服务的便利性。2024年税务部门积极落实"高效办成一件事"重点事项清单，围绕"持续提升效能·办好为民实事"这一主题，聚焦纳税人缴费人在税务领域"一件事"，创新服务内容、拓展服务半径，着力提高"好办事"的便利和"办成事"的效率。①

三是创新便民办税服务场景。充分发挥职能作用，推动线上线下政务服务效能整体提升。简化办理流程，实行"数据归集+智能预填""税种联动+要素补报"申报方式，实现多数纳税人仅需一键确认或补正少量信息即可完成申报。推动业务集成，在新电子税务局中打造多个综合办税缴费场景，将涉及多税费种、需要多次办的事项整合为一次办结，切实满足纳税人缴费人所需所盼。增强部门联动，主动对接市场监管部门，积极推进企业信息变更"一次办"、企业注销"一网办"，助力高效办成企业上市合法合规信息核查"一件事"和企业破产信息核查"一件事"。深化拓展跨区域通办，实现纳税人缴费人进一个综合办税服务厅即可办理全国税费业务事项。下一步还将建立健全'税企面对面'常态化沟通交流机制，推进全方位收集、高效率解决涉税涉费诉求，持续提升税费服务效能。

---

① 《国新办举行"推动高质量发展"系列主题新闻发布会（国家税务总局）》，国家税务总局网站，2024年9月20日，https：//www.chinatax.gov.cn/chinatax/n810219/n810724/c5234643/content.html。

（三）精准监管

一是税收监管效能进一步提升。继续优化智慧稽查指挥平台建设，更好发挥税务总局驻各地特派员办事处职能作用，逐步推广动态"信用+风险"监管方式，开展集团性税源监控和整体性风险管理，构建大企业税收治理新格局。积极防范行业性区域性税收风险。严肃查处违规招商引资中的涉税问题，维护全国统一大市场建设。

二是联合打击机制进一步拓展。充分发挥八部门常态化打击涉税违法犯罪工作机制作用，构建从行政执法到刑事司法全链条、一体化工作新格局；依法严厉打击各类涉税违法犯罪行为，有力维护公平的经济税收秩序；开展"利剑2023"专项行动，加大对文娱、直播等高风险领域靶向整治力度，严厉打击"假企业"虚开发票、"假出口"骗取退税、"假申报"骗取优惠等虚开骗税涉税违法犯罪行为，共依法查处涉嫌违法纳税人13.5万户，挽回各类税款损失1810亿元，配合公安部门对8228名犯罪嫌疑人采取了强制措施，539名犯罪嫌疑人投案自首。[①] 累计查处骗取税费优惠违法案件5042起，累计检查涉嫌虚开骗税企业17.4万户，检查涉嫌骗取出口退税的出口企业2599户，挽回出口退税损失约166亿元。

三是警示震慑效果进一步凸显。加大涉税违法典型案件曝光力度，分类分级、不间断曝光各类涉税违法典型案件243起，同时严格落实税收违法"黑名单"制度，全年公布重大税收违法失信案件17324起；多部门联合部署"利剑2023"专项行动，通过跨区域、跨部门数据共享、联合研判精准打掉职业涉税犯罪团伙127个，抓获犯罪嫌疑人1619名，联合激励和惩戒力度进一步加大，警示震慑作用有效发挥。

（四）精诚共治

一是征管体系协同联动。国家税务总局与24个部门建立"总对总"常

---

① 《涉税犯罪司法解释暨典型案例新闻发布会答记者问》，最高人民检察院网站，2024年3月18日，https://www.spp.gov.cn/zdgz/202403/t20240318_ 649776. shtml。

态化数据共享机制，实现税费数据智能归集，税收服务国家治理的能力进一步增强。推广跨省异地电子缴税，共办理跨省异地电子缴税业务 71 万笔，涉及金额 844 亿元，切实便利企业生产经营。绿色税收制度体系"四梁八柱"基本形成，覆盖了经营主体"开发—生产—消费—排放"全流程，为推进绿色发展提供有效支持。[①] 建立和加强与生态环境、自然资源等多部门协作，充分借助相关部门的专业技术和管理力量，深化部门间联合控管、联合激励、联合惩戒等协作治税措施，形成了多部门协同联动的征管体系。

二是涉税信息协同共享。聚焦产业链供应链不畅的困难企业发展诉求，在尊重企业意愿的前提下，利用税收大数据，主动为企业牵线搭桥，全年共帮助企业实现购销 213 亿元；联合金融监管部门及商业银行，规范和优化"银税互动"，进一步降低中小银行参与门槛，2023 年全年助力小微企业获得银行贷款 892.8 万笔，贷款金额 2.84 万亿元；[②] 2024 年上半年全国小微企业通过"银税互动"获得银行贷款 1.56 万亿元，同比增长 7.6%，助力小微企业更好获得信贷支持。[③] 2024 年继续拓展纳税信用服务，持续优化纳税信用评价方式，助力新办纳税人信用提升，截至 2024 年 8 月底，已有 2.6 万户新设立纳税人实现纳税信用升级。

三是深化国际交流合作。深度参与国际税收治理，进一步扩大我国税收协定网络至 114 个国家和地区，加强"税路通"跨境服务品牌建设，推进跨境投资"信息通""政策通""服务通"。同时，深度融入国际税收治理，服务高水平对外开放和高质量共建"一带一路"。丰富了跨境投资税收服务产品体系。截至 2024 年 8 月，累计更新发布 105 份国别（地区）投资税收指南、包含 99 个涉税事项的"走出去"税收指引、26 个海外税收案例、50

---

① 《国家税务总局"办好税收惠民事 服务高质量发展"新闻发布会实录》，国家税务总局网站，2023 年 7 月 28 日，https：//www.chinatax.gov.cn/chinatax/n810219/n810724/c5210242/content.html。

② 《国务院新闻办举行税收服务高质量发展新闻发布会》，国家税务总局网站，2024 年 1 月 18 日，https：//www.chinatax.gov.cn/chinatax/n810219/n810724/c5220650/content.html。

③ 《国新办举行"推动高质量发展"系列主题新闻发布会（国家税务总局）》，国家税务总局网站，2024 年 9 月 20 日，https：//www.chinatax.gov.cn/chinatax/n810219/n810724/c5234643/content.html。

个跨境纳税人缴费人常见问题解答。2024 年又新推出了《跨境电商出口海外仓出口退（免）税操作指引》、《"走出去"个人税费指引》、全球税讯等动态知识产品，为跨境投资者及时掌握境外税收政策动态和防范跨境投资税收风险提供参考借鉴。拓展了跨境投资涉税问题快速沟通渠道。与外国商会和协会建立常态化沟通机制，2024 年以来收集并推动解决跨境涉税难题 155 个。邀请外国税务机关、境外中资企业协会、驻外使馆等，线上线下同步为企业宣传讲解跨境投资政策。举办奥地利、韩国、墨西哥等 5 个国别专题活动。依托全国 12366 热线持续做好跨境税收咨询服务，2024 年以来累计为"走出去"和"引进来"企业提供人工中英双语涉税咨询服务 11 万次。

四是合法权益更好维护。通办涉税涉费事项，建立纳税缴费服务投诉分析改进闭环机制，全面实行税务行政许可事项清单全程网办，优化纳税人延期缴纳税款等税务事项办理程序，降低市场主体制度性交易成本；对一般纳税人登记等领域的部分业务事项，运用说服教育、提示提醒等非强制性执法方式推动税务执法理念和方式手段变革，提升严格规范公正文明执法水平；加强重大税收违法失信主体信息动态管理，积极开展信用修复工作，截至 2024 年 8 月底，已有 2.6 万户新设立纳税人实现纳税信用升级。税务部门联合金融监管部门及商业银行，规范和优化"银税互动"，2024 年上半年全国小微企业通过"银税互动"获得银行贷款 1.56 万亿元，同比增长 7.6%，帮助小微企业更好获得信贷支持。

（五）"金税四期"建设情况

税务部门积极顺应数字时代发展潮流，把海量数据作为核心竞争力和新质生产力，在统一标准、框架和制度下，实现对各类经营主体数据的标准化归集，以数据的深度应用推动税务管理和税费治理的科学化、精细化、数据化。

1. "金税四期"（智慧税务）建设

（1）"金税四期"（智慧税务）简介

"金税四期"（智慧税务）涉及思维理念、制度业务、组织岗责、技术平台的全方位转型，是推进税收现代化的系统性改革，更是税收发展史上又一次影响深远的整体性变革;"金税四期"作为数字政府建设的重要组成部分,旨在统筹推进技术融合、业务融合、数据融合的基础上,提升跨层级、跨地域、跨系统、跨部门、跨业务的协同管理服务水平,全面开启智慧税务建设的新境界;"金税四期"的优势体现为思维和理念的提升、业务和制度的创新、组织和岗责的优化以及技术和平台的升级。

（2）"金税四期"（智慧税务）演进

1994~2003 年,税务系统完成了"金税一期""金税二期"工程建设,基本解决了伪造、倒卖、盗窃增值税专用发票等问题。2008 年"金税三期"工程立项,2013 年"金税三期"试点运行,2016 年"金税三期"全面上线,税务工作全面实现电子化、网络化。2018 年国税地税征管体制改革,原国税、地税"金税三期"系统数据库"两库并一库"、纳税人信息"两户变一户"。2021 年以"金税四期"建设为主要内容的智慧税务建设正式启航,对标一流,完成"金税四期"建设的顶层设计;① 2022 年基本完成"金税四期"技术框架和主体应用建设,② 同步推进税费业务变革,推进绩效管理和数字人事与岗责体系、内控平台等全面贯通,推动我国税收征管数字化转型走在国际税务部门前列。2022 年底"金税四期"（智慧税务）基本开发完成。③ 2023 年持续深化全面数字化电子发票试点,进一步扩围全国统一规范新电子税务局,建成启用决策指挥管理平台,顺利上线税务人端智慧办公平台,初步搭建形成涵盖纳税人端、税务人端、决策人端的智慧税务"三端一体"的智能应用平台,推动智慧税务建设实现整体突破。

---

① 《进一步深化税收征管改革这一年》,国家税务总局网站,2022 年 4 月 19 日,http://www.chinatax.gov.cn/chinatax/n810219/n810724/c5171800/content.html。
② 《以深入开展"学查改"专项工作为契机扎实推动习近平经济思想在税务系统落地生根》,国家税务总局网站,2022 年 6 月 27 日,http://www.chinatax.gov.cn/chinatax/n810219/n810724/c5176756/content.html。
③ 《弘扬丝路精神 共促能力建设——王军局长在第三届"一带一路"税收征管合作论坛上的发言》,国家税务总局网站,2022 年 9 月 22 日,http://www.chinatax.gov.cn/chinatax/n810219/n810724/c5181647/content.html。

（3）"金税四期"（智慧税务）功能

"金税四期"将推进云计算、区块链等先进技术深度交互，与系统底层架构深度融合，改造升级适应大数据时代的"全云化"技术架构，实现征管系统海量数据存储和高并发响应、高可靠运行、高性能算力、高安全防护，更好服务税收治理体系和治理能力现代化。

"金税四期"能够体现最新技术，整合征管、纳服、内控、稽查等业务规范，增强决策支持系统及分析功能，增加纳税人特征识别标志，统一并优化电子税务局，进一步强化自然人税收管理功能，拓展第三方数据信息资源，真正形成融合内外的大数据平台，构建供需对接充分、及时、高效的数据产出和应用运行机制，打造保障有力的高水平系统运维模式。

"金税四期"税费数据将实现按"人、员、户、局"智能化归集，税收征管方式从事项、流程、经验驱动到数据、规则、智能驱动，实现对纳税人缴费人税费种一体联动、综合分析、监控应对；"金税四期"贯通业务、党务、政务系统，实现跨部门交互、执法联动和监管协同；"金税四期"打通底层数据，集成超级算量、智能算法、强大算力，通过数据捕获及时感知智能分析灵敏反应，全方位提高税收征管能力和水平。

2."金税四期"（智慧税务）主要项目

税务部门顺应数字时代发展浪潮，把海量数据资源和强大算法算力作为核心竞争力和新质生产力，着力推动税务管理、税费治理更加科学化精细化智能化，已在全国推广使用全面数字化电子发票，先后上线全国统一规范电子税务局以及税务人智慧办公平台等应用系统，既为纳税人提供"政策找人""预填申报"等智能服务，切实提升办税缴费便利度，又帮助税务人员根据动态信用风险评价，实现差异化、精准化服务和监管，不断提升税务执法质效。[①]

---

① 《携手深化税收征管合作 聚力服务高质量共建"一带一路"——在第五届"一带一路"税收征管合作论坛开幕式上的致辞》，国家税务总局网站，2023 年 9 月 26 日，https：//www.chinatax.gov.cn/chinatax/n810219/n810724/c5211336/content.html。

（1）电子发票服务平台

电子发票服务平台是按照标准规范，遵循一体化建设要求，建成实现发票从申请、开具、使用到辅助申报、风险控制、服务保障等全流程、全生命周期管理、全天候运行的电子发票应用系统，支持企业、非企业用户开具电子发票和全国机关企事业单位、社会组织、消费者使用电子发票。全国统一的电子发票服务平台 24 小时在线免费为纳税人提供全面数字化电子发票开具、交付、查验等服务。稳步推广全面数字化电子发票，进一步提升纳税人用票便利度。

（2）全国统一规范电子税局

全国统一规范电子税务局在以前各地运行的电子税务局基础上，以纳税人缴费人为中心，以承载实现全国税务系统全面数字化转型为根本目标，通过进一步拓展纳税人数字化场景、强化税务人数字化征管、加强总省联动管理，最终建成面向全对象、覆盖全业务、支撑全渠道、融合全功能、适应全场景、业务全办结、技术全升级的数字化税务系统。四川作为全国统一规范电子税务局的第一个试点省份，依托现代信息技术、融合线上线下业务、整合实体虚拟资源，自 2022 年底开始试点运行，通过不断优化完善功能、升级迭代系统，并有序扩围推进，于 2023 年 8 月 30 日实现全省所有纳税人全覆盖，进一步推动服务更智能、办税更高效、监管更精准，更好促进降低制度性交易成本。① 各地根据《全国统一规范电子税务局统一门户集成规范》要求，特色软件页面根据新电子税局标准的"界面风格约束"进行页面重构，后端应用处理服务根据新电子税局标准的"技术线路约束"进行改造。2024 年统一规范电子税务局实现全国上线，办税时长比过去减少 20%。②

---

① 《全国统一新电子税务局在四川率先全面上线》，国家税务总局网站，2023 年 8 月 31 日，https：//www. chinatax. gov. cn/chinatax/n810219/n810724/c5211336/content. html。

② 《国新办举行"推动高质量发展"系列主题新闻发布会（国家税务总局）》，国家税务总局网站，2024 年 9 月 20 日，https：//www. chinatax. gov. cn/chinatax/n810219/n810724/c5234643/content. html。

（3）税务人智慧办公平台

根据税务总局"统一设计、统一开发、整体推进、分省实施"的工作原则，开展税务人智慧办公平台推广上线工作，推广上线工作由税务总局金四办试点工作组统一安排、统一部署，结合各地实际和上线批次开展税务人智慧办公平台基础环境部署系统初始化，多系统连通性验证、培训辅导、系统联调测试、压力测试、安全测试、冒烟测试、切换上线、运行保障等工作，确保税务人智慧办公平台顺利推广上线。西安市税务局稳妥实施"金税四期"税务人端数据治理、岗责配置、功能测试，有效担负全国首批试点任务，成为全国首家"金四三端"上线单位。[①] 税务部门稳步推进"金税四期"税务人端慧办平台全量上线，通过税务人端系统，可完成退税申请初审和受理流程等业务，榆林市税务局通过"慧办平台"采取机选方式，随机抽取 40 户煤炭相关企业作为 2024 年度第一批市级税务稽查对象。[②]

3. 发票电子化改革

（1）发票电子化改革概念

发票电子化改革系统集成全国税务系统智慧，是一系列利用信息化手段转变税务部门执法、管理、服务方式的信息化支撑系统，是提升税收治理和管理服务能力的重要手段，更可惠及广大纳税人依法遵从、依法高效便捷办税。通过数字化电子发票推广工作，进一步推进智慧税务建设，切实改善税收征管质效，增强纳税人缴费人获得感，提升税收现代化发展水平。

数电发票是《中华人民共和国发票管理办法》中"电子发票"的一种，是将发票的票面要素全面数字化、号码全国统一赋予、开票额度智能授予、信息通过税务数字账户等方式在征纳主体之间自动流转的新型发票。

数电发票为单一联次，以数字化形态存在，类别包括电子发票（增值

---

① 《国家税务总局西安市税务局 2023 年法治税务建设工作报告》，国家税务总局陕西省税务局网站，2024 年 3 月 5 日，https：//shaanxi.chinatax.gov.cn/art/2024/3/5/art _ 610 _ 553005.html。

② 《国家税务总局西安市税务局 2023 年法治税务建设工作报告》，国家税务总局陕西省税务局网站，2024 年 3 月 15 日，https：//shaanxi.chinatax.gov.cn/art/2024/3/15/art _ 610 _ 553005.html。

税专用发票）、电子发票（普通发票）、电子发票（航空运输电子客票行程单）、电子发票（铁路电子客票）、电子发票（机动车销售统一发票）、电子发票（二手车销售统一发票）等。数电发票可以根据特定业务标签生成建筑服务、成品油、报废产品收购等特定业务发票。

数电发票的票面基本内容包括：发票名称、发票号码、开票日期、购买方信息、销售方信息、项目名称、规格型号、单位、数量、单价、金额、税率/征收率、税额、合计、价税合计、备注、开票人等。

数电发票的号码为20位，其中，第1~2位代表公历年度的后两位，第3~4位代表开票方所在的省级税务局区域代码，第5位代表开具渠道等信息，第6~20位为顺序编码。

（2）发票电子化改革发展

随着发票电子化改革逐步深入，税务部门迈向"以数治税"。2015年，税务部门探索发票无纸化试点，迈出发票电子化改革的关键一步；2017年，发票网上申领实现足不出户申领、24小时办理；2019年，宁波市税务局开出了第一张增值税电子专票，开启了发票电子化改革的新篇章；2021年，全国统一的电子发票服务平台平稳上线，税收征管数字化升级和智能化改造取得标志性突破；[①] 2021年12月，国家税务总局在内蒙古、上海、广东3个地区开展了数电发票试点工作，将受票方范围逐步扩大至全国；2022年1月，统一身份管理平台正式启动上线；2022年5月，三个试点省市实现数电发票互开，四川省开始接收数电发票；2022年10月，四川省试点使用数电发票；2022年11月，厦门市进行数电发票试点。

2023年1月，上海市数电发票全面扩围；同月，天津市、大连市、青岛市、重庆市、陕西省开展数电票试点；3月，吉林、河南开展数电发票试点，同月，福建省、深圳市、宁波市、云南省开展数电发票试点；4月，江苏、浙江、海南、山西、甘肃、辽宁、江西、广西开展数电发票试点；10

---

① 《赓续百年荣光 奋进时代新程》，国家税务总局网站，2021年12月31日，http：//www.chinatax.gov.cn/chinatax/n810219/n810724/c5171800/content.html。

月，河北、湖北、黑龙江、新疆四个地区开展数电发票试点，且增加铁路电子客票和航空运输电子客票行程单两种特定应税行为及特定应用场景业务；11月，山东、北京、湖南、贵州、安徽、宁夏和青海数电发票开票试点；12月，西藏数电发票开票试点，全国已基本实现数电发票试点全覆盖。

2024年稳步推广全面数字化电子发票，进一步提升纳税人用票便利度。2024年4月底前实现并大力推广资源回收企业向报废产品出售者"反向开票"的创新措施，积极助力大规模设备更新和消费品以旧换新。11月铁路客运推广使用全面数字化电子发票，购买方为增值税一般纳税人的，可通过税务数字账户对符合规定的电子发票（铁路电子客票）进行用途确认，按规定办理增值税进项税额抵扣。12月在民航旅客运输服务领域推广使用全面数字化电子发票，中华人民共和国境内注册的公共航空运输企业（简称航空运输企业）和航空运输销售代理企业（简称代理企业）提供境内旅客运输服务，可开具电子发票（航空运输电子客票行程单）（简称电子行程单）。国家税务总局决定自2024年12月1日起，在全国正式推广应用数电发票。

（3）发票电子化改革特点

一是基础平台。电子发票服务平台通过税务数字账户集成发票信息、优化发票应用、完善风险提醒等发票数据应用成果，自动归集开具发票信息，推送至对应受票方纳税人的税务数字账户，实现开票即交付；通过完善发票查询、查验、下载、打印和用途确认等功能，增加税务事项通知书查询、税收政策查询、发票开具金额总额度调整申请、原税率发票开具申请等功能，再造红字发票业务流程、海关缴款书业务流程，为纳税人提供"一站式"服务；为纳税人提供开具金额总额度管理情况展示和风险提醒服务，纳税人可以对发票的开具、申报、缴税、用途确认等流转状态以及作废、红冲、异常等管理状态进行查询统计，以便及时开展风险应对处理，有效规避因征纳双方和购销双方信息不对称而产生的涉税风险和财务管理风险。

二是法律效力。增值税发票包括纸质发票和电子发票，电子发票与纸质发票具有同等法律效力，国家积极推广使用电子发票。发票的种类、联次、内容、编码规则、数据标准、使用范围等具体管理办法由国务院税务主管部门规定。单位和个人开发电子发票信息系统自用或者为他人提供电子发票服务的，应当遵守国务院税务主管部门的规定。[①] 开发电子发票信息系统为他人提供发票数据查询、下载、存储、使用等涉税服务的，应当符合税务机关的数据标准和管理规定，并与委托人签订协议，不得超越授权范围使用发票数据。[②] 主管税务机关根据领用单位和个人的经营范围、规模和风险等级，在 5 个工作日内确认领用发票的种类、数量以及领用方式。

三是比较优势。电子发票管理更高效。数电发票无须使用税控专用设备，无须办理发票票种核定，无须领用，将纸质发票的票面信息全面数字化，通过标签管理将多个票种集成归并为电子发票单一票种，实现全国统一赋码，系统智能赋予发票开具金额总额度并动态调整，通过税务数字账户实现发票自动流转交付和数据归集。

三 智慧税务面临的挑战

（一）基础理论建构缺位

理论界和实务界对智慧税务的解读角度略有不同，[③] 前者注重税收治理如何应对数字化复杂性社会的挑战，将技术治理作为现代税收治理的核心，将"智能税务"等技术治理的具体实践视作智慧税务，而后者则更加关注税收治理如何应用现代信息技术提升治理效率，尤其注重现代信息技术在税收管理和服务具体场景中的应用问题。二者对智慧税务的解读和阐释都存在

---

① 《中华人民共和国发票管理办法》，国家税务总局网站，2023 年 7 月 20 日，https：//fgk. chinatax. gov. cn/zcfgk/c100010/c5195084/content. html。
② 《中华人民共和国发票管理办法实施细则》，国家税务总局网站，2024 年 1 月 15 日，https：//fgk. chinatax. gov. cn/zcfgk/c100011/c5221006/content. html。
③ 周志波：《智慧税务的逻辑建构：一个组织社会学视角》，《税务研究》2022 年第 8 期，第 44~51 页。

一个共同问题，即停留于浅层的现象拆解，而缺乏深刻的创新洞见，智慧税务的基础理论建构缺位。

（二）信息技术面临瓶颈

人工智能 AI 技术善于识别海量数据中隐藏的模式，大部分简单、冗多、易错的体力以及脑力劳动可以被智能机器替代，而一些专业性的执法、服务、监管及税收协同等税收征管工作，仍需要依靠人工智能技术利用海量数据进行分析筛选，结合高效、准确的机器学习算法推动税收管理从"业务驱动"转向"数据驱动"，重塑税收征管数字化系统，并建立税收风险自动提示以及自动熔断机制。

12366 纳税缴费服务热线的智能咨询只能实现从业务知识库中搜索高度关联的结果推送给纳税人，还未实现类人的多轮交互。[①] 咨询（导税）机器人和智能咨询技术应用成熟度及实际使用效率不高，缺乏应对海量数据和专精特新以及数字经济等的有效数字化监管手段，尚不能将纳税人缴费人的行为习惯嵌入业务流程实现精准监管。税务部门需依靠强大的机器学习增强学习能力和增加服务经验，加强自动收集和处理涉税大数据的能力，为纳税人缴费人提供更多智能化产品和服务，全面推进智能化税收风险管理，实现以数治税。

税收大数据全生命周期管理与应用的关键环节尚未打通。税收征管法中有关涉税数据的调用共享范围尚不明确，法律制度保障体系有待进一步完善；涉税数据采集范围有待进一步拓展，特别对纳税人行为模式、决策习惯等关键行为数据的挖掘深度不足，影响税务部门预测和应对风险的能力，增加税收合规性风险；涉税数据出于安全考虑，难以将涉税数据权限下沉至基层税务机关，API 嵌入系统规则和标准尚未对第三方服务商开放共享，在一定程度上限制了数据的有效共享。外部系统主体出于利益保护、隐私协议等

---

① 国家税务总局深圳市税务局课题组：《以 ChatGPT 为代表的生成式人工智能在税务领域应用的思考和建议》，《税务研究》2023 年第 6 期，第 5~9 页。

方面的顾虑，其数据共享的主动性不足，限制了税务部门有效整合和利用外部数据资源的能力，外部数据共享还须进一步推进。

（三）数据质量存在偏差

税收数据质量有待进一步提升。数据要素化背景下，经济业态各异、数据形式多样，加之纳税申报时预填报是从各个数据平台调取相关比对数据，可能存在取数口径不一致的问题，税收数据收集质量不高，进而影响获取税收数据的精准性。[①] 虽然部分税收业务实现跨省通办、异地预缴、自然人异议申诉以及"远程虚拟窗口"等，但税务机关间的诸多信息尚不能即时交换对接，数据采集重复遗漏现象同时存在，融合集成共享加工分析数据的能力不足。

税收风险高效精准全面性尚难实现。税收风险识别与分析依托的各类风险指标逻辑勾稽关系错综复杂，在现有税收实务中难以完全厘清，风险特征库和指标模型库中指标间横向与纵向关联度不足，难以形成协同、高效、精准的税收风险指标网络。税收风险分析主要依赖人工经验分析，人工智能和机器学习等智能化方式的实际使用率并不高。特别是受指标关联勾稽难度大、模型存在局限性等因素的影响，机器学习在税收风险分析中出现了过程解释性较差、难以涵盖全行业全时间段的税收风险、分析结果的普遍性和适用性受限等问题。

除了受技术及成本制约，税务部门在与银行、工商、国外涉税相关机构等协作部门加强信息交换工作的过程中，还需要不断补充样本数量，才能使样本的数量足够大无限大，尽可能地包含所有数据，只有这样测量精度才能更加近似为真实值，打造完整的数据链条以及数据体系。

在系统整合数据质量之外，还需大力挖掘未开发的隐藏数据，从数据输入端保证准确性和完整性，排除失真数据，保证样本精度在可控范围内，防止数据准确性发生偏差。

---

① 王振宇、赵福顺：《数据要素化背景下税收风险管理面临的挑战及应对》，《税务研究》2024 年第 10 期，第 131~135 页。

（四）技术业务融合不足

税务系统内部的税费业务、信用风险、征管内控绩效、执法服务监管、业务党务政务以及技术业务组织尚未有机融合，存在技术融合不足，信息系统和"数据烟囱"林立，数据割裂沉睡分设、业务部门"各自为战"以及组织机构人才会集和税收征管智能化水平有待提升等问题。

税收数据共享渠道尚未完全畅通。跨部门信息共享存在不同程度的制度性壁垒，如不同政府部门对数据收集标准和要求存在差异，获取的涉税数据标准不一，数据交流易生障碍。外部数据获取渠道单一、外部门调阅数据手续烦琐，使得税务机关从外部门直接实时交换共享的数据量受到一定的限制。虽然许多地方政府已经建立了适应本地区税源特点的数据管理系统，但由于信息平台过多，导致在数据归集时出现统计口径不一致、术语不一致、重复归集、格式字段不兼容等问题，数据的标准化程度和有效性降低，影响数据归集整合效率，加大了管理维护难度。

在推动税收治理从渐进式变革到体系性集成突破过程中，尚需全方位转变现有的治理理念、方式和手段，更好地有效发挥税收大数据的要素驱动作用，尚需运用系统观念进一步集成云计算、物联网、区块链、人工智能、5G 等现代信息技术，构建广泛强大的情报收集系统、功能完备的指标生成系统、精准高效的分析决策系统，推进税收征管多环节、多部门、多口径数据的集成整合，为强化税收管理、优化税费服务、辅助征管决策等提供更加强大的智力支持，实现数字技术、大数据挖掘与税收业务、税务组织机构及人员的内外部融合，建成功能强大的智慧税务。

（五）系统数据易发风险较高

信息技术日新月异，层出不穷的系统漏洞及补丁如恶意病毒、网络及黑客攻击篡改程序、窃取数据等，对智慧税务是一种极大的风险，系统频繁更新考验防火墙的安全性，而且税收大数据在采集、存储、流动、交换过程中涉及国家机密、商业秘密和个人隐私安全隐患，通过互联网与企业及政府税务、商务、财务、法务等部门数据进行交换和共享，破除数据孤岛和数据壁垒，在保持便捷性和开放性的同时，存在风险研判精准度、信息被泄露的法律安全隐患，必须完善数据安全等级保护制度，解决数据所有者共享数据的后顾之忧。

建立健全税务数字化生态体系和数据安全保护机制，构建自主可控的数字化安全保障体系，加强关键信息基础设施安全保护，强化关键数据资源保护能力，增强数据安全预警和溯源能力，并通过政策、管理、宣传和技术等手段形成智慧税务安全防护合力。需进一步为数据安全和隐私保护提供相应的法律保障，在税收征管法中明确涉税数据的共享范围、税务机关涉税数据管理权和涉税数据的保密义务等内容，保证纳税人对涉税数据流动的知晓权，促使数据流通更具安全性与交互性。

（六）风控精准度有待提升

1.风险管理模式尚未满足数据时代要求

新经济业态和商业模式导致纳税主体数量和业务类型复杂多元隐蔽，以互联网为主要销售载体的企业可以克服地域等交易障碍，将海量流动性、虚拟化、多场景的数字产品和服务实现瞬时远程交易。目前的税收风险分析常规性考虑自身业务范围内的涉税风险，风险指标设置较为单一，缺乏包含多税种的税收风险联动识别和防控措施，难以对数据要素化时代多元化、复杂化的税收风险进行有效防控。

2.税收风险管理体系尚不能完全支撑风险应对

数据要素化背景下，数字技术不断更新迭代并在不同领域得到广泛应用，基于数据要素应用的新服务、新产品和新结构不断涌现，目前数字技术在税收风险管理领域的应用仍稍显滞后，税收大数据平台建设仍缺乏技术支持，基层税务机关对税收风险判别、等级排序工作仍缺乏高度整合税收数据、全面集成智能算法的税收风险分析系统技术支撑，在税收风险应对中可能出现应对方法针对性不强、错误应对的情况，容易造成误判高中低风险命中率的问题，进而出现对高风险纳税人采取措施滞后，影响无风险、低风险纳税人的正常经营问题。

税收大数据分析应用相对滞后。现行税收大数据分析应用中并未完全融入人工智能、可视化技术等大算力、大数据的工具和技术，可能存在数据分析能力不足的风险；税收风险管理指标模型构建仍存在着风险指标设置较为单一、上级与基层管理脱节等问题，事前事中风险识别相对滞后，需要上下联动、良性互动的风险防范长效机制。[①]

3.税收大数据作用尚未充分发挥

需要充分发挥税收大数据作用，建立健全以"信用+风险"为基础的新型监管机制，依法加强对高收入高净值人员的税费服务与监管，加强重点领域风险防控，依法严厉打击涉税违法犯罪行为等方面还需提升监管的精准度；需依托税务网络可信身份体系对发票开具、使用等进行全环节即时验证和监控，实现对虚开骗税等违法犯罪行为惩处从事后打击向事前事中精准防范转变。

需持续完善风险特征库和风险指标模型，利用风险分析指标体系开展风险识别工作，从海量涉税数据中准确识别异常违法违规行为，将风险模型扫描结果或其他途径发现的风险疑点信息输入导入风险分析池，归集、推送、统计、展示，扎口管理风险疑点信息，利用发票授信管理、领用开具抵扣风险监控、预警提示和快速反应等，解决税收争议，防控税收风险问题。

需提升税收风险管理整体效能评价水平。现行绩效评估机制存在评价标准单一和短期导向等问题，主要依赖如查补税款等单一量化指标，未能全面反映税收风险管理在促进税收征管效能和行业规范化方面的广泛影响，忽视了税收管理的长期效益，如纳税申报率提升、税收流失率下降、纳税人遵从度增强和税收征管成本降低等关键维度，缺乏对税收风险管理策略长期可持续的考量。

---

① 王振宇、赵福顺：《数据要素化背景下税收风险管理面临的挑战及应对》，《税务研究》2024 年第 10 期，第 131~135 页。

（七）国际征管合作有待加强

世界经济正经历曲折的复苏过程，和平、发展、合作、共赢的趋势不可逆转。各国税收制度和征收管理的差异性对跨境贸易投资的自由化、便利化具有重要影响，需要深化税收征管合作消除跨境贸易投资壁垒、促进全球经济包容性增长、高质量共建"一带一路"，不断加强税收政策和征管协调对接，将合作机制打造成国际一流的多边税收合作平台，推动全球税收治理更加公正合理。充分发挥和拓展平台作用，紧扣税务部门职能和国际税收规则发展变化，以改革增效、以开放强能，不断加强学习培训、课题研究、能力评价等方面的交流与合作，助力各方进一步提升税收征管能力。立足共建"一带一路"现实需求，围绕提高税收确定性、推动税收征管数字化转型、优化税收营商环境等重点，推进更大范围、更宽领域、更深层次的合作，博采众长、融会贯通，共同推动税收职能作用更好发挥，为高质量共建"一带一路"贡献更大的税务力量。以共同的智慧应对挑战，以共同的努力开拓进取，以共同的愿景奔赴未来，在深化税收征管合作上持续加力、同向发力，携手助力高质量共建"一带一路"实现新发展，为构建人类命运共同体不断作出新贡献。

四　智慧税务建设的对策建议

税务部门要求广大税务干部当好进一步全面深化改革的执行者、行动派、实干家，积极助力强化垂直管理、打造效能税务、构建严管体系，持续深化依法治税、以数治税、从严治税，不断提升税务部门税费征管、便民服务、风险防控的能力和水平高质量推进中国式现代化税务实践不断向前迈进。

（一）制定智慧税务具体战略规划

在着力加快推进智慧税务建设目标和宏伟蓝图的基础上，基于互联网技术打破时空限制，以大数据为基本治税工具，用数字思维升级业务流程，用数字技术拓展应用领域，全面实行发票电子化改革，加快"金税四期"建设，系统构建以精确执法为主体、以重点监管为补充的数字化、智能化税收征管体系，从税务执法、税费服务、税务监管、组织体系和资源配置等方面制定落实智慧税务建设的具体战略规划措施。

深入推进对纳税人缴费人的权益保护和行为的自动分析管理，对税务人员履责的全过程自控考核考评，对税务决策信息和任务的自主分类推送，完善税务组织机构和体系，优化税收人力资源配置。

加强网络安全和身份信息保护，打造现代化的数字化税务机构，不断满足纳税人端、税务人端和决策人端日益增长变化的需求，与相关部门机构协同共治，提升整体税收征管能力和水平。

（二）进行系统整体协同性变革

创新系统性建设思路和科学服务工具，进行思维理念、制度业务、组织岗责、技术平台的全方位转型和系统性整体性协同性变革，坚持包容审慎理念，优化税务执法方式，促进自觉税费遵从，保护纳税人缴费人合法权益，降低制度性交易成本。

集成经济交易信息、纳税人税费信息、税务系统信息、执法服务监管内外协同共治等信息，以对标国内领先创建国际一流为方向，加快推进技术、制度、组织变革，实现治税、治队、治理深度共治，打造一体化、全云化、国际化的现代化智慧税务。

上线"远程虚拟窗口"，支持远程身份核验、资料传递、音视频互动、屏幕共享等多项功能，可以在不改变执法主体、不改变税务干部权限、不改变业务办理流程的基础上，让纳税人缴费人与业务办理地税务干部进行可视化互动，在线上办理跨区域税费业务。[1] 2024 年 3 月在各地办税服务厅开设"远程虚拟窗口"试点，至 8 月底已为纳税人缴费人远程办理跨区域税费业

---

[1] 《"远程虚拟窗口"3 个月已办理 10 万笔跨区域业务！你用过吗?》，《中国税务报》2024 年 7 月 17 日。

务 16.4 万笔。[①]

持续推进稽查信息化建设，"税警协作平台"、"涉税案件资金网络查控平台"、稽查视频指挥系统、协查信息管理系统持续优化，充分运用信息化战法，进一步提升打击质效。

（三）实现技术数据业务深度融合

1.打通涉税数据全生命周期

围绕数据全生命周期深度优化拓展非结构性数据采集渠道，建立纳税人行为模式数据库，挖掘纳税人消费交易行为等多维度数据，与传统涉税数据集协同联动，形成税收异构数据库；与高等院校、科研院所深度合作，利用跨学科分析方法与工具，建立起全面动态纳税人行为模式数据库；将"整体政府"理念贯穿涉税数据归集工作，通过实现规则与平台的统一和整合，全面优化数据归集流程，以推动标准化管理的实施；制定涵盖数据格式、数据字段定义、数据传输协议等方面的统一数据标准，确保税务部门与其他政府部门之间，以及各级政府部门之间数据的兼容性和一致性；开发并推广自动化数据清洗和转换的数据标准化工具，提高数据整合和处理效率；还应整合各级各部门的政府信息系统，建立集中式的数据管理平台，实现数据的集中存储、共享和分析，增强跨部门协同工作能力，提升整体治理水平；完善数据调用与共享机制，建立开源算法的 API，在确保数据安全与隐私保护的前提下，充分发挥市场机制的作用，合理稳步放开 API 业务规则算法给第三方软件开发商，开发创新性、多元化的应用功能，促进技术与市场的双向互动，营造出经营主体广泛受益的良好生态系统。[②]

2.加强技术业务数据一体化聚合

以大数据、大模型、大计算为全新计算范式，结合 ChatGPT、AIGC 等先

---

① 《国新办举行"推动高质量发展"系列主题新闻发布会（国家税务总局）》，国家税务总局网站，2024 年 9 月 20 日，https：//www.chinatax.gov.cn/chinatax/n810219/n810724/c5234643/content.html。

② 李冬妍、梁磊、马燕梅：《智慧税务视域下优化税收风险管理的国际经验借鉴》，《税务研究》2024 年第 10 期，第 99~105 页。

进技术，建立数据与业务知识的联系，应用机器学习获取数据和分析数据，进一步挖掘数据、理解数据、管好数据，打造税收数据管理体系、系统化数据应用体系和多层级数据服务体系，实施一体化数据调度和统一标准规范体系，建立统一数据应用平台，实现数据高效共享服务。进一步加强技术数据业务的深度融合，加快税收征管数字化升级和智能化改造，构建高集成功能、高安全性能、高应用效能的智慧税务生态环境，提升综合治理效能。依托大数据标签体系推动政策精准快速直达市场主体，探索运用税收大数据解决企业间资源错配问题，切实服务社会经济发展；以纳税人缴费人需求为导向，推行高效智能税费服务，丰富提升智能问办服务新体验；构建"信用+风险"动态监管机制，拓展税收协同共治格局，主动对接"数字政府"等建设，探索智慧税务与智慧城市、智慧交通、智慧教育、智慧医疗等各个领域的协同，让税收"数据流"变成促进国家治理、社会治理的"要素流""价值流"。

3. 推动构建全球税收治理新格局

借鉴国际智慧税务经验，争取在数字身份国际标准、跨境业务数据交互等课题上取得突破，把握数字化转型规则制定的主动权，加强国际税收合作，分享智慧税务"中国方案"，推动构建智智相连的全球税收治理格局。

（四）"以数治税"税收风险防范

以数治税是顺应数字经济时代要求的关键支撑，要坚持以精准综合分析下的风险管理为导向，聚焦涉税风险，有序推进精准治理，持续健全动态"信用+风险"的监管体系，依托大数据构建指标、算法、模型，进一步运用人工智能、机器学习等前沿技术，通过对大数据资源池和涉税犯罪案例的深入挖掘和学习，精准识别研判涉税违法行为；综合运用"提示提醒、督促整改、约谈警示、立案稽查、公开曝光"五步工作法，坚持宽严相济，坚决维护好国家的税收安全，也坚决维护好合法企业的合法权益，防范税费遵从类风险。

将业务系统和行政管理系统与内部控制平台有机对接，使内控监督规则和考评标准渗入业务流程、融入岗责体系、嵌入信息系统，通过多系统融合、一平台集成以及自动化联动监控，实现对税收征管各流程、内部管理各环节的集成式风险识别防控，防范税务管理类风险。

推进电子发票与财政支付、金融支付和各类单位财务系统、电子档案系统的衔接，推进电子发票无纸化报销、入账、归档、存储等，促进相关领域数字化变革，撬动经济社会数字化转型；支持健全现代支付和收入监测体系，交换共享个人收入和财产信息系统数据，防范信息技术类风险。

扎实开展护航各项税费政策落实的专项行动，对进行虚假宣传、恶意税收筹划的涉税中介一并严肃查处，坚决防止税费政策的"红包"落入不法分子的"腰包"；紧盯虚开骗税，聚焦高风险重点行业、重点领域，扩围升级最高人民法院、市场监督管理局、公安部、中国人民银行等八部门常态化打击虚开发票、"假出口"骗取出口退税、"假申报"骗取税费优惠等严重违法行为，提升涉税案件查办的整体效能；推动部门协作实体化高效化运行，实现跨区域、跨部门数据共享，实现对犯罪团伙联合研判、精准打击，拓展联合打击机制下的部门协作广度和深度，推进构建从行政执法到刑事司法全链条协同打击虚开骗税违法犯罪的新局面；坚持刀刃向内"一案双查"，对失职失责、内外勾结、通同作弊的违法违纪行为严惩不贷，对发现的税务管理薄弱环节"以查促管"标本兼治，防范税务生态类风险。

（五）深化税费领域全面征管改革

持续改进税收征管，倾力打造效能税务。全面系统地认识和把握今后五年乃至更长时期深化税务领域改革的任务书和路线图，准确把握中央对深化税务领域改革作出的系列部署，深化财税体制改革，落实税收法定、优化税制结构、深化税收征管改革，以高度的政治自觉推动各项改革任务落实到位。助力全国统一大市场建设，修订完善《税收征管操作规范》，进一步推动税收征管全国标准化、规范化。自觉当好进一步全面深化改革的执行者、行动派、实干家，有力有序推动税务领域改革任务落实落地，引领中国式现代化税务实践不断向前迈进，为全面推进强国建设、民族复兴伟业作出更多更大税务贡献。

1. 深入推进依法治税，严格规范税收治理方式

全面落实税收法定原则，严格规范税收治理方式，有力推动增值税、消费税等税种立法和税收征管法修订，着力健全税收法制体系；关注增值税、消费税、个人所得税等税种改革之间的关联性，统筹推进在财税、金融等重点领域及其他领域改革时发挥税收作用。

优化税制结构，聚焦推动高质量发展，合理降低制造业综合成本，减轻税费负担，提高研发费用加计扣除比例，研究同新业态相适应的税收制度，完善绿色税收制度等；聚焦促进社会公平，健全直接税体系，完善综合和分类相结合的个人所得税制度，完善税收、社会保障、转移支付等再分配调节机制，完善房地产税收制度等。

聚焦维护市场统一，规范税收优惠政策，进一步完善对重点领域和关键环节的税收支持机制，增加地方自主财力，拓展地方税源，推进消费税征收环节后移并稳步下划地方，优化共享税分享比例，研究把城市维护建设税、教育费附加、地方教育附加合并为地方附加税等。

深化税收征管改革，推进通关、税务、外汇等监管创新，加强绿色发展、数字经济、人工智能、能源、税收、金融、减灾等领域的多边合作平台建设，进一步提升税收征管质效。适当下放部分非税收入管理权限、完善基本养老保险全国统筹制度、推进基本医疗保险省级统筹等社保非税改革举措。以系统观念推动各领域各方面改革举措同向发力、形成合力，切实增强改革的整体效能。

坚持依法依规征税收费，严格规范公正文明执法，不断优化税务执法方式，强化税费执法全流程监测，更好维护纳税人缴费人合法权益。全力做好税法宣传普及工作，运用新技术新媒体开展精准普法和政策推送，在全社会营造诚信纳税的良好氛围，不断提高纳税人税法遵从度。

2. 深入推进以数治税，切实提升税收治理效能

顺应数字时代发展浪潮，把海量数据资源和强大算法算力作为税务部门的核心竞争力和新质生产力，着力推动税务管理、税费治理更加科学化精细化智能化。为纳税人提供"政策找人""预填申报"等智能服务，切实增进办税缴费便利度，帮助税务人员根据动态信用风险评价，实现差异化、精准化服务和监管，不断提升税务执法质效。聚焦当前数字经济发展特点，体现税务领域改革与经济转型升级之间的关联性，部署研究同新业态相适应的税收制度，以及推进通关、税务、外汇等监管创新营造有利于新业态新模式发展的制度环境等任务。

3. 深入推进从严治税，有效防范税收治理风险

坚持把强化责任落实、推进从严治税摆在突出位置，建立健全"事事明责、人人尽责、失责必问、问责必严"的责任落实机制，综合运用内外部审计、监督以及考核、检查、激励、惩戒等手段，特别是着力推进把内控监督规则渗入业务流程、融入岗责体系、嵌入信息系统，把实的责任、严的要求落实到每位税务人员、每个岗位、每项工作、每一环节，努力提高税收征管各流程、内部管理各环节的集成式风险识别防控和管理水平。

4. 深入推进协同治税，持续凝聚税收治理合力

全领域强化部门高效协作，在税制改革、税费服务、信用共享以及涉税违法打击等方面，积极加强同国内各部门的合作，主动打通跨部门信息链条，通过常态化数据交换共享机制，持续夯实税收治理基础。全方位融入全球税收治理，深度参与国际税收规则制定，打造"税路通"跨境服务品牌，积极拓展与跨国企业的沟通渠道，开发系列公共知识产品，借助多方资源开展国别税收政策辅导，持续提高跨境税收服务质量和效率。持续扩大税收协定网络，为跨境纳税人提供更高税收确定性，并通过相互协商，为纳税人消除国际重复征。持续推动健全有利于高质量发展、社会公平、市场统一的税收制度，深化税收征管改革，进一步加强国际税收交流与合作，着力打造市场化、法治化、国际化税收营商环境，为加强全球经济税收治理贡献更大的力量。

参考文献

蔡昌：《深化税收征管改革关键在"以人为中心"》，《小康》2021年第16期。

樊勇、杜涵：《税收大数据：理论、应用与局限》，《税务研究》2021 年第 9 期。

王振宇、赵福顺：《数据要素化背景下税收风险管理面临的挑战及应对》，《税务研究》2024 年第 10 期。

许正中：《构建财税数字治理新机制》，《国际税收》2024 第 9 期。

周开君：《智慧税务建设的价值意蕴、逻辑机理与实践路径》，《税务研究》2022 年第 8 期。

B.7
智慧海关建设背景下中国
智慧关税发展报告

崔志坤　郑鹏飞[*]

摘　要： 本报告聚焦智慧海关框架下的智慧关税建设问题，阐述智慧关税的发展历程和典型案例，从提高通关效率、降低贸易成本、增强企业合规性、促进国际贸易便利化等角度分析智慧关税建设对企业的影响，并对智慧关税建设提出可行性对策建议：完善相关法律法规、升级原产地确定技术、加强数据安全与隐私保护、持续技术更新、加强国际合作与协调。

关键词： 智慧海关　智慧关税　数字经济税收

一　智慧海关建设的提出及推进

（一）智慧海关的提出

随着国际贸易的发展，企业对通关便利、降低贸易成本、保证进出口质量的需求日益迫切，对监管效率和专业执法的要求越来越高。同时，大数据、云计算、人工智能、物联网等新技术为推进海关现代化带来了新机遇。智慧海关建设是中国海关响应新时代发展需求，利用现代信息技术提升监管

* 崔志坤，经济学博士，上海海关学院海关与公共经济学院院长，教授，主要研究方向为税收理论与政策；郑鹏飞，经济学博士，上海海关学院海关与公共经济学院讲师，主要研究方向为海关统计理论与政策。感谢上海海关学院 2023 级税务硕士研究生祖琪琦、陈佳琦、谢雨瑾在前期收集资料方面所付出的努力。

服务水平的重要举措。智慧海关以"智能化"为依托,以高新技术驱动制度创新,倡导重视科技创新,优化管理手段,推动海关智慧治理、边境协同治理、全球合作治理,实现海关基础设施、监管和行政管理的智能化,共促全球贸易安全与便利。这一概念旨在通过应用颠覆性技术探索重构海关治理体系,提升海关监管效能,便利企业与百姓,并推动全球贸易以实现共同可持续发展。

(二)智慧海关的推进措施

"智慧海关作为一项系统工程,采用'1+N+X'方案体系方式进行系统谋划、整体推进、分步实施。"具体来看,"1"是制定《智慧海关建设总体方案》,对智慧海关建设进行顶层设计;"N"是对总体方案进行细化设计,制定海关各业务领域的具体实施方案;"X"是结合企业多样化通关需求和海关多元化执法实际,制定各类现场应用场景方案,并根据外贸形势和技术发展变化,持续丰富和迭代升级。[①]

按照"1+N+X"方案体系,2023 年智慧海关建设已经在一些重点领域先行先试,取得了一定成效。比如推广检验检疫证书"云签发",实现信息录入智能化、证书审核自动化等。

2024 年智慧海关建设进入全面实施阶段,重点建设包括智慧海关业务流程体系、参数库、知识库、模型库、装备设施体系、一站式服务平台等九大标志性工程,不断深化大数据、云计算等新技术在监管通关和涉企服务中的应用。

1. 智慧海关助力口岸外贸优化升级

乌鲁木齐海关在实际工作之余,用好"智慧眼",强化"机检+智能审图"模式,将海关监管嵌入口岸物流,梳理常见禁限物品机检图像库,提升机检判图业务能力;建立"一屏展示"预警平台,加强报关单数据、机

---

① 《新华全媒+|以数字化转型和智能化升级更好维护国门安全——海关总署有关负责人介绍智慧海关建设总体情况》,新华网,2024 年 3 月 14 日,http://www1.xinhuanet.com/politics/20240314/cce1a8f424e649e488333b0a4f672720/c.html。

检图像、视频监控资源分析，整合业务运行监控数据 96 条，形成"中心+现场"联动处置机制；推动"公路口岸+属地直通模式"改革，依托智能监管设备与物流监控系统联动，构建智能卡口验放模式，进出口通关时间平均压缩 60%。

通关提速方面，北京海关全国首创"双枢纽"协同监管模式，串联海关、综保区等 9 类主体单位 65 项业务数据，并细化通关物流可查询时间节点，实现首都机场、大兴机场两场直通，2023 年，北京口岸进出口货运量 86.8 万吨，同比增长 25.5%。①

2. 智慧海关促进重点产业发展

北京海关加强惠企服务，提升市场主体活力。助力开拓海外市场，以"专精特新"企业为重点，鼓励指导多家中小企业申请知识产权海关保护备案。推荐出口知识产权优势企业加入北京市海外知识产权保护联盟，提升企业海外维权能力。同时推进科技运用，实现高效精准执法。以智慧海关建设为依托，积极创新监管和执法方式，推广商标智能识别、"云确"远程确权等科技监管手段应用，强化对进出口侵权货物的发现和甄别能力，提高合法货物的通关时效。②

3. 智慧海关保障贸易顺畅进行

广州海关作为南方重要的海关之一，也在智慧海关建设中取得了显著成果。通过智能监控系统，广州海关实现了对口岸和通关现场的实时监控。系统能够自动识别非法入境、走私等异常情况，并及时报警。智能监控系统的应用，不仅提升了口岸安全，也提高了通关效率，确保了贸易的顺畅进行。

拱北海关以分级风险防控、联合信用惩戒为抓手，建设融合监控指挥平台，强化"响应、呼应、反应"运行机制，积极推进内外监管合作、上下管理协同、多方数据互换，构建共商共建共管共享的一体化风险联防联控机制，实现全链条管控。同时，联合横琴合作区执委会建立信用通行管理制度，构

---

① 资料来源于北京海关。
② 《深化智慧海关建设 促进北京重点产业发展》，北京海关，2024 年 3 月 14 日，http：//beijing.customs.gov.cn/beijing_ customs/434851/zxft87/5730851/index.html。

建"一处失信、处处受限"的惩戒机制,营造诚信守法便利良好氛围。

智慧海关的建设不仅提升了海关的数字化监管水平,优化了业务运行质量,还通过科技赋能集约办理提升了效率,为企业减负增效。此外,智慧海关的建设还关注便利旅客出入境,支持消费新业态,通过数字化转型和智能化升级更好维护国门安全,逐步实现卫生检疫和行李物品同步监管,让旅客无特殊情况可享受"无感通关"。这一系列举措旨在推动实现互联互通,服务本国发展战略,促进各国(地区)海关共同发展。

二 智慧海关建设背景下智慧关税建设历程

(一)"两中心、三制度"的含义

在全球化和信息化快速发展的背景下,中国海关积极推进智慧关税建设,以提升通关效率、保障国家经济安全、促进贸易便利化。智慧关税建设的核心在于"两中心、三制度"的实施,即以全国海关风险防控中心和全国海关税收征管中心为支撑,实施一次申报、分步处置、税收征管方式改革三项制度,构建高效、透明、公正的关税管理体系。

两个中心为全国海关风险防控中心和全国海关税收征管中心。前者通过集中的风险防控,实现对进出口货物的风险评估和预警,确保税收安全和贸易合规。后者则集中统一进行税收征管,确保税收政策的一致性和公平性,提高税收征管的效率和准确性。通过风险的集中防控和税收的统一作业,让同一个企业在不同的海关面对统一的海关监管政策和要求,享受统一的通关便利待遇。

一次申报、分步处置的管理模式分离安全准入和税收征管作业,第一步由风险防控中心分析验证货物品名、数重量、禁限类别等准入属性,排查准入风险后企业自缴税款或凭担保先放行货物;第二步由税收征管中心分析验证货物归类、价格、原产地等税收属性,完成货物放行后的税收征管作业。

税收征管方式改革强化企业如实申报、依法纳税的责任,推动税收征管申报要素的审查由集中在进出口通关环节向全过程转变，由逐票审查确定向抽查审核转变。

协同监管制度主要针对隶属海关功能定位和机构设置的差别化，口岸海关侧重运输工具、货物、物品、监管场所等的监管，而主管海关（进口人/出口人注册地海关）则侧重企业稽查、信用管理等后续监管和合规管理。同时强化通关监管、稽查、缉私三支执行力量的协同监管，并分别有所侧重。

从三项制度整体来看，全国范围推进通关一体化改革后，对企业的进出口申报管理分为以下三个步骤。

第一步，放行前核查。风险防控中心分析货物是否存在禁限管制、侵权、品名规格数量伪瞒报等安全准入风险并下达布控指令，由现场查验人员实施查验。对于存在重大税收风险的，由税收征管中心实施货物放行前的税收征管要素风险排查处置或安排现场实货验估。

第二步，放行后排查。税收征管中心在货物放行后对报关单税收征管要素实施批量审核，筛选高风险目标进行核查，并联系企业或通知主管海关统筹实施放行后验估、稽（核）查等作业。

第三步，常规或专项稽查。由主管海关负责对企业进行常规或专项稽查并实施后续监管。

（二）智慧关税建设历程

中国政府高度重视智慧海关建设，并将其纳入国家治理体系和治理能力现代化的战略重点。要加快建设智慧海关，以高质量的税收征管服务高水平对外开放。这一政策导向为智慧关税建设提供了有力的政策支持。此外，海关总署还积极推动与国际贸易相关规则的对接和融合，为智慧关税建设营造了良好的外部环境。[①]

---

① 《海关总署署长俞建华：打造智慧海关势在必行，刻不容缓》，澎湃新闻，2024 年 3 月 11 日，https://www.thepaper.cn/newsDetail_forward_26636496。

1. 正式印发总体方案

2023 年 7 月 28 日，《智慧海关建设总体方案》正式印发，并配套制定推进方案，明确业务运行体系和科技支撑体系。2023 年 8 月，正式启动"智关强国"行动，全面对标对表党的二十大报告涉及海关工作的重要部署，积极回应各渠道各层面反映的突出问题，着眼未来 5 年，统筹发展与安全、国内与国际、目标与路径，部署 6 大重点行动和 8 个专项行动。

2. 绘制"施工图"

2023 年 8 月，习近平主席在"金砖+"领导人对话会上宣布实施"智慧海关"合作伙伴计划，为"智慧海关"建设与海关国际合作提供了根本遵循与指引。[①] 8 月 1 日，智慧海关建设集中会战全面启动，参战人员次第集结。9 月 2 日，智慧海关"N+X"共 166 个方案征求意见稿全部完成，"施工图"初具雏形。11 月 11 日，智慧海关建设集中会战顺利结束，各方案全部编制成稿，形成完整的"1+N+X"方案体系。

3. 落地见效成"实景"

智慧动植检、智慧商检等领域先行先试打响"头炮"，早期收获项目落地见效，基层"小而美"创新项目亮点纷呈。"智关强国"行动凝聚共识、精准发力，在守护国门安全、推进高水平开放、提升重点产业链韧性等方面，取得 100 余项标志性成果、突破性进展。进境粮食智慧检疫监管通过系统互联互通、智能装备应用、调运轨迹智能预警，实现审得快、检得准、放得稳、干得专。大宗资源性商品监管应用近红外光谱、高速图像采集识别等新技术，实现进口铁矿石全过程智能感知、智能研判和智能处置。海关总署通过引入智能审图技术，实现了对进出口货物的快速识别和精准监管；同时，通过建设电子口岸和国际贸易单一窗口等平台，实现了与国际贸易相关系统的无缝对接和数据共享。[②]

此外，我国海关与新加坡、巴基斯坦、蒙古国、伊朗等"单一窗口"

---

① 《习近平在"金砖+"领导人对话会上的讲话（全文）》，中国政府网，2023 年 8 月 24 日，https：//www.gov.cn/yaowen/liebiao/202308/content_6899939.htm。

② 《海关智慧赋能 助推跨境电商高质量发展》，海关总署。

合作机制成果写入国务院新闻办公室发布的《共建"一带一路"：构建人类命运共同体的重大实践》，推动 10 项进出口食品安全领域合作纳入元首外交成果，为第三届"一带一路"国际合作高峰论坛贡献 8 项成果文件。

三 智慧关税建设典型案例

（一）上海海关

1. 智慧优惠关税系统的运用

2018 年 8 月，上海市推出自由贸易协定智能优惠关税系统（Smart FTAX），该系统在线上为企业一站式解决自贸协定优惠关税的查询及应用问题，提供最佳的贸易节税解决方案。中国扩大面向全球的高标准自贸区网络，已与 29 个国家和地区签署了 22 个自贸协定，部分自贸协定中的商品已降至零关税。在阻碍企业利用自贸协定的因素中，规则复杂和合规风险是两大主要问题。所谓"原产地规则"，即判定产品是由哪个国家制造，对于一种完全在一国生产的产品，其原产地容易判定，但随着国际分工合作的发展，一种产品往往使用了多个国家或地区的原材料或在多个国家或地区经过数道生产工序完成，故而需要通过原产地规则判断其是否能够适用相关自贸协定。

智能优惠关税系统帮助企业通过直观比较不同自贸协定间的关税税率选出最优解，并提供原产地规则的全套解决方案以及原产地证书单证模板与填制规范。

如某企业需从韩国进口 8000 万元连续式玻璃热弯炉，若以最惠国税率进行进口申报，关税为 10%，税费为 800 万元。如将商品编码输入智能优惠关税系统，系统则会提示中韩之间签署过"亚太贸易协定"和"中韩自贸协定"，两个协定中该商品的关税税率分别为 6.5% 和 6%。此时企业可以选择以"中韩自贸协定"税率申报，将节税 4%。而且系统还将提醒企业，在"中国-东盟自贸协定"下该商品关税为零，企业可以寻找东盟国家内的替代供货商。[①]

2. "丝路电商"电子口岸数字技术应用

自 2023 年 10 月国务院批复同意在上海创建"丝路电商"合作先行区以来，先行区积极对标高标准数字贸易规则，建设跨境电子发票互操作平台，开展"一次申报，双边通关"跨境互助通关、跨境商品溯源试点。

为推进国际和区域交流合作，在上海市商务委和虹桥国际中央商务区管委会的指导下，上海亿通国际股份有限公司、江苏省电子口岸有限公司、浙江电子口岸有限公司、安徽谦通信息科技有限公司和上海亚太示范电子口岸网络运行中心等单位联合签署《虹桥国际开放枢纽"丝路电商"电子口岸数字技术应用合作协议》。合作项目依托亚太示范电子口岸网络（APMEN）国际合作机制，发挥虹桥国际中央商务区平台优势，运用云计算、区块链、大数据等技术，在长三角地区深化跨境互助通关试点、推广跨境电子发票互操作、拓展跨境商品溯源应用范围。

上述制度型开放成果有助于提升贸易便利化水平，提高跨境贸易效率。其中，深化跨境互助通关试点。搭建基于贸易、物流数据的合规通道，为长三角"丝路电商"企业提供"一次申报、双边通关"服务，实现出口企业向电子口岸提交申报数据后，电子口岸生成符合中国和贸易对象国海关通关要求的申报数据。此试点可有效减少通关成本。推广跨境电子发票互操作。上海电子口岸已对接泛欧在线公共采购平台（PEPPOL），建设跨境电子发票互操作平台。较传统纸质发票，电子发票更安全灵活、成本低，可提高跨境交易效率。拓展跨境商品溯源应用范围。跨境商品溯源系统收集商品供应链各环节关键信息，运用区块链"去中心化""不可篡改"等特性，为消费者、贸易商、监管部门提供真实且不可篡改的溯源记录，实现商品来源可查、去向可追，切实保障消费者权益，已在宝玉石进口追溯中运用。下一步，将进一步拓展跨境溯源商品品类至红酒、医药器械、生鲜食品等。[②]

[①] 《上海推出智慧优惠关税系统，助力企业享受自贸协定关税红利》，澎湃新闻，2018 年 8 月 9 日，https://www.thepaper.cn/newsDetail_forword_2334096。

[②] 上海市商务委员会官网，https://sww.sh.gov.cn/index.html。

3.电子发票跨境交互性增强

海关电子口岸已对接泛欧在线公共采购平台（PEPPOL），建设跨境电子发票互操作平台。较传统纸质发票，电子发票更安全灵活、成本低，可提高跨境交易效率。在增强电子发票跨境交互性，推动电子提单、电子仓单等电子票据应用方面，上海市商务委率先在 DEPA 成员经济体中开展相关工作。电子发票方面，进一步探索应用新场景，比如基于区块链功能提供电子发票存证、验真服务，不断推广电子发票在货物贸易、服务贸易中的应用并制定跨境电子发票标准。电子提单方面，推动 GSBN 与航贸数链（航贸数链是依托上海浦江数链基础设施搭建的面向航运贸易领域的行业辅链）的对接，促进电子提单数据在业务链上下游之间高效流转；与国内外金融机构合作探索建设区块链电子提单金融服务应用场景；在中欧班列上海号上试点铁路电子提单应用，为铁路运单提单化进行积极探索。同时，以"进口生鲜"为场景，联合金融机构推进电子提单、电子发票等贸易单证的综合应用。[①]

（二）天津海关

为了让入境旅客感受到"零排队、零搬运、零等待"的通关体验，保障旅客便捷通关，提高口岸监管效率。天津海关持续推进"智慧旅检"，利用"先期机检"模式，提前通过海关行李查验 CT 机进行查验。海关行李查验 CT 机具有视觉识别、智能审图等功能，对超量物品、濒危动植物及其制品、毒品等各类违禁品都能够实现迅速识别。除了少数存疑行李需要进行人工开箱查验，其他旅客的托运行李无需再次进行查验，进一步节省了旅客搬运行李和等待的时间。

为助力天津北方国际航运枢纽建设，天津海关立足东疆港区内外贸一体化发展需求，构建"全景监控、主动管控、智能预警、协同处置"的口岸

---

① 《上海国际贸易"单一窗口"已服务超 66 万家企业》，澎湃新闻，https：//www.thepaper. cn/newsDetail_forward_26285275。

智慧管控系统,将海关监管嵌入港口正常生产经营,以智慧海关监管模式打造高效便捷的物流通道,以信息化手段推进内外贸同船运输和沿海捎带等业务便利化,助力港口功能和辐射能力进一步提升。

自2022年4月以来,依托"智慧管控"系统,天津东疆港区开始全面启动内贸船舶作业试点改革,通过综合配置港口作业要素,进一步辐射带动周边物流配套及产业集聚发展。

近年来,天津海关联合天津港集团,积极运用科技手段引领智慧海关建设,先后开发了关港集疏港智慧平台、口岸智慧管控系统,创新口岸通关作业模式,做到了非口岸查验货物进口"船边直提"和出口"抵港直装",优化了海运口岸传统作业流程。项目应用后,进口货物作业环节由之前6个减少为3个,由原先的1天至2天最短缩减至1.5个小时,对提升口岸通关效率起到了积极作用。

同时,作为非传统安全领域全国首个省部级重点实验室和天津市重点实验室之一,天津海关"天津市口岸非传统安全(NTS)风险防控科学与技术重点实验室",重点聚焦"口岸重大检疫风险防控""口岸生态安全防控""口岸核生化爆及口岸反恐"等三大方向,2022年研发的5G+辐射探测机器人率先在全国海关系统应用,实现集装箱的远程自动化辐射剂量探测,替代了传统的集装箱辐射探测的人工查验模式,在实现集装箱辐射剂量智能化查验的同时,有效保护了现场查验人员的健康安全。

(三)厦门海关

厦门港拥有集装箱外贸航线133条,通达55个国家和地区的149个港口。作为"21世纪海上丝绸之路"的节点港口,随着共建"一带一路"不断走深走实,厦门港迎来了前所未有的发展机遇。为进一步助力厦门港提升国际枢纽服务功能,厦门海关持续推进"智关强国"行动和智慧海关建设,充分发挥科技引领支撑作用,运用数字监管平台、原产地证服务系统等科技手段,助力口岸通关更加现代化和便利化。

为进一步提升集装箱周转效能,纾解港口压力,厦门海关上线数字口岸平台进口卸船分流功能。该系统可在进口货物船舶确报抵港环节获取分流信息，并无缝嵌入港口物流作业环节，将待查验货柜直接分流至指定区域，解决了传统作业模式下，提前申报查验货物进口卸船后需先统一运至码头堆存场，再由堆存场运至专用查验场地，存在的二次吊柜、装卸和运输现象，影响货物在码头流转效率的问题。

例如，在厦门象屿综合保税区海关卡口，全球物流（厦门）有限公司在国内采购的一批显卡、网卡等电脑配件刚刚运达，仅用不到 1 分钟，系统就能自动识别车牌并放行，顺利进入象屿综合保税区的仓库。以上归功于厦门海关上线的综合保税区数字监管服务平台。该平台自 2022 年 4 月上线以来，优化了非保税账册管理手续，实现了"一企业一账册"以企业为单元的管理，通过引入企业 ERP 联网监管模式，实现了企业与海关的直接联网对接，将非保税货物监管模式由原先的"备案式"升级为"直联式"。

综合保税区数字监管服务平台上线后，非保税货物进出区由原来的 3 份申报单简化为 1 份，主要申报字段项由 21 项压缩至 11 项，平均每单可节约 0.5~1 个小时，每车过卡时间节约 5~10 分钟，非保税货物的通关效率提高了 2.5 倍，大大节约了企业物流成本，更好地帮助企业统筹调配国际和国内市场资源。

2017 年 8 月，厦门海关立项研发"关数 E"平台应用，由厦门海关数据分中心、东方物通科技（北京）有限公司、英联（厦门）金融技术服务股份有限公司及各合作银行共同搭建一个开放的企业通关数据金融应用创新服务平台，构建"海关+技术平台+金融机构"合作，将企业已经发生的通关数据纳入银行提供的信贷模型，为每一个具体金融产品建立算法，从而为商业银行建立更加精准的企业信贷画像。

该项目旨在利用企业在海关的通关数据作为资信评估工具，帮助广大中小进出口企业获得所需贷款的同时帮助银行防范中小微企业的信贷风险。其主要的授信条件包括：企业进出口额在 2000 万美元以下，授信额度上限为 200 万元，授信模式为纯信用贷款，一般四大行的利率为基准利率上浮 15%，其他股份制银行利率相对较高。

（四）拱北海关

作为连接横琴粤澳深度合作区与澳门的唯一口岸，伴随着琴澳两地交融的日益频繁，横琴口岸人员往来越发频密。2023 年，横琴口岸全年验放旅客量超 1670 万人次，居全国口岸第八位；验放进出境车辆超 194 万辆次，较上年增长 56%，人流、车流数均创历史新高。

2023 年 9 月，全国首创的客货车"粤澳联合一站式"通关模式落地横琴口岸，这是陆路口岸推进车辆通关高度便利化的一次全新尝试。在这里，通过建设粤澳双平台、联通共享跨境数据，粤澳两地 5 家联检单位首次在同一通道、同一平台上完成对通关车辆及人员信息的一次采集、分别处置、联合验放，车辆可实现"一次排队、一次放行"，海关通关环节提速 40% 以上。拱北海关依托共建"一带一路"建立琴澳信息交互系统，率先实施跨境 H986 图像信息共享、货运核辐射监测、卫生检疫"合作查验、一次放行"等执法合作，推动"两次检查"为"一次检查"，形成"单向查验、信息共享"范例，加快实现琴澳一体化发展。

在横琴口岸，推广应用拱北海关首创的客车顶照式智能审图，创新性建立多类别检测等算法，智能化区别车辆性质，实现精准识别验放。接下来，这一系统将拓展应用至"二线"通道作业现场，持续推动人流、物流高效顺畅流动。

目前，以小客车 H986 智能审图为代表的数字化查验模式正在通关一线大显神通，辅助查获多起走私违规案件。拱北海关通过数字化重构作业模式、运行模式和用户体验，建设"二线"旅客通关子系统，构建关地多元共治新体系，探索触发式监管、无感通关等模式，着力打造安全、便利、高效海关智治新生态。

2024 年 1 月，《关于横琴粤澳深度合作区个人行李和寄递物品有关税收政策的通知》《海关对横琴粤澳深度合作区监管办法》相继发布。伴随政策利好而来的是对提升海关监管服务效能的全新考验。拱北海关创新提出"一码通溯源"监管理念，以"一码"链接特定商品"一物一链"，打造起一套合作区商品溯源体系。

同时，海关推出"一线"进出免税、保税货物简化申报政策，打造"顺势、精准、高效"的货物申报体系，简化申报要素 72 项，用好合作区这个不同规则和机制交错共存的区域，为粤港澳大湾区市场一体化探索经验。

合作区封关运作鼓点正急，未来的合作区海关监管覆盖 5 类通道、6 个作业场所，面临点多、线长、面广的现实情况，智能化将是海关实现监管服务由"量变"到"质变"转化的最重要路径。通过数字孪生、知识图谱、AR 等技术，拱北海关构建融合监控指挥中枢，如同指挥"大脑"，整合多源预警信息，实现预警快速响应、异常处置。"在这里，能实现对'5 类通道、6 个作业场所'语音数据全融合、通信终端全接入和中心现场全联通。"[①]

与此同时，拱北海关强化"三应"运行机制，以信息化深度融合为抓手，不断推动完善合作区反走私综合治理机制，开展跨部门数据交换，建立健全信用记录机制，推动构建共商共建共管共享的风险防控体系，打造合作区安全高效生态，服务琴澳融合发展。

（五）大连海关

2023 年，大连海关、海关总署税收征管局（京津）共同完成"税收风险大数据智能筛查"项目（以下简称"数智筛"）。"数智筛"以人工智能技术支撑下的进出口商品信息标准化编码实现了管理要素数字化，以构建人机交互的知识采集机制实现了知识经验数字化，以自动化智能分析输出风险线索探索了作业管理智能化。

"数智筛"具有申报要素的智能提取、商品特征的智能识别、风险线索的智能筛查等特点，涵盖归类筛、价格筛、产地筛等功能，实现对归类、价

---

① 《"智"奏横琴"慧"响湾区——拱北海关以智慧海关建设助力横琴粤澳深度合作区高质量发展》，《中国国门时报》2024 年 2 月 7 日。

格、原产地等涉税要素风险的筛查。在海关自主研发算法的支撑下，"数智筛"对亿数量级报关单数据扫描用时仅以分钟计，并保持了较高的准确率。

营造安全、便利、高效的海关治理新生态是智慧海关建设的重要目标。"数智筛"作为一款税收风险智能化防控工具，能够实现对不法行为的精准打击，推动通关便利化水平进一步提升，让企业充分认识到守法便利、违法惩戒。

"数智筛"基于人工智能自然语言处理技术，对申报为文字形式的进出口商品的税收风险线索实施自动化、智能化筛查。"经我们研判，'数智筛'通用于海关现行模型，有助于进一步提升海关现有模型体系的管理效果，实现对商品的精准画像，能够快速、高效地发现涉嫌违法违规的企业，有利于维护公正公平的贸易秩序。"①"数智筛"在查发价格风险方面呈现分组准、速度快、风险提示效率高等特点，查得越准，对守法贸易企业的干预就越少，有利于更好地维护贸易公平。

四 智慧关税建设对企业的影响

在全球经济一体化和数字化转型的背景下，智慧关税建设作为海关现代化的重要组成部分，正逐步改变着我国企业的国际贸易环境。通过引入大数据、云计算、人工智能等现代信息技术，智慧关税建设依托智慧关税系统不仅提升了关税征管的效率和准确性，还降低了企业的贸易成本，增强了企业的合规性，促进了国际贸易的便利化。

（一）提升通关效率

智慧关税系统通过自动化处理报关数据、智能识别风险等方式，大幅缩短了货物在海关的通关时间。企业可以更加快速地完成报关手续，减少因等

---

① 《构筑"智"高点 打造新枢纽——大连海关以智慧海关建设服务推动东北全面振兴》，大连海关官网，2024年8月19日，http：//nanjing. customs. gov. cn/dalian_customs/460673/460674/6049463/index. html。

待通关而产生的仓储和物流成本。同时，智慧关税系统还提供了实时查询和跟踪功能，使企业能够随时掌握货物的通关状态，提高物流管理的效率。

1. 自动化处理减少人工干预

智慧关税系统通过高度自动化的数据处理流程，大幅减少了传统通关过程中的人工审核环节。企业提交的报关数据可以自动被系统识别、分类并进行初步校验，大大提升了数据处理的准确性和速度。这一变化不仅减轻了海关关员的工作负担，还避免了因人为因素导致的错误和延误，从而显著提升了通关效率。

2. 智能识别与风险预警

智慧关税系统运用大数据分析和人工智能技术，能够实时监控进出口货物的物流动态和交易信息，对潜在的风险进行智能识别和预警。通过构建风险模型和算法，系统能够自动识别出高风险货物和异常交易行为，为海关关员提供精准的监管线索。这种智能化的风险管理模式不仅提高了监管的针对性和有效性，还减少了不必要的查验和审核程序，进一步加快了货物的通关速度。

3. 可视化监控与实时跟踪

智慧关税系统借助高精度地图和物联网技术，实现了对港区、堆存场等关键物流节点的可视化监控和实时跟踪。企业可以通过系统平台实时查询货物的位置、状态和预计通关时间等信息，提高了物流管理的透明度和可控性。同时，海关关员也能通过系统平台实时掌握港区的作业动态和异常情况，及时调度资源、优化作业流程，确保货物能够顺畅、高效地通过海关。

（二）降低贸易成本

智慧关税系统通过减少人工审核环节、提高自动化处理水平，降低了企业在报关、查验等方面的费用支出。同时，智慧关税系统还能提供精准的关税计算服务，避免企业因关税计算错误而产生的额外成本。此外，智慧关税建设还促进了国际贸易单一窗口等平台的建设和完善，实现了报关、缴税、放行等环节的电子化操作，进一步降低了企业因通关延误而产生的仓储、物流等费用。

1. 提升通关效率,降低时间成本

智慧关税系统通过引入大数据、云计算、人工智能等现代信息技术,实现了对进出口货物的高效、精准管理。企业可以通过电子方式提交报关资料,系统自动进行初步审核和分类,大大缩短了传统的人工审核时间。此外,智慧关税系统还能实时跟踪货物状态,提供可视化监控,使企业能够及时了解货物通关进度,从而合理安排生产和物流计划,避免因延误产生的额外费用。这种高效的通关流程显著降低了企业的时间成本,提升了整体运营效率。

2. 优化资源配置,降低人力成本

智慧关税系统通过自动化和智能化手段,减少了人工干预,降低了对人力资源的依赖。在传统通关模式下,企业需要投入大量人力进行报关资料的准备、提交和跟踪,而智慧关税系统则能够自动完成这些工作,减轻了企业的人力负担。同时,海关部门也可以通过智慧关税系统实现资源的优化配置,提高监管效率,减少不必要的查验和审核程序,从而降低了双方的人力成本。

3. 利用政策优惠,降低关税成本

智慧关税系统还能够帮助企业更好地利用政策优惠,降低关税成本。例如,通过智慧关税系统,企业可以方便地查询和申请各种自贸协定原产地证书,享受关税减让待遇。这些证书是出口货物在相关进口方享受关税减让的凭证,被誉为"纸黄金"。智慧关税系统通过优化证书办理流程,推出智能审核、自助打印等便捷举措,实现了业务全程网办、全天候受理,大大提高了企业的申请效率。据统计,一些地区通过智慧关税建设,已经成功助力企业获得了数亿美元的关税减让,有效降低了企业的贸易成本。[①]

4. 优化物流流程,降低物流成本

智慧关税系统还通过优化物流流程、提高物流效率来降低企业的物流成

---

① 《"智"解难题"慧"及企业》,上海海关官网,2023 年 11 月 17 日,http://nanjing.customs.gov.cn/eportal/ui?pageId=423378&articleKey=5502788&columnId=423448。

本。通过智慧关税系统，企业可以实时掌握货物的物流动态，合理安排运输计划，减少因信息不对称而产生的等待时间和运输成本。同时，智慧关税系统还能与物流企业实现数据共享和协同作业，提升物流作业的透明度和可控性，降低物流过程中的风险和损失。这些措施都有助于降低企业的物流成本，提升企业的市场竞争力。

（三）增强企业合规性

智慧关税系统通过实时监控企业的进出口活动、分析数据异常等方式，能够及时发现并预警潜在的违规行为。这有助于企业加强内部管理、完善合规制度、增强合规意识。同时，智慧关税系统还能提供政策咨询和培训服务，帮助企业更好地理解和遵守相关法规政策。

1. 提供全面合规指引

智慧关税系统通过整合各类税收政策和法规，为企业提供全面的合规指引。企业可以通过系统平台轻松查询最新的税收政策、归类规则、原产地判定标准等关键信息，确保在报关、缴税等各个环节运行中符合法律法规要求。这种实时的信息更新和便捷的查询方式，大大降低了企业因信息不对称而导致的合规风险。

2. 实现智能化风险预警

智慧关税系统利用大数据分析和人工智能技术，对进出口货物的物流动态、交易信息等进行实时监控和智能分析。通过构建风险模型和算法，系统能够自动识别出潜在的合规风险点，并向企业发出预警提示。这种智能化的风险预警机制，有助于企业及时发现并纠正潜在的违规行为，避免合规风险的发生。

3. 优化合规管理流程

智慧关税系统通过自动化和数字化手段，优化了企业的合规管理流程。企业可以通过系统平台提交报关资料、申请税收减免等，实现全流程的在线办理和跟踪。这种线上化的管理模式不仅提高了工作效率，还降低了人为错误和遗漏的可能性，进一步提升了企业的合规性。

4. 促进税企沟通与合作

智慧关税系统还促进了税务部门与企业之间的沟通与合作。通过系统平台，企业可以方便地与税务部门进行在线交流，并进行咨询和反馈，及时了解政策变化和监管要求。税务部门也可以通过系统平台向企业推送最新的政策信息、风险提示等，帮助企业更好地理解和遵守法律法规。这种双向的沟通与合作机制，有助于构建和谐的税企关系，提升企业的合规意识和能力。

5. 提升员工合规意识和能力

智慧关税建设还强调培养员工合规意识和相关处理能力。企业可以通过内部培训、宣传等方式，加强员工对税收政策和法规的学习和了解，提升员工的合规意识和能力。同时，企业还可以利用智慧关税系统提供的在线学习资源和案例分享等功能，帮助员工更好地掌握合规知识和技能，确保其在实际工作中能够准确、合规地操作。

（四）促进国际贸易便利化

智慧关税建设通过推动国际贸易单一窗口等平台的建设和完善，实现了报关、缴税、放行等环节的电子化无纸化操作。其不仅提升了关税征管的效率和透明度，还降低了企业的贸易成本和时间成本。同时，智慧关税系统还能与国际贸易相关的其他系统进行无缝对接和数据共享，促进了国际贸易的协同作业和流程优化。

1. 加强风险管理，提高贸易安全性

智慧关税系统通过大数据分析和人工智能技术，对进出口货物的物流动态、交易信息等进行实时监控和智能分析，能够及时发现和预警潜在的贸易风险。这种智能化的风险管理模式不仅提高了海关的监管效能，还为企业提供了更加安全、可靠的贸易环境。企业可以通过系统平台了解货物的实时状态和潜在风险，及时采取措施进行防范和应对，确保贸易活动的顺利进行。

2. 促进信息共享，增强贸易透明度

智慧关税建设促进了国际贸易相关系统之间的信息共享和协同作业。通过与国际贸易单一窗口、电子口岸等平台的无缝对接和数据交换，企业可以

一次性提交所有必要的报关和缴税资料，避免了重复录入和审核的烦琐。同时，海关部门也可以通过系统平台实时获取企业的信用记录、历史通关数据等信息，为快速放行提供有力支持。这种信息共享和协同作业的模式增强了贸易的透明度，提高了贸易的便利性和效率。

3. 支持新业态发展，推动贸易创新

智慧关税建设还积极支持跨境电商、市场采购贸易等外贸新业态的发展。通过优化跨境电商出口退税流程、建设跨境电商综合试验区等措施，为跨境电商企业提供了更加便捷、高效的通关服务。同时，智慧关税系统还通过数据分析和预测，为外贸企业提供市场趋势和风险评估等增值服务，帮助企业更好地把握市场机遇和应对挑战。这些措施有力地推动了外贸新业态的发展和创新，为国际贸易注入了新的活力。

五　智慧关税建设的未来展望

（一）智慧关税建设的未来趋势

1. 技术融合创新将成常态

随着数字技术的不断演进和创新，智慧关税建设将更加注重技术的融合与创新。未来，大数据、云计算、人工智能、区块链等前沿技术将更加深入地被应用在关税征管领域，推动税收征管模式的全面升级。例如，通过运用区块链技术实现贸易数据的透明化和不可篡改性，可以有效降低贸易风险；通过引入人工智能算法实现报关资料的智能审核和自动放行，可以大幅提高通关效率。

2. 风险管理将更加精准高效

智慧关税建设将更加注重风险管理的精准性和高效性。通过构建智能风险预警系统和风险防控机制，海关部门可以实现对进出口货物的实时监控和精准分析，及时发现并处置潜在的风险。同时，结合大数据分析技术，海关部门还可以对贸易数据进行深度挖掘和分析，为制定更加科学合理的风险管理策略提供有力支持。

3. 税收征管将更加便捷透明

未来智慧关税建设将更加注重税收征管的便捷性和透明性。通过建设更加完善的电子缴税平台和移动办税系统，企业可以随时随地完成纳税申报和缴税操作，大幅降低办税成本和时间成本。同时，海关部门还将加强税收政策的宣传和解读工作，提高纳税人的税收遵从度和满意度。此外，通过加强与社会各界的沟通与合作，海关部门还将积极推动税收征管工作的公开透明和社会监督。

4. 国际合作将更加深入广泛

在全球经济一体化的背景下，智慧关税建设更加注重国际合作的深入和广泛。海关部门积极与国际海关组织、国际贸易组织等开展交流与合作，共同推动国际贸易规则的完善和升级。同时，还加强与周边国家和地区海关的合作与协调，推动区域贸易便利化和自由化进程。通过签署双边或多边合作协议、建立联合监管机制等方式，海关可以实现监管信息的共享和互通，提高监管效率和准确性。同时，还可以通过联合执法行动等方式打击跨境走私和偷逃税款等违法行为。

（二）智慧关税建设面临的挑战

随着全球经济的不断发展和科技的飞速进步，智慧关税建设作为海关监管现代化的重要方向，正逐渐成为各国海关改革的焦点。智慧关税建设通过运用大数据、云计算、区块链等先进技术，实现了对贸易数据的智能化处理与监管，提高了海关的监管效率和准确性。然而，智慧关税建设并非一帆风顺，其发展过程中面临诸多挑战。

1. 法规对接与执法困境

智慧关税建设需要与国际贸易规则和标准紧密对接，特别是与《全面与进步跨太平洋伙伴关系协定》（CPTPP）等高标准国际经贸规则对接。然而，我国部分现行法规与这些国际规则存在差距，导致海关在执法过程中易陷入困境。CPTPP等协定强调企业自主声明原产地，而国内法规在如何有效监管国外企业方面存在不足，使得海关难以对国外企业的原产地声明进行有效核查，增加了税收风险。①

2.原产地确定技术不足

我国海关现行的原产地确定技术较为单一，主要依赖传统的证书查验和核查手段。然而，在智慧关税建设背景下，这种技术已难以满足对复杂贸易环境的监管需求。大宗商品和初级产品的原产地确定尤为困难，因产地分布广、感官差异不明显，仅凭企业声明难以确定其真实原产地，存在较大的税收风险。

3.数据安全与隐私保护

智慧关税建设涉及大量敏感数据的收集、存储和处理，如纳税人的个人信息和企业商业秘密。如何确保这些数据的安全和隐私保护成为亟待解决的问题。数据泄露和非法使用可能导致严重的经济损失和信誉损害，影响智慧关税建设的顺利推进。

4.技术更新与业务稳定

智慧税务建设需要紧跟科技发展的步伐，不断更新和完善税收征管系统。然而，税收征管业务具有复杂性和稳定性，技术更新可能对其造成冲击。如何在技术更新与业务稳定之间找到平衡点，确保税收征管工作的连续性和稳定性，是智慧税务建设中的一大难题。

5.国际合作与协调的复杂性

智慧关税建设不仅涉及国内海关系统的改革和创新，还需要与国际海关组织和其他国家海关进行广泛的合作与协调。然而，由于各国海关在监管制度、技术标准、法律法规等方面存在差异，国际合作与协调的复杂性显著增加。这要求我国海关在智慧关税建设过程中，既要坚持独立自主的原则，又要加强与国际社会的沟通和合作。

（三）对策建议

1.完善相关法律法规

一是加快法规修订。积极研究和对接国际经贸规则，特别是 CPTPP 等

---

① 赵广英：《我国积极对接 CPTPP 背景下的智慧关税建设路径研究》，《中国对外贸易》2024年第 2 期，第 38~41 页。

高标准协定，加快国内相关法规的修订和完善，确保与国际规则的有效对接。

二是建立原产地核查机制。针对企业自主声明原产地的问题，建立更加完善和高效的原产地核查机制，利用现代信息技术手段提高核查的准确性和效率。

三是加强国际合作。与国际海关组织和其他国家海关加强合作，共同研究解决原产地确定和税收征管中的难题，分享经验和做法。

2. 升级原产地确定技术

一是引入先进技术。积极引入区块链、物联网、大数据等先进技术，提升原产地信息的透明度和可追溯性，增强原产地确定的准确性和可靠性。

二是多元化验证手段。除了传统的证书查验和核查手段，还可以结合实地考察、第三方认证等多种验证手段，提高原产地确定的全面性和准确性。

三是建立风险预警系统。利用大数据和人工智能技术，建立原产地确定的风险预警系统，及时发现和应对潜在的税收风险。

3. 加强数据安全与隐私保护

一是加强数据加密。采用先进的数据加密技术，确保敏感数据在收集、存储和传输过程中的安全性。

二是建立数据保护机制。建立健全的数据保护和隐私保护机制，明确数据使用的边界和责任，防止数据泄露和非法使用。

三是增强安全意识。加强纳税人和企业的数据安全意识教育，引导其加强数据保护和隐私保护。

4. 持续技术更新

一是分阶段实施。在智慧关税建设过程中，采用分阶段实施的方式，逐步引入新技术和新系统，确保税收征管业务的平稳过渡。

二是加强培训。加强对技术人员的培训和教育，提高其对新技术和新系统的适应能力，确保税收征管工作的连续性和稳定性。

三是建立应急响应机制。建立健全的技术支持和应急响应机制，及时应对技术更新过程中可能出现的问题和挑战。

5. 加强国际合作与协调

一是加强沟通与合作。与国际海关组织和其他国家海关加强沟通与合作，共同研究解决智慧关税建设中的国际性问题。

二是推动国际标准制定。积极参与国际标准的制定和修订工作，推动建立更加统一和规范的智慧关税国际标准。

三是分享经验与资源。通过开办国际会议、研讨会等形式，分享各国在智慧关税建设中的经验和资源，促进全球智慧关税的共同发展。

B.8
数字经济背景下的数据资产化与税收创新

寇恩惠[*]

摘　要：　作为一种新型生产要素，数据在市场预测、市场竞争力及风险降低等方面展现的作用，显示了其独特的价值。与此同时，数据资产的交易、使用和收益分配等问题也逐渐浮现，对现有的税收体系提出了新的挑战。本报告基于数字经济现状，通过整理目前相关文献及政策文件，结合相关案例，依据相关理论，介绍数据要素概念及作用，归纳数据资产变现的途径，结合国内实际情况探讨数据税征收的合理性，深入分析征收数据资产税的理论基础及相关问题。本报告认为企业应积极进行数字化转型，挖掘数据内在价值，提高员工数字素质，加大数字研发投入，寻求企业间合作；国家应增加对数字基础设施的投资，保护数据安全与隐私，加大数字人才培养力度，加强国际数字经济合作。

关键词：　数字经济　数据资产化　数字税收

---

* 寇恩惠，经济学博士，中央财经大学财政税务学院教授、博士生导师，北京市思政教学名师，中央财经大学财政税务学院税务管理系主任、智慧税务研究中心副主任、税法研究中心副主任，清华大学中国财税研究所、中国人民大学财税研究所兼职研究员，中国成本研究会和北京税务学会理事，主要研究方向为税收政策评估、社会保障和收入再分配。感谢中央财经大学研究生曹廷婷、王鹤燃、刘长蓉对本报告作出的贡献。

一　数据

1. 数据的概念

数据是数字化的信息。数字化信息是一个广泛的类别，包括诗歌、不可替代代币（NFT）和专利等。关于数据资产和数据经济的讨论关乎一种特定类型的数据，它是一种用于预测的大数据集。

数据被用来预测结果，这种预测使数据不同于其他资产和输入。数据还被用于预测需求和成本。在金融领域，很多数据被用来预测资产回报。因此，本报告所考虑的数据是用于预测的数字化信息。

2. 数据要素的价值

首先，数据已成为新时代的"石油"，是推动经济社会发展的核心动力。在数字经济时代，数据作为一种新型生产要素，已经成为经济社会高质量发展的核心引擎。在这一背景下，数据作为数字经济的核心要素，其价值和重要性日益凸显。数据资产不仅具有海量性、多样性、实时性和价值性等特点，而且其价值创造集中呈现为多元价值共创模式，具有价值聚合效应。我国数字经济呈现井喷式的发展态势。电子商务、云计算、大数据、人工智能等新技术、新业态不断涌现，不仅极大地丰富了人们的日常生活，也深刻改变了传统产业的运营模式和竞争格局。在这一过程中，数据作为连接各种数字化设备和服务的纽带，其价值和作用越发突出。在数字经济中，数据资产已成为企业竞争的重要资源。通过对海量数据的收集、整理、分析和应用，企业可以更加精准地把握市场需求、优化产品设计、提升运营效率，从而实现更大的商业价值。

其次，数据要素为新型产业的核心要素。经历了从以模型为中心到以数据为中心的转变，人工智能产业正迅猛发展。在人工智能时代，数字化技术要数据先行，设计开发需要小批量数据，训练需要大量的结构化数据，评测需要标准数据，仿真需要场景构建的数据库，迭代需要持续的数据输入，整个过程都需要数据支撑。从这个意义上说，未来科技的核心是数据科技，这将催生基础数据的服务业，即数据产业。我们正从信息时代向智能时代转变。信息时代是应用先行，人们可以在任何地点、任何时间几乎零成本地获取信息，在信息时代，数据的使用者、决策者是人，信息是副产品，是软件优先。但是进入智能时代，特别是进入以生成式预训练转换器（GPT）为代表的 AI 2.0 时代以来，信息被机器和计算机程序使用的频率不断增加，数据让机器智能化，而智能化的系统能处理更多的数据，因此数据优先、数据先行是智能时代的根本性特征。

此外，在科研领域，随着大量数据的产生，科研进入数据密集型的第四范式时代。1998 年图灵奖获得者吉姆·格雷，把第四范式归纳成科学方法革命的范式转换。传统的科学研究方法有三种，第一类是通过实验归纳，第二类是模型推演，第三类是仿真。第四类就是数据密集型的科学发现，通过大量的数据进行推演和预测。在第四范式下，以数据为基础的大模型科研前景非常广阔，包括生命科学领域的药物研发、合成生物学，材料科学领域的金属材料、高分子材料、陶瓷和无机材料，能源领域的石化能源、电池、新能源、核能、热能，电子工程领域的半导体材料、信息存储，地质和环境科学等。以前的科学研究都是从理论开始，逐渐地往外延伸，现在以数据为基础的科研第四范式，是通过大数据来倒推科学的核心与原理，前景非常广阔。可以认为数据是科学研究的基础，这是颠覆性的。

二　数据的产生与积累

在数字化时代，数据已成为企业最宝贵的资源之一。在数据的产生中，特别是企业如何通过自身积累和数据交易来构建和增强数据资产，成为推动业务增长和创新的关键因素之一。数据的产生和积累是一个复杂的过程，涉及数据的收集、处理、分析和应用。企业通过多种途径产生数据，如内部运营数据、客户互动数据、市场数据等。这些数据经过有效的管理和分析，可以转化为企业决策的重要依据，成为企业竞争力的关键。

1. 企业自身积累的数据

首先，通过数据交换的方式。数据交换是指企业之间或企业与外部机构通过合作共享数据的过程。这种交换是双向的，有助于双方获取新的数据源，丰富自身的数据储备。例如，零售企业与供应商之间的销售数据交换，可以帮助双方优化库存管理和预测市场需求。华为云与盐城市的合作是数据交换领域的一个典范。通过"数据要素 X 盐城模式"，华为云不仅促进了数据的开放共享，还推动了数据要素的市场化流通。这种合作模式极大地加速了盐城市的数字产业化和产业数字化进程。华为云的技术赋能，使得盐城市能够整合各类数据资源，如商贸流通、金融服务、医疗健康等，为市民提供更加丰富和便捷的数字生活体验。同时，数据的整合和应用也提高了城市治理的效能，推动了数字政府的建设，为盐城市的数字经济发展注入了新动能。

其次，企业内部数据反馈循环。数据反馈循环是企业通过收集用户反馈和行为数据，不断优化产品和服务的过程。这种循环机制可以帮助企业更好地理解客户需求，提升用户体验。例如，智能设备制造商可以通过收集用户使用设备的反馈数据，改进产品设计。触脉咨询通过数据反馈循环实现了对客户需求的深入理解，从而优化了业务策略和产品服务。该公司运用多渠道数据收集，包括客户反馈、购买行为、产品使用数据和市场调研，以获得全面的客户需求信息。通过描述性分析、预测性分析、情感分析和聚类分析等手段，触脉咨询能够揭示客户的真实需求和行为模式。这些分析结果被转化为具体的产品特性优化、定制化服务和市场定位调整，以满足不同客户群体的特定需求。此外，触脉咨询建立了持续的数据收集和分析机制，以不断更新对客户需求的理解，实现产品和服务的持续迭代。

最后，将现有数据资产化是数据变成资产的关键步骤。数据资产化是指企业将收集到的原始数据通过清洗、整合、分析等手段，转化为有价值的数据资产。数据结构化是数据资产化的关键步骤，它涉及将非结构化数据转化为结构化数据，便于存储、检索和分析。浙江网商银行和蚂蚁科技集团通过数据资产化，优化了农村普惠金融服务。它们融合了农田遥感、农业生产和农户授权数据，创建了一个更加精准的授信评估模型。这一举措不仅提高了金融服务的普及率，还促进了农业产业的数字化转型。通过数据结构化分析，两家机构能够更好地理解农户的信用状况和金融需求，从而提供更加个性化和高效的金融服务。这种数据驱动的金融服务模式，为农村地区带来了更多的发展机遇，同时也为金融机构开辟了新的市场空间。

2. 数据交易

数据交易作为企业获取外部数据资源的重要手段，正在全球范围内快速发展，成为推动数字经济发展的关键力量。数据交易的不同模式及其在现实世界中的应用，展现数据交易如何助力企业拓展数据资产和增强市场竞争力。

数据购买是数据交易的主要形式。数据购买允许企业通过市场交易直接获取所需的数据资源，这种方式在金融、市场分析、消费者行为研究等领域尤为常见。上海钢联电子商务股份有限公司在数据交易方面展现了其专业能力。该公司通过汇聚大宗商品的生产、供应、销售和价格数据，结合遥感卫星数据，为国内外现货和衍生品市场提供了重要的结算基准和定价参考。这种数据的整合和应用，不仅提高了市场交易的透明度和效率，还增强了价格发现功能，为市场参与者提供了更为准确的决策依据。上海钢联的数据交易实践，体现了数据作为生产要素在现代化经济体系中的重要价值，同时也推动了大宗商品市场的数字化转型。

数据租赁为企业提供了一个灵活获取数据的途径，特别是对于那些数据需求量大但不需要长期持有的企业，这种模式允许企业在特定项目或分析周期内租用数据，有利于降低成本并提高运营效率。

开源大模型应用可以使数据的使用者快速、高效地获取数据。在开源大模型的推动下，无论是直接的代码生成、交通管理方案的优化，还是数据交易市场的创新，这些实践不仅提高了数据获取的效率，也为数据资产化和价值实现提供了新的可能性。开源大模型在企业 AI 应用中扮演着越来越重要的角色。尽管目前开源大模型的实际应用案例相对较少，但它们在某些性能指标上已经逐步实现甚至超越了封闭模型。例如，FinGPT、BioBert、Defog SQLCoder 和 Phind 等模型在金融、生物信息学、编程和搜索引擎等领域展现出了卓越的性能。这些开源模型不仅提供了更多的灵活性和定制性，还降低了企业采用 AI 技术的门槛。随着开源社区的不断壮大和技术的不断进步。开源大模型将在企业 AI 应用中发挥更大的作用，推动 AI 技术的创新和普及。

建立数据共享平台可以提高数据使用效率。数据共享平台通过构建一个多方参与的数据交换环境，促进了数据资源的流通与合作。企业可以通过加入这样的平台，与其他企业共享数据资源，实现数据的互惠互利。例如，深圳数据交易所提出的"A-M-O 模型"，从数据资产获取、数据资产管理到数据资产运营的数据资产化全流程，为数据资产的社会认可提供了有效途径。

随着数据交易市场的发展，出现了其他的创新商业模式。例如，贵阳大数据交易所在数据交易商业模式优秀案例征集活动中，遴选出了"十大优秀案例"和"七大创新案例"，这些案例涵盖了数据商业模式创新、数据流通和交易创新、数据资源整合创新、数据应用创新等多个方向。

最后，对于数据本身，数据资产化可以将数据资源转化为可以量化和管理的资产。通过数据资产化，企业能够更好地挖掘数据的商业价值。例如，河南数据集团通过无抵押融资 800 万元，展示了企业土地使用权数据作为数据产品的价值。①

数据交易作为企业获取和利用数据的重要方式，正在不断演进和创新。从数据购买到数据租赁，再到数据共享平台，不同的数据交易模式为企业提供了多样化的选择。同时，数据资产化和数据交易新模式的探索，为企业开辟了新的增长路径。随着数据交易市场的进一步成熟和规范，企业将能够更有效地利用数据资源，推动数字经济的发展。

---

① 《成立一周年，河南数据集团实现全省数据资产入表"零的突破"》，大河财立方头条号，2024 年 1 月 12 日，https：//www.toutiao.com/article/7323197794536735268/？upstream_biz=doubao&source=m_redirect&wid=1730104947150。

三 数据的用途

从社会层面来说，数据的用途即数据要素的价值。在数字经济时代，数据作为一种新型生产要素，已经成为经济社会高质量发展的核心引擎。未来科技的核心是数据科技，这将催生基础数据的服务业，即数据产业，人工智能经历从以模型为中心到以数据为中心的转变。随着大量数据的产生，科研进入数据密集型的第四范式时代。数据可以投入新产品的研究和开发，促进创新发展。

从公司角度来说，数据的用途体现在以下三个方面。

1.改善业务流程

数据帮助公司改进业务流程：采购正确的投入，有效地分配投资，生产正确的数量，将货物运送到最需要的地方，并预测他们下一步需要什么。用数据来预测结果。这种预测使数据不同于其他资产和输入。数据用于预测需求和成本。在金融领域，很多数据被用来预测资产回报。因此，我们考虑的数据是用于预测的数字化信息。

这种预测数据往往是经济活动的副产品。交易揭示了客户想要什么，愿意支付什么价格，以及客户的各种其他特征。交通模式、推文和浏览器历史记录都会留下数字足迹，这是大多数企业大数据的主要来源，公司可以利用这些足迹获利。

2.降低风险

数据还可以降低风险。数据的核心是数字化信息，而信息是一种用于减少不确定性的要素。公司使用预测技术，如机器学习和人工智能，为各种应用提供大量数据。机器学习和人工智能可以作为发明的投入，可以用来提高回报；然而，从根本上说，它们是关于预测的。例如，机器学习在分类任务中很有用。这些任务的目标是预测一个观测值，机器学习可以用来更好地预测消费者对各种产品的不确定需求，制造某些产品的成本，或者一个人将要购买的资产组合的回报。因此，数据不仅可以增加收益，还可以减少不确定性。

3. 增长市场力量

企业也从数据中获益，因为数据为它们创造了市场力量。拥有更多数据的公司会变得更大，而更大的公司可能会拥有更多的主导权。公司会向市场投放更多的广告。这种策略是提高收入的一种方式，但它可能不具有社会效率。企业也可以利用数据从其他企业提取盈余。虽然所有这些方法都能为企业创造价值，但均衡和社会福利的结果可能大不相同。

数据帮助公司提高效率。企业获取的数据越多，其在使用机器学习和人工智能等新技术方面的效率就越高。对于给定数量的工人和数据以及该数据集的估算值，存在正的时间趋势。

四　数据资产的变现

实现数据资产的有效变现是一个多维度的复杂过程，它不仅涉及企业内部的数据管理和分析能力，也与市场环境、法律法规以及技术进步紧密相关。目前，数据资产入表、会计确认、计量以及数据资产的价值评估思路和方法已经有了不少研究成果。当前，面临的主要难题之一便是如何从市场角度有效使用数据资产，为企业创造价值。吕慧、赵冠月研究总结了数据资产价值评估、会计处理方面的研究进展，介绍了相关的方法与处理过程；对企业数据资产的确认、计量和报告提出了可行性策略。[①] 王文兵和李珺珺认为，《企业数据资源相关会计处理暂行规定》的数据资源会计处理存在一定的问题，为提升数据资源会计核算的可行性，他们提出了有针对性的对策建议。[②] 冯圆指出企业自主治理环境是数字化价值实现的重要保证，要结合数字化转型中的企业类型、行业特征、区域经济发展状况等多种情况，补充政

---

① 吕慧、赵冠月：《数据资产的价值评估与会计处理研究进展综述》，《财会通讯》2023 年第 13 期，第 24~30 页。
② 王文兵、李珺珺：《企业数据资源的会计确认、计量与披露探析——兼评〈企业数据资源相关会计处理暂行规定〉》，《商业会计》2024 年第 1 期，第 4~9 页。

府监管短期难以规范的不足，保持数字化转型的政策透明度是寻求数字化价值实现路径的重要手段，也有利于正确引导数字化改革的方向。[①]

数据资产的变现能够为企业带来直接的经济利益，通过数据交易、数据驱动的决策制定以及基于数据的新产品开发等方式，增强企业的市场竞争力。同时，数据资产的有效利用和变现也是推动整个数字经济生态系统发展的关键因素，它能够促进数据密集型产业的创新，加速数字化转型的进程，并在全球经济中创造新的增长点。

1. 数据资产的融资

数据资产融资是指企业将数据资产作为抵押或评估依据，获取资金支持的一种方式。这种方式可以帮助企业解决资金短缺问题，加速数据资产的商业化进程。[②] 企业可以利用企业土地使用权数据作为数据产品，通过数据资产化，将数据资源转化为可以量化和管理的资产，从而成功获取银行贷款。这一实践不仅体现了数据资产的货币化能力，也反映了金融机构对数据资产价值认可度的提升。

企业融通资金的具体形式称为融资方式，分为直接融资和间接融资两种。直接融资是指从股东处获取资金，本质是财产所有权的转移；间接融资是指从外部债权人处获取资金，会产生债务债权关系等。数据资产一旦被计入财务报表，它们就会拥有实质性的价值，与土地和专利资产相似，这意味着它们可以作为独立资产用于融资活动，极大地拓宽了公司的融资渠道。随着数据资产业务的发展和深化，利用数据资产进行融资的灵活性和便捷性将会更加显著。因此，数据资产入表的实施将可能同时影响企业的资产规模、融资路径和盈利模式，为企业带来更多的机遇和挑战。根据数据资产的确认属性，从融资结构来看，不仅仅包含存货偏重于短期性质的融资，更侧重于

---

① 冯圆：《数字化价值的发现机制与实现路径研究》，《财会通讯》2024 年第 4 期，第 13~21 页。

② 《成立一周年，河南数据集团实现全省数据资产入表"零的突破"》，大河财立方头条号，2024 年 1 月 12 日，https：//www.toutiao.com/article/7323197794536735268/？upstream_biz=doubao&source=m_redirect&wid=1730104947150。

无形资产长期性质的融资，比如获取长期研发贷款、发行股份从股东处直接融资等。数据资产具有以下融资优势：一是数据资产作为具备融资能力的独立资产，丰富了企业的融资选择，增强了融资的自由度，可以更好地实现数字赋能的目标；二是数据资产的独立确权不仅为企业融资提供了合法依据，还显著降低了操作和合规风险，使企业能更高效地在资本市场中利用数据资源进行筹资和再融资，增强其市场影响力和融资效率；三是，作为新型融资工具，数据资产大幅拓宽了企业的金融渠道，通过动态评估和智能化管理，最大化数据资产的资本化效应，从而提升企业在数字经济环境下的资本配置能力，稳步推动数字化战略目标的实现。

企业数据资产能否成为融资工具，需要满足许多前提。第一，数据资产的价值属性，即具备技术层面、经济层面以及法律产权层面上的独立性，能够与其他生产要素融合，在生产和交易过程中产生价值。第二，数据资产的转移属性，即符合权利质押的外观与本质。第三，数据资产的计量属性，即能够使用货币进行计量。在《中共中央 国务院关于促进民营经济发展壮大的意见》《中小企业数字化转型指南》等一系列政策意见的引导下，民营企业加快推进数字化转型步伐，提升了企业数字化、网络化、智能化水平，企业内部不断积累数据资产为民营企业采用数据资产融资进而缓解融资约束困境创造了良好条件。鉴于目前数据资产融资仍处于起步阶段，缓解民营企业融资"难"需要通过更高站位、更大力度、更多力量、更实举措予以应对和破解。

2. 数据资产的评估

数据资产是一种价值化的存储手段，具有自然属性和社会属性。自然属性指的是数据资源的客观存在性，社会属性则是指数据资源的管理属性。数据资源不同于实物资源或数量方面的管理，而是通过一定流程的处理后才能转化为数据资产。数据资产评估是确定数据资产价值的过程，这对于数据交易、合作和融资等活动至关重要。

（1）数据资产的特点

数据资产作为无形资产中的一种，不仅具有一般无形资产定义的特性，还拥有许多自身独有的特点，包括无形性、风险性、可加工性、分享性、依赖性等特点。首先是无形性。数据资产同知识产权等无形资产一样，无具体的实物形态。这种无形性导致数据资产的价值难以直观评估，需要通过特定的方法和指标来衡量。风险性是指数据资产具有复制成本低等特点。数据资产面临多重风险，包括数据泄露、滥用和过时等。这些风险需要通过有效的数据治理和管理措施来控制。可加工性是指数据资产可以通过分析、挖掘和加工转换成不同形式和格式，以适应不同的业务需求。这种加工过程可以显著提升数据资产的价值。分享性是指数据资产可以通过分析、挖掘和加工转换成不同形式和格式，以适应不同的业务需求。这种加工过程可以显著提升数据资产的价值，同时可以无损耗地复制和分发。数据的分享性为数据资产的共享和交易提供了便利。最后是依赖性。数据资产不能单独存在，必须依赖相关的存储形式，用于相应的情境。

（2）评估方法

对于数据资产的评估，主要是市场法和收益法，成本法的应用相对较少。

成本法通过计算获取、处理和维护数据资产的成本来评估其价值。这种方法适用于数据资产的初始价值评估，但可能无法完全反映数据资产的潜在市场价值。成本法能够合理分摊数据资产在积累过程中产生的费用支出，但是相应的，成本法局限性过大。首先，数据资产的重置成本与内在价值并非线性关系。其次，数据资产虽然不存在实体性贬值，但是经济性贬值和功能性贬值难以准确估计。另外，数据资产在积累过程中的各项成本难以合理界定。

市场法是运用市场上同样或者类似资产的近期交易价格，通过直接比较或者类比分析以估测资产价值的各种评估技术方法的总称。随着数据的价值越来越被人们重视，市场上关于数据资产的交易会越来越多，合理识别对数据价值产生影响的因素并通过比较量化差异判断数据价值，为运用市场法对数据进行评估提供了可行性。运用市场法评估时要求必须有一个活跃的市场。在现实的市场中，对于某一类型数据资产的交易并不活跃。但是这并不意味着，市场法就不能用来评估大数据资产的价值。随着大数据资产的交易越来越活跃，市场法评估大数据资产价值具有明显可行性。这种方法要求有一个活跃的市场和可比的交易数据，以确保评估结果的准确性。

收益法通过预测数据资产未来能够带来的收益，并将其折现来确定其价值。这种方法考虑了数据资产的潜在经济利益，是评估数据资产市场价值的常用方法。从当前的研究成果中发现，收益法是数据资产价值评估的相对最优方式。因为收益法在一定程度上考虑了数据资产的额外获利能力，更好地体现了数据资产的经济价值。从当前我国资产评估的发展来看，在实际运用中较于成本法和市场法，收益法更具操作性和可行性。但是应该如何更好地将数据资产价值从企业的整体价值中剥离，且如何将数据资产的折现率，区别于无形资产的折现率，是当前研究的重点。目前的收益法所用模型除了一般资产评估模型，还有一些新型模型，如基于财务的 AHP 模型、AGA－BP 神经网络智能化数据资源价值评估模型还有实物期权模型等等。收益法也成为未来数据资产评估的主要的研究方法。

数据资产的变现是企业数字化战略的重要组成部分。通过融资和评估两种主要方式，企业能够将数据资产转化为实际的经济价值。随着数据交易市场的成熟和规范，企业需要不断探索和创新数据资产的变现途径，以适应快速变化的数字经济环境。同时，数据资产评估方法的选择和应用，对于确保数据资产价值的准确反映至关重要。通过深入分析数据资产的特点和评估方法，企业能够更好地管理和运用数据资产，实现可持续发展。

3. 数据资产入表

数据资产入表是一个将数据资产确认为企业资产负债表中的"资产"一项的过程，其核心在于对数据资产的价值进行合理的确认、计量、披露和评估，使之符合会计准则和财务报告的要求。数据资产入表涉及的基本原则包括合法合规、谨慎性和商业秘密保护。参与主体不仅包括企业内部的多个部门，还涉及外部机构，如数据交易机构、数据治理机构、律师事务所、会计师事务所、数据资产评估机构以及银行金融机构等。

数据资产入表的意义重大。它不仅有助于监管部门完善数字经济治理体系，还有助于我国在国际会计准则制定等工作中贡献中国智慧、提供中国方案。此外，数据资产入表可以显著提升大众对数据要素的认知，促进数据要素的交易与流通，进而对数据交易所提出更高的合规性、便利性等要求，有助于繁荣数据要素市场。

入表数据可分为三类，即公共数据、企业数据、个人数据。公共数据是指各级党政机关、企事业单位依法履职或提供公共服务过程中产生的数据，比如政务数据和公共事业（科研、教育、文化、供水、供电、公交等）相关数据等。我国公共数据资源体量巨大，占据全社会数据资源总量的80%左右。企业数据指各类市场主体在生产经营活动中采集加工的不涉及个人信息和公共利益的数据。个人数据主要包括个人持有的整理创作等数据，以及公共部门和企业持有的个人活动数据，其中大部分数据实际由公共部门和企业持有。

企业在进行数据资产"入表"时，需要按照企业会计准则基本准则对于资产的定义和资产的确认条件，同时结合企业会计准则存货和无形资产的具体确认条件判断数据资产是否可以入表。可"入表"的数据资产至少应当具备企业过去的交易或者事项形成、企业拥有或者控制、成本或者价值能够可靠计量等特征。

数据资产入表会影响公司的资产规模、成本、税收和净利润，并进一步影响资产负债率、利润率、净资产收益率等指标。一般来说，因存货或无形资产增加导致总资产增加，而负债前后变化幅度小于资产，使得资产负债率下降；数据资产形成无形资产后需要按照年限进行摊销，可能导致企业成本或费用的确认存在时间差异，呈现先低后高的态势；由于当期成本或费用先低后高，则利润呈现先高后低的状态；由于利润先高后低的变化，可能导致所得税也表现为先高后低。

数据资产入表会直接增加企业的资产总额，从而提升企业的总资产价值。这不仅反映了企业更全面的资产状况，还可能增加股东权益。股东权益的增加意味着每股净资产的提升，这对股东是正面的，因为它提高了股票的内在价值并可能吸引更多的投资者。

对于准备进行首次公开募股（IPO）的企业来说，数据资产的入表可能会提高企业的估值。在 IPO 过程中，潜在投资者会仔细评估企业的资产和盈利前景。数据资产的确认可以展示企业的创新能力和未来增长的潜力，这对于吸引投资者非常重要。

同时，数据资产入表还存在诸多现实挑战。数据资产的确权是其入表的前提条件。"权"涉及数据的所有权、使用权、隐私保护等，权属上的任何缺陷都可能导致经济损失和面临第三方索赔的风险。特别是当企业将数据资产作为发行债券或资产证券化的底层资产时，对数据资产的确权要求将更为严格。数据资产入表的核心在于将数据转化为具有可衡量价值的资产。数据资产虽然在本质上属于资产范畴，但其存在形式与传统资产有所不同，它具有主体多元性、高可塑性和价值波动性等独特属性。因此，数据资产入表应在遵循已有会计准则的基础上结合数据自有特征来推进。

五　数字经济税收理论分析

1. 数据税的探究

（1）数据税概念

数据税作为一种新兴的税收形式，其核心在于对数据资产及其交易行为进行征税。在数字化时代，数据资产已逐渐成为重要的生产要素和商业资源，其价值日益凸显。数据税旨在通过税收手段，对数据资产进行价值确认和收益分配，从而保障国家的税收权益，促进数据资源的合理配置和高效利用。

数据税的特征主要包括无形性、价值性、流动性和风险性。首先，数据税具有无形性。数据资产具有非实物性的特点，其存在形式为电子数据，这使得数据税的征收具有特殊性。其次，数据资产具有巨大的经济价值，能够为持有者带来直接或间接的经济利益，因此成为税收征收的重要对象，因而具有价值性。再次，由于数据资产易于复制、传播和转移，这使得数据税的征收需要考虑跨国交易和税收管辖权等问题，所以数据税也同时拥有流动性。最后，数据税具有风险性。数据交易和使用过程中存在隐私泄露、数据滥用等风险，数据税的征收需要关注数据安全和隐私保护问题。

数据税征收的范围主要包括两个方面：一是数据资产的交易行为，包括数据的买卖、租赁、许可使用等；二是数据资产的使用行为，即利用数据资产进行生产经营活动所产生的价值。在征收对象上，数据税主要面向数据资产的所有者、使用者以及交易平台等主体。

（2）数据税征收背景

数字时代，数据被视为一种重要的生产要素，与土地、劳动力、资本等传统要素一样，对经济增长有重要贡献。中共中央、国务院发布的《关于构建更加完善的要素市场化配置体制机制的意见》将数据与传统要素如土地、劳动力、资本和技术并列，作为第五要素，并提出要加快数据要素市场培育，可见数据在当今时代的重要性。

然而，随着数字经济的蓬勃发展，数字企业与传统企业之间、数字经济发达地区与欠发达地区之间的税收冲突日益明显，税负公平受到挑战，需要通过构建合理的税收政策，对收入进行再分配，促进社会发展的平衡，提升数字经济发展过程中行业和地区间的公平性、促进数字经济良性发展、让全体人民更好共享数字经济发展成果。数字服务税作为一种新型税种，与数据税在名称和实质上都非常接近，可以看作是数据税的一种变通形式。一些国家已经开征或准备开征数字服务税，以应对数字经济带来的税收挑战。借鉴这些国家的经验，我们可以深入探讨我国数据税的征收规则和实施方案。

在构建数据税政策时，我们需要充分考虑数据的特性和价值。数据具有非排他性、可复制性等特点，使得其定价和征税变得更加复杂。因此，我们需要建立科学的数据价值评估体系，确保数据税的征收公平合理。同时，我们还需要关注数据跨境流动的问题，加强国际合作，共同应对数字经济时代的税收挑战。

综上所述，我国征收数据税的背景是数字经济的迅猛发展和数据资产重要性的日益凸显。然而，现行税收体系对数据资产的忽视使得数据资产的交易、使用和收益分配等环节存在税收空白，既不利于保障国家的税收权益，也不利于促进数据市场的健康发展。因此，研究并实施数据税征收具有迫切的现实意义和深远的发展意义。

（3）数据要素可税性

可税性（Taxability）是指某一类客体能够作为课税对象所应当具备的性质。可税性不是一个法律术语，而是一个学术概念。在理论界，尽管有众多探讨可税性的文献，但对于什么是可税性、可税性包含哪些要素、可税性的标准或条件是什么，并没有统一的认识。本报告将在经济层面确定课税对象是否可税。

在经济领域，数据要素可以多种形式为纳税主体带来一定的经济收益。在交易过程中，数据可以作为一种商品进行直接或间接的交易。例如，互联网站点可以收集用户的点击、浏览和阅读等行为习惯数据，并将其提供给厂商，使其实现广告和商品的精准投放。同时，一个管理基金组织可以通过收集分析数据，精准投放信息和资源以吸引投资客户的资金。在制造业中，数据被用于研发、设计、生产、营销以及售后服务，使得制造业开始从大规模工业化生产向个性化定制和智能化制造转变。在交通行业，网约车平台通过分析乘客的上车地点、交通路线和出行偏好等数据信息，可以有效降低车辆的空驶率，并缩短响应时间。在信息产业中，专业的数据处理公司针对不同的用户需求，提供数据的收集、清洗、分类、存储、分析和应用等多种服务。此外，数据可以作为交易媒介，充当虚拟货币或数字货币进行交易，毫无疑问，虚拟货币为持有者带来了经济利益。

数据要素带来的经济利益可以在未来兑现体现了可税性的要求，其可以通过成本法、权益法进行可靠计量，由此证明数据要素符合经济上的可税性要求。

2. 各国税改方案及我国对策

（1）各国税改方案

《全球数字经济白皮书（2023年）》指出，2022年美国、中国、德国、日本、韩国5个国家的数字经济总量为31万亿美元，数字经济占GDP比重为58%。在此背景下，各国正陆续探索更为合理有效的税收政策，以应对数字经济带来的新挑战。

美国政府采取了一系列措施来确保企业不会通过数字经济手段规避纳税义务。其中包括了明确税收的管辖权,以此来防止企业通过数字经济手段来逃避税收。以 2013 年通过的《市场公平法案》为例,该法案允许多个州在签署"简化销售税和使用税协议"的基础上,对那些在美国远程销售且年收入超过 100 万美元的电子商务企业征收销售税。除此之外,美国政府还针对跨境数字服务征收消费税,并对跨国公司征收预提税,以此来确保税收的公平性。

在 2020 年,欧盟通过了第七版的《税收征管合作指令》。该指令对数字平台提出了明确的税收协力义务,要求数字平台需向税收主管部门报告卖家收入信息。2022 年,欧盟又通过了《数字市场法》。该法案对数字平台施加了"数字守门人"的责任。此外,正在拟议中的《数字服务法(草案)》也为在线平台设立了一系列强有力的透明度要求和问责机制。再加上《通用数据保护条例》等一系列数据法规规范对税收数据使用增加的约束性规则。这一切都表明欧盟正有意通过税制、平台、数据三个维度的协同改革,推动甚至引领经济数字化时代税制的创新性改革。

这一系列的政策和法规,都凸显了欧盟于数字化时代在税收管理上的创新和决心。

德国政府将数字化转型视为国家战略的核心部分,为此对数字服务征收了 19% 的销售税,并对电子商务征收了 17% 的商品及服务税。这些税率会根据经济和财政的需要进行调整,但调整幅度通常较小。此外,德国政府还对数字服务税收问题进行了立法规范,例如,对于在德国境内提供跨境电子服务或进行电子商务交易的纳税人,要求其在德国境内注册公司并获取税号。

日本政府则通过《数字经济税制改革推进法》制定了一系列税收政策,旨在鼓励企业加快数字化转型和创新。这些政策包括对投资数字货币等获得的收益征收所得税,以及对数字服务提供商征收增值税等。与此同时,日本政府还加强了对数字化转型的税收支持,为数字化转型提供税收减免政策,为数字化创新提供税收抵免政策。

韩国政府为了降低数字经济企业的运营成本，对税务申报流程、年度结算以及预缴税款等程序进行了简化，以提高纳税人的纳税便利性并减轻其负担。同时，韩国还积极参与跨境税收合作，与其他国家建立税收协定和信息交换机制，以确保跨境数字服务的税收公平性和透明度，防止跨国公司利用税收漏洞进行避税。

（2）我国的应对之策

国家统计局公布数据显示，我国数字经济规模已经超过 10 万亿元，占GDP 的比重已经超过 30%。国家税务总局最新公布数据同时显示，根据增值税发票数据，2023 年我国数字经济核心产业销售收入同比增长 8.7%，全国企业采购数字技术同比增长 10.1%，反映出我国数字经济与实体经济呈现融合发展态势，数字产业化、产业数字化的进程正加快推进。我国可在借鉴其他国家有益经验的基础上，探索推出符合我国实际情况的税制体系，应对数字经济带来的新挑战。

为了应对数字经济的崛起应从以下三个方面着力，首先，我国应该完善数字经济税收体系。在完善数字税收监管体系方面，要明确对数字服务供应商的税收征管要求，加强税收监管，确保税收政策的横向公平性和纵向公平性以及税收的有效性，既要防止避税行为也要避免双重征税导致税负过重；另一方面，可通过出台税收优惠政策鼓励数字经济相关产业发展。比如，对数字经济企业的研发活动、技术创新等给予一定的税收减免；对数字经济企业的投资给予一定的税收抵免等税收支持，引导企业加大对数字经济的投入和创新。

其次，要强化国际税收合作和交流。数字经济具有跨国性和全球性等特征，我国可积极参与国际税收规则的研究制定，借鉴其他国家面对数字经济冲击时采取的税收改革措施经验，与他国共同探讨数字经济税收监管的发展等。同时，通过签署税收协定、建立税收情报交换机制等方式，打击跨国避税等逃税行为。

最后，需要加强数字经济税收监管。在数字经济时代，技术的应用对于税务监管至关重要。基于此，我国有必要加强税务监管技术的研究和应用，利用大数据、云计算、人工智能等技术手段，提高税务监管的效率和准确性。同时，探索建立完善的数字经济税收监管体系，通过制定详细的监管政策和制度明确监管对象、监管内容和监管方式。为了解数字经济的整体情况和发展趋势，税务部门应加强与其他相关部门之间的信息共享和协同监管，共同维护数字经济时代的税收秩序。

六　数字经济发展趋势及对策建议

2024年，数据资产正式进入企业财务报表，不断实现数据资产化，逐渐形成与其相关的监管体系和服务体系，数据资源进入企业财务报表规模有望达到百亿元量级。数据不同于其他的资产，为了避免产生资产泡沫，必须建立企业数据资产的技术服务体系，以解决数据资产的封装、确权、追踪等问题；建立市场服务体系，以解决数据产品设计、登记、流通、交易等问题；建立监管体系，以保证数据市场的有效、公平和高效。

2024全球数字经济大会的重要分论坛——"数字经济与城市发展"论坛上，国家工业信息安全发展研究中心信息政策所副所长、高级工程师殷利梅以"'十五五'时期数字经济发展十大趋势研判"为题发表演讲，指出"十五五"期间，数字经济发展将呈现十大趋势：数字经济核心产业规模有望突破GDP的15%，产业渗透率大幅提升；数据要素市场建设加速，完善基础制度；数据应用模式创新，释放乘数效应；数字产业集群化发展，形成无边界虚拟集群；人工智能深度赋能实体经济；数字营商环境持续优化；数字技术助力绿色低碳发展；平台企业加速国际化；数字人才培养体系不断完善，人才规模有望突破1100万人；数字经济统计监测体系加快构建。[1]

---

[1] 《2024全球数字经济大会"数字经济与城市发展论坛"在北京市社会科学院成功举办》，人民论坛网，2024年7月5日，http://m.rmlt.com.cn/article/417574。

随着数字经济的发展，大量传统企业纷纷开始谋求转型。特别是在2023年之后，数字经济的发展重心逐步转向推动数字与实体经济的深度融合，以及加速传统产业的数字化变革。在这一过程中，传统产业纷纷借助现代信息技术，搭建起产业互联网平台，以此为载体，打造了一个集"数字生产服务、数字商业模式和数字金融服务"于一体的产业新生态。在这个新生态中，传统产业通过引入先进的信息技术，如大数据、云计算、人工智能等，对生产流程进行优化，提高生产效率，降低成本。同时，企业还不断创新商业模式，以满足消费者日益多样化的需求。在此基础上，数字金融服务也得到了广泛应用，为企业提供了有力的金融支持，进一步推动了产业的发展。此外，随着数字经济与传统产业的深度融合，越来越多的企业开始关注数字化转型，以应对激烈的市场竞争。政府也积极推动相关政策，鼓励企业加大数字化技术研发和应用力度，培育一批具有核心竞争力的高新技术企业。通过这些举措，我国传统产业的整体竞争力得到了显著提升，为经济的持续发展奠定了坚实基础。

同时，在当今数字经济飞速发展的背景下，跨境数据贸易已经逐渐成为服务贸易领域中不可或缺的关键组成部分，这一领域未来将迎来重大的突破性进展，与之相关的技术规范和法规体系也将得到初步建立。在这一过程中，中国不仅将成为推动数据互联互通、实现互利互惠贸易规则的积极倡导者，更将成为这一领域的先行者。中国不断探索各种可行的制度模式、技术方案以及产业实践，以确保数字经济的发展能够得到更为全面和有效的支持。这不仅将有助于推动全球数字经济的发展，也将为中国在国际舞台上发挥更大的作用奠定坚实的基础。

在当前数字经济发展下，企业面临前所未有的机遇与挑战。为了适应这一时代的变化，企业必须勇于接受挑战，积极寻求变革，大胆迈出数字化转型的步伐，全身心地拥抱数字化。这不仅需要将传统的业务模式与数字技术紧密结合，以提高工作效率、降低运营成本，还需要充分利用数据分析工具，深入挖掘数据的内在价值，为企业战略决策提供有力的数据支撑。为了更好地适应数字经济的发展，企业还需要在相关领域加强数字经济的教育培训，通过提升员工的数字技能和素质，为企业的发展提供源源不断的人才支持。同时，企业还应该加大对数字技术研发的投入，通过提升自主创新能力，确保企业在数字经济时代的竞争优势。数字经济时代，企业还需要树立合作共赢的理念，积极寻求与其他企业和机构的深度合作，共同推动数字经济的发展，实现互利共赢。通过这样的方式，企业不仅可以在数字经济时代保持竞争力，还可以在合作中寻找到新的发展机遇，实现可持续发展。

从国家层面来看，我国应当持续增加对数字基础设施建设的投资，这包括 5G 网络、云计算中心、数据中心等关键领域。我们必须确保这些基础设施能够支持数字经济的稳定运行和快速发展。数字经济的发展势头迅猛，但与此同时，我们必须对数据安全和隐私保护给予高度关注。为此，国家需要出台一系列的法律法规，对数据的收集、存储、使用和共享进行规范，以保障公民和企业数据权益。为了推动数字经济的全面发展，我们应当鼓励各个行业积极适应和融入数字经济，推动产业的数字化转型。这不仅包括引进先进的信息技术和管理模式，提高生产效率和降低成本，还包括通过创新来增强企业的竞争力。

数字经济的发展需要大量具有数字化思维和技能的人才支持。因此，国家应当加大对数字人才的培养力度，加强教育体系建设，培养出更多具备数字素养和技能的人才，为数字经济发展提供坚实的人才基础。数字经济是一个全球性的概念，各国应当加强合作，共同推动数字经济的发展。通过加强国际合作，共享技术、资源和市场，我们可以推动全球数字经济的繁荣和发展。这种合作不仅能够促进全球经济的增长，还能够加强各国之间的交流和理解，为全球经济的可持续发展作出贡献。

参考文献

张漫：《基于用户价值的短视频企业数据资产评估——以快手为例》，《现代商贸工业》2024 年第 13 期。

栾元杰、潘蕾：《数据价值生态链及数据资产融资的实现途径》，《商业会计》2024
年第 12 期。

彭乙峻、王保平、李文贵：《近十年我国数据资产价值评估研究述评》，《中国资产
评估》2024 年第 6 期。

申高旗、王田力：《应用场景视角下政府数据资产评估研究》，《中国资产评估》
2024 年第 6 期。

郭冀川、寇佳丽：《多地数据资产质押融资"首单"相继落地"入表+融资"模式
助力数据资产高效变现》，《证券日报》2024 年 6 月 7 日。

梁凤妃、谭冰：《基于 AHP-收益法的互联网企业数据资产价值评估研究》，《管理
会计研究》2024 年第 3 期。

吴天放、朱林云、何孟爱：《基于财务视角的企业数据资产评估方法研究》，《中小
企业管理与科技》2024 年第 10 期。

秦荣生：《数据资源入账入表的管理和税收问题探讨》，《税务研究》2024 年第
5 期。

王珏：《数据资产融资难题何解?》，《中国外资》2024 年第 6 期。

何瑛、陈丽丽：《数据资产缓解民营企业融资"难"的实践路径研究》，《清华金融
评论》2024 年第 3 期。

刘琦、童洋、魏永长等：《市场法评估大数据资产的应用》，《中国资产评估》2016
年第 11 期。

刘彦坤：《数字经济对税收征管的影响及对策》，《纳税》2024 年第 10 期。

B.9
数字文化产业税收管理分析报告

王汉生　邓永勤　李银陆　张虹*

摘　要： 数字文化产业具有文化创意性、数字技术性、融合共生性、大众娱乐性、意识形态性特征，其蓬勃发展为经济增长和中华优秀传统文化创造性转化、创新性发展增添了新动力，也对发挥税收在国家治理中的基础性、支柱性、保障性作用提出新要求。本报告以数字出版、数字游戏、网络直播三大行业为例，探讨数字文化产业发展的现状。针对数字文化产业税收管理存在的问题，提出要提高税务部门对数字文化产业的关注度、加大对文化创意者的税收激励与税务管理力度、加大对数字文化企业的政策优惠力度、提高税收政策和管理的确定性以及完善税收调控政策等对策建议。

关键词： 数字文化产业　税收调控　税收管理　平台企业

近年来，随着数字中国、网络强国战略逐步推进，网络基础设施逐步完善，互联网用户规模不断扩大，数字经济与实体经济融合持续深化，数字经济在国民经济中的支柱地位愈发显著。党的二十大报告进一步明确了以马克思主义为指导，坚持中国特色社会主义文化发展道路、推进社会主义文化强国建设的目标，要求繁荣文化事业和文化产业，加强全媒体传播体系建设，推动形成良好网络生态。2023 年 2 月，中共中央、

* 王汉生，国家税务总局重庆市税务局税收科学研究所管理岗八级，主要研究方向为税收理论与实务；邓永勤，国家税务总局重庆市税务局政策法规处二级调研员，主要研究方向为税收理论与实务；李银陆，国家税务总局重庆市税务局税收科学研究所所长，主要研究方向为税收理论与实务；张虹，国家税务总局重庆市税务局税收科学研究所副所长，主要研究方向为税收理论与实务。

国务院印发了《数字中国建设整体布局规划》，数字中国建设的总体规划进一步确立。

数字文化产业通过文化创意与数字技术的不断融合共生，有效释放数据价值、促进文化存量资源价值转化。发展数字文化产业是新时代促进中华优秀传统文化创新性发展和对外传播的有效路径，具有促进中华民族共有精神家园建设的独特作用。面对蓬勃发展的数字文化产业，税收管理①必须与之匹配，为数字文化产业持续健康发展和社会主义文化强国建设营造公平公正的税收环境，发挥税收服务经济发展和在国家治理中的基础性、支柱性、保障性作用。

一　数字文化产业的发展现状

我国数字文化产业已成为国民经济中的重要力量，影响范围日益扩大。2022 年 5 月，中共中央办公厅、国务院办公厅印发《关于推进实施国家文化数字化战略的意见》，作出了应对互联网带来的机遇与挑战，实施文化数字化的战略部署。2023 年，我国文化新业态产业②营业收入达 5.24 万亿元，约占全国文化及相关产业规模以上企业营业收入的 40.5%，③ 约占全国 GDP 的 4.2%。我国网民规模于 2023 年 12 月达 10.92 亿人，④ 文化产品、服务借由互联网触达广大消费者。

---

① 本报告从广义角度来研究"税收管理"，既包括以纳税人为对象的税收征管和纳税服务，又包括税收法律、法规、政策制定及实施。
② 本报告的"文化新业态产业"是指国家统计局划分的 16 个具备新业态特征的文化产业小类，包括广播电视集成播控，互联网搜索服务，互联网其他信息服务，数字出版，其他文化艺术业，动漫、游戏数字内容服务，互联网游戏服务，多媒体、游戏动漫和数字出版软件开发，增值电信文化服务，其他文化数字内容服务，互联网广告服务，互联网文化娱乐平台，版权和文化软件服务，娱乐用智能无人飞行器制造，可穿戴智能文化设备制造，其他智能文化消费设备制造。
③ 《国家统计局解读 2023 年全国规模以上文化及相关产业企业数据》，https://www.gov.cn/lianbo/bumen/202401/content_6929148.htm。
④ 《第 53 次中国互联网络发展状况统计报告》，中国互联网络信息中心，2024。

（一）基本概念

数字文化产业是以文化创意内容为核心，依托数字技术进行创作、生产、传播和服务，呈现一系列新特征的新业态。[①] 这一新业态由文化产业数字化和数字产业文化两方面组成，向市场提供的数字文化产品不以有形介质存储为必需，可直接表现为数字信息并脱离所存储的介质在数字网络中传递。文化产业数字化是将数字技术融入传统文化全产业链进行改造，将现有文化产品数字化和利用数字信息技术进行文化内容生产、传播、消费，如数字出版、数字新闻、数字文旅、广播电视集成播控等；数字产业文化是数字化企业将文化元素融入企业发展实现价值创新，如网络直播、短视频、数字游戏、网络文学、数字音乐、数字出版软件开发、虚拟现实等。此外，配套的智能文化设备制造产业，如娱乐用智能无人飞行器制造、可穿戴智能文化设备制造、其他智能文化消费设备制造等，也可纳入广义的数字文化产业范畴。[②]

（二）基本特征

数字文化产业具有文化创意性、数字技术性、融合共生性、大众娱乐性、意识形态性特征。

文化创意性是指创作者的创意性劳动，这是数字文化产品的源泉和数字文化产业生机和活力之所在。数字技术极大丰富了文化产品的表现形式，网络文学、网络新闻、网络图画和影音等为传统文化产品数字化呈现提供了丰富的载体，但数字文化产业发展的核心依旧是文化艺术的内容创意，离开文化创意就没有数字文化产业。

数字技术性是指数字技术的全面应用和渗透，这是数字文化产业鲜明的

[①] 2017 年《文化部关于推动数字文化产业创新发展的指导意见》首次阐述了"数字文化产业"这一概念。

[②] 国家统计局 2018 年修订的《文化及相关产业分类（2018）》延续了对文化产业的定义，即文化及相关产业是指为社会公众提供文化产品和文化相关产品的生产活动的集合。

时代特征。正是基于数字技术、现代通信技术全面应用于传统文化产业，以强大的创造力和传播力实现了文化产品的数字化呈现、零成本复制和从生产到消费的全链路覆盖，数字文化产业才能够形成和发展。数字技术史无前例地提升了文化产品的生产效率，扩大了服务和影响范围，使文化产业具备了规模效应，进一步加深其长尾效应。

融合共生性是指文化创意与数字技术不断相互融合。这种融合有两个层次，一是数字技术与文化的融合，二是作为二者融合产物的数字文化产业与其他产业融合共生。从网络文学、网络音乐等较简单的传统文化作品数字化，到如今数字文旅、数字博物馆、数字藏品乃至元宇宙等新概念诞生，数字文化产业一直在加深与不同产业的融合交流及共生发展。

大众娱乐性是指社会公众共同参与创造和消费。数字文化产品由社会公众共同参与创造、以喜闻乐见的形式向社会公众呈现，社会公众在日常娱乐和文化消费中得到满足是数字文化产业赖以发展的基础。数字文化产品追求给社会公众带来愉悦，满足消费者个性化需求，被人们乐于接受和分享，进而实现市场定价，走上市场化、产业化发展道路。[1]

意识形态性是指数字文化产业通过输出内化于产品中的思想，对社会公众产生潜移默化的教化作用。文化产品既具备一般商品的经济属性，又具有鲜明的意识形态属性。习近平总书记指出："文化产业既有意识形态属性，又有市场属性，但意识形态属性是本质属性。"[2] 数字文化产品和传统文化产品一样，在满足消费者个人精神文明需求的同时，必然体现和传播一定的价值取向、思想观念。数字文化产业与传统文化产业一样，既具有经济效益又具有社会效益，对我国社会主义意识形态建设具有重要影响。

（三）发展现状：以数字出版、数字游戏、网络直播三大行业为例

2022 年，数字出版、数字游戏、网络直播总销售收入占数字文化产业

---

[1] 江小涓：《数字时代的技术与文化》，《中国社会科学》2021 年第 8 期，第 4~34 页。

[2] 王振亚、贺威：《守正创新，推动文化强省建设再攀高峰》，《湖南日报》2021 年 1 月 29 日。

总收入的 41.7%。[①] 无论是从行业特征、发展规模还是从社会影响来看，上述三大行业是数字文化产业最基础、最广泛的三种产业形式。根据产业规模和产业独特性，以数字出版、数字游戏、网络直播三大行业为例，分析数字文化产业的发展现状。

数字出版是指利用数字技术进行内容编辑加工，并通过网络传播数字内容产品的一种新型出版方式。主要包括电子图书、数字报纸、数字期刊、网络原创文学、网络教育出版物、网络地图、数字音乐、网络动漫、网络游戏、数据库出版物、手机出版物等。数字出版行业的销售收入从 2015 年的 4403.8 亿元增长到 2022 年的 13586.99 亿元，[②] 7 年销售收入复合年均增长率达到 17.46%，发展趋势向好，动力强劲，已然成为我国出版行业的一大支柱。数字出版行业与传统出版业相比，产业链更短，更扁平，产业链中不同主体间的业务边界更加模糊，产业整合程度加深，一个企业或承担多种角色。中国知网对文献、数据库等内容资源进行整合，承担了产业链中的多重角色，实现了出版、发布、销售多种业务的一体化实施。甚至部分传统互联网企业基于用户基础和技术优势，搭建网文、漫画等平台，签约作者，将作品直接上架供读者消费，构建起从内容创作、数字产品制作到销售的完整产业链。

数字游戏指以数字技术为手段，以数字化设备为载体游玩的各类游戏。目前数字游戏大多是以互联网为媒介，以游戏运营商的服务器和用户的数字设备为终端，以游戏软件为信息交互窗口，集社交、休闲、娱乐和虚拟成就等多种功能于一体的在线娱乐生态。通常一款游戏由游戏开发公司、个人及团队开发，然后向游戏运营商授权并合作，游戏运营商通过软

[①] 本报告用文化新业态产业销售收入与网络直播行业销售收入之和来估算数字文化产业总收入。首先，由于数字游戏销售数据大部分已囊括在数字出版行业中，计算数字出版行业和数字游戏行业总收入时只使用数字出版销售数据即可。其次，针对电商直播行业的实际收入，本报告按照行业常见的30%佣金费估算直播电商收入，网络直播收入为网络表演收入与直播电商收入之和。三大行业收入占比计算公式为：（数字出版行业销售收入+网络直播行业销售收入）/（文化新业态产业销售收入+网络直播行业销售收入）。

[②] 中国新闻出版研究院公布的 2015~2022 年《中国数字出版行业年度报告》。

件平台、专服等方式发行游戏，并且会在广告投放平台进行推广，最后游戏会通过买断、内购、广告等变现方式实现营业收入。根据统计数据①，数字游戏行业的营业收入从 2015 年的 1407 亿元增长到 2022 年的 2658.84 亿元，7 年间翻了近一番；用户规模由 2015 年的 5.34 亿人增长到 2022 年的 6.64 亿人，约占全国总人口的 47%，每年以千万级增长。其中销售收入贡献占比最高的是移动端游戏（手机游戏），从 2015 年的 36.6% 上升至 2022 年的 72.6%，这主要得益于 2013 年底工信部正式向三大运营商发布 4G 牌照，同时也为手游的普及创新提供了重要的基础条件。随着米哈游的《原神》、腾讯的《王者荣耀》《绝地求生》等现象级产品的出现，移动端游戏深入下沉市场，充分挖掘更多的潜在玩家和更碎片化的时间，促进了游戏市场快速扩张。

网络直播是指以直播平台为媒介实现主播与观众即时互动的一种表演形式，借助直播平台技术支持获取流量所形成的一种新兴业态。网络直播行业作为近五年来的风口产业，销售收入从 2016 年的 218.5 亿元②发展到 2022 年网络直播的 1992.34 亿元和直播电商的 35000 亿元③；用户规模从 2016 年 3.44 亿人增长到 2022 年 7.51 亿人④；2020 年主播账号累计超 1.3 亿个，相关从业人员达到 123.4 万人⑤。网络直播以新型媒介为基础，融合多种商业模式，从而产业链极具多元化。其中，网络表演和电商直播是网络直播行业中的两大分类。

网络表演直播产业链由内容版权方、内容授权方、直播平台、主播、经纪公司等组成。直播平台向内容版权方购买各种音乐、影视、游戏、体育赛事等内容版权，以此为网络直播涉及版权授权的内容提供在互联网上播出的资格。通过互联网直播平台，主播在现场表演，观众可以通过网络观看并与

---

① 中国游戏产业研究院与中国音数协游戏工委联合发布的《2022 年中国游戏产业报告》。
② 中国演出行业协会发布的《网络表演（直播）社会价值报告》。
③ 统计报告中直播电商带动的销售收入既包含主播、平台、经纪公司的佣金收入和广告收入，也包含了上游供应商的商品销售收入。
④ 中国互联网络信息中心发布的《第 51 次中国互联网络发展状况统计报告》。
⑤ 北京大数据协会财税大数据专业委员会等机构联合发布的《网络主播税收治理研究报告》。

主播互动，这种形式可以让观众在任何地方、任何时间都能看到现场表演，并且可以与主播进行实时互动。

电商直播产业链由上游供应商、电商平台、直播平台构成，其中直播平台是最核心的一环，对接上游供应商和电商平台并将购物链接接入直播界面方便消费者操作，通过主播的口播和展示起到传统广告行业的产品宣传作用。产业链中流转的依旧是内容，即商品的产品信息和价格信息，通过主播的自有流量和直播平台的用户基础将广告内容传播给众多潜在消费者，同时将消费者的购买信息反馈给上游供应商、电商平台。电商直播是电商与直播的融合，通过直播这一渠道进行商品销售的创新模式，是主播（明星、KOL、创作者等）借助视频直播形式推荐卖货并实现"品效合一"的新型电商形式，本质上是一种广告活动。主播根据具体行为需承担"广告代言人""广告发布者"或"广告主"的责任。

二 数字文化产业税收管理存在的问题

数字文化产业的蓬勃发展，对税收制度和征管提出了新要求、新挑战。理论和实务部门的研究者对税收促进数字文化产业发展进行探讨，取得了一些研究成果，提出税收政策应支持数字文化产业不同业态均衡发展，加大对数字文化关键技术研发和辅助硬件研发的扶持力度。[①] 从政策文本、对部分数字文化企业的问卷调查和调研访谈来看，数字文化产业税收管理还存在一些问题和不足。

（一）税务部门对数字文化产业关注不够

从税收政策制定来看，政府对数字文化产业的关注有待加强。通过在中国政府网和北大法宝等公开网站用"数字文化""数字创意""互联网文

---

① 胥力伟、丁芸：《助推数字文化产业高质量发展的税收政策优化》，《税务研究》2021年第11期，第115~118页。

化""网络文化"等关键词进行全文检索，并限定政策出台时间为 2017 ~ 2023 年，政策制定单位为全国人大、国务院及其直属机构，[①] 初步筛选出 158 份文件。通过对政策文件的浏览，人工筛选出 74 份政策文本，主要由国家发展改革委、财政部、教育部、网信办、文化和旅游部、科技部、中宣部、商务部等部门制定。国家税务总局仅参与其中 4 份政策的制定，且没有独立制定相关政策，参与制定的时间也较晚。这在一定程度上表明，税务部门对数字文化产业的关注有待加强。

（二）对文化创意者税收激励与管理均存在不足

数字文化产业的动力源泉是创作者的创意性劳动，但目前对文化创意的创作者群体还缺乏有针对性的税收支持政策。如网络创作者大部分收入较低，2023 年网络作家共有 2405 万人，市场占有量较高的七猫中文网，其稿费过万元的作者仅有 565 人，[②] 大多数作者的收入在几百元至几千元不等，部分作者甚至无法负担生活成本。网文作者收入主要由出版收入、平台福利收入、阅读订购收入和打赏收入以及网络文学作品改编收入组成，其中只有出版收入可被视为稿酬所得。但大部分网文作者因无法与网文平台签约，无法获得连载出版的稿费，主要靠平台奖励和阅读订购收入维持生计，这部分作者通常人气不高、收入也相对较低。对数字文化创意激励不够，影响了创作者的主动性和积极性，不利于文化创意质量提升和巩固数字文化产业发展根基。

同时，针对个人创作者的税收管理缺位。个人创作者在数字内容平台上传作品获取收入，但未形成针对个人创作者的税务登记制度，更谈不上信息变更等涉税信息申报，个人创作者处于税收征管盲区。

（三）数字文化企业缺乏税收优惠政策

目前没有明确针对"数字文化产业"的税收优惠政策，数字文化企业

---

① 由于全国各地数字文化产业的发展现状差异较大，地方政策的对比意义不大且会降低政策文本的可分析度，故本报告仅针对中央级政策文件展开分析。

② 《2023 年中国网络文学发展研究报告》，中国社会科学院文学研究所。

大多参照动漫行业和高新技术企业相关税收优惠政策享受税收减免。与传统制造企业原材料购买、存储、生产、分销、运输各个环节都有实体交付、清晰完整不同，数字文化产品的虚拟性和数字技术性体现在产品从生产到销售上通常在同一家企业内部完成，但可供抵扣增值税进项税额和外购成本扣除项目较少。同时数字文化企业与软件企业类似，高度依赖信息技术性人才，加之市场竞争激烈、知识产权保护需求高等现状，致使数字文化企业必然存在较高研发费用和人力成本。如 2023 年完美世界股份有限公司研发费用占营业收入的比例为 19.48%，浙报数字文化集团股份有限公司这一数字为 16.42%，且本报告课题组调研的部分大型数字文化企业取得增值税进项税额均不到销售额的 1%，实际增值税税负达 5.5% 左右，总税收负担超过 11%。研发费用高和税收负担重不利于产业发展和产品创新。

（四）税收政策和税务管理的确定性有待提高

文化创意与数字技术相互融合、数字文化产业与其他产业融合共生不断催生新的业态，税收政策和税收征管均存在一定的滞后性，对数字文化新业态提出的税收政策、税务管理和纳税服务需求应对不足，带来征纳困惑。

数字内容平台[①]是数字文化产业不可缺少的重要构成，是连接内容创作者和消费者，让创作者展示和销售作品，消费者进行消费和反馈的中间平台。近年来，税务机关多次曝光主播偷税漏税案件，如网红主播通过数字内容平台开展活动，并通过转变收入形式等方式逃避纳税义务，反映出税务机关对数字内容平台及利用平台开展创作和经营活动的自然人尤其是网络主播缺乏有效的监管手段，税收征管和服务尚存在薄弱环节。

对网络主播有针对性的税收宣传不够。网络主播构成复杂、分布广泛，

---

① 数字出版行业中的数字出版分发商、内容出版商，如中国知网、亚马逊电子书商城、微信阅读等；网络游戏行业中的游戏运营商，如各大手机厂商应用商城、steam、Tap Tap 等；网络直播行业中的直播平台，如斗鱼、虎牙等，均可称为数字内容平台。

且多通过财税代理服务缴税，导致注册地和实际经营地基本不同，税务机关难以实现面对面直接沟通。同时由于主播的职业特点，税务机关不宜通过网络集中开展税收宣传辅导。税收宣传辅导缺位，当前涉税政策被部分主播、中介机构和平台企业误读，进一步增加了税收治理难度。

数字文化产业税源监管难度大。一方面，数字文化企业经营活动多在虚拟环境中发生，其业务主要通过数据体现，数字文化产业经营数据难管理、目前税务机关获取数字文化企业相关经营数据既缺乏明确法律规定，对巨量数据的储存、管理、使用也存在信息化能力不足的问题。① 另一方面，文化产品具有载体多元化特性加之数字文化产业是深度数字化，税源流动性加强，税务稽查难度加大。

以网络主播工作室企业所得税扣除界定为例，企业所得税的确定性亟待提高。网络主播为了提高直播质量、提升用户体验，会购入大量物品装扮直播间，并且对主播自身进行投入，包括且不限于价格高昂的奢侈品、高端医美及培训等。按照《企业所得税法》第八条规定，"企业实际发生的与取得收入有关的、合理的支出，包括成本、费用、税金、损失和其他支出，准予在计算应纳税所得额时扣除"。投入直播间和主播个人的支出，按照传统行业发生此类支出的认定，无疑为主播个人消费。在网络直播这种新兴业态，纳税人提出此类支出与取得直播收入直接相关，具有相当的合理性。面对纳税人的合理要求，如何界定某项特定支出仅为主播个人消费还是与提高直播收入有关，缺乏统一标准或指导性文件。各地税务机关在实际征管中只能根据自己的判断灵活掌握，可能带来税收政策执行不统一，影响税收公平。

"打赏"收入性质界定也存在争议。主播的"打赏"收入是指观众在直播过程中给主播的打赏，这部分收入要与平台分成②。一方面，"打赏"本意为自愿酬谢而非服务购买，可看作一种自愿赠与行为，而我国并没有赠与

---

① 冯思爽：《大数据时代网络直播行业个税征管问题研究》，《税务与经济》2023 年第 5 期，第 50~57 页。

② 分成比例根据平台与主播定价权的不同存在较大差异，这一比例通常在 30%~70%。

税一说。另一方面，直播中的"打赏"又具有明显的消费属性，打赏者与被打赏者存在服务合同关系，即主播提供内容服务，观众为消费其服务支付报酬。若以此界定，则主播个人"打赏"收入要按照劳务报酬缴纳个人所得税，企业分成"打赏"收入则需要缴纳企业所得税。

（五）税收调控亟待完善

政府的政策支持对文化产业发展具有至关重要甚至是决定性的影响。其中，税收政策对产业发展的调控体现为对鼓励类产业的激励和对某些特定行业的必要约束两个方面，以促进产业结构优化升级和健康发展。[①]

在支持鼓励类产业发展的同时，要避免由于政策的"选择性"特征，导致产业陷入重数量轻质量的创新陷阱，[②] 使得产业规模迅速扩张但质量较低，这不利于满足人民对美好生活的向往、对高品质文化产品和服务的需求。游戏企业这方面存在的问题比较突出。游戏企业通常以"开盲盒""抽卡"等形式引导玩家沉迷和花费大量金钱打造华丽、更高数值的游戏角色，从而牟取暴利。目前我国市面上大部分移动端游戏（手机游戏）都通过"免费+内购"形式吸引玩家，但游戏本身存在缺乏优质内容和玩法创新、画面质量低、玩家社区服务差等问题。我国网民中 0~29 岁人群是游戏消费群体的主要构成，[③] 总人数多达 3.6 亿人，约占全国总人数的 1/4，游玩低质量游戏将不利于青年玩家价值观、消费观的建立。同时，游戏产品沦为企业牟取暴利的工具，意识形态属性缺位，不利于游戏产业健康发展。

[①] 张亚丽：《我国文化产业发展及其路径选择研究》，吉林大学，博士学位论文，2014；黄永兴、徐鹏：《中国文化产业效率及其决定因素：基于 Bootstrap-DEA 的空间计量分析》，《数理统计与管理》2014 年第 3 期，第 457~466 页。

[②] 诸竹君、宋学印、张胜利等：《产业政策、创新行为与企业加成率——基于战略性新兴产业政策的研究》，《金融研究》2021 年第 6 期，第 59~75 页。

[③] 《2022 手机游戏行业洞察报告：用户年龄结构演变，创新元素和 ip 化成用户争夺突破口》指出，截至 2022 年 3 月，游戏市场用户 30 岁以下占比高达 49%，https：//36kr.com/p/1744585969348232。

三 助力数字文化产业发展的税收对策

数字文化产业的迅速发展，既体现在传统文化企业经数字化技术洗礼转向数字化生产、传播、销售，又表现为新业态不断涌现。基于传统文化产业制定的税收制度、税收政策和征管措施有许多已不适应当前的发展形势。针对这些不适应，需要税收理论和实务部门共同努力，结合数字文化产业发展面临的新情况，不断优化和完善税收制度、税收政策和征管措施。

（一）提高税务部门对数字文化产业的关注度

针对税务部门对数字文化产业关注度不够的问题，要结合《税收征管法》修订工作，通过完善税收法律顶层设计为数字文化产业发展营造公平公正的税收环境。建议税务机关及时出台针对性政策，贯彻落实党中央关于推动公共文化数字化建设、实施文化产业数字化战略的决策部署，提高税收对数字文化产业的管理能力，引导数字文化产业各业态均衡发展。由于数字文化产业新业态频出，产业形态和商业模式变化快，税务机关应及时、定期开展对数字文化产业的调研工作，探明数字文化产业运行现状，收集税收征管一线和纳税人诉求，出台更加精准扶持和规范数字文化产业发展的税收政策。

（二）加大对文化创意者的税收激励与税务管理力度

数字文化产业的文化创意性特征表明创作者的创意性活动是数字文化产业发展的动力源泉，优质内容的产出高度依赖创作者的能力和投入时间。建议通过税收优惠政策提升个人创作者的实际收入。网络创作者的订阅收入本质也是作者的创作收入，因此建议对网络创作者通过发布如网络音乐、视频、文章等基于创作行为和作品而获得的订阅章节收入按稿酬所得标准设计优惠政策，享受以收入减除20%的费用后，再按减70%计算为收入额。同时，鉴于数字内容平台签约率不高，大部分作者无法获取稳定的稿费收入，建议在计算企业所得税时，稿费成本在按规定据实扣除的基础上，再按照实际发生额的 100% 在税前加计扣除，引导数字内容平台增加签约率，为平台创作者提供更加稳定的稿费收入和签约作者福利。以此激发创作者的创作热情，为数字文化产业发展奠定更坚实的内容基础。对兼职创作者作品版权收入部分按减 50% 征收个人所得税，激励不同行业从业人员进行创作活动，促进数字文化产业发展创新生态。

一是健全创作者信息登记制度。针对众多包含主播在内的网络创作者缺乏监管的问题，应当按照强制纳税登记的原则建立涉税信息系统。要求网络创作者在平台注册账号时应进行电子税务登记，填报个人信息及相关涉税信息。为便于纳税人注册账号和进行税务登记，税务方可与平台合作，将登记系统入口直接接入平台注册账号页面，在注册过程中需完成税务登记方能进行注册确认，并将身份证号作为纳税识别号和账户号，实现实名制管理和"一证一号"。税务机关收到纳税人信息后将对纳税人信息进行保存、加密和维护。

二是加快"一人式"智能归集功能落地。针对自然人跨界经营而导致的收入类型不明问题，出台相应的税收政策规定，对自然人的纳税人身份、所属税目、计税依据、纳税义务发生时间及纳税期限、纳税地点、税收管辖权等各税收要素进一步确认。健全自然人税费服务监管体系，将其自行申报、代扣代缴、代开发票、任职投资、房产与车船等财产登记、跨平台交易与支付等信息进行税收大数据归集，逐步实现自然人税费信息的"一人式"智能归集。

三是压实数字内容平台主体责任。定期报送用户信息并履行代扣代缴义务。一方面，平台经营者应严格履行信息采集、核验、申报的义务。平台应定期向税务机关上报创作者作品和流量数据，以及报告相关涉税信息是否发生变更。另一方面，数字内容平台应为个人创作者代扣代缴个人所得税。平台应成为以自然人注册账号的创作者的扣缴义务人，履行代扣代缴义务，并定期向税务机关报告相关数据。

（三）加大对数字文化企业的政策优惠力度

借鉴软件行业相关优惠政策，明确对数字文化企业提供数字文化产品及服务的收入征收增值税后，对其增值税实际税负超过 3% 部分实行即征即退。对数字文化企业转让作品版权收入部分减半征收所得税，激发数字文化产业各个环节主体的创作积极性。出台优惠政策使研发娱乐用智能无人飞行器、可穿戴智能文化设备和其他智能文化设备等产品的企业享受固定资产加速折旧或一次性扣除的扶持，进而降低产品研发成本，刺激智能文化设备等研发投入，更好地服务产品形式创新，以此促进数字文化产业整体协调发展，增强不同业态间相互影响的乘数效应。

（四）提高税收政策和管理的确定性

按照《企业所得税法》的扣除原则，规范和明确网络主播及相关行业企业所得税扣除政策。

一是明确主播"打赏"收入性质。建议根据主播与平台、经纪公司签订的合同和关系而定。若主播与平台或与经纪公司签订劳动合同，按照平台或者经纪公司要求确定直播内容，则"打赏"收入应被认定为工资薪金所得；若主播与经纪公司签订经纪合同，则"打赏"收入应被认定为主播的劳务报酬所得；若主播作为独立个体，并未与平台或者经纪公司建立合同关系，则"打赏"收入应被认定为劳务报酬所得。明确收入类型后则可根据不同情况有针对性开展主播征纳服务。

二是严格划清主播工作室企业所得税成本抵扣项目。在 2023 年 9 月 16 日官方公布的"袁冰妍案"中，明确指出艺人袁冰妍将个人消费性支出在旗下企业违规列支，因此应严格按照《企业所得税法》第八条规定，与企业取得收入无关的支出尤其是主播个人消费性支出不应用于成本抵扣。各地税务机关应加强对高收入主播实行查账征收，要求主播工作室详细归集企业成本，并说明涉及主播个人及直播间布置等支出的内容和用途，严格把关成本抵扣项目。

由于数字文化产业的文化创意性、融合共生性特征，全新形式的数字文化产品及服务时有出现，新的商业模式、业态便随之产生，税务机关应定期开展产业调研，了解数字文化产业动态，精准把握税收政策与产业不适应之处，从而及时出台针对性政策，保证对数字文化产业的税收监管不缺位。

在专业化管理和多部门联合监管相结合、数字内容平台集中度高的城市设立负责管理平台企业的专业税务机关，可称为"平台企业风险管理局"。针对数字文化产业的数字技术性特征和数字内容平台的重要性，对平台经营数据实施强有力的专业化管理。通过对平台企业的集中管理实现对网络创作者个人的高效监管，提高税务机关对数字文化产业相关从业人员的管理能力。

税务机关在实施高效专业化管理的基础上，还应加强多部门联合监管，建议与工信部和网信办建立类似于税警协作的联合防控机制，联合成立针对数字文化产业监管的"税务+工信+网信办"联合监管队伍。基于工信部对三大运营商和网信办对网络信息的监管权限，创新产业链数据流全新监管模式，对网络创作者、企业、消费者的数字终端实行数据流、信息流分析。并结合税务机关丰富的税收风险模型对我国数字文化企业及相关从业人员进行风险扫描和精准推送，提高税务机关对平台企业、网红、主播等纳税主体的稽查效率。

开展专项税收宣传及辅导。一是完善覆盖全国的互联网平台宣传体系。构建税务总局统一指挥、各省统筹规划、地市独立实施的平台宣传体系，统一标准、统一口径，组织地市级以上税务机关集体入驻各大互联网平台，真正做到税法宣传面对大众百姓，加强全民税法知识普及。二是尽早制定互联网平台经济以及主播的税收宣传和纳税服务辅导方案。建议税务总局在针对互联网平台经济和其所服务的纳税人出台宣传方案，制定平台企业和网络主播等政策宣讲和纳税操作手册，为基层税务部门在实际操作中提供有力指引。三是要加大违法案例的警示提醒。将税宣和警示教育相结合，通过定期向社会公布一些平台企业或主播行业涉税违法案例，进一步提高纳税人税法遵从度，规范行业健康持续发展。

（五）完善税收调控政策

对游戏企业通过游戏后期运营、游戏内增值服务收入加征游戏服务消费税。加征游戏服务消费税有以下三个作用。一是抑制玩家冲动消费。对于移动端游戏（手机游戏）的内购服务收入征收消费税，在一定程度上抑制消费，起到调节和引导玩家在游戏中合理消费的作用。二是约束游戏企业过度逐利、社会责任缺失等行为。三是促进调整产业结构。游戏产品品类众多，如移动端游戏、客户端游戏、网页游戏等，不同品类的生产和消费之间由于资源配置、市场需求等因素存在此消彼长的关系，若产品整体质量较低但存在暴利的移动端游戏市场被课以重税，以高税率限制其生产，引导更多游戏企业将研发重心转向更加注重内容创作的独立游戏和主机游戏，进而形成游戏市场整体协调发展、注重内容质量的发展格局。

参考文献

张伟、吴晶琦：《数字文化产业新业态及发展趋势》，《深圳大学学报》（人文社会科学版）2022 年第 1 期。

任天浩、朱多刚：《作为生产机制的平台：对数字内容生产的多案例研究》，《出版发行研究》2020 年第 2 期。

姚东旭、严亚雯：《数字时代的税收治理：关联性、现实挑战与应对方案》，《税务与经济》2023 年第 6 期。

B.10
中国社会保险费税务征收发展报告

刘　钧　韩雪纯　朱涵涵　李志远　李一帆　马晓倩*

摘　要：　自从社会保险费转由税务征收后，社会保险费的征收迈入了规范化、标准化、准确化的管理轨道。但是，在实施社会保险费税务征收的过程中也存在一些问题，如存在相关法律法规有待完善、用人单位和个人缴费意愿降低、社保管理部门与税务部门之间协同性较差、税务部门工作人员的专业能力有待提升问题。本报告建议：完善立法，加大税务部门执法力度；提升用人单位与个人缴费意愿；优化部门协同管理；聚焦业务能力、夯实人才保障；进一步推进税务全责征收管理模式。

关键词：　社会保险费税务征收　税务代征管理模式　税务全责征收管理模式　金保工程

社会保险费税务征收是我国社会保险管理规范化的重要组成部分。做好社会保险费税务征收工作有助于提高社会保险缴费的及时性、准确性和规范性，有助于减少少缴、欠缴、漏缴等行为的发生。

2018年2月28日，中国共产党第十九届中央委员会第三次全体会议通过的《深化党和国家机构改革方案》①提出，将基本养老保险费、基本医疗保险费、失业保险费等各项社会保险费交由税务部门统一征收。从2019年

---

* 刘钧，中央财经大学保险学院教授，主要研究方向为劳动与社会保障、企业年金、员工福利等；韩雪纯、朱涵涵、李志远、李一帆、马晓倩均为中央财经大学2023级劳动与社会保障专业学生。

① 《中共中央印发〈深化党和国家机构改革方案〉》，国务院新闻办公室，2018年3月21日，http://www.scio.gov.cn/zdgz/jj/202308/t20230816_750605.html。

1月1日起，各地陆续开始将社会保险缴费工作转交税务部门。目前，我国社会保险费税务征收取得了积极的成效，但是也存在一些问题。本报告介绍了我国社会保险费税务征收推进的过程和税务征收的管理模式，分析了社会保险费税务征收中存在的问题，并提出了若干针对性对策建议。

一 我国社会保险费税务征收推进现状

（一）我国社会保险费税务征收的推进历程

2018年2月，《深化党和国家机构改革方案》提出，为提高社会保险资金征管效率，将基本养老保险费、基本医疗保险费、失业保险费等各项社会保险费交由税务部门统一征收。2018年7月，中共中央办公厅、国务院办公厅发布的《国税地税征管体制改革方案》提出，从2019年1月1日起，将基本养老保险费、基本医疗保险费、失业保险费、工伤保险费、生育保险费等各项社会保险费交由税务部门统一征收。①

为了响应中央政府的号召，山西省、江西省、湖南省、北京市等地政府于2018年底发布的法规大多规定，从2019年1月1日起，将社会保险费（机关事业单位的社会保险费、城乡居民基本养老保险费和基本医疗保险费）交由税务机关征收。社会保险费税务征收的原则是平稳有序、分工协作、征管高效、服务便民。2019年底，社会保险费税务征收的实施范围进一步扩大，企业及职工、灵活就业人员的社会保险费也转交给了税务部门征收。社会保险费税务征收首先从机关事业单位和城乡居民的基本养老保险费和基本医疗保险费开始，逐步扩大到城镇企业及职工的基本养老保险费、基本医疗保险费和失业保险费。

1. 城镇职工参保缴费

社会保险费税务征收后，在职职工的基本养老保险、基本医疗保险和失

---

① 《中共中央办公厅、国务院办公厅印发〈国税地税征管体制改革方案〉》，新浪财经，2018年7月21日，http://finance.sina.com.cn/roll/2018-07-21/doc-ihfqtahh9841913.shtml。

业保险的缴费由用人单位代扣代缴，用人单位可以在税务部门移动端 App 上自行缴纳，可以由银行扣款，也可以前往当地税务部门缴纳。

2. 城乡居民参保交费

社会保险费税务征收后，城乡居民参保交费①的方式主要有：一是通过税务部门委托的村（社区）代办员代交；二是税务部门同银行签订委托代扣协议后，由银行扣款；三是城乡居民社会保险参保人也可以在网上交费；四是城乡居民社会保险参保人也可以前往税务部门自行交费。

（二）社会保险费税务征收的模式

目前，从各地社会保险费税务征收的有关规定来看，社会保险费税务征收主要有税务代征和税务全责征收两种管理模式（见表1）。

表1　税务代征管理模式和税务全责征收管理模式对比

事项	税务代征管理模式	税务全责征收管理模式
社会保险登记	社会保险管理部门	税务部门
社会保险信息变更	社会保险管理部门	税务部门
社会保险缴（或交）费基数核定	社会保险管理部门	税务部门
社会保险费征收	税务部门	税务部门

1. 税务代征管理模式

在税务代征管理模式中，社会保险相关管理部门②负责社会保险登记、信息变更、缴（或交）费基数核定等事务，税务部门根据社会保险相关管理部门提供的数据负责代征社会保险费。采取税务代征管理模式的地区主要有北京市、天津市、河北省、山东省等。

---

① 缴费与交费不同。城镇职工社会保险是强制缴费的，城乡居民社会保险、灵活就业人员社会保险是自愿交费的。

② 我国社会保险经办机构管理基本养老保险、失业保险和工伤保险；医疗保险经办机构管理基本医疗保险和生育保险。

（1）税务代征管理模式的优点

这种管理模式的优点主要有以下几个方面。第一，具有丰富的社会保险管理经验。社会保险相关管理部门长期管理社会保险事务，对社会保险相关管理政策比较了解，在社会保险相关业务管理方面积累了丰富的经验，能够有效地处理复杂的社会保险缴（或交）费事务。第二，社会保险管理部门、税务部门各司其职，职责明确。社会保险管理部门专注于社会保险缴（或交）费基数的核定等，税务部门专注于社会保险资金的征收，各司其职，明确了各管理部门的工作职责。

（2）税务代征管理模式的缺点

这种管理模式的缺点主要有以下几个方面。第一，存在社会保险管理部门核定的缴费基数与实际工资不一致的风险。由于涉及社会保险管理部门和税务部门数据交流、核对等方面的问题，存在缴费数据核定信息交流滞后或者错误的风险。第二，存在工作效率低下的问题。在用人单位上报缴费基数的过程中，需要向社会保险经办机构、医疗保险经办机构分别上报缴费基数，有些地区甚至向就业管理部门上报失业保险缴费基数，一个用人单位的缴费数据需要向不同的社会保险管理部门反复申报，人为地增加了工作量。第三，存在缴费不足的风险。社会保险的缴费基数是社会保险管理部门依据用人单位上报的缴费基数数据核定的，存在着用人单位少缴、漏缴、欠缴等方面的问题，容易造成社会保险缴费的流失。第四，税务部门的监督职能未能有效地发挥。在社会保险缴费基数核定方面，税务部门可以发挥复核用人单位上报的缴费基数、缴费人数是否属实等方面的问题，但是由于社会保险缴费实行这种代征的管理模式，致使税务部门的监督职能未能很好地发挥。

2.税务全责征收管理模式

在税务全责征收管理模式下，税务部门负责社会保险缴费的整个征收流程，包括社会保险登记、社会保险信息变更、缴（或交）费基数核定以及社会保险费征收等管理工作（见表1）。采取税务全责征收管理模式的典型地区是广东省。

（1）税务全责征收管理模式的优点

第一，实现了社会保险费征收的集中管理。从表1可以看出，社会保险登记、信息变更、缴（或交）费基数核定、费用征收等管理工作全部由税务部门完成，实现了社会保险费征收的集中管理。

第二，进一步提高社会保险费征收的效率。社会保险费税务全责征收后，不再需要用人单位上报缴（或交）费基数。税务部门可以直接根据自己掌握的工资数据，征收社会保险费，简化了工作流程，提高了社会保险费征收的效率。税务部门具有的数据处理能力和执法力可以更有效地管理金额较大的社会保险费的征收，减少少缴、漏缴和欠缴问题的发生。

第三，提高了社会保险缴费的精准度。以往，社会保险管理部门会根据主动检查、书面检查的情况来核实用人单位缴费的情况，并对违法、违规的用人单位进行处罚。表2反映了2007~2022年我国社会保险缴费检查中发现的违法、违规单位数及补缴基金的情况。从表2可以看出，尽管违法、违规的单位在逐年减少，但是违法、违规的单位及涉及的劳动者数量依然较多。社会保险费税务全责征收后，可以减少违法、违规案件对社会保险费税务征收的影响。税务部门拥有较强的执法权和现代化的征收技术，可以提高社会保险缴费的精准度。

第四，发挥税务部门的监督职能。税务部门具有征收个人所得税的相关数据，可以随时发现用人单位、个人的违法、违规行为，较好地发挥了税务的监督职责。

表2　2007~2022年全国社会保险检查违法、违规单位数及补缴基金金额

年份	主动检查数量（万户次）	涉及劳动者人数（万人次）	书面检查数量（万户次）	涉及劳动者人数（万人次）	未办理参保单位数（万户）	补缴费用单位数（万户）	补缴基金金额（亿元）
2007	160	—	138	—	11	18	52
2008	180.8	—	171.2	—	12.6	16.4	49
2009	175.1	—	179.6	—	9.1	14.1	46.4
2010	173.1	—	177.2	—	8.8	13.9	48.2
2011	184.8	—	200.8	—	8.5	12.8	52.8

年份	主动检查数量（万户次）	涉及劳动者人数（万人次）	书面检查数量（万户次）	涉及劳动者人数（万人次）	未办理参保单位数（万户）	补缴费用单位数（万户）	补缴基金金额（亿元）
2012	207.6	11000	213.1	9000	8.4	12.5	52.2
2013	202	9000	235.7	10000	5.9	9.4	34.8
2014	198	9781.1	233.5	10000	5.96	6.4	27.9
2015	192.5	9569.1	219.6	8472.8	3.9	4.1	21.3
2016	190.8	8209.6	222.6	7965.8	3	3.8	17.3
2017	171.9	6910.7	207.6	7449.2	1.7	2.8	12.9
2018	138.1	6240.3	199.5	6792.5	0.9	1.9	9.3
2019	135.1	5140.8	160.6	6621.9	—	1.6	6.7
2020	112.2	4383.6	133.5	4662.7	—	1.3	4.1
2021	116.3	4298.9	107.1	4484.21	—	—	—
2022	70.2	3219.2	—	—	—	—	—

资料来源：《人力资源和社会保障事业发展统计公报（2007—2022年）》，人力资源和社会保障部网站，www.mohrss.gov.cn。

（2）税务全责征收管理模式的缺点

第一，增加税务部门承担的风险。在税务全责征收管理模式下，税务部门需要承担原来属于社会保险管理机构的工作职责，这会增加税务部门的工作职责，增加税务部门承担的风险。

第二，增加税务部门的工作量。相比于税务代征社会保险费的管理模式，税务部门对社会保险相关法律、法规的熟悉程度低，税务部门需要用较长的时间熟悉社会保险的各项规定和操作流程，社会保险费税务征收初期可能存在操作、执行效率低的问题。

第三，社会保险管理部门和税务部门需要协调好相关工作职责。税务部门征收社会保险费后，需要将相关信息分享给社会保险管理部门，需要协调好相关管理部门的工作职责，防止协调不畅带来的负效应。

3. 两种管理模式的对比分析

目前，尽管税务代征管理模式实施得比较普遍，但是税务全责征收的管理模式的优势却比较明显。税务全责征收管理模式因其具有集中力量、提高工作效率等方面的特点，将逐步发展成为社会保险费税务征收管理模式的主流。

（三）社会保险缴费收入的现状

1. 社会保险缴费收入的整体发展状况

自 2000 年我国各项社会保险制度建立、健全后，我国社会保险缴费收入稳步增长，已经从 2000 年的 2644.2 亿元，上升到 2023 年的 113065.16 亿元（见表 3）。从平减①后的环比增长率来看，2019 年以前，社会保险经办机构征收社会保险费的环比年均增长率为 10.66%，2019 年及以后，税务部门征收的社会保险费环比年均增长率为 3.20%。

表 3　2000~2023 年社会保险费总收入和平减后环比增长率

单位：亿元，%

年份	基本养老保险费	平减后环比增长率	基本医疗保险费(含生育保险)	平减后环比增长率	工伤保险费	平减后环比增长率	失业保险费	平减后环比增长率	总收入	环比增长率
2000	2278	—	181.2	—	25	—	160	—	2644.2	—
2001	2489	1.08	398	103.20	28	3.61	187	8.12	3102	9
2002	3171.5	16.26	629.6	44.34	32	4.28	215.6	5.20	4048.7	19
2003	3680	5.03	915	31.55	38	7.49	249	4.54	4882	9
2004	4258	4.70	1173	16.00	58	38.12	291	5.75	5780	7
2005	5093	7.85	1449	11.39	93	44.58	333	3.19	6968	9
2006	6310	9.34	1809	10.18	122	15.78	385	2.04	8626	9
2007	7834	8.24	2341	12.82	166	18.62	472	6.88	10813	9
2008	9740	12.95	3154	22.39	217	18.75	585	12.59	13696	15
2009	11491	8.69	3804	11.12	240	1.90	580	-8.66	16115	8
2010	13420	5.83	4469	6.46	285	7.61	650	1.56	18824	6
2011	16895	25.85	5759	28.82	466	63.45	923	41.95	24043	28
2012	20001	0.02	7243	6.26	527	-4.45	1139	4.26	28910	2
2013	24733	15.42	8616	11.03	615	8.93	1289	5.63	35253	14

① 数据以 2000 年为 100，进行了平减，去掉了通货膨胀因素。下同。

续表

年份	基本养老保险费	平减后环比增长率	基本医疗保险费（含生育保险）	平减后环比增长率	工伤保险费	平减后环比增长率	失业保险费	平减后环比增长率	总收入	环比增长率
2014	27620	2.98	10133	8.45	695	4.21	1380	−1.28	39828	4
2015	32195	9.56	11695	8.48	754	1.97	1368	−6.83	46012	9
2016	37991	10.46	13606	8.90	737	−8.50	1229	−15.90	53563	9
2017	46614	14.31	18574	27.18	854	7.95	1113	−15.63	67155	17
2018	55005	10.88	21090.11	6.70	913	0.46	1171	−1.14	78179.11	9
2019	57026	−2.30	24420	9.11	819	−15.47	1284	3.33	83549	1
2020	49229	−15.12	24847	0.04	486	−41.65	952	−27.10	75514	−11
2021	65793	23.11	28727.58	6.50	952	80.44	1460	41.27	96932.58	18
2022	68933	1.93	30922.17	4.72	1053	7.61	1596	6.35	102504.17	3
2023	76691	5.69	33355.16	2.47	1212	9.34	1807	7.55	113065.16	5

资料来源：养老保险费、工伤保险费和失业保险费数据来自人力资源和社会保障部于2000~2023年发布的《社会保险事业发展统计公报》；2018年以前的基本医疗保险（含生育保险）数据来自人力资源和社会保障部发布的统计公报；2018年及以后的基本医疗保险费（含生育保险）数据来源于医疗保障局于2018~2023年发布的统计快报。

2. 社会保险各保障项目缴费收入的发展现状

（1）基本养老保险缴费收入的发展现状

自2000年以来，我国基本养老保险缴费收入稳步增长，已经从2000年的2278亿元，上升到2023年的76691亿元（见表3）。从平减后的环比年均增长率来看，2019年以前，社会保险经办机构征收社会保险费的环比年均增长率为9.41%；2019年及以后，税务部门征收社会保险费的环比年均增长率为2.66%。

（2）基本医疗保险（含生育保险）① 缴费收入的发展现状

自2000年以来，我国基本医疗保险（含生育保险）缴费收入稳步增长，

---

① 2018年，我国基本医疗保险制度与生育保险制度合并实施，国家医疗保障局对两项社会保险缴费收入一起公布。本报告在分析基本医疗保险缴费收入时将2018年以前的生育保险缴费收入加到基本医疗保险缴费收入中分析，并注明含生育保险。

已经从 2000 年的 181.2 亿元, 上升到 2023 年的 33355.16 亿元 (见表 3)。从平减后的环比增长率来看, 2019 年以前, 社会保险经办机构征收基本医疗保险费 (含生育保险费) 的环比年均增长率为 20.85%, 这与我国政府积极推进基本医疗保险的全覆盖具有比较大的关联性; 2019 年及以后, 税务部门征收基本医疗保险费 (含生育保险费) 的环比年均增长率为 4.57%。

(3) 失业保险缴费收入的发展现状

自 2000 年以来, 我国失业保险缴费收入稳步增长, 已经从 2000 年的 160 亿元, 上升到 2023 年的 1807 亿元 (见表 3)。从平减后的环比年均增长率来看, 结果如下: 2019 年以前, 社会保险经办机构征收失业保险费的环比年均增长率为 2.90%; 失业保险缴费平减后的环比年均增长率的波动性比较大, 环比年均增长幅度不大; 2019 年及以后, 税务部门征收社会保险费的环比年均增长率为 6.28%, 社会保险费税务征收后对失业保险缴费的影响比较大。

(4) 工伤保险缴费收入的发展现状

自 2000 年以来, 我国工伤保险缴费收入稳步增长, 已经从 2000 年的 25 亿元, 上升到 2023 年的 1212 亿元 (见表 3)。从平减后的环比年均增长率来看, 2019 年以前, 社会保险经办机构征收工伤保险费的环比年均增长率为 13.04%; 2019 年及以后, 税务部门征收工伤保险费的环比年均增长率为 8.05%。

3. 社会保险缴费收入结构的发展现状

对比 2000 年与 2023 年社会保险缴费收入结构, 可以得出如下结果。2000 年, 我国基本养老保险缴费收入占社会保险总缴费收入的比重为 86.15%, 基本养老保险缴费 "一家独大", 其他各项社会保险缴费收入占社会保险总缴费收入的比重不足 15%。2023 年, 我国基本养老保险缴费收入占社会保险总缴费收入的比重下降到 67.83%, 基本医疗保险 (含生育保险) 缴费收入占社会保险总缴费收入的比重上升到 29.50%, 基本医疗保险 (含生育保险) 缴费收入占社会保险总缴费收入的比重上升得比较快, 这一数据上升的主要原因是我国基本医疗保险实现了制度设计上的全覆盖, 城乡居民积极参加基本医疗保险。失业保险缴费收入占社会保险总缴费收入的比重已经从 2000 年的 6.05% 下降到 2023 年的 1.60%，失业保险在社会保险中地位在下降；工伤保险缴费收入占社会保险总缴费收入的比重从 2000 年的 0.95 上升到 2023 年的 1.07%，这一数据比较稳定，变化不大（见表 4）。

表 4　2000 年、2023 年我国社会保险缴费收入结构

单位：亿元，%

年份	总收入	基本养老保险		基本医疗保险（含生育保险）		失业保险		工伤保险	
		收入额	占总收入比重	收入额	占总收入比重	收入额	占总收入比重	收入额	占总收入比重
2000	2644.20	2278	86.15	181.2	6.85	160	6.05	25	0.95
2023	113065	76691	67.83	33355.2	29.50	1807	1.60	1212	1.07

二　社会保险费税务征收实施中存在的问题

（一）相关法律法规待完善

社会保险费征收的部分职责划归税务部门管理已经有一段时间，但是相关的法律法规不完善，税务部门在征收社会保险费时缺乏法律、法规的支持，税务部门的执法力度不强。即使税务部门的工作人员发现用人单位存在不缴费、少缴费、漏缴等违法行为，由于缺乏相关法律、法规的支持，税务部门也无法采取更为强硬的措施。针对用人单位不缴、少缴、漏缴等违法行为，税务部门无法强制催缴，只能诉诸社会保险管理部门或者法院，不仅造成工作效率不高，更使社会保险费税务征缴的权威性降低。[①]

---

① 王乾、王明世：《税务征收体制下的社会保险费征管制度建设研究》，《税务研究》2020 年第 5 期，第 37~42 页。

（二）用人单位和个人的缴费意愿降低

目前，从社会保险费征收的实际情况来看，无论是用人单位，还是参保个人，均存在参保意识不强、缴费意愿降低等问题。

1. 用人单位不缴、少缴、漏缴社会保险费

我国《社会保险法》规定，用人单位应当为员工缴纳社会保险费，但仍有一些用人单位不缴、少缴、漏缴社会保险缴费。许多企业，尤其是一些小微企业，由于自身经济实力不足，出于企业用工成本的考虑，选择不缴或者少缴社会保险费。用人单位的违规做法主要有以下几个方面。一是一些企业未为员工办理参加社会保险的登记，从而不缴、少缴、漏缴社会保险费。二是一些用人单位谎报、瞒报缴费工资基数，仅申报员工的基本工资，隐瞒津贴、奖金等，故意降低社会保险缴费工资基数，从而少缴社会保险费。三是一些用人单位采取瞒报职工人数的办法，以达到少缴社会保险费的目的。

2. 个人缴（或交）费意识不强

在社会保险扩面征收的过程中，个人存在参保意识不强、对社会保险政策了解较少等问题。一些人对社会保险的保障作用认识不足，在社会保险缴（或交）费时往往选择社会保险缴（或交）费标准的最低档次进行缴（或交）费。一些灵活就业人员出于短期利益的考虑，选择不缴纳社会保险费。

（三）社会保险管理部门与税务部门之间的协同性比较差

1. 存在"金税工程"与"金保工程"信息对接的问题

具体来说，税务部门使用的"金税工程"系统与社会保险管理部门使用的"金保工程"系统不同，两个系统对于社会保险参保人员的信息无法有效地交流、协同，存在数据口径不一致等问题，也存在信息更新、交换滞后等问题。例如，在社会保险费代征管理模式下，很容易出现税务部门获得的信息数据与社会保险管理部门提供的信息数据不一致的问题，导致社会保险费难以及时、高效地征收。

2. 存在多部门管理的问题

负责社会保险费征收的税务部门和负责管理社会保险事务的社会保险管理部门处于同一行政级别，但二者隶属于不同的部门。例如，在社会保险费的征缴实践中，如果用人单位出现欠缴社会保险费等行为，那么针对用人单位的滞纳金处罚，从申报到执行需要在税务部门和社会保险管理部门之间多层申报、审批，影响了社会保险费的征收效率。

3. 存在税务部门同社会保险管理部门沟通协调的问题

如果存在缴费员工离职等方面的情况，社会保险管理部门无法得知具体哪一个用人单位、哪一个人没有缴纳社会保险费，存在税务部门同社会保险管理部门沟通、协调不畅的问题。

4. 存在工伤保险尚未纳入社会保险费税务征收范围的问题

目前，社会保险的"五险"构成体系中，大多数省、市仅有基本养老保险、基本医疗保险（含生育保险）、失业保险缴费纳入了社会保险费的税务征收范围，工伤保险的缴费尚未纳入社会保险费的税务征收范围，亟待实施社会保险"五险"的税务征收。

（四）税务部门工作人员的专业能力有待提升

社会保险费税务征收的管理实践中，存在税务部门从业人员专业知识不足、专业能力不强的问题。在社会保险费税务征收以前，税务部门并不负责社会保险费用的征收。由此，基层税务部门的一些从业人员对社会保险相关知识、法律法规了解不多。在社会保险费的征收责任由税务部门承担后，这一问题仍然存在，主要表现在以下几个方面。

1. 不熟悉社会保险相关法律法规

税务部门一些人员仍未转变思想观念，认为社会保险事务终究是社会保险管理部门的工作，自己仅负责社会保险费的征缴工作，只需要了解社会保险缴费工作的操作流程，并未深入学习社会保险的相关法律法规，以至于许多基层税务部门人员无法回答缴费人员的相关问题，甚至刻意回避缴费人员提出的问题。

2.处理问题的专业能力有待提升

由于对社会保险相关的法律法规了解不够，在社会保险费征缴过程中出现问题后，税务人员需要向社会保险管理部门寻求帮助，有时甚至会出现与社会保险管理部门互相推诿责任的问题。

3.业务经办工作效率有待提高

社会保险缴费业务经办复杂，不仅涉及基本养老保险、基本医疗保险，而且还涉及失业保险、工伤保险；不仅涉及城镇职工，而且还涉及城乡居民、灵活就业人员，涉及人员广、业务复杂。同时，由于基层税务人员工作能力参差不齐，部分工作人员无法熟练掌握社会保险缴费征收工作的具体操作，在社会保险征缴期间容易出现大量缴费人员滞留税务大厅办理业务的问题，密集的人流、庞大的业务量进一步影响了税务部门工作人员经办的效率。

（五）税务全责征收管理模式有待于进一步深化改革

相比于社会保险费税务代征管理模式，税务全责征收管理模式具有较大的优势。一些地区的社会保险费征收采取的是"社会保险管理部门核定费款，税务部门征收"的代征管理模式，致使税务部门无法参与社会保险缴费工资基数、缴费人数的审核中来。在缴费工资基数、缴费人数上报的过程中，用人单位会利用这项管理上漏洞瞒报缴费工资基数、缴费人数，影响了社会保险费的全额征收。截至2023年底，我国仅有广东省实行了税务全责征收管理模式。

三 提高社会保险费税务征收效率的对策建议

（一）完善立法，加大税务部门的执法力度

1.完善社会保险费税务征收的相关法律法规

为了确保社会保险费税务征收工作的有效性、规范性和合法性，应当修

订、完善相关法律法规。在现有法律法规的基础上，应当结合实际情况和具体问题，尽快出台配套法律法规，为基层税务部门和社会保险管理部门提供立法指导，明确税务部门和社会保险管理部门在社会保险缴费申报、核定和征缴过程中的责权利，提升税务部门在社会保险费征收工作中的主体性，确保征收过程合法、规范、权威。

2. 依法建立社会保险缴费的催缴机制

依法建立强制催缴机制，对拖欠社会保险费用的用人单位和个人进行惩罚，包括实施罚款、限制办理相关业务等处罚措施。

3. 加强对社会保险缴费的监督管理

建立、健全社会保险费征收的监督管理协同机制，加大对用人单位不缴、少缴、漏缴社会保险费的处罚力度，提升用人单位和个人自觉履行缴费职责的意愿。对于主动缴纳社会保险费的用人单位和个人，可以给予一定的政策激励，如实行减免部分税费或提供优惠等措施，增强用人单位和个人的缴费意愿。

（二）提升用人单位与个人的缴费意愿

1. 加强社会保险相关知识的宣传教育，提高用人单位和个人的缴费意愿

政府管理部门可以加大社会保险政策的宣传力度，向用人单位和个人详细地讲解社会保险制度的功能、保障目标、参保缴费的意义，提高人们参加社会保险的意识。一方面，宣传参加社会保险对用人单位和个人的重要性；另一方面，加强对反面案例的宣传、警示教育，提醒用人单位和个人长期不缴或少缴社会保险费的后果。

2. 简化社会保险的缴费流程，提高用人单位和个人缴费的便捷性

简化社会保险的缴费流程，可以降低用人单位和个人的缴费成本，让民众更有意愿、更便捷地缴纳社会保险费。

3. 细化社会保险的缴费咨询服务流程

细化社会保险的缴费咨询热线或在线客服的流程，为用人单位和个人提供社会保险缴费方面的指导和帮助，以解决老百姓在社会保险缴费过程中遇到的实际问题。[①]

（三）优化部门协同管理

1. 打破信息壁垒，建立信息共享的机制

打通"金税工程"和"金保工程"信息共享平台，建立、健全社会保险管理部门和税务部门的信息互联系统，使社会保险税务征收的相关信息能够实现实时共享与数据分析，确保信息共享平台的即时性、开放性、共享性。[②] 有关管理部门能够实时地获取社会保险缴费的相关信息，减少重复填写信息带来的问题，提高社会保险信息的准确性和一致性。同时，由于数据信息在社会保险管理部门之间共享，信息的安全性就存在比较大的问题。因此，在实现相关信息共享的基础上，应当加强信息监管、保密工作，同时需要对能够接触到信息数据的相关人员进行培训，并设立严格的奖罚制度。对于泄露信息数据的人员进行相应的惩罚，同时对举报属实的人员给予奖励。

2. 明确各管理部门的工作职责，改变多部门管理带来的问题

针对各管理部门权责不明确带来的沟通不畅、交叉管理、管理成本相对较高等问题，社会保险各管理部门应当明确工作职责，共同完成社会保险税务征收工作。

3. 优化协同、沟通的管理体制，保障社会保险费税务征收工作顺利开展

目前，社会保险管理体制、制度已经无法适应社会保险费由税务部门征收的管理模式，需要优化协同、沟通管理体制，对此，需要做好以下工作。减少管理层级，加快政策决策的速度，提高管理部门响应的能力；改进管理的办事流程，消除不必要的环节，提高社会保险费征收的工作效率；加强社会保险管理部门同税务部门之间的沟通与协作，建立多元化的沟通渠道和协作机制，提高协同、沟通的工作效率，保障社会保险费税务征收工作的顺利开展。

[①] 吴晓晨、王慕瑶：《社会保险费征收管理的国际经验及启示》，《国际税收》2023 年第 10 期，第 74~79 页。

[②] 张智：《社会保险费征管中存在的问题及对策》，《税务研究》2019 年第 4 期，第 126~128 页。

4. 实现"五险"缴费税务征收，提高社会保险缴费征收的工作效率

将工伤保险也纳入社会保险费税务征收的范围，实现"五险"缴费的全面税务征收。

（四）聚焦业务能力，夯实人才保障

1. 定期培训从业人员，提高专业人才的比例

对此，应当做好以下几个方面的工作。一是在招聘环节，税务部门可以考虑录用社会保险专业人才，为社会保险费的征缴工作助力。二是应当对新员工进行相应的岗前培训，制定考核指标，考核通过后才能上岗。三是对于已有一定工作年限的税务部门基层从业人员，也需要定期进行社会保险相关知识的培训，并进行考核，重点强化社会保险缴费政策、待遇政策等方面的培训，帮助他们建立起社会保险相关知识框架和体系，避免出现参保人员询问时，工作人员刻意回避等问题。四是加强税务部门工作人员执法知识的培训，提高他们的法律意识和执法水平，确保社会保险费征缴工作的规范、有序进行。通过全面培训、实践能力培养、专业知识提升和健全考核激励机制等措施，打造一支专业素养高、执法水平强的税务队伍，推动征缴工作的可持续发展。

2. 拓展线上业务办理与咨询服务，提高业务办理的效率

对于基层人员经办压力过大的问题，需要做好以下几个方面的工作。一是加强与银行、工商部门的合作，不断完善手机线上 App 业务办理的流程，实现缴费人员足不出户，用手机就能够办理业务。二是通过增加咨询窗口来缓解业务经办的压力。在税务部门的缴费大厅建立专门负责咨询的窗口，以供社会保险缴费单位和个人咨询。这在一定程度上可以缓解基层业务经办人员压力过大的问题，提高税务部门征缴社会保险费的工作效率。

（五）进一步推进税务全责征收管理模式

针对目前大多数省市实行社会保险费税务代征的管理模式，政府管理部门应当进一步深化改革，进一步推进税务全责征收的管理模式，提高社会保险费的征收效率。

B.11
中国社会保险费征缴制度发展报告

"社会保险费征缴实务研究"课题组*

摘　要：　本报告在对社保费征缴制度及实践状况进行调研基础上，以完善优化《社会保险费征缴暂行条例》为导向，从条例修订完善目标出发，通过持续、深入的全国数据调查与实地调研，针对调研中企业反馈的情况以及发现的问题，提出社保费征缴工作适应新经济形势变化的制度优化方案，并形成《社会保险费征缴暂行条例》的修订建议。

关键词：　社会保险费　税务征收　体制改革

一　我国社保费征缴工作基本概况

（一）税务部门征收社保费的背景

1991年，国务院印发了《国务院关于企业职工养老保险制度改革的决

---

* 执笔人：余清泉，众合云科CEO，高级经济师，研究方向人力资源、雇佣合规、社保实务；李梦娟，河北大学管理学院教授，研究方向为财政税收理论与政策、数字经济与税收治理等；胡万军，众合云科联合创始人兼CDO（首席数字官），注册税务师，研究方向为财税大数据，互联网思维、技术与财税服务模块构建；庚鑫，51社保研究中心首席专家，研究方向为雇佣合规、社保实务、劳动用工等；李威，众合云科研究中心政策研究员，北京大数据协会财税大数据专委会宣传部部长，研究方向为社保费政策及劳动用工合规；张若男，中央财经大学税务专业硕士，税收筹划与法律研究中心研究助理，研究方向为税收理论与政策、数字财税；谢嬿如，中央财经大学财政学博士，税收筹划与法律研究中心研究助理，研究方向为财政理论与政策；程泊远，众合云科税务管理负责人，研究方向为社保费及财税大数据；杨守国，众合云科副总裁，研究方向为社保政策实务、服务设计；洪广岫，众合云科研究中心政策研究员，研究方向为社保费政策及劳动用工合规；王昭玥，众合云科研究中心政策研究员，研究方向为社保费政策及劳动用工合规；刘瀚文，众合云科研究中心政策研究员，研究方向为社保费政策及劳动用工合规。

定》，明确由社会保险管理机构负责社会保险费的征收工作。1995年，为加强与规范社会保险费征缴工作，保障社会保险金的按时足额发放，我国部分地区开始委托税务部门征收社会保险费。例如，1995年，武汉市将部分国有企业养老保险费交由税务部门征收；1998年，浙江、安徽、重庆、宁波4省市也尝试将社会保险费交由税务部门征收。

1999年施行的《社会保险费征缴暂行条例》（国务院令第259号）第六条规定："社会保险费的征收机构由省、自治区、直辖市人民政府规定，可以由税务机关征收，也可以由劳动保障行政部门按照国务院规定设立的社会保险经办机构征收。"因此，社会保险费征缴实际上采取了可选择的"双征收"模式。在征缴制度支撑下，越来越多的地方将社保费交由税务部门征收。

2011年7月开始实施的《中华人民共和国社会保险法》（以下简称《社会保险法》）第五十九条规定："社会保险费实行统一征收，实施步骤和具体办法由国务院规定。"我国从法律层面明确了社会保险费的"统一征收"原则，但并未确定最终统一征收部门，而是作了授权性规定。由此，我国社会保险费形成了社保经办机构、税务部门两个征收主体并存的二元征收体制。

（二）社保费征收体制改革进展情况

1. 社会保险费征收主体的调整改革

2018年3月，中共中央印发的《深化党和国家机构改革方案》明确提出，"为提高社会保险资金征管效率，将基本养老保险费、基本医疗保险费、失业保险费等各项社会保险费交由税务部门统一征收"。

为做好社会保险费征收工作，2018年12月，国税总局发布《关于做好社会保险费征管职责划转有关工作的通知》（税总发〔2018〕192号），部署平稳有序做好社会保险费征管职责划转工作。

2019年4月，国务院办公厅印发《降低社会保险费率综合方案》（国办发〔2019〕13号），要求按"成熟一省、移交一省"原则，稳定社会保险费缴费水平。

2019 年 4 月 28 日，人力资源社会保障部、财政部、国家税务总局、国家医保局联合发布《关于贯彻落实〈降低社会保险费率综合方案〉的通知》（人社部发〔2019〕35 号），部署稳步推进社保费征收体制改革，即企业职工基本养老保险和企业职工其他险种缴费，原则上暂按现行征收体制继续征收，稳定缴费方式，"成熟一省、移交一省"。

按照中共中央、国务院的决策部署，社会保险费划转改革有序实施、稳步推进。2020 年 11 月起，各项社会保险费顺利划转至税务部门征收。这标志着社会保险费的二元征收体制的终结。

2. 社会保险费征收方式的改革

虽然社会保险费征收主体已统一至税务部门，但社会保险费征收方式并未统一。截至 2022 年 7 月，税务部门征收社会保险费以"社保核定、税务征收"方式为主，少数地区采用"自行申报"方式。"社保核定、税务征收"方式是指社会保险经办机构负责社会保险参保人员的登记和应纳社会保险费款核定，其相关数据传输到税务部门后，再由税务部门进行社会保险费征收入库。"自行申报"方式是指社会保险经办机构负责参保人员登记工作而不核定应缴社会保险费，由用人单位和参保个人自行向税务部门申报应缴社会保险费，再由税务部门按照相关数据信息进行社会保险费的征收入库。

随着社会保险费征收体制改革的进一步深化，社会保险费申报逐渐转向"自行申报"方式。2021 年 12 月，国务院办公厅印发的《企业职工基本养老保险全国统筹制度实施方案》提出，"从 2022 年起，用 3 年时间实现参保用人单位和个人参保人员自行向税务部门申报缴纳社会保险费，推动完善社会保险费征管相关法律法规"。我国多地区分别于 2023 年 7 月和 12 月、2024 年 1 月和 4 月陆续发布《关于优化调整社会保险费申报缴纳流程的公告》，将原先向人力资源社会保障、医疗保障部门申报职工缴费工资，由人力资源社会保障、医疗保障部门核定社会保险费应缴费额再推送税务部门征收费款的流程，改为用人单位直接自行向税务部门申报缴纳社会保险费的"自行申报"方式。

二　社保费征缴重点问题

（一）关于缴费基数的规定

1.《社会保险法》对缴费基数的规定

《社会保险法》原则上规定社会保险费按照工资总额的一定比例缴纳。《社会保险法》通过授权性表述，其规定社保缴费按照工资总额的一定比例缴纳。各个险种都采取按照"国家规定的缴纳"这种模糊和授权性表述。以养老保险制度为例，《社会保险法》第十二条规定："用人单位应当按照国家规定的本单位职工工资总额的比例缴纳基本养老保险费，记入基本养老保险统筹基金。职工应当按照国家规定的本人工资的比例缴纳基本养老保险费，记入个人账户"；"无雇工的个体工商户、未在用人单位参加基本养老保险的非全日制从业人员以及其他灵活就业人员参加基本养老保险的，应当按照国家规定缴纳基本养老保险费"；"公务员和参照公务员法管理的工作人员养老保险的办法由国务院规定"。

2.国家对缴费基数（工资总额）的规定

（1）对参保企业人员的缴费工资总额的规定

根据《关于工资总额组成的规定》、《国家统计局关于认真贯彻执行〈关于工资总额组成的规定〉的通知》（统制字〔1990〕1号）、《关于规范社会保险缴费基数有关问题的通知》（劳社险中心函〔2006〕60号）等文件，缴费的"工资总额是指各单位在一定时期内直接支付给本单位全部职工的劳动报酬总额"；"工资总额由下列六个部分组成：（一）计时工资；（二）计件工资；（三）奖金；（四）津贴和补贴；（五）加班加点工资；（六）特殊情况下支付的工资"。

根据国家统计局的《关于工资总额组成的规定》："各单位支付给职工的劳动报酬以及其他根据有关规定支付的工资，不论是计入成本的还是不计入成本的，不论是按国家规定列入计征奖金税项目的还是未列入计征奖金税项目的，不论是以货币形式支付的还是以实物形式支付的，均应列入工资总额的计算范围。"

根据相关规定，不列入工资总额的项目有："（一）根据国务院发布的有关规定颁发的创造发明奖、自然科学奖、科学技术进步奖和支付的合理化建议和技术改进奖以及支付给运动员、教练员的奖金；（二）有关劳动保险和职工福利方面的各项费用；（三）有关离休、退休、退职人员待遇的各项支出；（四）劳动保护的各项支出；（五）稿费、讲课费及其他专门工作报酬；（六）出差伙食补助费、误餐补助、调动工作的差旅费和安家费；（七）对自带工具、牲畜来企业工作职工所支付的工具、牲畜等的补偿费用；（八）实行租赁经营单位的承租人的风险性补偿收入；（九）对购买本企业股票和债券的职工所支付的股息（包括股金分红）和利息；（十）劳动合同制职工解除劳动合同时由企业支付的医疗补助费、生活补助费等；（十一）因录用临时工而在工资以外向提供劳动力单位支付的手续费或管理费；（十二）支付给家庭工人的加工费和按加工订货办法支付给承包单位的发包费用；（十三）支付给参加企业劳动的在校学生的补贴；（十四）计划生育独生子女补贴"。

在此基础上，我国社保部门规定："凡是国家统计局有关文件没有明确规定不作为工资收入统计的项目，均应作为社会保险缴费基数。"（劳社险中心函〔2006〕60号）

（2）对参保机关、事业单位的人员缴费工资总额的规定

根据《关于贯彻落实〈国务院关于机关事业单位工作人员养老保险制度改革的决定〉的通知》（人社部发〔2015〕28号）精神，对纳入统计范围工资的做出规定，"机关单位（含参公管理的单位）工作人员的个人缴费工资基数包括：本人上年度工资收入中的基本工资、国家统一的津贴补贴（艰苦边远地区津贴、西藏特贴、特区津贴、警衔津贴、海关津贴等国家统一规定纳入原退休费计发基数的项目）、规范后的津贴补贴（地区附加津贴）、年终一次性奖金；事业单位工作人员的个人缴费工资基数包括：本人上年度工资收入中的基本工资、国家统一的津贴补贴（艰苦边远地区津贴、西藏特贴、特区津贴等国家统一规定纳入原退休费计发基数的项目）、绩效

工资。其余项目暂不纳入个人缴费工资基数"。

（3）对灵活就业参保人员的缴费基数的规定

灵活就业人员缴费没有可以参考的工资总额，而是参照企业城镇职工社会平均工资总额一定比例作为缴费口径。《降低社会保险费率综合方案》规定，"个体工商户和灵活就业人员参加企业职工基本养老保险，可以在本省全口径城镇单位就业人员平均工资的 60% 至 300% 之间选择适当的缴费基数"。

总之，我国中央政府相关部门对缴费工资总额的规定相对宽泛。社会保险参保人员的就业领域或者参保类型不同，其工资总额的规定也存在差异。企业单位职工收入来源项目差异性较大，不同企业之间的工资项目名称也存在差异，工资统计的口径较宽。机关事业单位的工资项目统一规范，工资项目名称也基本统一，工资统计的口径较窄。

3. 社保缴费执行中对缴费基数（工资总额）的规定

（1）政府部门对缴费基数的规定

2006 年，人社部门对缴费工资总额和个人缴费基数作了规定。根据劳社险中心函〔2006〕60 号文规定，单位的缴费工资总额"可以为职工工资总额"，"也可以为本单位职工个人缴费工资基数之和"。养老保险基本医疗保险、失业保险等职工个人缴费基数"为本人工资"，"为便于征缴可以以上一年度个人月平均工资为缴费基数"。

2016 年，根据《人力资源社会保障部 财政部关于阶段性降低社会保险费率的通知》（人社部发〔2016〕36 号）的精神，要夯实参保缴费基数，"各地要严格执行基本养老保险缴费基数政策，不得随意降低企业和个人缴费基数，企业职工基本养老保险的缴费基数下限为当地在岗职工平均工资的60%，低于 60% 的地区要予以纠正"。

根据上述规定，"职工工资总额"和"本单位职工个人缴费工资基数之和"两者不一定相同。职工工资总额是一个针对单位全部职工工资合计的统计，职工个人缴费工资基数存在上下限，有保底和封顶。

但是，社保部门又对"将各险种单位和个人的缴费基数统一为单位和个人缴纳基本养老保险费的基数"的做法予以了肯定，这导致了社保缴费的基数在执行中可能存在不同的理解，也导致社保缴费基数（特别是基本医疗保险的缴费）两种计算结果存在差异。

这种规定为缴费工资基数的确定提供了一定的选择性，也造成各地区执行中对有关缴费工资基数的确定存在差异。其一，申报"工资"依据既可以是当月工资，也可以是上年月平均工资（后者本质上是一种简便方法），这是实务中月度/年度调基不同做法的制度根源；其二，核定"基数"时尤其是单位缴费既可以是工资总额（无上限封顶），也可以是个人基数之和（有上限封顶），这是实务中"双基数"做法的一个制度根源。

（2）各地区认同的缴费工资口径

根据课题组对全国 36 个城市的调研，各地区在社保缴费中对于个人工资采用月度工资作为缴费依据。具体有两种做法。

第一类：以按职工"上年度月平均工资"作为申报依据。以按职工"上年度月平均工资"（也有"上年度工资收入"表述）作为申报依据是绝大部分城市的做法。这种做法具体也有三种小的细节差异。第一种直接提"上年度平均工资"的说法但并不对这个概念做具体解释，如兰州等绝大部分城市。第二种会对职工补充说明平均计算的周期是否自然年等细节来避免歧义："上年度（自然年度）月平均工资"，如北京。第三种会对"上年度月平均工资"附加解释和政策依据："缴费工资的构成：按照《关于工资总额组成的规定》和《关于规范社会保险缴费基数有关问题的通知》规定，职工工资收入总额应包括计时工资、计件工资、奖金、津贴和补贴、加班加点工资以及特殊情况下支付的工资性收入等"，如哈尔滨。

第二类：按职工"上月工资（或上一年月平均工资）"作为申报依据。按职工"上月工资（或上一年月平均工资）"作为申报依据只是极少数城市的做法，如成都。

4. 对暂行条例修订的相关建议

第一，建议明确社保费由税务部门统一征收。近年来，随着 2010 年《社会保险法》、2018 年《国税地税征管体制改革方案》、2023 年《社会保险经办条例》等法规文件实施，我国的社会保险制度经历了长足发展，社会保险征管体制也发生了重大变化，《社会保险费征缴暂行条例》亟待修订完善以适应新时代的发展要求。建议在征缴暂行条例修订时明确社保费交由税务机关统一征收。

第二，关于社保费征缴的缴费工资执行口径，需进一步研究。社保的缴费工资执行口径，一方面涉及劳动统计原则，另一方面实务性非常强，是否要在《社会保险费征缴暂行条例》修订中由中央政府统一为个税工资薪金所得口径，以及进行操作性的统一规定，目前仍然存在争议。第一种观点认为，应借助条例修订机会逐步统一，采取前瞻性思维由中央立法统一到个税的工资薪金所得口径，将有利于明晰征缴依据、简化公共服务。第二种观点认为，社保缴费工资依据的源头是劳动统计原则，这涉及多个政府机关、多个层面问题，最好是国家统计、税务、人社、医保等部门协调一致后推进；而且社保缴费工资的具体经办涉及具体化操作细节，非常复杂，且历史因素很多，如果"一刀切"，有可能操之过急，改革步子过大，难以适应地方特点和平稳过渡。课题组建议在条例修订中对此先做原则性表述，后面在实际操作中逐步规范、统一和简化。待国家统计、税务、人社、医保等多部门协调后做进一步深入研究与政策推进。

（二）各地执行的缴费基数和费率

1. 各地区社保缴费执行的缴费基数和费率

随着人社部发〔2016〕132 号等文件在社保制度规范化方面的推进，各地取得了一定效果。但与此同时，我国各地社保制度发展演变历程差异化明显，各地仍然存在着较大的政策及执行层面的差异。

（1）基本养老保险的缴费基数和费率

①基本养老保险的缴费基数

根据课题组的调查，企业职工基本养老保险根据社会平均工资设定了缴费基数的上限和下限。企业职工基本养老保险的基数上限均按照当地社会平均工资的300%确定，已经基本统一。相关情况如表1所示。

表1　全国36个城市基本养老保险基数上下限规则

险种	分项	类别	数量(个)	城市
养老保险	基数上限	当地社会平均工资的300%	36	全部
	基数下限	当地社会平均工资的60%	28	银川、天津、武汉、成都、重庆、兰州、沈阳、乌鲁木齐、青岛、南宁、昆明、西宁、呼和浩特、济南、太原、长沙、哈尔滨、大连、合肥、上海、广州、海口、南昌、郑州、石家庄、西安、长春、拉萨
		当地社会平均工资的70%(预收)	1	贵阳
		前年当地社会平均工资的60%	2	宁波、杭州
		当地社会平均工资的47%	2	厦门、福州
		当地社会平均工资的40%	1	深圳
		当地社会平均工资的56%	2	北京、南京

企业职工基本养老保险的基数下限，目前分为四种情形。

第一种情形：缴费基数下限按照当地社会平均工资的60%执行。这是主流模式。全国36个城市中有28个城市已经实施。

第二种情形：缴费基数下限按照当地社会平均工资的60%执行，但是在新的社会平均工资水平发布之前采取上浮一定比例预收社保费。如贵阳规定新社平工资公布前采取预收办法："在今年全省单位就业人员年平均工资公布前，暂按上年全省全口径城镇单位就业人员年平均工资的70%下限和300%上限进行预收管理。"

第三种情形：原来执行的缴费基数下限低于社会平均工资水平60%的，

未来几年会过渡到按照社会平均工资水平的60%作为缴费基数，如厦门、福州、深圳、北京、南京。

第四种情形：因短期减负对下限采取特殊的错位使用社会平均工资作为缴费基数。目前仍处于调整过渡期，如宁波、杭州。

②企业职工基本养老保险的缴费费率

企业职工基本养老保险的个人缴费费率，按照规定是职工个人工资额的8%，已经基本统一。但是单位缴纳的统筹基金部分的费率水平还存在差异，具体分为两种情形。相关数据如表2所示。

表2 全国36个城市养老保险缴费费率规则

险种	分项	类别	数量(个)	城市
养老保险	单位费率	当地社会平均工资的16%	33	北京、银川、天津、福州、武汉、成都、重庆、兰州、沈阳、乌鲁木齐、青岛、南宁、昆明、西宁、呼和浩特、济南、深圳、太原、长沙、哈尔滨、大连、合肥、上海、海口、厦门、南昌、郑州、南京、石家庄、西安、长春、拉萨、贵阳
		当地社会平均工资的15%	3	广州、杭州、宁波
	个人费率	职工个人工资额的8%	36	全部

第一种情形：单位按照当地社会平均工资的16%缴纳基本养老保险费。这是主流模式，根据课题组的调查，被调查的全国36个城市中有33个城市采用这种形式。

第二种情形：单位基本养老保险缴费率计划逐步过渡到当地社会平均工资的16%。但目前仍未达到这一水平，如广州、杭州、宁波。

（2）失业保险基数的缴费基数和缴费率

①失业保险缴费基数的确定

失业保险缴费基数有上限和下限两种限定。相关数据如表3所示。

其一，失业保险的基数上限分为两种情况。

表3 全国36个城市失业保险基数上下限规则

险种	分项	类别	数量(个)	城市
失业保险	基数上限	当地社会平均工资的300%（省级）	34	北京、银川、天津、福州、武汉、成都、重庆、兰州、沈阳、乌鲁木齐、青岛、南宁、昆明、西宁、呼和浩特、济南、杭州、太原、长沙、哈尔滨、大连、宁波、合肥、上海、海口、厦门、南昌、郑州、南京、石家庄、长春、拉萨、贵阳、西安
		当地社会平均工资的300%（地市级）	2	广州、深圳
	基数下限	当地社会平均工资的60%	27	银川、天津、武汉、成都、重庆、兰州、沈阳、乌鲁木齐、青岛、南宁、昆明、西宁、呼和浩特、济南、太原、长沙、哈尔滨、大连、合肥、上海、海口、南昌、郑州、石家庄、西安、长春、拉萨
		当地社会平均工资的70%（预收）	1	贵阳
		上一年社会平均工资的60%	2	宁波、杭州
		社会平均工资的47%	2	厦门、福州
		地市最低工资	2	广州、深圳
		社会平均工资的56%	2	北京、南京

第一种情形：失业保险的基数上限按照当地社会平均工资的300%确定，当地社会平均工资统一使用省级社会平均工资。这个规定和城镇职工基本养老保险基数上限规则基本统一。这种情况是主流模式，课题组调研的36个城市中有34个城市采用这一模式。

第二种情形：失业保险的基数上限按照当地社会平均工资的300%确定，当地社会平均工资采用地市级社会平均工资标准。由于一个省内不同城市的当地社会平均工资存在差异，因此，各个地市的失业保险缴费基数存在差异。目前广东省采用这一模式。《广东省失业保险条例》第八条第三款规定："本人工资高于失业保险关系所在地级以上市上年度在岗职工月平均工资三倍的，以失业保险关系所在地级以上市上年度在岗职工月平均工资的三倍为基数计算缴费。"广州、深圳两地就执行了不同的地市级社会平均工资标准。

其二，失业保险的基数下限目前分为五种情形。

第一种情形：失业保险的基数下限按照当地社会平均工资的60%确定。这是主流模式，全国调研的36个城市中有27个城市采取这种模式。

第二种情形：失业保险的基数下限按照当地社会平均工资的60%，但是在新社会平均工资水平发布之前采取上浮预收，如贵阳。

第三种情形：失业保险的基数原执行下限低于60%，计划几年内逐步过渡到法定下限。目前仍处于调整过渡期的主要有厦门、福州、北京、南京等城市。

第四种情形：因短期减负对下限采取特殊的错位使用社会平均工资作为缴费基数。目前仍处于调整过渡期，如宁波、杭州。

第五种情形：失业保险的基数下限按照当地最低工资标准执行。如广州、深圳。《广东省失业保险条例》第八条第三款规定："职工缴费工资不得低于失业保险关系所在地级以上市最低工资标准。"

②失业保险缴费费率的规定

《社会保险法》未明确失业保险费率，只作了授权性规定。《失业保险条例》（国务院令第258号）第六条规定："城镇企业事业单位按照本单位工资总额的百分之二缴纳失业保险费。城镇企业事业单位职工按照本人工资的百分之一缴纳失业保险费。城镇企业事业单位招用的农民合同制工人本人不缴纳失业保险费。"

随着《关于调整失业保险费率有关问题的通知》（人社部发〔2015〕24号）、《关于阶段性降低社会保险费率的通知》（人社部发〔2016〕36号）、《关于阶段性降低失业保险费率的通知》（人社部发〔2017〕14号）、《关于继续阶段性降低社会保险费率的通知》（人社部发〔2018〕25号）等文件发布，全国各地的失业保险费率都有不同程度的降低。

我国失业保险费率变化有三个趋势。一是拟将失业保险费率做一定程度下调，但仍对地方作授权性规定，允许地方因地制宜确定具体费率。二是随着城市化进程以及公共服务均等化推进，预计未来农民合同制工人的参保缴费和待遇享受办法逐步和城镇职工统一。三是部分试点地方的失业保险单位费率浮动。

（3）工伤保险缴费基数及费率

根据课题组的调研，工伤保险的基数也有上限和下限。相关数据见表4。

表4　全国36个城市工伤保险基数上下限规则

险种	分项	类别	数量（个）	城市
工伤保险	基数上限	当地社会平均工资的300%	33	北京、银川、天津、福州、武汉、成都、重庆、兰州、沈阳、乌鲁木齐、青岛、南宁、昆明、西宁、呼和浩特、济南、杭州、太原、长沙、哈尔滨、大连、宁波、合肥、上海、海口、厦门、南昌、郑州、南京、长春、拉萨、贵阳、西安
		不封顶	3	石家庄、广州、深圳
	基数下限	当地社会平均工资的60%	29	银川、天津、武汉、成都、重庆、兰州、沈阳、乌鲁木齐、青岛、南宁、昆明、西宁、呼和浩特、济南、太原、长沙、哈尔滨、大连、合肥、上海、海口、南昌、郑州、石家庄、西安、长春、拉萨、福州、厦门
		当地社会平均工资的70%（预收）	1	贵阳
		上一年社会平均工资的60%	2	宁波、杭州
		地市最低工资	2	广州、深圳
		当地社会平均工资的56%	2	北京、南京

①工伤保险的缴费基数

其一，工伤保险的基数上限，目前分为两种情况。

第一种情形：工伤保险的缴费基数上限按照当地社会平均工资的300%

执行。当地社会平均工资是指省级社会平均工资。可见工伤保险的缴费基数和养老保险基数上限规则基本统一。这是主流模式，目前36个被调研城市中33个城市按此实施。

第二种情形：工伤保险的缴费基数按照单位工资总额确定，采取上不封顶的政策。如广州、深圳。

其二，工伤保险的基数下限，目前分为五种情况。

第一种情形：工伤保险的基数下限按照当地社会平均工资的60%。当地社会平均工资是指省级社会平均工资。这种模式占据主流。

第二种情形：工伤保险的缴费基数下限按照当地社会平均工资的60%确定。当地社会平均工资是指省级社会平均工资。但是在新社会平均工资发布之前采取上浮一定比例方式预收，如贵阳。

第三种情形：工伤保险的缴费基数原执行下限低于60%。但计划几年内逐步过渡，目前仍处于调整过渡期，如北京、南京。

第四种情形：因短期减负对下限采取特殊的错位使用社会平均工资措施，目前仍处于调整过渡期，如宁波、杭州。

第五种情形：工伤保险的基数下限按照当地最低工资标准执行。如广州、深圳。

②工伤保险的缴费费率

《工伤保险条例》第八条规定："工伤保险费根据以支定收、收支平衡的原则，确定费率。国家根据不同行业的工伤风险程度确定行业的差别费率，并根据工伤保险费使用、工伤发生率等情况在每个行业内确定若干费率档次。行业差别费率及行业内费率档次由国务院劳动保障行政部门会同国务院财政部门、卫生行政部门、安全生产监督管理部门制定，报国务院批准后公布施行。统筹地区经办机构根据用人单位工伤保险费使用、工伤发生率等情况，适用所属行业内相应的费率档次确定单位缴费费率。"

工伤保险采取的行业差别费率，而且根据每个单位情况进行浮动，所以每个公司的费率都会有差别。

（4）职工基本医疗保险的缴费基数和费率

①职工基本医疗保险基数

职工基本医疗保险基数也采用上限和下限。根据课题组的调研，全国36个重点城市职工基本养老保险基数统计如表5所示。

表5　全国36个城市职工基本医疗保险基数上下限规则

险种	分项	类别	数量（个）	城市
基本医疗保险	基数上限	当地社会平均工资的300%（省级）	27	北京、银川、天津、福州、武汉、成都、重庆、兰州、青岛、南宁、昆明、西宁、呼和浩特、济南、杭州、太原、哈尔滨、宁波、合肥、上海、海口、厦门、郑州、南京、长春、拉萨、贵阳
		当地社会平均工资的300%（地市级）	7	西安、大连、沈阳、长沙、南昌、广州、深圳
		不封顶	2	石家庄、乌鲁木齐
	基数下限	当地社会平均工资的60%（省级）	28	北京、银川、天津、福州、武汉、成都、重庆、兰州、青岛、南宁、昆明、西宁、济南、太原、长沙、大连、合肥、上海、海口、厦门、南昌、郑州、长春、拉萨、西安、广州、深圳、乌鲁木齐
		当地社会平均工资的100%（省级）	3	哈尔滨、沈阳、石家庄
		当地社会平均工资的80%（省级）	2	呼和浩特、贵阳
		当地社会平均工资的56%	1	南京
		上一年社会平均工资的60%	2	宁波、杭州

其一，职工基本医疗保险的基数上限，目前分为三种情况。

第一种情形：职工基本医疗保险的基数上限均按照当地社会平均工资的300%确定。当地社会平均工资统一使用省级社会平均工资。这和养老保险基数上限规则基本统一。这是主流模式，目前被调研的36个城市中有27个城市采用这种模式。

第二种情形：职工基本医疗保险的基数不规定上限。即按照单位工资总额确定缴费基数。如石家庄和乌鲁木齐。

第三种情形：职工基本医疗保险的基数上限均按照当地社会平均工资的300%确定。但是当地社会平均工资是指地市级社会平均工资。地市级的社会平均工资存在差异，导致不同地市的职工基本医疗保险的基数上限也存在不同。如西安、大连、沈阳、长沙、南昌、广州、深圳。

其二，职工基本医疗保险的基数下限，目前分为五种情况。

第一种情形：职工基本医疗保险的基数下限是当地社会平均工资的60%。当地社会平均工资统一使用省级社会平均工资。这是主流模式，全国36个城市中有28个城市已经正常实施。

第二种情形：职工基本医疗保险的基数下限按照当地社会平均工资的100%。当地社会平均工资是指地市级的社会平均工资，如哈尔滨、沈阳、石家庄。其中有的城市是"双基数"模式，单位和个人规则不一样。

第三种情形：职工基本医疗保险的基数下限按照当地社会平均工资的80%确定。当地社会平均工资是省级社会平均工资，如呼和浩特、贵阳。

第四种情形：职工基本医疗保险的基数原执行下限低于60%，计划几年内逐步过渡到位，目前仍处于调整过渡期，如南京。

第五种情形：因短期减负对下限采取特殊的错位使用社会平均工资措施。目前仍处于调整过渡期，如宁波、杭州。

②职工基本医疗保险费率

一是我国城镇职工基本医疗保险费由用人单位和职工共同承担，总体来看，用人缴纳职工工资总额的6%，个人缴费为本人工资的2%左右。《关于建立城镇职工基本医疗保险制度的决定》（国发〔1998〕44号）规定："基本医疗保险费由用人单位和职工共同缴纳。用人单位缴费率应控制在职工工资总额的6%左右，职工缴费率一般为本人工资收入的2%。随着经济发展，用人单位和职工缴费率可作相应调整。"《完善城镇社会保障体系试点方案》（国发〔2000〕42号）规定："用人单位缴费一般为职工工资总额的 6% 左右，个人缴费占本人工资的 2% 左右。具体缴费比例，由各省（自治区、直辖市）根据当地情况自行规定。原来医疗费用水平比较高的地区，单位缴费可以高一些，但要注意控制；原来医疗费用水平比较低的地区，不能盲目攀比。"《社会保险法》规定："由用人单位和职工按照国家规定共同缴纳基本医疗保险费。"国家医保局、财政部《关于建立医疗保障待遇清单制度的意见》（医保发〔2021〕5 号）要求"国务院医疗保障行政部门会同有关部门，依据国家法律法规和党中央、国务院决策部署，拟订基本制度的相关法律法规、制定相关政策并组织实施。地方不得自行设立超出基本制度框架范围的其他医疗保障制度"。并在清单中规范"缴费基数"为"职工医保用人单位缴费基数为职工工资总额，个人缴费基数为本人工资收入，逐步规范缴费基数"。"筹资基本标准"规范为"职工医保的单位缴费率：职工工资总额的 6% 左右。职工缴费率：本人工资收入的 2%"。课题组调研的全国 36 个城市中，职工基本医疗保险个人缴费费率基本统一为本人工资的 2%，只有极少数地区在阶段性减负情况下会略低于标准水平。

二是城镇职工基本医疗保险与生育保险制度合并改革后，单位缴费费率为工资总额的 5%~9.5%，缴费比例相对复杂。目前，各地人口结构不一致、医疗水平差异大、统筹力度也不尽相同，加之与生育保险合并实施后制度本身还在发展变化中。这些因素叠加，使得目前职工基本医疗保险的费率差异较大。

三是少数地区还会存在多种缴费规则。例如，天津市职工基本医疗保险大致分为两种缴费模式。一种是按照统账结合模式。职工和退休人员建立职工基本医疗保险个人账户，新参保的用人单位及其职工应当按此模式参保缴费。基本医疗保险的缴费比例总体为职工工资总额的 12%，其中单位缴费比例是工资总额 10%、职工个人缴费是其工资额度的 2%。另一种是按照大病统筹模式缴费。职工和退休人员不建立个人账户，总体缴费比例是缴费基数的 8%。灵活就业人员及特困企业等按此模式参保缴费。

（5）大额医疗保险

大额医疗保险为国家社会保险中基本医疗保险的附加险种，二者存在包含关系，但意义上同为职工基本医疗保险范畴，因此部分城市收费标准已将大额医疗保险纳入基本医疗保险一并收取。以企业的视角看，这也是强制性社会保险制度不可分割的一部分。

一是大额医疗保险缴费主体。缴费主体不统一。主要有四种情形。

第一种情形：单位、个人均需缴纳大额医疗保险，如哈尔滨。

第二种情形：单位缴纳大额医疗保险，如太原。

第三种情形：个人缴纳大额医疗保险，如长沙。

第四种情形：特殊收取方式保险，如广州。

二是大额医疗保险缴费周期不统一，主要有三种情形。

第一种情形：单位、个人均按月缴纳，如哈尔滨。

第二种情形：单位、个人均按年缴纳，如沈阳。

第三种情形：按年缴费的城市新入职员工按月递减或全额缴纳标准不统一，如沈阳。

三是大额医疗保险缴费方式不统一，缴费额度差异大，额度高低也并不与当地经济水平存在相关关系。主要有两种情形。

第一种情形：单位、个人均定额缴纳。如太原。

第二种情形：单位比例缴纳、个人定额缴纳。如北京。

（三）社会保险费的缴费工资申报

1. 企业社会保险缴费工资申报的实务操作

在实务中，全国各地社保缴费工资申报差异很大。

（1）正常情况下的缴费工资计算

缴费工资执行口径的政策文件规定参见前文，但是在实务中仍然有非常多操作细节，比较突出和常见的有两个具体问题。

①新入职员工"起薪当月工资收入"确定依据

新入职员工往往首月是不足月的，刚刚建立劳动关系此时刚入公司还没有完成第一次实际发薪（大部分公司薪酬制度是下发薪）；而且刚入职还处于试用期，很多公司会按照劳动合同法第二十条设计不低于转正后工资80%的试用期工资。此时，实务中首月缴费工资申报普遍操作方式只能是按照预估的起薪当月工资标准来申报。但是，这种做法在将来面临社保合规性监管审核时，监管部门往往只能按照与后续月份工资收入比较的"合理性"或者补充其他印证材料来判断，具有一定的不确定性。

②老员工"上一年度月均工资收入"计算方法

文件中对相关概念未作具体解释，导致社会保险费缴费实务操作中存在一些错误。

首先，计算的周期是不是自然年（1月1日到12月31日）不明确。只有少数地方文件在通知中会明确指明是"自然年"；因为社会平均工资往往年中发布，很多地区的基数调整是年中左右做申报，实务中一些企业误将调基申报周期（从上年年中到本年年中）作为计算周期来错误计算的情况也时有发生。需要说明的是，由于个人所得税申报周期的影响，工资所属月与税务所属月也存在错期的情况。

其次，平均计算是粗略计算到月还是精细化计算到日或者折算到月，文件并未有明确说明。一些在岗不足月、待岗或长假停薪、假勤扣减、十三薪/年终奖等疑难情形应该如何计算处理，目前大部分地区并无具体的计算公式实例指南，少数地区给出了计算公式。

（2）特殊情况下的缴费工资计算

实务中还有一个容易被忽略的操作性问题，申报上年月均工资是可以按照工资收入和出勤统计来正常计算的，但特殊情况下也会遇到难以计算的情形（如脱产或长假等没有实际支付收入，或者派到境外难以核实境外获得收入等）。这些在地方文件中很少提及，原劳动部办公厅《企业职工基本养老保险个人账户管理暂行办法》（劳办发〔1997〕116号）提到了一些特殊情况下的缴费工资处理方式。

一是"新招职工（包括研究生、大学生、大中专毕业生等）把起薪当月工资收入作为缴费工资基数；从第二年起，按上一年实发工资的月平均工资作为缴费工资基数"。

二是"单位派出的长期脱产学习人员、经批准请长假的职工，保留工资关系的，以脱产或请假的上年月平均工资为缴费工资基数"。

三是"单位派到境外、国外工作的职工，按本人出境（国）上年在本单位领取的月平均工资为缴费工资基数；次年的缴费工资基数按上年本单位平均工资增长率进行调整"。但在实际执行中企业很少真按增长率来做，尤其是考虑到监管稽核时说不清楚。

四是"失业后再就业的职工，以再就业起薪当月的工资收入为缴费工资基数；从第二年起，按上一年实发工资的月平均工资作为缴费工资基数"。

（3）申报缴费工资周期的确定

申报缴费工资周期对于新老员工也存在一定差异。

对于新入职员工，在新参增员同时以起薪当月工资收入申报缴费工资基数。

对于老员工，申报缴费周期有两种模式。一是"年度申报"模式。按照上年度本人月均工资来申报缴费工资，经过核定后作为一个缴费周期内的缴费基数。二是"月度申报"模式。每月按照本人上月工资收入来申报缴费工资基数。第一种"年度申报"模式为普遍性的主流模式，极少数城市如成都市提供了"年度申报"或"月度申报"两种模式支持企业自主选择。

一般情况下，"年度申报"后，在社保年度周期内保持不变。地方调基通知文件中往往会附有"同一年度内，用人单位职工缴费基数核定后不得再变更""年度申报后，在一个社保年度内，如无特殊变动，申报的缴费基数保持不变"等内容。实务中如果确因错误，一般要走窗口审批的特殊个案流程。但也有的地方如海口市允许"试用期满后年度内可以变更缴费基数"。

（4）申报缴费经办的操作时间

全国各地具体的缴费工资申报时间也是未统一。相关调查数据如表6所示。主要有四种情况。

表6　全国36个城市社保基数申报周期和生效时间

申报周期	生效时间	城市数量（个）	城市
按年申报	1月	18	重庆、大连、哈尔滨、海口、合肥、济南、昆明、拉萨、兰州、南昌、南京、南宁、青岛、厦门、太原、天津、西安、长沙
按年申报	7月	7	北京、珠海、武汉、郑州、上海、深圳、广州
按年申报	12月	3	杭州、宁波、银川
按年申报	6月	1	福州
按年申报	1~2月	1	贵阳
按年申报	不同险种,时间不同	5	沈阳、乌鲁木齐、长春、呼和浩特、石家庄
按月申报	当月申报,当月生效	1	成都

第一种情形：每年年初或年末（12月、1月）开始进行年度调基申报。

第二种情形：每年年中（6月、7月）开始进行年度调基申报。

第三种情形：不同险种时间不同，如养老/失业/工伤1月申报；医疗/生育7月申报。

第四种情形：允许每月都可以调整申报。

（四）对社会保险费征缴条例修订的相关建议

1. 修订社会保险缴费基数和费率

建议推进修订征缴条例以及缴费基数、费率相关配套文件，逐步推动社保缴费基数、费率规则的规范化。

我国区域经济发展不平衡，社保制度应逐步规范化，在具体水平上允许符合当地实际的因地制宜。建议税务机关尽快协同国家统计、人社、医保等部门，对劳社险中心函〔2006〕60号等征缴核心配套文件进行修订。

2. 修订社会保险征缴具体管理办法

（1）授权税务机关制定配套的《社会保险费申报缴纳管理办法》

2021年12月，人力资源社会保障部为贯彻落实党中央、国务院深化"放管服"改革决策部署，持续优化营商环境，落实社会保险费征收体制改革要求，决定对《社会保险申报缴纳管理规定》（人社部令第 20 号）予以废止。

事实上，征缴条例只是在社会保险费征缴中一些大的政策方面作了原则性规定，涉及具体的申报缴纳实务细节是在原人社部 20 号令申报缴纳管理规定中予以明确的。20 号令被废止之后，社保费申报缴纳管理的政策依据出现真空。建议在修订《社会保险费征缴暂行条例》时，授权税务机关制定配套的《社会保险费申报缴纳管理办法》，使得征缴条例能够落地可操作。

（2）统一采用"自行申报"模式，在特殊的情况下赋予税务机关核定征收权

建议尽快调整原条例申报办法，回归到缴费单位自行申报办法上。因为我国已经建立了全民社保体系，进入"系统集成、协同高效"的新阶段，采用更方便更精确的申报方式的时机已经成熟。我国社保费已交由税务统一征收，优化调整缴费申报模式，有利于进一步推进公共服务便捷高效，优化企业营商环境。

其实，这也符合上位立法本意和公共服务通行做法。《社会保险法》第六十条规定："用人单位应当自行申报、按时足额缴纳社会保险费，非因不可抗力等法定事由不得缓缴、减免。"这意味着应当优先采用自行申报，只有在未办理社保登记等特殊情形下才由社会保险经办机构核定其应当缴纳的社会保险费。原有的申报核定方法客观上造成了核定普遍化，扩散了缴费单位和缴费个人应有的责任意识，已经很难再进一步推动合规遵从意识提升，亟待变革。

（3）对用人单位未按规定申报赋予税收机关核定征收权

征缴条例中第十条规定："用人单位未按规定申报应当缴纳的社会保险费数额的，按照该单位上月缴费额的百分之一百一十确定应当缴纳数额；缴费单位补办申报手续后，由社会保险费征收机构按照规定结算。"该条对未按规定申报采取临时上浮 110%核定措施，这种措施对于未按规定申报有一定的警示和敦促作用。但是从实际效果来看，一是这种措施存在临时性和后期回溯结算的复杂性，二是部分企业心理上反而存在不去申报听任基数自动上浮110%的随意性。为了促进企业合规申报，加强征缴力度和针对不同情况的灵

活性。建议可以参考税收征管法对税收核定征收的授权性规定，赋予税务机关对于用人单位未按规定申报情形不做固定比例上浮而是赋予核定征收权。

（五）社会保险费的经办及滞纳金征收

1. 社会保险费缴纳的经办实务

课题组在调研中发现，目前各地社保经办时间段、社保费用扣款方式、社保费用增减员生效时间等区域差异非常大。甚至同一地区不同社会保险种经办规则也不一致。

（1）社会保险费缴纳经办时间段

36个被调研城市均能线上办理社会保险费缴纳的"增、减、补"业务。全月能办理社会保险费缴纳的城市仅有8个（占比22%），其余城市都有相应的经办时间节点。绝大部分城市都是当月收取当月的社会保险费用，少部分城市是次月收取上月社保费用。社会保险费缴纳经办时间差异较大，如表7所示。

表7　全国36个城市社会保险费缴纳经办时间

序号	分类	数量（个）	城市
1	全月可办理	8	北京、银川、天津、福州（线下可以全月）、武汉、成都、西安（6日以后）、重庆
2	当月15日前可办理	8	兰州、沈阳、乌鲁木齐、青岛、南宁（12日前）、拉萨、贵阳（10日前）、昆明
3	当月20日前可办理	9	西宁、长春、呼和浩特、济南、石家庄、杭州、深圳、太原（19日前）、长沙（18日前）
4	当月25日前可办理	10	哈尔滨、大连、宁波、合肥（24日前）、上海、广州、海口、厦门、南昌、郑州
5	次月还可办理	1	南京（当月11日至次月6日前）

（2）社会保险增减员的生效时间

根据课题组对全国36个城市调研发现，基本养老保险、工伤保险、失业保险、生育保险、医疗保险等保险险种的增员和减员生效情况存在明显区域差异，分为3种情况：一是"顺账"，即当月申请当月生效；二是"扭账"，即当月申请次月生效；三是"半扭账"，即有些险种是"顺账"，另一些险种是"扭账"。"顺账""扭账"等说法为企业习惯性叫法，并非官方术语。具体情况如表8所示。

表8　全国36个城市社保增减员生效时间

序号	情形	数量（个）	城市	备注
1	顺账	25	—	
2	扭账	3	哈尔滨、合肥、西安	
3	半扭账	8	南京、厦门、福州、南昌、长沙、郑州、昆明、重庆	其中郑州和昆明的养老、失业、工伤保险顺账，医疗和生育保险扭账

（3）社会保险扣缴费的属期规定

全国被调研的36个城市中社保扣缴费属期有当月扣当月（32个）和次月扣当月（4个）两种，次月扣当月社保费用的城市具体为北京、杭州、宁波、上海。

（4）社会保险费断缴产生的影响

社会保险待遇的享受与缴纳社会保险义务相对应，社会保险费断缴对医疗、工伤、生育等保险待遇享受都会有所影响。甚至有些地方政府还会把落户、车牌摇号、子女入学等其他福利与社会保险费缴纳时间相关联。具体情况如表9所示。

表9　全国36个城市社保断缴影响汇总

类别	是否有影响	数量（个）	城市
失业待遇	是	18	北京、哈尔滨、大连、沈阳、乌鲁木齐、呼和浩特、济南、杭州、合肥、南京、太原、西宁、长春、天津、兰州、银川、青岛、宁波
	否	18	石家庄、广州、海口、福州、深圳、武汉、长沙、郑州、成都、西安、重庆、南昌、拉萨、昆明、南宁、厦门、贵阳、上海
医疗待遇	是	36	全部被调研城市

续表

类别	是否有影响	数量（个）	城市
工伤待遇	是	36	全部被调研城市
生育待遇	是	36	全部被调研城市
落户	是	17	北京、成都、重庆、大连、广州、海口、杭州、济南、南京、宁波、青岛、厦门、深圳、天津、武汉、西宁、长沙
落户	否	19	福州、贵阳、哈尔滨、合肥、呼和浩特、昆明、拉萨、兰州、南昌、南宁、上海、沈阳、石家庄、太原、乌鲁木齐、西安、银川、长春、郑州
车牌摇号	是	7	北京、广州、杭州、深圳、海口、上海、天津
车牌摇号	否	29	成都、重庆、大连、济南、南京、宁波、青岛、厦门、武汉、西宁、长沙、福州、贵阳、哈尔滨、合肥、呼和浩特、昆明、拉萨、兰州、南昌、南宁、沈阳、石家庄、太原、乌鲁木齐、西安、银川、长春、郑州
子女入学	是	14	北京、成都、杭州、济南、昆明、南昌、南京、宁波、青岛、厦门、上海、深圳、武汉、长沙
子女入学	否	21	大连、福州、广州、贵阳、哈尔滨、海口、合肥、呼和浩特、拉萨、兰州、南宁、沈阳、石家庄、太原、天津、乌鲁木齐、西安、西宁、银川、长春、郑州
子女入学	本地无外地有	1	重庆
居住证	是	6	北京、杭州、深圳、成都、南昌、宁波
居住证	否	30	广州、海口、上海、天津、重庆、大连、济南、南京、青岛、厦门、武汉、西宁、长沙、福州、贵阳、哈尔滨、合肥、呼和浩特、昆明、拉萨、兰州、南宁、沈阳、石家庄、太原、乌鲁木齐、西安、银川、长春、郑州

2. 社会保险欠缴的滞纳金加收

社会保险参保单位和个人有义务按时足额缴纳社会保险费。由于参保单位和个人原因造成社会保险费欠缴的视为违法行为，理应足额补缴拖欠的社会保险费，并按照相关规定加收一定的滞纳金。课题组的调研发现实际社会保险费征管中对于是否加收滞纳金有以下处理方式。

（1）多数城市加收欠缴社保费滞纳金

课题组调研的 36 个城市中，对于欠缴的社会保险费需要补缴并加收滞纳金的城市有 17 个，12 个城市无需缴纳滞纳金，其余 7 个城市依不同险种或补缴日期决定是否缴纳。

（2）社会保险费滞纳金的加收计算方式

需要收取滞纳金的 17 个城市中滞纳金的收取方式以自欠缴之日起按日加收万分之五收取，收取方式可分为按单位缴费基数加收，或按单位缴费+个人缴费基数加收，具体情况如表 10 所示。

表 10　全国 36 个城市社会保险费滞纳金计算方法

开始计算时间	收取方法	收取基数	城市	备注
自欠缴之日起	按日加收万分之五	单位及个人缴费基数	大连	
		单位缴费基数	沈阳、重庆	
		—	济南、青岛、广州、海口、南宁、武汉、西安	
补缴月次月 1 日	按日加收万分之五	单位及个人缴费基数	天津、深圳	
跨年前补缴开始月份（自欠缴之日起）	按日加收万分之五	单位及个人缴费基数	成都、拉萨、贵阳	当年补缴没有滞纳金
应缴未缴日的 26 日	按日加收万分之五	单位及个人缴费基数	北京	
隔月特殊补缴	按日加收万分之五	—	厦门	

（3）社会保险费滞纳金缴纳限额的规定

①社会保险费滞纳金的征收限额多样性

课题组发现，被调研的 36 个城市对社会保险费欠缴产生的滞纳金收取额度有所差异。收取滞纳金的 17 个城市中，滞纳金是否设置上限也存在差异，具体有三种情况：一是滞纳金无上限；二是滞纳金以不超过本金为上限；三是情形不明，以官方系统核定为准。具体情况如表 11 所示。

表 11　全国 17 个收取滞纳金城市的征收上限情况

征收上限	城市	数量(个)
无上限	北京、重庆、大连、济南、青岛、厦门、深圳、沈阳、天津、武汉、西安	11
以官方系统核定为准	成都、贵阳、拉萨	3
不超过本金	广州、海口、南宁	3

②部分地区文件明确滞纳金不超过本金

海南省人社厅《关于补缴社会保险费收取利息及滞纳金有关问题的通知》(琼人社发〔2017〕363 号)明确:"三、加收的滞纳金超出补缴本金数额部分,不予收取。"

河南省人社厅《关于规范企业职工基本养老保险费缴纳有关问题的通知》(豫人社规〔2020〕4 号)明确:"补缴养老保险费时,严格按照《社会保险法》、《行政强制法》规定加收滞纳金。滞纳金不得减免;加收滞纳金数额应不高于欠缴社会保险费数额。"在 2018 年 7 月 31 日,人力资源社会保障部针对网民在中国政府网"我向总理说句话"栏目反映的关于"社保欠缴后办停补缴有关问题",进行了留言回复:"关于滞纳金过高问题,由于滞纳金属于行政强制手段,具有法律震慑力,目前各项法律法规中均未有滞纳金减免条款,因此不应减免。按照《行政强制法》第四十五条第二款规定,加收滞纳金数额应不高于欠缴社会保险费数额"。

③司法裁定支持社保滞纳金不超过本金

调研中发现有些社会保险费欠缴所形成滞纳金征缴的相关判例,有些司法判例明确支持社保滞纳金以不超过本金为上限。如广西〔(2019)桂 03 行终 257 号〕、吉林〔(2018)吉 07 行终 74 号〕、新疆〔(2020)新 01 行终 95 号〕、江苏〔(2016)苏 0623 行审 16 号、(2016)苏 0623 行审 21 号、(2016)苏 0623 行审 19 号〕、山东〔(2018)鲁 0602 行审 23 号〕、湖南〔(2018)湘 0321 行审 18 号、(2019)湘 1202 行审 62 号〕、四川〔(2017)川 0112 行审 2 号、(2020)川 11 行审复 4 号、(2017)川 1181 行审 1 号、

（2020）川 1102 行审 18 号］、广东［（2017）粤 0404 行审 190 号、（2018）粤 0404 执 2131 号］等。

④司法裁定支持社保滞纳金可超过本金

也有部分裁判观点支持社保滞纳金可以超过本金。如北京［（2021）京 01 行终 917 号］、山西［（2018）晋 07 行终 224 号］、山东［（2022）鲁 11 民终 1064 号］等。

（4）征管差异导致社保录入困难

社保费划转税务征收后，税务对各地社保计费规则越来越了解，有的地方在个税的社保专项扣除时也直接把计费规则套用过来，对社保专项附加扣除上限进行限制。这种在只考虑单月社保时是合理的，但是一些特殊情况下就会出现超上限无法录入情况。一是如果发薪报税和社保分离，并且员工的社会保险是异地社保，就有可能出现其缴费基数超过本地上限情况（这种情况严格来说并不合规，但实务中确实存在）。二是补缴社会保险费可能超过限额无法录入。如果企业出现补缴社保时，一次性累计补缴金额过大时，就有可能出现超上限而无法录入情况。可能需要当地个税系统针对这些情况进一步的合理优化。

3. 对征缴条例修订的相关建议

第一，建议修订滞纳金比例为按日加收万分之五。《社会保险法》规定为按日加收万分之五。《社会保险法》第八十六条规定："用人单位未按时足额缴纳社会保险费的，由社会保险费征收机构责令限期缴纳或者补足，并自欠缴之日起，按日加收万分之五的滞纳金；逾期仍不缴纳的，由有关行政部门处欠缴数额一倍以上三倍以下的罚款。"目前税务机关按照这个比例对社会保险费滞纳金进行征收。但现行征缴条例规定滞纳金为按日千分之二，建议征缴条例在修订时，应将滞纳金比例按最新的修订为按日加收万分之五。[①]

第二，建议统一明确滞纳金的承担主体。人社部实施社保法若干规定中

---

① 1993 年《税收征管法》最初规定滞纳金比例是千分之二，2001 年修订为万分之五。

明确，由于单位对职工应缴社保费负有代扣代缴责任，所以用人单位未依法代扣代缴的应由单位承担滞纳金。人力资源和社会保障部《实施〈中华人民共和国社会保险法〉若干规定》第二十条规定："职工应当缴纳的社会保险费由用人单位代扣代缴。用人单位未依法代扣代缴的，由社会保险费征收机构责令用人单位限期代缴，并自欠缴之日起向用人单位按日加收万分之五的滞纳金。用人单位不得要求职工承担滞纳金。"建议征缴条例修订时明确用人单位承担滞纳金缴纳的义务。

第三，建议统一滞纳金的上限标准。目前在各地实践中有两种观点。第一种观点认为，社保费滞纳金是一种行政强制手段，加收滞纳金数额不应高于欠缴社会保险费数额。《行政强制法》第四十五条规定："行政机关依法做出金钱给付义务的行政决定，当事人逾期不履行的，行政机关可以依法加处罚款或者滞纳金。加处罚款或者滞纳金的标准应当告知当事人。加处罚款或者滞纳金的数额不得超出金钱给付义务的数额。"第二种观点认为，社保费滞纳金不同于行政强制性质，《行政强制法》第四十五条的滞纳金针对的是行政机关做出金钱给付义务的行政决定后当事人逾期不履行，而《社会保险法》第八十六条规定的滞纳金针对的是用人单位未按时足额缴纳社会保险费在责令其补缴同时加收的滞纳金，两类滞纳金的性质不同。

课题组建议统一滞纳金上限标准，采纳滞纳金不超过本金的观点。其一，公共政策以易于理解为优，如果滞纳金同一名称不同释义，给实际执行带来理解歧义和复杂性，建议从有利于缴费人的方向解释，便于公共政策的理解落地和推行；其二，现在社保补缴滞纳金超上限矛盾突出的根本原因之一是社保长时间补缴的历史问题大量存在，这种大规模高额度补缴滞纳金现象反而使得企业担心成本、消极解决历史遗留问题，如果将来社保时效制度做出改变，有望从根本上解决长时间历史补缴问题，超高额度滞纳金现象减少；其三，社保费征缴不仅有滞纳金这一手段，也有罚款等多重措施。

三 我国社保费征缴改革的对策建议

（一）明确社会保险费征收主体，吸收上位法的立法精神

鉴于我国进入新的历史时期，建议在社保费条例修订时明确社保费交由税务部门统一征收。此次统一相关征收的政策口径，修订一些与目前社会经济发展不相吻合的具体规定。同时，依据《社会保险法》的规定，调整征缴条例一些过时和滞后的规定。

（二）统一社会保险费缴费工资执行口径，但宜采取渐进性改革方式

关于社保缴费工资执行口径问题，其源头是劳动统计原则，这涉及多个政府部门，需要国家统计局、人社部、税务总局等协调一致后推进。社保缴费工资的具体经办涉及一些具体政策和操作细节，具有一定的复杂性和历史沿革性，为适应各地特点和平稳过渡，课题组建议采取审慎态度，在实际操作中逐步实现社保缴费工资的规范、统一和简化。

（三）社会保险费采取自行申报模式后，应赋予税务机关一定的核定征收权

课题组建议社保费由缴费单位自行申报。同时为了促进企业合规申报，加大征缴力度和提高针对不同情况的灵活性，参考税收征管法对税收核定征收的授权性规定，赋予税务机关特殊情况下的核定征收权。

（四）统一社会保险缴费基数和费率标准，明确统计与经办操作规范

由于我国社保缴费基数、费率的规定多散见于部委层级的相关文件中，且主要是授权性规定，由地方各级政府具体规定执行标准，政策差异性大且较为分散。课题组建议统一社会保险的缴费基数统计口径，明确各个险种的缴费费率，明确规范缴费基数统计规则和申报操作规范。

（五）处理社保费争议时，社保费征管职责划转前后宜采取分段受理模式

在实务中需要考虑社保费征管的前后衔接情况，即规定征缴职责划转前后的不同处理规则。为避免历史欠费补缴争议等带来问题复杂化，应分段受理。划转之前的，应当由社会保险经办机构先核实审定，提供信息后再由税务部门征收追缴；划转之后的，参保单位社会保险费的追欠、补缴、监督检查等由税务机关负责。

（六）明确社会保险费追缴时效性，从源头减少欠费追缴问题

随着社保征收体制改革的进一步深化，应当考虑到未来人口老龄化、人均寿命提升、劳动力结构变化趋势下的严峻挑战，从源头上减少长时间追缴等历史问题的产生。课题组建议，修订征缴条例规定，明确社保追缴的时效性。对于新条例实施之后，明确职工从知道或应当知道权利被侵害之日起的投诉、举报等追缴时效为两年。对于新条例实施前的历史问题，允许沿用以前的长期追缴时效，尊重实际情况，保护历史上已经存在劳动关系阶段的劳动者权益。

（七）统一社会保险费滞纳金的收取上限标准和明确缴费主体

《社会保险法》第八十六条规定：用人单位未按时足额缴纳社会保险费的，由社会保险费征收机构责令限期缴纳或者补足，并自欠缴之日起，按日加收万分之五的滞纳金；逾期仍不缴纳的，由有关行政部门处欠缴数额一倍以上三倍以下的罚款。社保费的滞纳金比例和税收滞纳金比例一致。课题组建议统一滞纳金上限标准，采纳滞纳金不超过本金的观点。同时，更加明确社会保险费滞纳金的缴费主体。

（八）授权税务机关制定社会保险费的申报缴纳管理办法

鉴于征缴条例只是在社保费征缴的一些大的政策作了原则性规定；涉及

具体的申报缴纳实务细节，是在原人社部 20 号令申报缴纳管理规定中予以明确的。20 号令废止之后，社会保险费申报缴纳管理的政策依据出现真空。课题组建议，在《社会保险费征缴暂行条例》修订时应对制定具体办法作出授权性规定，授权税务机关出台配套的《社会保险费申报缴纳管理办法》，使得征缴条例能够落地可操作。

区域篇

B.12

河南省数字经济核心产业与税收
发展报告（2024）

陈涛 李红 宋昕 刘小阳[*]

摘 要： 数字经济是培育和发展新质生产力的主战场之一。近年来，河南省委、省政府深入学习贯彻习近平总书记关于发展数字经济的重要论述，全面部署推进数字化转型战略，夯实数字基础设施，做强数字经济产业，强化数实融合应用，推动数字经济更好赋能高质量发展。本报告运用税收大数据，重点分析河南省数字经济核心产业发展现状和特征，客观总结河南数字强省建设需要补齐的短板，结合《2024年河南省数字经济发展工作方案》，提出进一步做大做强河南数字经济产业的相关建议包括夯实产业基础、优化税收政策、完善数据治理机制、创新财税工具等，以推动河南数字经济高质量发展。

---

* 陈涛，国家税务总局河南省税务局税收经济分析处，主要研究方向为宏观经济；李红，国家税务总局河南省税务局税收经济分析处，主要研究方向为宏观经济；宋昕，国家税务总局河南省税务局税收科学研究所，主要研究方向为税收经济；刘小阳，国家税务总局南阳市税务局，主要研究方向为税收治理现代化、数字政府。

关键词： 数字经济产业 税收大数据 河南省

当前，河南省处于由制造业大省向制造业强省迈进的关键时期，全省上下持续实施数字化转型战略，大力发展数字经济，加快建设数字强省。2022年，河南数字经济规模突破 1.9 万亿元，连续稳居全国前十，同比增长10.6%，数字经济占 GDP 比重超过三成，达到 31.5%，[①] 较上年提升 1.8 个百分点。税收大数据显示，2023 年河南数字经济核心产业[②]发票购销金额同比增长 14.8%，涉税市场主体同比增长 6.4%，[③] 数字经济在河南经济社会发展中的地位更加稳固，成为稳增长、促发展的重要力量。

一 河南省数字经济核心产业发展特点

（一）高增长态势稳定延续

近年来，河南省统筹推进数字经济核心产业培育和传统产业数字化转型，《河南省数字经济发展报告（2023）》显示，2022 年河南 17 个省辖市数字经济规模均实现正增长，其中郑州接近 6000 亿元，洛阳首次突破 2000亿元，稳居第 2，南阳、许昌、新乡 3 市均突破 1000 亿元，跃进数字经济千亿元省辖市行业[④]。税务部门数据显示，2023 年，全省数字经济核心产业实现开票销售收入（以下简称"销售收入"），同比增长 21.4%，占所有行

---

① 资料来源于中国信息通信研究院发布的《河南省数字经济发展报告（2023）》。
② 数字经济核心产业是指为产业数字化发展提供数字技术、产品、服务、基础设施和解决方案，以及完全依赖于数字技术、数据要素的各类经济活动。数字经济核心产业统计依据为《数字经济及其核心产业分类（2021）》（国家统计局第 33 号令），其中 01—04 大类：数字产品制造业、数字产品服务业、数字技术应用业、数字要素驱动业。
③ 本报告数字经济相关税收大数据包括发票销售数据、涉税市场主体数据、行业或企业税收数据，均来源于河南税务云平台。下同。
④ 资料来源于中国信息通信研究院发布的《河南省数字经济发展报告（2023）》。

业发票开具金额的比重为 8.1%，较 2022 年提高 1.0 个百分点；数字经济核心产业实现税收同比增长 19.0%，高于全省税收增幅 1.2 个百分点，对税收增长贡献率为 8.1%。如图 1 所示在数字经济核心产业中，数字产品驱动业、数字产品应用业发展亮眼，其中，数字产品应用业 2023 年实现销售收入和税收同比分别增长 43.8% 和 84.1%，拉动数字经济税收增长 15.7 个百分点。

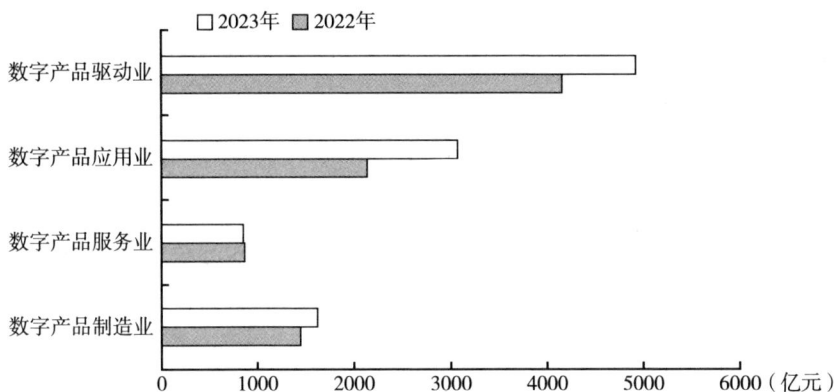

图 1　2022~2023 年河南省数字经济核心产业销售收入情况

资料来源：河南税务税收经济分析智能平台发票购销模块。

（二）数字化转型步伐加快

制造业数字化转型持续深化，2023 年，河南累计上云企业达到 20.8 万家，培育建设省级智能车间 733 个、智能工厂 332 个，"5G+工业互联网"平台体系进一步完善，郑州入选国家中小企业数字化转型试点城市。[①] 税收大数据显示，2023 年，河南数智赋能暨产业数字化的标志性设备和服务购销两旺，其中，机器人及具有独立功能专用机械的销售和购进发票开具金额同比分别增长 81.7% 和 64.3%，实现税收同比分别增长 87.8% 和 68.8%；数控机床及加工机械的销售和购进发票开具金额同比分别增长 12.0% 和 18.1%，实现税收同比分别增长 9.5% 和 18.5%；软件服务的销售和购进发

---

① 数据及相关情况来源于 2023 年河南省经济运行情况新闻发布会、河南省人民政府新闻办公室。

票开具金额同比分别增长 10.5% 和 11.3%，实现税收同比分别增长 19.3% 和 16.2%。

（三）龙头企业支撑有力

河南省聚焦数字经济重点产业链群打造，引进上下游重点企业，加快提升产业集群规模能级，超聚变、黄河信产、郑州浪潮、龙芯中原、紫光股份等一批龙头企业落地河南，阿里巴巴、科大讯飞、奇虎360等头部科技型平台企业先后在河南落户区域中心。[①] 税收大数据显示，2023年，河南数字经济核心产业纳税百万元以上企业共计 3268 户，合计实现税收同比增长 42.0%，其中龙头企业河南富驰科技、河南超聚能科技、中国铁塔河南省分公司、平煤隆基新能源和河南巨量引擎等合计增收 25.2 亿元，拉动全省数字经济税收增长 7.2%。税务部门监控的重点税源数据显示，河南数字经济重点税源企业发展向好，资产负债率较全行业平均水平低 20.9 个百分点，偿债能力较强；企业货币资金同比增长 23.6%，流动比率较全行业平均水平高 14.7 个百分点，流动资产运行健康；企业对未来发展信心充足，长期借款同比增长 48.1%。

（四）市场主体活力持续增强

税收数据显示，2023年河南数字经济核心产业的涉税市场主体同比增长 6.4%，开具发票同比增长 18.0%，经营 5 年以上的户数占总户数的 33.3%，同比增加 1.9 万户，市场主体活力继续增强。其中，郑州、洛阳和南阳是市场主体数量排名前三的数字经济集聚地（见图2），2023年郑州数字经济核心产业涉税市场主体户数同比增长 10.7%，占全省数字经济核心产业涉税市场主体比重为 36.6%，较上年提升 1.4 个百分点，持续发挥强省会作用领跑全省。

---

① 相关情况来源于《中国人民政治协商会议第十三届河南省委员会第二次会议第 1320047 号提案及答复》。

				新乡 10818	周口 10307		濮阳 8297	
洛阳 18415	驻马店 11936		安阳 10786	焦作 8141	许昌 7620		开封 7086	
郑州 67891	南阳 17675	商丘 11355	平顶山 10468	信阳 7819	漯河 5003	三门 峡 4893	鹤壁 3631	
							济源	

图 2　2023 年河南省数字经济核心产业活跃市场主体分布情况

注：活跃市场主体指本年度内有购销活动的纳税人。
资料来源：税务部门核心征管系统纳税人登记信息。

（五）创新动能逐步释放

截至 2023 年底，河南省国家超算郑州中心、中原人工智能计算中心获批建设国家新一代人工智能公共算力开放创新平台，创新基础设施加快布局，墨子等 8 家省实验室和省柔性电子产业技术研究院挂牌运行，省级实验室达到 20 家，高水平研发创新动能进一步增强。[1] 税务部门数据显示，2023 年，河南省数字经济核心产业研发费用同比增长 4.4%，研发强度同比增加 0.19。其中，数字产品制造业研发费用同比增长 18.4%。从户均研发投入看，数字产品制造业户均研发费用同比增长 10.5%。以增值税发票购进和销售金额衡量产业增值能力，2023 年河南数字经济核心产业增加值率为 13.2%，数字经济赋能高质量发展的作用更加彰显。

（六）基础设施建设加速推进

截至 2023 年末，河南共有 5G 基站 18.7 万个，居全国第 5 位，全面实现乡镇以上区域 5G 网络连续覆盖，国家超算互联网核心节点建设工程在郑州开工，全省数据中心标准机架达到 13 万架，新型数字基础设施不断完善。[2]《2024 年河南省数字经济发展工作方案》提出，河南将继续实施数字

---

[1] 《关于数字化转型战略实施情况的报告》，2023。
[2] 《数字化转型战略实施情况》，2024。

经济重大项目 92 个，总投资 1962.6 亿元，2024 年计划投资 568.3 亿元。税收大数据显示，2023 年，全省数字经济核心产业发票购进金额同比增长 8.1%，产业投资规模进一步扩大。同时，企业意愿继续增强，数字经济相关企业实收资本同比增长 10.8%，资本公积同比增长 37.0%。

二 河南省数字经济核心产业发展面临的挑战

（一）数字经济核心产业规模有待壮大

数字经济规模尚有较大提升空间，从全国范围看，根据《中国数字经济发展指数报告（2023）》测算结果，第一梯队为北京、广东、上海、江苏、浙江、山东、四川、天津、福建、湖北等 10 个地区；河南暂位于第二梯队，数字经济占 GDP 比重尚低于全国 10.0 个百分点。税收大数据显示，2023 年，河南省数字产品制造业中，税收占比最高的是计算机、通信设备制造业（46.3%），但仅占全国行业税收的 2.2%。其中，计算机制造、电子器件制造和电子元件制造税收分别占全国的 0.6%、0.6% 和 0.7%。通信设备制造业税收同比减少 8.24%，占数字产品制造业税收的 33.11%。其中，通信终端制造业税收同比减少 29.70%，在中部六省重点税源企业中税收占比下降 2.6 个百分点。

（二）支撑数字化转型的服务能力有待加强

数字经济核心产业中，数字产品服务业是支撑数字化转型的重要基础，2022 年，河南省数字产业化规模占 GDP 的比重为 5.5%，低于全国平均水平 2.1 个百分点，农业、工业、服务业数字经济渗透率分别为 6.2%、19.4% 和 37.9%，分别低于全国平均水平 4.3 个百分点、4.6 个百分点、6.8 个百分点，数字经济产业对制造大省、农业大省赋能仍有提升空间。[①] 河南

① 《河南省数字经济发展报告（2023）》。

2023 年数字产品服务业发票开具金额比重仅为 6.9%，税收占数字经济核心产业比重为 3.1%。工信部最新数据显示，2024 年 1~5 月河南软件和信息技术服务业收入 183.4 亿元，同比增长 11.5%，增速在中部六省仅高于江西，规模与安徽（319.2 亿元）、湖北（1250.1 亿元）、湖南（536.7 亿元）等省份相比还有较大差距。

（三）产业链协同发展能级有待提升

当前，河南数字产业制造领域仍主要集中于低附加值加工制造，经济税收转化效率不高。税务部门重点税源数据显示，2023 年，河南数字经济领域重点税源企业成本利润率（3.7%）较全省平均水平低 3.6 个百分点，实现税收占营业收入的比重较中部六省平均低 0.4 个百分点，税收产出效率偏低。产品结构层次偏低，省内高端传感器、芯片配套企业数量少，国内富士康供应链企业（不含富士康系）共约 70 家，主要集中在广东（约 25 家）、江苏（约 20 家）地区，河南仅有 6 家；超聚变四大主材（芯片、内存、硬盘、显卡）供应商均为外省企业。产业链发展对外部依赖度较高，2023 年，河南数字经济省内发票销售和购进金额增幅分别低于省际贸易增幅 32.8% 和 19.5%，省内贸易增加值①增幅较省际贸易偏低 7.9%，数字产品服务业连续两年存在省际贸易逆差。

（四）可持续发展稳定性有待强化

河南数字经济核心产业多元化发展格局尚不稳固，对部分企业依赖度高，税收大数据显示，"富士康系"企业在河南电子信息制造业市场规模占比 60% 左右，但 2023 年河南富士康纳税额占全省数字产品制造业税收比重同比下降 8.1%，影响数字产品制造业税收下降 2.8%，同时受国际形势影响 2023 年富士康出口加工业务萎缩，出口退税同比下降 19.3%；数字经济

---

① 贸易增加值=增值税发票开具金额-增值税发票购进金额，按照贸易主体所在区域可划分为省内和省外两类。

产业链抗风险能力有待提升。平台经济的高增长可持续性有待观察，如2023年河南供应链管理和信息技术咨询服务业销售收入增长32.0%、税收增长121.8%，对河南省数字经济销售增长贡献率为53.9%，该类企业的稳定性发展容易受到地方奖补政策影响。

（五）数字化研发创新面临瓶颈

研发投入对整体创新能力形成制约，2022年河南省国家发明专利授权量为14576件，在全国排第13位，当年投入研究与实验发展（R&D）经费1143.3亿元，在全国排第11位，占全国比重为3.7%，与排名靠前的广东（4411.9亿元）、江苏（3835.4亿元）、浙江（2416.8亿元）、山东（2180.4亿元）还有较大差距。[①] 企业技术创新能力有待进一步提升，工信部数据显示，河南目前省级专精特新电子信息产业企业仅有54家，在全国排第20位；2023年河南数字经济重点税源企业研发费用同比下降19.3%，研发强度下降0.12。技术交易市场规模有待提升，科技部数据显示，2022年，河南省技术合同成交金额1021亿元（见图3）。高层次人才仍相对匮乏，据统计，目前全国过半数的5G技术人员在上海等地区工作[②]，河南受经济发展水平的制约，数字化人才数量和薪酬待遇并不具备优势，2023年全省数字经济领域专业高级人才数量约为20万人，占河南高技能人才总量（392万人）仅为5.1%[③]。

三 促进数字经济核心产业高质量发展的对策建议

一是以数字转型为牵引，夯实产业发展根基。推动河南数字经济产业链

---

① 资料来源于国家统计局对外公开发布数据。
② 梁村：《河南数字经济高质量发展的问题与对策研究》，《商场现代化》2024年第12期，第136~138页。
③ 资料来源于河南省社会科学规划专题项目"河南培育壮大数字经济研究"（项目编号：2023ZT032）的阶段性成果"河南数字经济发展现状与对策研究"。

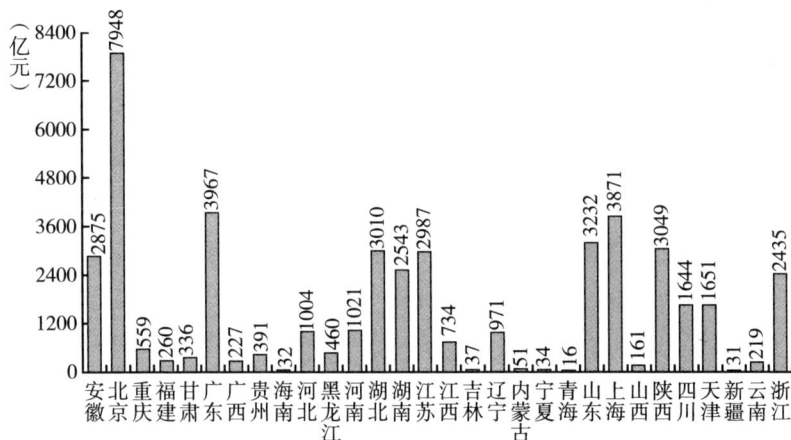

图3　2022年全国30个省份技术合同成交金额

资料来源：《关于公布2022年度全国技术合同交易数据的通知》，2023。

上下游延伸，做强先进计算、智能终端等核心产业，加快提升产业集群规模能级，结合各地发展实际，形成阶梯式的差异化发展格局，围绕优势产业集群建设一批行业数字化转型平台。

二是加大税收支出力度，提升优惠政策精准度。优化数字经济普惠性政策设计，积极发挥税收优惠政策调控作用，在数字经济企业研发、生产、经营不同阶段，对符合标准的企业推行购进设备退税优惠政策。加大对产业数字化转型的税收支出，对集成电路、人工智能等领域高新技术制造企业，在国家统一所得税减免优惠政策基础上，适当提高减免比例。

三是完善数据基础制度，提升数字治理效能。持续发力数字政府、智慧城市、数字乡村建设，提升治理精细程度、服务效率水平与决策响应速度。进一步完善跨部门数据协同机制，加快数据归集、治理、应用效率，壮大数据要素市场交易规模。推动大数据、云计算等新一代数字技术在税收征管领域应用，构建与政务大数据中心融合互通的税收大数据中心，强化税收治理与数据资源的有效衔接，提升重要领域、重点行业的税费共治水平。

四是探索新型财税工具，建立现代财税体系。创新财税政策工具，统筹推进全省重点企业数据资产入表，在部分地市探索构建数据财政体系，完善与数字经济发展相匹配的财税制度。建立更加高效的政府数据所有权出让交易模式，逐步提高数据财政收入规模。优化区域间数字经济领域税收分配结构，促进数字经济税源更加均衡发展，防范化解地方债务风险。

B.13

海南省数字经济核心产业
与税收发展报告（2024）

刘　磊　　王卫军*

摘　要： 近年来，海南省在数字产业方面不断探索，税收规模不断壮大，数字产业呈现蓬勃发展新动态。2021~2023 年，海南省数字经济核心产业年均销售额约 5000 亿元，年均缴纳税款约 180 亿元。2022 年海南自贸港实现首单商业卫星遥感数据交易，2024 年海南儋州洋浦建成我国首个"数字保税"区，数据交易场所持续发力，游戏"出海"尽显海南自贸港优势，数字人民币支付方兴未艾。进一步推动数字经济发展，一是需要夯实经济大环境，不断优化营商环境，让各行各业百花齐放；二是在现有税收制度基础上，优化税收征管，最大限度地包容数字经济发展；三是明确税制改革方面，逐步推进税制改革，促进上层建筑与经济基础的动态适应。

关键词： 数字经济　税收　数据交易　数字贸易

2020 年中共中央、国务院发布《海南自由贸易港建设总体方案》，提出"实现数据安全有序流动。创新数据出境安全的制度设计，探索更加便利的个人信息安全出境评估办法。开展个人信息入境制度性对接，探索加入区域性国际数据跨境流动制度安排，提升数据传输便利性。积极参与跨境数据流

---

* 刘磊，国家税务总局海南省税务局党委书记、局长；王卫军，国家税务总局海南省税务局自由贸易港改革发展处副处长。

动国际规则制定，建立数据确权、数据交易、数据安全和区块链金融的标准和规则"。2023 年，海南省发布的《关于印发海南省培育数据要素市场三年行动计划（2024—2026）的通知》明确指出："到 2026 年末，将海南自由贸易港打造成为国际国内数据交汇、出入的枢纽节点，数据要素市场国际化、场景化水平明显提升。"

近年来，海南省在数字产业方面不断探索，数字经济产业税收不断壮大，数字产业呈现蓬勃发展新动态。

一　海南省数字经济核心产业税收概况

根据国家统计局《数字经济及其核心产业统计分类（2021）》，数字经济核心产业是指为产业数字化发展提供数字技术、产品、服务、基础设施和解决方案，以及完全依赖于数字技术、数据要素的各类经济活动，包括 01 数字产品制造业、02 数字产品服务业、03 数字技术应用业、04 数字要素驱动业。

根据企业申报表统计数据[①]，2021~2023 年，海南省数字经济核心产业年均销售额约 5000 亿元，年均缴纳税款约 180 亿元，数字经济核心产业税负（年均缴纳税款/年均销售额×100%）约为 3.6%。从税源产业结构来看，海南省数字经济核心产业发展不均衡。其中，数字产品制造业和数字产品服务业不发达，税收贡献率较低，计算机、通信及雷达设备、数字媒体设备、智能设备等数字产品制造能力基本为空白。以电信通信、软件和信息技术服务为主的数字技术应用业税收贡献年均占比高达 70%，以互联网广告、供应链管理、影视节目制作和互联网零售为代表的数据要素驱动业发展较快，年均税收贡献接近 30%。

---

① 国家税务总局海南省税务局统计数据。

二　海南省数字经济核心产业新动态

（一）海南首单商业卫星遥感数据交易

"海南一号"卫星 AIS（船舶自动识别系统）信息数据于 2022 年 10 月 31 日在海南国际知识产权交易所达成许可交易，这是海南自贸港成功实施的首单遥感卫星 AIS 数据交易。开展数据交易是海南省培育数据要素市场的重要抓手，对于发挥海南自贸港制度集成创新和特色产业基础优势、加快重点产业数字化转型具有重要意义。

商业航天项目海南卫星星座的运营方——海南微星遥感技术应用服务有限公司在海南卫星星座已发射 4 颗卫星，每日接收的报文数达 100 万条以上，能够保障海南在自然资源、农业、林业、海洋环境、海洋航运、海上应急搜救和渔业信息服务等重点领域的空间数据需求，此次海南国际知识产权交易所利用其平台优势达成首单交易，是探索商业航天数据市场化交易机制和交易模式的重要一步，为在海南自贸港形成火箭链、卫星链、数据链产业生态体系奠定坚实基础。

相较于传统的船载 AIS 和岸基 AIS 系统，"海南一号"卫星 AIS 根据卫星遥感数据匹配 AIS 信号实现舰船识别，利用通信和计算机手段实现船舶之间的信息交流，弥补了岸基 AIS 系统的覆盖限制，扩大了 AIS 系统的覆盖范围，有助于实现更大范围的海洋船舶监控。①

（二）海南儋州洋浦建成我国首个"数字保税"区

儋州洋浦"数字保税"（来数加工）区在 2024 年 2 月 27 日通过验收，已完成来数加工"首单"测试落地，建立企业监管、人员监管、数据监管、

---

① 《海南自贸港首单遥感卫星 AIS 数据交易达成》，新华网，2022 年 10 月 31 日，http://www. news. cn/fortune/2022—10/31/c_1129089559. htm。

物理隔离、网络隔离、硬件条件、软件条件、数据安全、知识产权保护等 9 个方面的管理制度和准入标准，成为中国首个"数字保税"区，将创新发展国际数据产业。[①]

"数字保税"（来数加工）是指在特定区域内，通过国际互联网专线进行数据交互，在确保数据安全的情况下，为产生于境外的数据要素提供收集、存储、加工、治理、交易等增值服务，服务产品用于境外市场或经审批后用于境内市场的商业模式。

建设"数字保税"区对海南省先行先试《数字经济伙伴关系协定》（DEPA）等高标准经贸规则，拓展数字服务"朋友圈"具有重要意义。海南省在建设"数字保税"区的基础上探索数据要素确权，进一步放大数据拥有者的经济效益，探索对境外数据实施"弱监管"，使用信用监管方式，便利企业在区内处理境外数据。

（三）数据交易场所持续发力

海南省数据产品超市在海南省大数据管理局的指导下于 2021 年 12 月成立，是集数据归集共享、开发生产、流通交易、安全保障于一体的理念先进、功能齐备、配套完善、产品丰富、管理高效、运营良好的数据开发利用创新平台，国际性的数据要素流通交易市场，大数据产业孵化平台。截至 2024 年 6 月，现有参与企业 1200 余家，数据资源 60000 余条，数据产品超 2000 个，辐射金融、征信、医保、气象等 23 大领域，累计市场交易额达 8.8 亿元。[②]

2022 年 1 月 25 日，海南省人民政府印发《关于设立海南国际知识产权交易所的批复》，2 月 21 日，海南省市场监管局完成工商变更登记，海南国际知识产权交易所（以下简称"海知所"）正式成立。与普通的技术市场、知识产权交易机构不同，海知所的成立旨在促进以知识产权证券化为核心的

---

① 《海南儋州洋浦建成中国首个"数字保税"区》，中国新闻网，2024 年 2 月 27 日，http://district.ce.cn/newarea/roll/202402/28/t20240228_38914537.shtml。

② 海南省大数据管理局，https://www.datadex.cn/home。

探索。这是海南自由贸易港建设中的重大制度创新。海知所依法从事知识产权、数据及其衍生品交易，试行知识产权、数据资产证券化，开展相关增值服务，既是多层次、多方式、多功能的创新要素综合服务平台，也是促进知识产权和数据流转、使用、保护和证券化的基础设施和重要枢纽，致力于成为具有全球竞争力和影响力的国际化交易场所。①

海知所已构建完善的数商生态体系，与全球十大知识产权管理解决方案提供商之一的法国 IPwe 集团、国际数据管理协会中国分会（DAMA 中国）、中国电子数据产业集团、人民网·人民数据、阿里巴巴、蚂蚁数科以及数据交易机构、律师事务所、评估机构、数据服务商等数十家国内外机构进行战略合作，建设数据交易平台并完成了海南自贸港首单遥感卫星 AIS 数据交易，储备了大量的数据业务资源，形成了产品登记上架及交易服务、数据资产入表辅导、特色数据综合服务、培训、数据法律业务咨询服务、投融资等多维度的数据服务模式和完善的交易规则以及风控制度，参与多项行业标准制订，努力实现国家数据局要求的"实现数据供得出、流得动、用得好、保安全"。

（四）游戏"出海"尽显海南自贸港优势

游戏"出海"指大陆地区游戏公司研发的移动游戏在海外游戏市场（包含港澳及台湾地区市场）发行从而获得海外用户付费的过程。游戏"出海"产业除了包含核心的游戏制作和发行外，还包含"出海"过程中需要的支撑性增值服务。游戏"出海"生态链路包括游戏开发商和发行商两大核心主体，以及服务于游戏开发和发行的增值服务供应商。游戏"出海"属于数字服务贸易出口，是我国游戏产业发展的重要驱动力。我国企业自主研发游戏收入的 1/3 来自海外市场。

游戏"出海"业务在海南发展的有利条件，一是硬件优势，海南国际互联网数据专用通道建设逐步落地，提高游戏出海所需数据进出便利性。海南作为我国面向太平洋、"海上丝绸之路"方向的重要门户，已对国际海

---

① 海南国际知识产权交易所，https://www.ipeh.com.cn/page/about.html。

缆、国际通信出入口局等国际通信领域重要基础设施进行布局，已建成商用海南—香港国际海缆（国内首个16纤对超大容量中继海缆系统），实现海南、香港及珠海三地互联互通，目前正加速推动连接东南亚国家和地区的第二、第三条国际海缆建设；中国移动通信集团设立海口区域性国际通信业务出入口局（国内运营商通信网络与境外运营商通信网络之间的互联节点，实现双方业务的互联互通和数据交换），有利于疏导我国国际数据专线业务，提高海南自贸港的国际数据通信服务能力。

二是政策优势，海南个人所得税政策和自贸港免签入境政策等支持企业吸纳国内外游戏研发和技术人才。2025年前，对在海南自由贸易港工作的高端人才和紧缺人才，其个人所得税实际税负超过15%的部分，予以免征。2025年后，对一个纳税年度内在海南自由贸易港累计居住满183天的个人，其取得来源于海南自由贸易港范围内的综合所得和经营所得，按照3%、10%和15%三档超额累进税率征收个人所得税。以游戏为代表的"两头在外"数字内容加工企业研发人员将重点受益。海南于2018年5月1日起实施59国人员入境旅游免签政策，免签入境停留时间为30天，将团队免签放宽至个人免签。并在《海南自由贸易港建设总体方案》进一步扩大免签入境政策适用范围，允许外国人以商贸、访问、会展、体育竞技等事由申请免签入境海南，并延长免签停留时间。海南自由贸易港入境免签政策是当前国内便利度最高的免签政策，利好"两头在外"数字内容加工企业吸纳候鸟型、远程型离岸人才。海南自贸港多功能自由贸易账户更是解决了很多游戏"出海"企业最关注的资金流动问题。

2023年3月28日，中国移动通信集团与陵水黎族自治县人民政府在海南省海口市签署游戏出海战略合作协议。根据协议，中国移动在陵水投资建设国际海缆登陆站，全面提升陵水国际通信能力。同时，投资建设5G、云、千兆光网、数据中心等通信基础设施，为陵水数字经济产业发展夯实基础。①

---

① 《中国移动与陵水签署游戏出海战略合作协议》，中新网，2023年3月31日，http：//www.hi.chinanews.com.cn/hnnew/2023-03-31/4_164584.html。

近年来，海南已形成海南生态软件园、海口复兴城两个千亿元级数字经济产业集群，游戏产业正是其中重要的细分产业集群，并成功吸引了我国一批头部互联网企业和游戏企业落户，聚集了腾讯、元游等1800多家游戏企业，逐渐形成游戏动漫产业闭环生态圈，2023年获批上市的国产网络游戏数量就占到全国总数的10.1%。[①] 2024年4月28日，在2024中国移动算力网络大会"游戏出海"分论坛上，境内首个国际公有云节点——"游戏出海云"正式发布。中国移动携同海南老城科技新城，与北京蔚领时代、海南椰云等18家产业生态伙伴完成"游戏出海云"签约，将启动涵盖游戏开发、游戏设计、动画制作等细分领域的全面合作，共同打造游戏"出海"合作的典范和样板。[②] 盛天网络作为中国移动生态伙伴之一，与海南老城科技新城、中国移动海南公司完成"游戏出海云"签约。盛天旗下《星之翼》、由光荣特库摩正版授权的新无双动作游戏《真·三国无双8》，都具备游戏"出海"潜力，此次完成游戏出海战略签约后，有望共同打造游戏出海合作的典范和样板。[③]

海南正依托互联网基础设施布局和高度支持互联网企业的产业扶持政策，积极引导已落位头部互联网企业重点开展游戏研发，并以头部互联网企业游戏研发和"出海"业务需求为引领，引进研发支持服务、技术创新服务、渠道投放服务、营销推广服务、支付服务、数据储存服务、网络安全服务等技术服务商，做大产业规模。

（五）数字人民币支付方兴未艾

数字人民币是数字形式的法定货币，与纸币、硬币等价。其由指定运营机构参与运营并向公众兑换，是具有价值特征和法偿性的可控匿名的数字化

[①] 《海南生态软件园入驻企业米壳游戏：中国好游戏从自贸港"出海"》，南海网，2024年6月19日，http://www.hinews.cn/news/system/2024/06/19/033166761.shtml。

[②] 《部署在海南 中国移动"游戏出海云"正式发布》，中新网，2024年4月29日，http://www.hi.chinanews.com.cn/hnnew/2024-04-29/703114.html。

[③] 《盛天网络与中国移动海南公司完成游戏出海战略签约》，搜狐网，2024年5月3日，https://www.sohu.com/a/775965304_114984。

形态人民币。数字人民币与支付宝、微信支付等比较，支付宝、微信支付是金融基础设施，是"钱包"；数字人民币是支付工具，是"钱包"的内容，只不过"钱包"里装的内容增加了央行货币。数字人民币交易无交易手续费，没有交易成本，通过智能合约开展各类活动，如商户开展促销活动时，可以实现定向、定时资金发放等，并可解决无网络信号支付问题，满足单离线/双离线等支付场景，帮助客户在无网络信号时也能完成收单交易。

2020 年 8 月，商务部发布的《关于印发全面深化服务贸易创新发展试点总体方案的通知》，公布了数字人民币试点地区。海南成为全国唯一全省试点数字人民币的地区。2020 年底，数字人民币第二批试点工作在海南正式启动。

2021 年 5 月 18 日，数字人民币在海南跨境进口电商企业——国免（海南）科技有限公司使用并完成支付，这是数字人民币在海南首次应用到跨境进口电商支付场景并成功落地。相较于一般电商平台而言，跨境进口电商在实名认证基础上进一步做到了订购人和支付人一致性校验，符合海关监管要求。对消费者来讲，在下单最后支付阶段选择"数字人民币支付"即可，实现了从消费者到平台间的结算闭环，使整个支付过程经济性、安全性更强。[1] 2021 年 12 月 9 日，海南省数字人民币签约缴税业务启动仪式在国家税务总局海口市龙华区税务局办税服务厅举行。国家税务总局海南税务局、中国人民银行海口中心支行，海南省工行、农行、建行、中行、交行和邮储银行等机构代表出席仪式。[2] 2022 年 1 月 18 日，海南海钢集团有限公司通过工商银行向海南省昌江黎族自治县税务局成功缴纳 1.043 亿元税款。[3]

2023 年 7 月，海南省数字人民币试点工作推进会指出，海南省数字人民币试点工作政策框架逐步建立健全、数字人民币实现拓规模促活跃同步提

---

[1] 《海南跨境电商实现数字人民币支付》，人民网，2021 年 5 月 19 日，http://finance.people.com.cn/n1/2021/0519/c1004-32107452.html。

[2] 《数字人民币签约缴税业务在海南落地拓展缴纳税费新途径》，海南省人民政府网，2021 年 12 月 10 日，https://www.hainan.gov.cn/hainan/zxztc/202112/bba62f7fc203413da9850f263cd04e91.shtml。

[3] 《1.043 亿元税款！海南自贸港单笔最大数字人民币缴税业务》，中工网，2022 年 1 月 20 日，https://www.workercn.cn/c/2022-01-20/6944416.shtml。

升，线下消费全国领先。2022年，海南省人民政府分批次发放3000万元数字人民币免税购物消费券和1000万元家电消费券，累计实现交易8.2万笔，直接促成交易金额4.8亿元。同时，全省标志性特色应用场景逐步呈现，重大节假日小客车通行附加费数字人民币退费、社保一卡通数字人民币应用等重点应用项目顺利推进。①

三　进一步推动数字经济发展的对策建议

助推数字经济发展，一是需要夯实经济大环境，不断优化营商环境，让各行各业百花齐放；二是在现有税收制度基础上，优化税收征管，最大限度地包容数字经济发展；三是明确税制改革方面，逐步推进税制改革，促进上层建筑与经济基础的动态适应。

（一）全方位优化营商环境

全面贯彻落实《优化营商环境条例》，坚持问题导向，扎扎实实解决企业等市场主体在市场经济活动中遇到的体制机制性问题，以实际行动优化营商环境，夯实经济发展大环境，促进各行各业百花齐放，增强市场主体获得感、幸福感。对于市场主体集中反映的问题，要定期全面梳理，组织力量深入研究，找出问题根源，提出解决对策，统筹各层次、各方面力量综合运用法治、行政、经济等手段逐步解决市场主体经营中遇到的堵点、难点问题，营造稳定、公平、透明、可预期的营商环境，更大激发市场活力和社会创造力。

（二）深入优化税收征管

认真贯彻落实《关于进一步深化税收征管改革的意见》，在现有税制安

---

① 《我省将推进数字人民币应用扩面增量》，海南省人民政府网，2023年7月13日，https：//www.hainan.gov.cn/hainan/ldhd/202307/2a7bf4cc82ad4ca8a79e4df0c754ceb6b.shtml。

排下，充分调动征管积极性，增强税收征管适应性，不刻板遵循原有征管模式，针对数字经济新业态，适当优化变通，最大限度地包容、促进数字经济发展。不断完善税务执法制度和机制，大力推行优质高效智能税费服务，精准实施税务监管，持续深化拓展税收共治格局等措施。

（三）逐步推进税制改革

按照党的二十届三中全会所明确的财税体制改革要求，立足数字经济下国内税收问题，深度参与数字经济国际税收治理，充分激发社会各方积极性，促进数字经济税收治理理论百家争鸣，在研讨中及时总结形成数字经济税制改革框架。坚持自上而下与自下而上相结合工作方式，在税制改革框架下，坚持先易后难、逐个突破，有序推进当前税制改革，使税制与数字经济更适应，税收征管事半功倍，数字经济企业更有生机活力。

B.14
甘肃省数字经济发展及其对
税收收入的影响效应分析

李永海　焦夏丽　贾致博　杨帆　苏娜　孙文成*

摘　要：　数字经济作为促进经济增长的新引擎，深刻影响着甘肃省的税收收入规模。本报告通过构建指标体系测算了2013~2022年甘肃省14个市州数字经济综合指数，从理论层面分析了数字经济对税收收入规模的影响机制，实证检验了数字经济对甘肃省税收收入的影响效应。结果表明，数字经济显著促进了甘肃省税收收入规模的增长，且数字经济基础设施、产业数字化和数字产业化均能对税收收入产生正向效应。此外，数字经济对甘肃省税收收入的影响存在门槛效应，当数字经济发展水平大于0.107时，数字经济对税收收入的促进作用变弱。基于上述实证分析结果，本报告从完善数字经济税收制度、促进数字经济协调发展、加大数字经济支持力度、加强数字经济税收征管等方面提出了政策建议，为推进数字经济背景下税制改革提供了有益参考。

关键词：　数字经济　税收收入　门槛效应

---

* 李永海，经济学博士，兰州财经大学财政与税务学院副教授、硕士生导师，注册税务师，研究方向为财税理论与税收实务、数字经济税收治理等；焦夏丽，兰州财经大学税务专业硕士研究生，研究方向为财税理论与税收实务；贾致博，兰州财经大学财政学硕士研究生，研究方向为财税理论与税收实务；杨帆，兰州财经大学财政学硕士研究生，研究方向为财税理论与税收实务；苏娜，兰州财经大学税务专业硕士研究生，研究方向为财税理论与税收实务；孙文成，兰州财经大学财政学硕士研究生，研究方向为财税理论与税收实务。

一 文献综述

作为全球经济的关键构成要素，数字经济扮演着重要角色。我国历来重视数字技术和数字经济的发展，不断推进数字产业化和产业数字化。党的十九大报告指出要建设数字中国、智慧社会；党的二十大报告明确指出要加快发展数字经济，促进数字经济和实体经济深度融合，打造具有国际竞争力的数字产业集群。2024年国务院《政府工作报告》指出，要深入推进数字经济创新发展。我国数字经济规模从2014年的16.2万亿元增长至2023年的约56.1万亿元，GDP占比也从25.1%升至44%左右。①

甘肃省高度重视数字经济发展，先后出台一系列的政策措施，支持数字经济发展的政策体系更加完备，数字经济后发优势强劲。甘肃省人民政府印发的《"十四五"数字经济创新发展规划的通知》指出，要以推动数字产业化、产业数字化和全要素数字化为主线，促进数字化技术与实体经济特别是制造业深度融合，夯实数字经济发展基础，推动平台经济规范健康持续发展，着力推进数字政府、数字产业、数字社会、"数字丝绸之路"建设。围绕新基建三大领域扎实做好项目谋划储备，探索推出"东数西算""信易贷""云量贷"等促进数字经济发展的实招、新招，加快互联网、大数据、人工智能和实体经济深度融合，着力构建全省数据信息产业生态体系。为了促进数据要素的利用，甘肃省人民政府印发的《"数据要素×"三年行动实施方案（2024—2026年）》指出，要全方位激励各类主体积极参与数据要素开发利用，培育新产业、新模式、新动能，充分实现数据要素价值，为推动高质量发展、推进中国式现代化甘肃实践提供有力支撑。

数字经济横跨现实与虚拟两大领域，在实现规模经济、范围经济和长尾经济的过程中深刻改变着全社会的生产组织形式及资源配置方式，也对税收收入规模产生了深远影响。数字经济的发展显著促进了税收收入的增长，对

---

① 《推动中国经济加"数"跑》，https://www.cac.gov.cn/2024-03/12/c_1711914435806252.htm。

发达地区的促进程度更强,进一步加剧了我国区域间税收收入差距,[1] 易带来"贫者愈贫、富者愈富"的状况[2];王怡婷等[3]通过构建数理模型得出结论,数字经济能够显著促进税收收入的提升,而且还存在外溢效应,不仅能够促进本地区税收收入的提升,还能提升邻近地区税收收入的总体规模;冯秀娟等[4]基于投入产出表,发现数字产业化、产业数字化对各行业的税收贡献度存在差别;一般来说税收努力对税收增长有着显著的积极作用,而数字经济对税收努力的影响可能表现为正向促进或负向抑制,所以数字经济对税收增长的影响也存在两种可能[5]。从数字经济对地区财政收入的促进路径上看,主要是通过提高创新水平、促进产业结构升级[6]和降低劳动力错配风险带动地方税源"提质增量"[7] 促进税收收入的增长。韩君等[8]测算了数字经济对不同行业税收的贡献程度,发现整体上产业数字化的税收贡献度大于数字产业化;席卫群等[9]通过产业数字化这一切入点进行研究,发现产业数字化会促进地区税收收入增长,是通过作用于地区全要素生产率实现的。

目前,现有文献研究集中于国家和省级层面数字经济对税收收入的影响

① 艾华、徐绮爽、王宝顺:《数字经济对地方政府税收收入影响的实证研究》,《税务研究》2021 年第 8 期,第 107~112 页;谷成、史心旭、王巍:《数字经济发展对税收收入的影响分析——来自中国城市的经验证据》,《财政研究》2022 年第 10 期,第 85~99 页。
② 曹静韬、张思聪:《数字经济对我国地区间税收收入分配影响的实证分析——基于空间杜宾模型》,《税务研究》2022 年第 6 期,第 13~21 页。
③ 王怡婷、李永海、周之浩等:《数字经济对税收收入的影响:理论机制与实证检验》,《财会研究》2023 年第 9 期,第 16~27 页。
④ 冯秀娟、魏中龙、周璇:《数字经济发展对我国税收贡献度的实证研究——基于数字产业化和产业数字化视角》,《税务与经济》2021 年第 6 期,第 47~53 页。
⑤ 解垩、孟婷:《数字经济、税收努力与税收增长》,《中央财经大学学报》2022 年第 12 期,第 3~15 页。
⑥ 吕一清、石晓恬:《数字经济发展能否促进城市财政收入增加?——基于经验的假说与检验》,《软科学》2024 年第 7 期,第 64~70 页。
⑦ 郭健、杨昭龙:《数字经济发展与地方税收收入——基于省级面板数据的实证研究》,《宏观经济研究》2024 年第 3 期,第 93~110 页。
⑧ 韩君、高瀛璐:《中国省域数字经济发展的产业关联效应测算》,《数量经济技术经济研究》2022 年第 4 期,第 45~66 页。
⑨ 席卫群、杨青瑜:《产业数字化对地区税收收入的影响研究》,《当代财经》2024 年第 1 期,第 46~58 页。

研究，省内地区数字经济发展对税收收入影响的研究相对较少，从实证角度和市州层面评估数字经济对地区税收收入作用机制的分析还有待深化。基于此，本报告以 2013~2022 年甘肃省 14 个市州①的面板数据为切入点，深入研究数字经济发展对甘肃省税收收入的影响效应，进一步从异质性视角探讨不同维度、不同发展水平下数字经济带来的税收收入规模差异等问题。本报告的研究结论不仅丰富了数字经济对甘肃省税收收入作用机制的相关研究，而且为数字经济背景下甘肃省税收收入的优化提供实证证据，同时，也为未来完善甘肃省数字经济税收制度提供理论参照。

二 理论机制与研究假设

党的十九届四中全会中指出要健全劳动、资本、土地、知识、管理、数据等生产要素由市场评价贡献、按贡献界定报酬的机制。数据要素被赋予与劳动、资本等传统生产要素同等的地位，在索洛增长模型框架下通过优化生产函数提高资源配置效率，促进宏观经济总量的增加②，进而发挥扩大税基、涵养税源的作用。本报告试图通过一个简单的理论模型探究数字经济与税收收入的关系。

首先，假设社会总税收收入是各行业税收收入之和，将行业 i 的税收收入 T_i 看作统一税率 t、产品价格 p_i 和产量 Y_i 的乘积：

$$T_i = tp_iY_i \tag{1}$$

其次，将行业 i 的生产函数形式设定为柯布-道格拉斯生产函数（C-D函数）。现有文献表明，有必要对数字经济时代下的传统经济增长理论进行修正，将数据这种新的生产要素纳入生产函数，与传统生产要素深度融合，

---

① 甘肃省 14 个市州为兰州市、嘉峪关市、金昌市、酒泉市、张掖市、武威市、白银市、天水市、平凉市、庆阳市、定西市、陇南市、甘南藏族自治州及临夏回族自治州。
② 荆文君、孙宝文：《数字经济促进经济高质量发展：一个理论分析框架》，《经济学家》2019 年第 2 期，第 66~73 页。

从而拓宽传统经济增长理论边界[①]。因此，借鉴李治国等[②]的研究，在生产函数中引入数据要素：

$$Y_i = A_i De_i^{\alpha} KL_i^{\beta} \tag{2}$$

其中，De 表示数据要素投入，KL 代表劳动和资本等传统要素投入。α 和 β 分别是数据和传统要素产出的弹性系数，且 $\alpha, \beta \in (0, 1)$，此处假定规模报酬不变，即 $\alpha + \beta = 1$。A_i 表示行业 i 的综合技术水平，将式（2）代入式（1）可得行业 i 的税收收入为：

$$T_i = tp_i A_i De_i^{\alpha} KL_i^{\beta} \tag{3}$$

令税收收入 T_i 对数据要素投入 De_i 求偏导，可以发现数据要素投入的变化如何影响税收收入：

$$\frac{\partial T_i}{\partial De_i} = \alpha tp_i A_i De_i^{\alpha-1} KL_i^{\beta} > 0 \tag{4}$$

式（4）表明，在传统要素投入不变的前提下，税收收入与数据要素投入成正比，即行业 i 的税收收入随数据要素投入的增加而增加。由此提出以下假说。

假设1：数字经济发展对税收收入增加具有促进作用。

近年来，得益于数据要素拓宽了生产函数的边界，丰富的数字产品及服务扩大了税基，使社会总税收收入增加。然而，随着数字经济的迅速发展，商业模式日新月异，可能会"挤出"实体经济[③]。尤其是在产业发展相对薄弱的西部地区，实体产业的抗风险能力不足，金融市场开放程度不够，造成

① 费方域、闫自信、陈永伟等：《数字经济时代数据性质、产权和竞争》，《财经问题研究》2018 年第 2 期，第 3~7 页；陈晓红、李杨扬、宋丽洁：《数字经济理论体系与研究展望》，《管理世界》2022 年第 2 期，第 208~224 页。

② 李治国、王杰：《数字经济发展、数据要素配置与制造业生产率提升》，《经济学家》2021 年第 10 期，第 41~50 页。

③ 周小亮、宝哲：《数字经济发展对实体经济是否存在挤压效应？》，《经济体制改革》2021 年第 5 期，第 180~186 页。

一定的税源流失问题。此外，受限于数字领域税制供给的滞后和税务机关征管能力不足，数字经济的发展对税收收入的积极影响可能会出现逐渐降低的趋势。[1] 基于此，提出如下假说。

假设 2：数字经济发展对税收收入的影响存在门槛效应。

三　研究设计

（一）计量模型的设定

1. 基本计量模型

为了研究甘肃省数字经济发展对税收收入的影响，本报告首先构建了以下的基础模型：

$$lntax_{it} = \beta_0 + \beta_1 De_{it} + \beta_2 control_{it} + \mu_i + \lambda_t + \varepsilon_{it} \tag{5}$$

其中，$lntax_{it}$ 是本报告的被解释变量，表示甘肃省 i 市州第 t 年税收收入规模，De 是本报告的核心解释变量数字经济发展水平（数字经济发展综合指数），De_{it} 表示甘肃省 i 市州第 t 年的数字经济发展水平，$control_{it}$ 表示与税收收入相关的一组控制变量，μ_i 为个体固定效应，λ_t 为时间固定效应，ε_{it} 表示既不随时间变化也不随个体变化的随机扰动项。

2. 门槛计量模型

本报告以 Hansen[2] 提出的门槛模型为基础，将数字经济作为门槛变量，研究甘肃省数字经济与税收收入之间的关系，面板门槛模型如下：

$$lntax_{it} = \beta_0 + \beta_1 De_{it} * I(De_{it} \leq \gamma) + \beta_1 De_{it} * I(De_{it} > \gamma) + \\ \beta_2 control_{it} + \mu_i + \lambda_t + \varepsilon_{it} \tag{6}$$

其中，I 为示性函数，γ 为门槛值。

---

① 谷成、史心旭、王巍：《数字经济发展对税收收入的影响分析——来自中国城市的经验证据》，《财政研究》2022 年第 10 期，第 85~99 页。

② Hansen B. E.，"Threshold Effects in Non-dy-namic Panels：Estimation，Testing，and Inference，" *Journal of Econometrics* 2 （1999）：345–368.

（二）变量选择与数据描述

1. 被解释变量

本报告被解释变量为税收收入规模（$lntax$），用甘肃省各市州每年的税收收入进行数值衡量。

各市州税收收入规模如表 1 所示。总体来看，十年间各市州税收收入均呈波动式上升态势。兰州市税收收入 2014 年突破百亿元大关，2022 年较 2013 年增长了 59.15 亿元，2022 年税收收入为 2013 年的 1.60 倍，且收入绝对数遥遥领先其他市州，比排名第二的庆阳市多出 100 亿元以上。其余各市州税收收入十年均值均未超过 50 亿元，并主要集中在 10 亿~25 亿元。甘南州税收收入最低且未达到 10 亿元，2022 年与兰州的差距达 29.4 倍，甘肃省内各市州间税收收入差距较大，需要政府采取措施促进区域经济的均衡发展，缩小地区间发展差距。受宏观经济波动影响，甘肃各市州税收收入亦存在波动，且主要发生在 2019~2022 年，兰州市受影响最为明显，2022 年税收收入较 2021 年直接减少 45.31 亿元。作为全省经济中心，兰州市税收收入的快速增长对全省经济有着重要的带动作用，因此更要注重高质量税源建设。

表 1　2013~2022 年甘肃省各市州税收收入规模

单位：亿元

市州	2013 年	2014 年	2015 年	2016 年	2017 年	2018 年	2019 年	2020 年	2021 年	2022 年	平均值
兰州市	98.37	121.02	144.67	158.42	174.69	192.62	177.33	176.15	202.83	157.52	160.36
庆阳市	40.09	44.31	33.61	27.47	32.60	39.02	39.75	35.12	42.49	48.96	38.34
天水市	17.89	21.06	22.59	23.92	24.69	27.50	28.44	30.11	34.13	25.89	25.62
酒泉市	18.91	22.24	20.40	20.27	21.31	23.24	21.28	21.39	26.23	21.37	21.66
平凉市	16.06	17.03	17.10	17.55	17.41	20.88	21.24	20.13	23.83	21.05	19.23
白银市	15.75	15.95	16.75	18.70	19.84	21.69	20.18	20.17	24.72	16.79	19.06
金昌市	12.32	14.43	13.83	14.68	17.01	18.40	15.59	16.87	21.96	23.41	16.85
定西市	11.97	14.43	15.45	14.54	13.43	15.22	15.08	15.18	18.32	17.00	15.06
嘉峪关市	12.98	13.30	12.21	14.14	14.64	16.04	15.19	13.87	19.32	13.74	14.54
陇南市	11.47	13.68	13.89	14.14	13.98	15.62	13.57	13.86	17.13	16.93	14.43
武威市	10.79	13.21	14.93	14.65	13.97	15.77	15.10	15.74	16.73	11.21	14.21

续表

市州	2013 年	2014 年	2015 年	2016 年	2017 年	2018 年	2019 年	2020 年	2021 年	2022 年	平均值
张掖市	11. 37	13. 44	14. 07	13. 55	12. 31	14. 21	13. 34	12. 50	13. 04	12. 20	13. 00
临夏州	6. 66	8. 60	10. 08	9. 86	9. 01	10. 73	10. 65	12. 40	15. 24	14. 22	10. 75
甘南州	4. 68	4. 65	4. 46	4. 45	3. 65	4. 52	4. 85	4. 89	5. 23	5. 19	4. 66

2. 核心解释变量

本报告的核心解释变量为数字经济发展综合指数（De）、数字经济基础设施指数（Df）、产业数字化指数（Di）和数字产业化指数（Dd）。本报告在借鉴郭东杰等[①]、邹静等[②]指标构建体系的基础上，构建甘肃省数字经济发展水平指标测度体系，利用熵值法测算甘肃省数字经济发展指标体系。其中，数字经济综合指数由数字经济基础设施、数字经济运营状态 2 个一级指标构成，其中，数字经济运营状态由产业数字化、数字产业化 2 个二级指标体现，它们代表数字经济的不同发展方面。表 2 为熵值法测算的甘肃省数字经济发展综合指数。

表 2   数字经济发展综合指数指标测度体系

一级指标	二级指标	衡量方式	权重
数字经济基础设施	用户基础	每百人移动电话用户数(+)	0. 0322
		每百人互联网用户数(+)	0. 0231
	技术基础	R&D 内部经费支出(+)	0. 1407
	人才基础	R&D 人员数(+)	0. 1267
		高等学校普通本、专科学校在校学生数(+)	0. 1959
数字经济运营状态	产业数字化	数字普惠金融指数(+)	0. 0262
		第三产业增加值(+)	0. 1029
		人工智能企业数量	0. 1273
	数字产业化	信息传输、软件和信息技术服务业就业人数(+)	0. 1656
		计算机服务和软件从业人员占比(+)	0. 0296
		人均电信业务总量(+)	0. 0299

---

① 郭东杰、邓爱娣、沈志远：《数字经济促进劳动力流动的纠错机制与空间溢出效应——基于浙江省 11 个地级市的面板数据分析》，《浙江学刊》2023 年第 6 期，第 153～161 页。

② 邹静、王强、鄢慧丽等：《数字经济如何影响绿色全要素生产率？——来自中国地级市的证据》，《软科学》2024 年第 3 期，第 44～52 页。

本报告用熵值法测算了 2013～2022 年甘肃省各市州数字经济发展综合指数，如表 3 所示。具体来看，兰州作为省会在数字经济发展方面领跑全省，其数字经济发展综合指数在各年度均为最高，这可能得益于其在"东数西算"工程中处于重要节点位置以及在推动数据存储、计算产业发展方面的积极布局。酒泉市、庆阳市、白银市、嘉峪关市、临夏州和定西市的数字经济发展水平波动较大，甚至在十年间整体呈负增长，这可能是由于传统产业的数字化转型不够快，或新兴数字产业的发展尚未形成足够的支撑力。其余市州数字经济发展水平较低且有所波动，但均在十年内实现正增长。

表 3　2013～2022 年甘肃省各市州数字经济发展综合指数

市州	2013 年	2014 年	2015 年	2016 年	2017 年	2018 年	2019 年	2020 年	2021 年	2022 年	平均值
兰州市	0.931	0.899	0.999	0.903	0.935	0.972	0.955	0.924	0.811	0.985	0.931
天水市	0.149	0.137	0.163	0.227	0.212	0.174	0.113	0.188	0.213	0.193	0.177
酒泉市	0.141	0.137	0.133	0.234	0.151	0.157	0.108	0.136	0.228	0.126	0.155
武威市	0.102	0.119	0.123	0.088	0.175	0.160	0.193	0.106	0.087	0.167	0.132
张掖市	0.101	0.170	0.126	0.113	0.172	0.125	0.109	0.120	0.076	0.145	0.126
庆阳市	0.158	0.178	0.125	0.126	0.124	0.086	0.151	0.107	0.094	0.107	0.126
金昌市	0.088	0.160	0.142	0.187	0.128	0.048	0.056	0.064	0.161	0.139	0.117
白银市	0.150	0.123	0.110	0.212	0.077	0.102	0.075	0.083	0.101	0.064	0.110
嘉峪关市	0.057	0.086	0.099	0.136	0.148	0.105	0.106	0.111	0.146	0.048	0.104
临夏州	0.135	0.033	0.069	0.053	0.079	0.092	0.155	0.116	0.204	0.057	0.099
陇南市	0.097	0.071	0.098	0.139	0.107	0.083	0.036	0.120	0.095	0.138	0.098
定西市	0.136	0.112	0.120	0.087	0.047	0.106	0.055	0.110	0.093	0.114	0.098
平凉市	0.073	0.088	0.044	0.120	0.060	0.106	0.117	0.105	0.100	0.078	0.089
甘南州	0.036	0.195	0.054	0.045	0.117	0.145	0.058	0.016	0.050	0.071	0.079

图 1 为 2013～2022 年甘肃省各市州数字经济发展综合指数均值。在十年内，甘肃省各市州的数字经济发展水平呈现明显的不均衡。兰州市作为省会城市，其数字经济发展水平远超其他市州，平均值为 0.931，显示出其在数字经济发展方面的领先地位。

天水市、酒泉市、武威市、张掖市和庆阳市的数字经济发展水平也相对

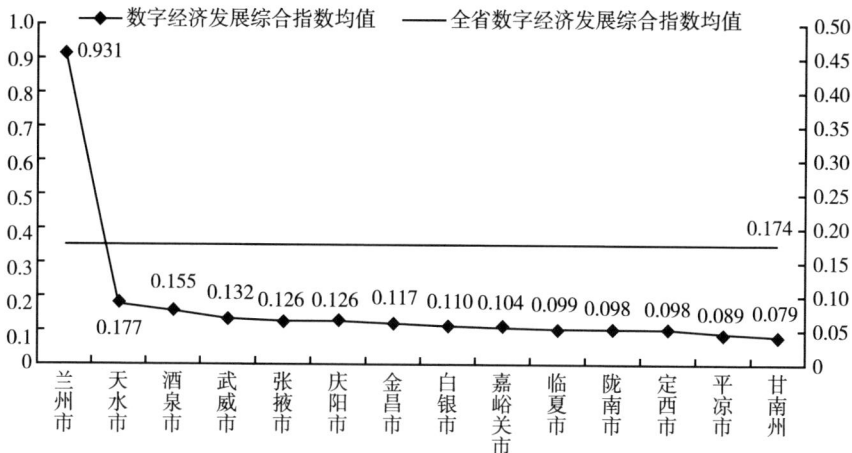

图 1　2013~2022 年甘肃省各市州数字经济发展综合指数均值

较高，平均值在 0.126~0.177，表明这些市在数字经济发展方面也取得了一定的成就，显示出发展势头。而金昌市、白银市、嘉峪关市、临夏州、陇南市、定西市和平凉市的数字经济发展水平较低，平均值在 0.089~0.117，甘南州的数字经济发展水平最低，综合指数均值仅为 0.079，反映出该地区在数字经济方面的发展相对滞后。

总体来看，甘肃省的数字经济发展呈现"一超多弱"的格局。兰州市作为甘肃省数字经济发展的领头羊，其发展水平远超其他市州，而其他市州之间的差距也较为明显。这种不均衡的发展状况说明甘肃省在推进数字经济发展时，需要更加注重区域间的协调发展，加大对数字经济基础薄弱地区的支持力度，促进资源合理分配和优势互补，以实现甘肃省数字经济的均衡发展和整体提升。

3. 控制变量

为了减少遗漏变量导致模型回归结果偏误，本报告在谷成等[1]和段丁强等[2]

---

[1]　谷成、史心旭、王巍：《数字经济发展对税收收入的影响分析——来自中国城市的经验证据》，《财政研究》2022 年第 10 期，第 85~99 页。

[2]　段丁强、保永文、赖若岚：《数字经济、税基迁移与区域税收收入失衡》，《税收经济研究》2022 年第 6 期，第 60~69 页。

的研究基础上，采用表4的变量作为控制变量。其中，产业结构（*Indus*）用第二产业和第三产业增加值总额占GDP的比重来衡量。该比重越高意味着该地区的经济更加多元化，能够吸引更多投资和创造更多就业机会，这会增加税收收入；进出口商品总值（*Iae*）用进出口商品总值的对数值来衡量，反映一个地区的国际贸易活跃程度。一般来说，国际贸易越活跃，地区经济越开放，税收收入规模也会相应增加；经济发展水平（*Pgdp*）用地区生产总值的来衡量。经济发展水平越高，通常意味着更多的企业活动和更高的收入水平，有利于税收收入的增加；人口规模（*Ps*）用年末常住人口的来衡量。人口规模越大通常意味着更多的劳动力和更大的消费市场，也会使税收收入增加。

表4 控制变量说明

控制变量	指标
产业结构（*Indus*）	第二产业和第三产业增加值总额占GDP的比重
进出口商品总值（*Iae*）	进出口商品总值的对数
经济发展水平（*Pgdp*）	地区生产总值的对数
人口规模（*Ps*）	年末常住人口的对数

（三）数据来源与描述性统计

本报告使用的数据来源于历年《甘肃发展年鉴》、各市州统计公报等，时间跨度为2013~2022年，最终实证样本为甘肃省14个市州的经济数据。表5为主要变量描述性统计结果。

表5 主要变量描述性统计结果

变量类别	变量名称	符号	样本数	均值	标准差	最小值	最大值
被解释变量	税收收入规模	*lntax*	140	12.13	0.761	10.70	14.47
解释变量	数字经济发展综合指数	*De*	140	0.174	0.215	0.033	0.985
	数字经济基础设施指数	*Df*	140	0.157	0.228	0.0115	0.999
	产业数字化指数	*Di*	140	0.163	0.226	0.008	1.000
	数字产业化指数	*Dd*	140	0.263	0.198	0.0321	0.992

续表

变量类别	变量名称	符号	样本数	均值	标准差	最小值	最大值
控制变量	产业结构	*Indus*	140	0.840	0.0811	0.676	0.987
	进出口商品总值	*Iae*	140	11.11	1.904	6.790	15.32
	经济发展水平	*Pgdp*	140	15.28	0.771	10.48	17.33
	人口规模	*Ps*	140	5.042	0.858	3.159	10.14

四 实证分析

（一）基准回归

表6中第（1）列至第（5）列汇报了熵值法测算的甘肃省数字经济发展对税收收入规模的回归结果。第（1）列为未添加控制变量的回归结果，表明数字经济发展对甘肃省各市州税收收入显著正相关。第（2）列至第（5）列为逐步加入控制变量的结果，第（5）列为控制了所有控制变量后的回归结果，说明数字经济发展对甘肃省各市州税收收入有促进作用，且在5%水平上显著。各控制变量的回归系数均为正，结果基本符合预期。

表6　甘肃省数字经济发展对税收收入影响的基准回归结果

变量	(1) *lntax*	(2) *lntax*	(3) *lntax*	(4) *lntax*	(5) *lntax*
De	0.439 * (2.11)	0.513 ** (2.70)	0.506 ** (2.69)	0.483 ** (2.60)	0.458 ** (2.48)
Indus		1.153 ** (2.55)	1.150 ** (2.45)	1.147 ** (2.42)	0.585 (1.03)
Iae			0.014 * (1.83)	0.038 ** (2.49)	0.037 ** (2.16)
Pgdp				0.075 ** (2.61)	0.305 * (1.97)

变量	（1） lntax	（2） lntax	（3） lntax	（4） lntax	（5） lntax
Ps					0.176 (1.51)
_cons	11.842*** (251.58)	10.867*** (27.52)	10.709*** (25.87)	9.323*** (11.83)	5.464* (2.03)
地区效应	是	是	是	是	是
时间效应	是	是	是	是	是
N	140	140	140	140	140
R^2	0.560	0.596	0.601	0.616	0.634

注：***、**、*分别表示通过1%、5%、10%的显著性水平检验，括号内为t值。下同。

（二）异质性分析

分维度视角，进一步研究甘肃省数字经济基础设施指数、产业数字化指数和数字产业化指数对税收收入规模的影响，表7列示了甘肃省各维度数字经济发展对税收收入的影响。第（1）列至第（3）列为不加入控制变量和固定效应的回归结果，结果表明甘肃省数字经济基础设施指数、产业数字化指数和数字产业化指数对税收收入规模均存在正向的显著影响，第（4）列至第（6）列为加入控制变量和地区效应后的结果，结论依然成立，但数字产业化指数的显著性较低。

表7　甘肃省各维度数字经济发展对税收收入影响的基准回归结果

变量	（1） lntax	（2） lntax	（3） lntax	（4） lntax	（5） lntax	（6） lntax
Df	2.673*** (15.70)			0.630** (2.21)		
Di		2.757*** (16.74)			0.572** (2.24)	

续表

变量	(1) lntax	(2) lntax	(3) lntax	(4) lntax	(5) lntax	(6) lntax
Dd			2.196 *** (8.15)			0.130 * (1.78)
Indus				0.305 (0.85)	0.373 (1.06)	0.261 (0.82)
Iae				0.022 (1.46)	0.020 (1.29)	0.025 (1.50)
Pgdp				0.464 *** (6.59)	0.426 *** (5.42)	0.469 *** (6.36)
Ps				0.281 *** (5.52)	0.243 *** (3.93)	0.270 *** (5.08)
_cons	11.707 *** (249.07)	11.678 *** (255.15)	11.550 *** (130.56)	3.011 ** (2.37)	3.754 ** (2.70)	3.070 ** (2.30)
地区效应	否	否	否	是	是	是
时间效应	否	否	否	否	否	否
N	140	140	140	140	140	140
R^2	0.641	0.670	0.325	0.462	0.459	0.451

（三）门槛效应实证分析

1. 门槛效应检验

本报告运用 stata16.0 软件，以数字经济发展水平作为门槛变量进行门槛效应检验，依次对单一门槛、双重门槛、三重门槛模型进行自抽样检验。检验结果如表 8 所示。

由表 8 可以看出，单一门槛模型结果十分显著，P 值为 0.000，通过 1% 的显著性水平检验，表示模型存在显著的门槛效应。双重门槛模型、三重门槛模型检验结果并不显著，P 值为 1.000 和 0.667，在 10% 的显著性水平下也不显著。故本报告认为，甘肃省数字经济发展对税收收入的效应模型存在 1 个门槛值，下文将基于单一门槛模型进行分析。

表8 门槛效应检验结果

门槛	F 统计	P 值	10%	5%	1%
单一门槛	5.29	0.000 ***	5.228	5.228	5.228
双重门槛	3.24	1.000	8.167	8.167	8.167
三重门槛	1.93	0.667	14.900	14.900	14.900

基于单一门槛模型的分析结果，如表9所示。表9中的单一门槛估计值为0.107，图2是对单一门槛值进行 LR 似然比检验函数图。在数字经济指数接近0.107时，LR 值接近0，门槛估计值通过了似然比检验。

表9 门槛值估计结果

门槛	估计值	95%置信区间	
单一门槛	0.107	0.106	0.107

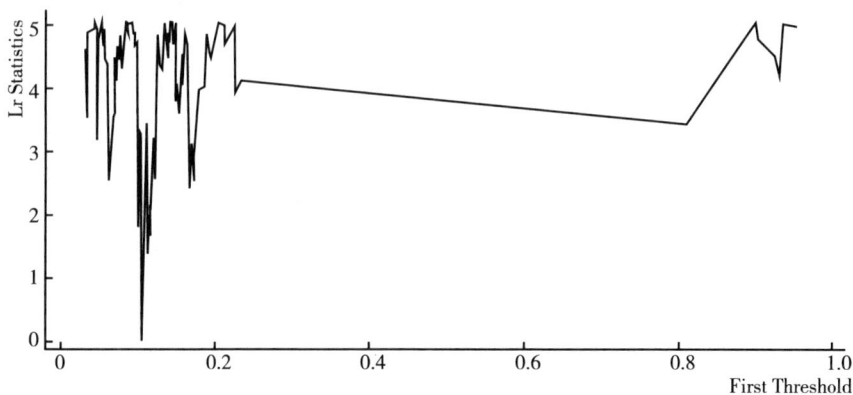

图2 单一门槛值 LR 似然比检验函数图

2. 门槛回归结果分析

由表10回归结果可知，当 $De \leqslant 0.107$ 时，数字经济发展对税收收入的影响系数为1.425，且在1%的水平下显著；当 $De > 0.107$ 时，数字经济发展对税收收入的影响系数为0.806，且在1%的水平下显著。这表明甘肃省数字经济对税收收入的促进作用随着数字经济发展水平的提升由强变弱。在数字经济发展的初期，数字经济发展水平的提高会改变企业发展模式、带动就业和促进消费。税基也相应扩大，数字经济对税收收入的促进作用增强。随着数字经济与各个领域的结合愈加紧密，对现有的税收制度提出挑战，传统经济背景下构建的税收制度与数字经济缺乏适配度，导致数字经济发展对税收收入的促进作用减弱[①]，这一结论验证了假设2。

表10 单一门槛模型回归结果

变量	系数	稳健标准误	t	$P>t$	95%置信区间	
Indus	0.324	0.393	0.820	0.411	−0.454	1.102
lae	0.025	0.017	1.430	0.157	−0.010	0.059
Pgdp	0.457***	0.047	9.660	0.000	0.363	0.550
Ps	0.278***	0.042	6.560	0.000	0.194	0.362
De≤0.107	1.425***	0.533	2.680	0.009	0.370	2.480
De>0.107	0.806***	0.291	2.770	0.007	0.229	1.382
_cons	3.044***	0.884	3.440	0.001	1.293	4.794

（四）稳健性检验

使用主成分分析法重新测算甘肃省数字经济发展综合指数，记为 *De1*，表11中第（1）列至第（5）列汇报了主成分分析法测度的甘肃省数字经济发展综合指数对税收收入规模的回归结果。第（1）列为仅控制了地区效应、时间效应后的回归结果，结果说明甘肃省数字经济发展综合指数与税收收入规模呈正相关，且在10%水平上显著。第（2）列至第（5）列为逐步加入控制变量后的回归结果，第（5）列为加入了所有控制变量后的结果，表明甘肃省数字经济综合指数对税收收入规模有显著促进作用。该结论与基准回归结果基本一致，验证了结论的稳健性。

---

① 谷成、史心旭、王巍：《数字经济发展对税收收入的影响分析——来自中国城市的经验证据》，《财政研究》2022年第10期，第85~99页。

表 11　替换解释变量后甘肃省数字经济发展对税收收入影响的回归结果

变量	（1） lntax	（2） lntax	（3） lntax	（4） lntax	（5） lntax
De1	0.030* （2.07）	0.038*** （3.02）	0.036** （2.49）	0.038** （2.69）	0.036** （2.69）
Indus		1.221** （2.67）	1.212** （2.58）	1.222** （2.58）	0.677 （1.24）
Iae			0.010 （1.11）	0.036** （2.48）	0.035** （2.18）
Pgdp				0.085** （2.86）	0.305* （2.10）
Ps					0.170 （1.56）
_cons	11.969*** （241.51）	10.962*** （27.72）	10.857*** （26.22）	9.275*** （11.94）	5.569** （2.19）
地区效应	是	是	是	是	是
时间效应	是	是	是	是	是
N	140	140	140	140	140
R^2	0.564	0.603	0.606	0.626	0.642

（五）内生性检验

第一，考虑滞后效应。数字经济发展影响税收收入可能存在时滞，本报告在表12第（1）列中将核心解释变量换为滞后一期的数字经济发展水平进行回归。结果显示，滞后一期的数字经济发展对甘肃省税收收入有显著正向影响，与基准回归结论一致。

第二，使用广义矩估计方法。考虑到广义矩估计可以缓解模型内生性问题，经 Hansen 检验后利用差分 GMM 进行回归，表12的第（2）列的回归结果表明数字经济发展对税收收入有显著的正向影响，与基准回归结果一致。

表 12 内生性检验

变量	(1) lntax	(2) lntax
L. lntax		0.439 *** (4.95)
L. De1	0.529 ** (2.39)	
De1		0.413 ** (2.41)
Indus	0.618 (1.45)	0.768 *** (3.28)
Iae	0.026 (1.40)	0.005 (0.16)
Pgdp	0.251 ** (2.36)	0.113 (1.13)
Ps	0.156 ** (2.04)	0.083 (1.18)
_cons	7.573 *** (3.52)	0.413 ** (2.41)
地区效应	是	是
时间效应	是	是
N	126	112
R^2	0.570	
Hansen		1.000

五 研究结论与对策建议

（一）研究结论

本报告以甘肃省 2013~2022 年 14 个市州为研究对象，利用双向固定效应模型、门槛效应模型探讨了甘肃省数字经济发展对税收收入的影响。主要结论如下。第一，数字经济发展综合指数在市州间存在差异，兰州市数字经济发展水平远高于其他市州。第二，数字经济总体发展水平、数字经济基础设施、产业数字化和数字产业化均有助于促进甘肃省各市州税收收入规模的扩大，数字经济基础设施对税收收入规模的促进作用最大，其次是产业数字化，数字化产业对税收收入规模的促进作用最小。第三，甘肃省数字经济发展对税收收入的效应模型的存在1个门槛值，单一门槛值对应的数字经济发展指数为0.107，当数字经济发展水平超过门槛值时，数字经济对税收收入的促进作用随着数字经济发展水平的增加由强变弱。

（二）对策建议

1. 完善数字经济税收制度

实证研究已明确揭示了数字经济发展对甘肃省税收收入的积极推动作用。为了最大化数字经济在促进甘肃省税收收入增长方面的潜力，我们必须完善与数字经济相关的税收制度。这一完善过程需要紧密结合甘肃省的地域特色和发展需求，以培育地区税源为核心，进一步推动数字经济的蓬勃发展，并同步提升税收收入水平。在培育甘肃省主要税源时，要充分考虑其独特的地理特征，着重培养与当地经济发展特点相契合的税源。尽管甘肃省在经济层面相对滞后，但其拥有丰富的能源、矿产、文化、旅游、农业等资源，这构成了其独特的资源优势。在资源税的设计上，应该充分融合数字经济发展的新趋势和新要求。为此，甘肃省人民政府可基于本省的实际情况和数字经济的发展状况，进一步细化并优化税收政策，以确保资源的高效、合理利用。此外，通过制定与数字经济相匹配的税收优惠政策，我们不仅可以有效激发市场活力，还能显著降低税收征管的成本，实现税收收入与经济发展的双赢。

2. 促进数字经济协调发展

促进甘肃省市州数字经济协调发展是一个综合性的战略任务，需要各市州根据自身实际情况，共同制定并执行相关策略和措施。首先，兰州市以外的其他市州要完善网络、数据中心、云计算等数字基础设施建设，制定符合自身的数字经济发展规划，同时要与国家、省级层面的数字经济规划战略相衔接。各市州要努力营造良好的数字经济发展环境，简化审批流程、加强知识产权保护以激发市场活力和创造力，并在立足本地特色的基础上，积极培育数字产业。其次，充分发挥兰州市的辐射效应。兰州市通过政策、资金、技术等手段，向周边城市提供支持和帮助，促进区域经济协同发展；依托自身产业优势，建设数字产业园区，吸引周边城市的企业入驻，通过园区内的资源共享、产业协作等方式，推动数字经济在区域内的集聚和发展。最后，还要加强区域间合作。兰州市可以与周边城市加强合作，共同推进数字基础设施建设、数字技术创新、数字经济产业发展等方面的工作。通过合作共享、优势互补等方式，提升整个区域的数字经济发展水平和竞争力。

3. 加大数字经济支持力度

数字经济基础设施和产业数字化对税收收入规模的促进效果较好，应当把数字经济基础设施和产业数字化作为核心抓手，集中力量加大这两个关键领域的财政资金支持力度。在数字经济基础设施方面，财政投资的导向应重点发力，在建设项目选择时充分考虑地域特点和特色产业，推动协同发展。在投资布局过程中，应统筹推进各类基础设施的协调发展，积极推动前沿技术与信息通信网络架构的深度整合，以构建高效智能的数字基础设施体系。① 由于甘肃省的财政较为困难，在推进数字新型基础设施建设项目时，需积极争取更多的转移支付资金支持，并秉持审慎的态度，以确保每一笔资金都能得到高效合理的利用。此外，在资金投入的运用策略上，可以采用"先建后补"或"以奖代补"等方式，以此吸引新兴产业的入驻，而且能充分挖掘地区的劳动力、土地及市场优势，采用这样的策略，不仅能有力推动数字经济的蓬勃发展，还能为甘肃省经济开辟新的增长源泉，助力经济结构实现转型升级，迈向更加优质和高效的发展轨道。在产业数字化方面。首先，需增加一般公共预算在 ICT（信息与通信技术）制造业和服务业的投入，以确保持续资金支持，进而推动产业数字化深入发展和普及。其次，积

---

① 谷成、史心旭、王巍：《数字经济发展对税收收入的影响分析——来自中国城市的经验证据》，《财政研究》2022 年第 10 期，第 85~99 页。

极扶持培育新兴数字产业，推动传统产业数字化转型，加大对技术研发、产品研发的扶持力度，促进数字技术与实体经济深度融合，为产业升级注入动力。最后，深化新型工业化建设，加速构建包括5G、人工智能和大数据分析在内的新型基础设施体系，为产业数字化发展提供物质基础和应用场景支持，进一步推动经济社会数字化转型。

4. 加强数字经济税收征管

"金税四期"背景下，甘肃省在税收征管中进行了数字化升级，通过引入先进的信息化技术和手段，构建全面覆盖的税收征管信息系统，实现税收数据的自动采集、处理、分析和应用。数字经济背景下，涉税信息获取变得复杂，税务部门需探索新方案应对。为全面掌握税源，税务部门可与政府机构和第三方平台建立紧密合作机制，实现信息共享。首要任务是建立跨部门涉税信息数据共享平台，由税务机关主导，与政府其他部门合作，构建强大信息共享网络，提升税收管理效率。同时，税务部门应积极探索与第三方企业和金融部门合作，开辟新信息获取途径。为了便捷访问纳税人基础涉税信息，税务机关需建立信息共享机制，助力税务机关在专门平台上快速获取涉税信息，提高税务监管的效率和准确性，支持更广泛政府部门间信息共享，提升公共服务水平。同时，税务机关须高度重视个人信息保护，采取严格措施确保信息安全，防止泄漏或滥用，保护纳税人隐私权益。

国际借鉴篇

B.15
美国数字经济税收发展报告（2024）

励贺林 刘丽贤 姚 丽*

摘 要： 2022 年，美国数字经济继续保持快速发展，增加值达 2.6 万亿美元，约占 GDP 的 10%，创造超 885.7 万个就业岗位，薪酬总额约为 1.26 万亿美元。2018~2022 年，数字经济增加值年均增速为 7.1%，显著高于同期 GDP 年均增速（2.2%）。这些数据表明，数字经济是推动美国经济整体复苏和增长的重要牵引力量。然而，美国在拒绝数字服务税问题上是高度一致的，拜登政府同意"支柱一"方案的金额 A 以换取其他国家全面废除数字服务税，但"支柱一"金额 A 多边公约未能如期签署，说明各方仍存巨大分歧。美国拜登政府为缓解财政赤字在 2025 财年预算案中提出的加税增收税改方向，也存在巨大不确定性，尤其是 2024 年末的美国大选，需要谨慎观察和应对。

关键词： 数字经济 数字服务税 加税增收 歧视性待遇

* 励贺林，中国民航大学经管学院教授，主要研究方向为国际税收、全球税收治理、美国财政与税收；刘丽贤，中国民航大学经管学院硕士研究生，主要研究方向为全球税收治理；姚丽，天津理工大学管理学院教授，主要研究方向为数字经济全球税收治理。

一 2022年美国经济发展概况

（一）数字经济拉动美国经济整体增长

美国经济分析局（U. S. Bureau of Economic Analysis，BEA）对数字经济的定义包括四个门类[1]。第一，数字经济的基础设施，主要指计算机网络硬件设备、与ICT相关的产品和服务等，如计算机软件、计算机硬件。第二，电子商务，主要指通过计算机网络远程销售商品和服务，如B2B业务、B2C业务。第三，有价数字服务（Priced Digital Service），主要指与计算和通信相关的、向消费者收取有价费用的服务，如云服务、电信服务、网络与数据服务，以及其他有价数字服务。第四，联邦非国防数字服务，主要指联邦非国防政府机构年度预算下的相关服务，其服务内容与支持数字经济直接相关。美国经济分析局对数字经济的测度指标包括数字经济总产出、数字经济增加值、数字经济就业和数字经济薪酬。2022年美国数字经济依旧保持良好的发展趋势和速度，尽管相比2021年，2022年美国数字经济增速有所向下调整，但仍可以被评价为发展势头强劲。2022年美国数字经济增加值达到2.6万亿美元，约为当年美国GDP的10%；2022年美国数字经济创造就业岗位超过885.7万个，数字经济薪酬总额约为1.26万亿美元。[2] 2018~2022年美国GDP的年均增速为2.2%，而这一期间美国数字经济增加值的年均增速为7.1%。2022年美国GDP的增速为1.9%，数字经济增加值的增速为6.3%（见图1）。在新冠疫情形势严峻的2020年，美国GDP增速为-2.2%，而当年美国数字经济增加值的增速却为6.5%，并且在2021年猛增到9.5%。数据充分说明，美国数字经济是拉动美国经济整体复苏和增长的重要牵引力量。

---

① https：//www.bea.gov/help/faq/1248.

② https：//www.bea.gov/sites/default/files/digital-economy-infographic-2022.png.

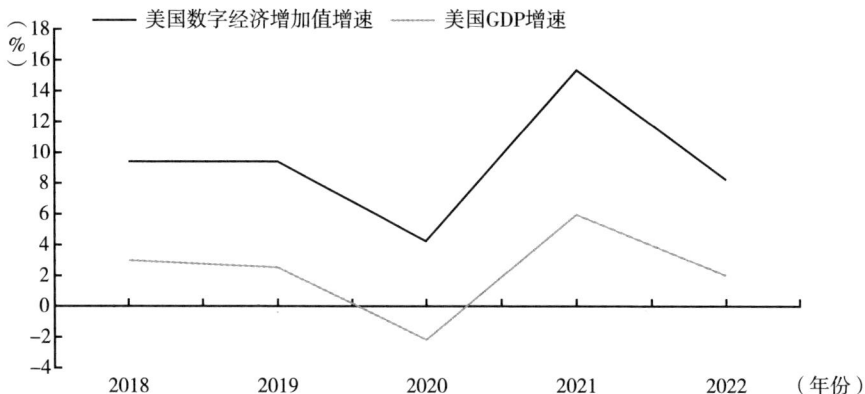

图 1　2018~2022 年美国 GDP 与数字经济增加值的增速对比

资料来源：《美国数字经济：新估算与修正估算（2017—2022）》，2023 年 12 月，https：//apps. bea. gov/scb/issues/2023/12-december/1223-digital-economy. htm。

美国是全球最大的数据中心市场，其数据托管基础设施的资本支出在 2018~2021 年增长了 60%。[①] 2021 年，美国数据托管基础设施的资本支出达到 410 亿美元，约占 ICT 领域资本支出的 20%。2022 年超大规模云服务提供商的投资额将超过 2000 亿美元，这一数字自 2016 年以来平均每年增长 20%。[②] 数字经济的基础设施，2022 年的增速为 9.8%，是美国数字经济四大门类中增速最快的，紧随其后的是有价数字服务和电子商务，2022 年的增速分别为 6.9% 和 4.3%，而联邦非国防数字服务在 2022 年则出现 1.0% 的负增长。如图 2 所示，在 2022 年美国数字经济增加值中，计算机软件的贡献最大，为 6869 亿美元，占到数字经济增加值整体的 26.0%；其次是通信服务，为 4913 亿美元，占到数字经济增加值整体的 18.6%；再次是 B2B 业务，为 3045 亿美元，占到数字经济增加值整体的 11.5%。在美国数字经

[①]　"Annual Capital Expenditures Survey（ACES），" US Census Bureau，Our Surveys and Programs（blog），https：//www. census. gov/programs-surveys/aces. html.

[②]　"Capex Analysis—Growth in Hyperscale and Enterprise Spending；Telco Remains in the Doldrums，" Synergy Research Group press release，January 26，2023，https：//www. srgresearch. com/articles/2022 - capex - analysis - growth - in - hyperscale - and - enterprise - spending - telco - remains-in-the-doldrums.

济的各类业务中，云服务业务的增速是最快的，2017~2022 年云服务增长了 232.1%，年平均增速为 27.2%。美国经济分析局还把美国数字经济按照产业类别进行划分，以 2017 年和 2022 年进行对比，信息业对美国数字经济增加值的贡献最大，从 2017 年的 7174.0 亿美元增长到 2022 年的 1.0 万亿美元，年平均增速为 7.5%。其次是专业和商业服务业，从 2017 年的 4042.6 亿美元增长到 2022 年的 5758.8 亿美元；再次是批发贸易业，从 2017 年的 3781.9 亿美元增长到 2022 年的 3668.0 亿美元；最后是制造业和零售业，分别从 2017 年的 1888.1 亿美元增长到 2022 年的 2223.1 亿美元、从 2017 年的 1043.7 亿美元增长到 2022 年的 1738.1 亿美元。

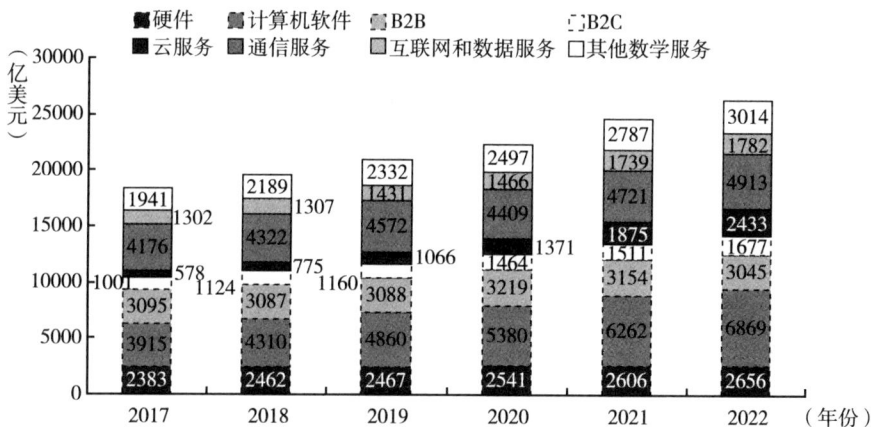

图2　2017~2022 年美国数字经济各类业务增加值比较

资料来源：《美国数字经济：新估算与修正估算（2017—2022）》，2023 年 12 月，https：//apps. bea. gov/scb/issues/2023/12-december/1223-digital-economy. htm。

（二）就业岗位和薪酬水平持续提升

2022 年，美国数字经济创造的就业岗位约为 885.7 万个，比 2021 年的约 832.5 万个增长 6.4%；数字经济就业岗位的总薪酬约为 1.26 万亿美元，比 2021 年的约 1.20 万亿美元增长 5%。2022 年，美国数字经济就业岗位的平均薪酬为 14.3 万美元，比 2021 年的 15.4 万美元有所下降，但仍然是美国就业机会中非常有竞争力的高收入岗位。2022 年美国数字经济就业岗位中有 34.4% 是专业和商业服务业创造的，是占比最高的，约为 304.3 万个；专业和商业服务业的薪酬总额约为 4680.7 亿美元，约占美国数字经济薪酬总额的 37.1%，薪酬占比第一。美国经济分析局将专业和商业服务业再细分为计算机系统设计及相关服务、其他专业技术服务、企业管理、行政与支持服务，其中，计算机系统设计及相关服务的就业岗位最多，2022 年约为 239.3 万个，薪酬总额为 3849.3 亿美元，平均薪酬为 16.1 万美元；其他专业技术服务的就业岗位就少很多，2022 年约为 47.5 万个，薪酬总额约为 650.5 亿美元，平均薪酬约为 13.7 万美元；企业管理的就业岗位最少，2022 年约为 5.9 万个，薪酬总额约为 96.4 亿美元，平均薪酬约为 16.3 万美元；行政与支持服务的就业岗位比企业管理要多，2022 年约为 11.6 万个，薪酬总额约为 84.5 亿美元，平均薪酬约为 7.3 万美元。从中可以看出，2022 年美国数字经济的就业岗位中，有超过 1/3 来自专业和商业服务业，而专业和商业服务业中有约 82.2% 的就业岗位来自计算机系统设计及相关服务，而且这项业务从业人员的平均薪酬高于数字经济的平均水平，说明计算机人才是支撑美国数字经济发展和增长的核心力量。从图 3 可以看出，在 2022 年美国数字经济各产业类别薪酬中，专业和商业服务业的薪酬占比第一，约为 37.1%，紧随其后的是信息业，薪酬占比约为 27.9%；批发贸易业的薪酬占比约为 19.3%，制造业的薪酬占比约为 9.8%，零售业的薪酬占比约为 3.8%，其他产业的薪酬占比为 2.1%。

（三）美国对跨境数据流动态度谨慎

美国经济分析局追踪可通过数字方式交付的服务贸易，包括电信服务、商业和服务等发现，2022 年美国出口的此类服务贸易额约为 6260 亿美元，占美国服务出口总额的约 67%，相比 2017 年增长约 28%，这一增长速度超过了同期美国服务出口总额的增长速度（11%），[①] 这充分说明美国数字经

[①] 美国国会研究服务局，https://crsreports.congress.gov/product/pdf/IF/IF12347。

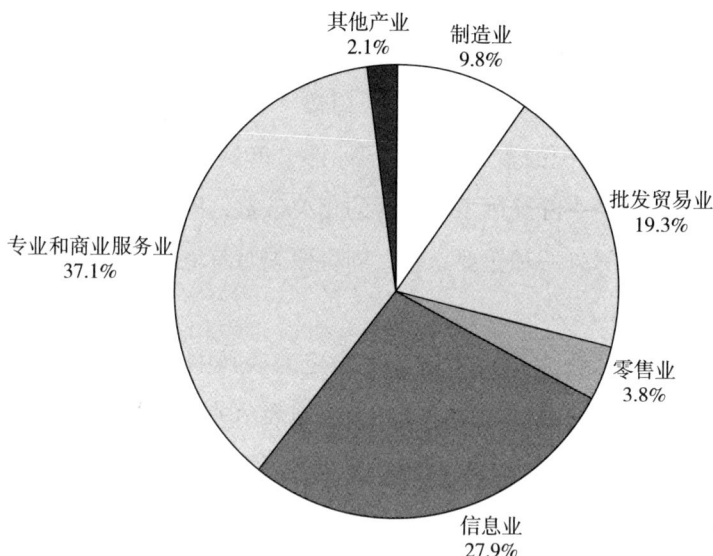

图 3　2022 年美国数字经济各产业薪酬对比

资料来源：《美国数字经济：新估算与修正估算（2017—2022）》，2023 年 12 月，https：//apps. bea. gov/scb/issues/2023/12－december/1223－digital－economy. htm。

济为美国出口贸易提供了巨大的支撑。在 2023 年之前，美国通常支持与其他国家签订的自由贸易协定（FTA）中规定的促进数据跨境自由流动的政策，但也有少数例外。2023 年秋，美国贸易代表办公室（USTR）终止了对世界贸易组织（WTO）电子商务联合倡议（JI）多边谈判中有关跨境数据流、数据本地化和源代码的某些拟议条款的支持，暂停了有关的谈判工作，美国还暂停了印度-太平洋繁荣经济框架（IPEF）中的数字贸易谈判。美国对数据跨境自由流动采取比较谨慎的态度，美国贸易代表凯瑟琳-戴（Katherine Tai）将这些决定归因于美国在数字经济问题上的国内政策空间需求，因为自 2019 年在 WTO 提出建议以来，信息与通信技术（ICT）和其他相关技术进步迅速，技术监管方面的辩论也在不断变化，美国需要更多的国内政策空间考虑美国对数字经济的监管问题。一些美国议员批评美国贸易代表办公室（USTR）没有就相关决定充分咨询国会，认为这是美国数字贸易政策的重大变化。2024 年 3 月，众议院监督与问责委员会主席就美国贸易代表办公室与民间社会的沟通被指缺乏协商和透明度一事展开了调查。①世界贸易组织（WTO）电子商务联合倡议（JI）的多边谈判一项涉及约世贸组织 90 多个成员国的多边谈判，预计将于 2024 年达成协议。目前这项谈判的草案文本已经去除美国不再支持的相关条款，但是草案文本却包括一项美国积极推动的另外一项重要条款，即将原先对跨境电子商务交易暂免关税的做法永久化。

在 2023 年之前，美国一直在贸易协定的谈判中寻求限制使用数据本地化措施的条款，并对其他国家使用相关措施表示关切。数据本地化措施要求在一国境内生成的数据必须存储和处理在该国境内的服务器上，或存储和处理在由实际位于该国的公司托管和控制的云环境中。这种对数据跨境移动的限制可能会成为一种贸易壁垒，因为它要求企业遵守各国不同的法规，并增加了数据存储的成本。当存在隐私和国家安全问题时，尤其是在存储和传输敏感数据时，可以考虑数据本地化政策。美国在这方面明显采取了"双重标准"，对其他国家，美国主张反对数据本地化措施，以促进数据的跨境自由流动；对于自己，美国却高度重视数据隐私和国家安全，要求数据在美国本地化。例如，美国对 TikTok 的做法，TikTok 的"得克萨斯项目"就是一个典型的美国数据本地化的例子，该项目旨在解决美国用户数据安全问题，将把 TikTok 美国用户生成的所有数据存储在甲骨文的美国云环境中，并且规定只能由美国的数据安全团队控制访问。

美国目前尚未颁布全面的联邦数据保护立法，尽管美国国会曾讨论过立法提案，如《美国隐私权法案》（*The American Privacy Rights Act*）。数据保护立法一般旨在保护消费者数据的隐私，保护个人数据可以缓解对隐私和国家安全的担忧，但是限制跨境数据流动将影响某些大型数据公司开展数字国际贸易的市场竞争能力。美国国会和联邦政府目前正在考虑采取更为有限的

---

① https：//oversight. house. gov/wp - content/uploads/2024/03/3. 4. 24 - USTR - Digital - Trade - policies. pdf.

数据保护措施，只是在国家安全或美国公民敏感数据的安全受到威胁的情况下才限制跨境数据流动。美国总统拜登总统于 2024 年 2 月发布了一项行政命令，① 旨在限制数据经纪活动，并在美国政府评估存在国家安全风险时禁止与对手国进行某些交易。美国司法部发布了《拟议规则制定的预先通知》（ANPRM），② 以提供有关潜在限制的信息并征求反馈意见。美国国会正在考虑在一些领域进行立法，这些领域可能会影响美国数字贸易政策的未来，包括数据隐私和对技术部门的监管。例如，美国国会正在考虑拟议的数据保护立法如何影响消费者数据保护、敏感信息跨境流动的处理、最大限度地减少对手国获取美国公民数据的机会，以及对数据经纪人的监管。美国国会还在考虑对具体的数据本地化问题进行立法或监督。在考虑整体美国数字经济整体发展时，美国国会考虑对数字平台和人工智能等新兴技术进行监管或监督。

（四）美国对数字服务税的两难抉择

2021 年 10 月 8 日，OECD 在其官方网站发布消息，正式宣告"国际社会为数字时代达成一项开创性的税收协议"（International Community Strikes a Ground-breaking Tax Deal for the Digital Age）③。发布《关于应对经济数字化税收挑战的"双支柱"方案声明》。2021 年 10 月 13 日，G20 轮值主席国意大利在美国华盛顿主持召开 G20 财长和央行行长会议，各国财长和央行行长就应对经济数字化税收挑战的"双支柱"方案达成最终政治共识，以

---

① "Executive Order on Preventing Access to Americans' Bulk Sensitive Personal Data and United States Government-Related Data by Countries of Concern," https：//www. whitehouse. gov/ briefing-room/presidential-actions/2024/02/28/executive-order-on-preventing-access-to-americans-bulk-sensitive-personal-data-and-united-states-government-related-data-by-countries-of-concern/.

② "Justice Department Will Issue Advance Notice of Proposed RulemakingFollowing Forthcoming Groundbreaking Executive Order Addressing Access to Americans' Bulk Sensitive Personal Data by Countries of Concern," https：//www. justice. gov/opa/media/1340216/dl.

③ "International Community Strikes a Ground-breaking Tax Deal for the Digital Age," https：// www. oecd. org/tax/international-community-strikes-a-ground-breaking-tax-deal-for-the-digital-age. htm.

建立更加稳定、更加公平的国际税收体系。2021 年 10 月 30 日至 31 日，G20 领导人峰会召开，会议对 G20 财长会议达成的最终政治共识给予政治背书。[①] 美国拜登政府支持"双支柱"方案，特别是"支柱一"方案对超大型跨国企业集团的利润再分配，是因为该方案包括了美国想要的全面废除数字服务税条款，换言之，是美国为了得到全面废除数字服务税，而对"支柱一"方案做出的让步。"支柱一"方案设计金额 A，将超大型、高利润跨国企业剩余利润的一部分重新分配给市场国。金额 A 也被称为"新征税权"，这是基于承认市场国、消费者（用户）参与对数字经济价值创造的贡献，向市场国分配一部分利润、授予市场国一定征税权的逻辑基础，也是新一轮国际税改在征税权划分原则上的重要突破。所谓"突破"，是指向市场国分配金额 A 不再以跨国企业集团内市场国是否构成常设机构为前提，换言之，市场国主张新征税权不必再考虑跨国企业集团是否在本国构成常设机构，这是对传统国际税收规则在征税权划分原则上的突破。但是，美国国内对于是否接受"支柱一"方案，以及如何确保其他国家彻底废除数字服务税有不同的意见，甚至是反对意见。从这一点观察，美国对于数字服务税仍然面临两难抉择。

（五）美国认为数字服务税具有歧视性

在美国看来，数字服务税，以及像数字服务税这样的基于收入总额所征收的间接税，不符合外国税收抵免（Foreign Tax Credit，FTC）的条件，美国国税局在 2023 年发布的一项最新通知（IRS Notice 2023—55）[②] 对此进行了规则上的确认。数字服务税最初主要出现在欧洲（尽管印度首次对非居民征收数字广告税），欧洲国家对征收数字服务税给出的理由显然与最初对制定"支柱一"方案给出的理由如出一辙，即市场国用户创造了价值，但

[①] "G20 summit, Rome, Italy," https：//www. consilium. europa. eu/en/meetings/international - summit/2021/10/30-31/.

[②] "Temporary Relief Under Sections 901 and 903 of the Internal Revenue Code," IRS Notice 2023- 55, July 21, 2023, https：//www. irs. gov/pub/irs-drop/n-23-55. pdf.

数字企业没有在市场国缴纳足够的所得税。欧洲国家对规模较大的数字企业（通常是全球年营业收入超过 7.5 亿欧元的大型数字企业）征税。数字服务税的税基是收入总额，而不是利润或所得，这是直接税与间接税之间的重要区别，对于理解数字服务税更是非常重要。简而言之，数字服务税的影响与销售税或消费税相同。数字服务税可适用于数字企业的各类收入，包括广告收入、在线市场收入、数据销售或社交网络服务收入（如约会应用程序）。数字服务税类似于某些国家的销售税（Sales Tax），但与大多数国家适用的销售税和增值税是分开征收的，数字服务税是对销售税和增值税的补充。一直以来，通过在线市场或邮购业务直接向消费者销售产品都存在税收方面的合规性问题，因为，美国的远程销售通常需要征收州销售税。同样，欧盟也要求在线市场征收增值税。对于由广告资助的免费数字服务，欧盟对广告征收增值税，欧盟认为广告是最终产品价格的一部分。

在 BEPS 项目的第 1 项行动计划在 2025 年发布的最终成果报告没能解决应对数字经济税收挑战问题的时候，数字服务税就出现了。2016 年，印度开始对非居民企业的在线广告征收均衡税，[①] 在印度做出范例后，其他国家陆续跟进。欧盟于 2018 年提议统一征收数字服务税，但未能获得所有成员国的同意。但是欧盟中对数字服务税持比较激进立场的国家，开始抛开欧盟"单干"，同样是在 2018 年，西班牙、英国和法国提出了自行征收数字服务税。西班牙和法国的税率为 3%，英国为 2%。[②]

美国贸易代表办公室于 2019 年 12 月公布了针对法国数字服务税的"301 调查"报告，[③] 该报告对法国征收数字服务税的理由进行了充分调查

[①] "India Adopted a Tax on Online Advertising by Nonresidents in 2016, but Expanded the Tax to a General Tax on E-commerce in 2020," See *India Has Significantly Expanded Its Equalization Levy*, RSM, January 23, 2023, https：//rsmus. com/insights/services/business – tax/india – has – significantly-expanded-its-equalization-levy. html.

[②] KPGM, "Taxation of the Digitalized Economy, " updated March 22, 2024, https：//kpmg. com/ kpmg-us/content/dam/kpmg/pdf/2023/digitalized-economy-taxation-developments-summary. pdf.

[③] USTR, "Section 301 Investigation, Report on France's Digital Services Tax," December 2, 2019, https：//ustr. gov/sites/default/files/Report_ On_ France%27s_ Digital_ Services_ Tax. pdf.

分析，认为这些理由与"支柱一"方案下对数字企业利润进行重新分配的理由类似，那就是市场国用户创造了价值，但数字企业在市场国缴纳的税收不足够，在市场国的实际有效税率过低。这份报告还明确地提出美国的立场，那就是美国认为数字服务税是歧视性地针对美国数字企业。美国贸易代表办公室为此给出的理由是，法国数字服务税的适用门槛是全球年营业收入超过 7.5 亿欧元和法国年营业收入超过 2400 万欧元的大型数字企业，但是这样的适用门槛将绝大部分法国企业排除在外，而针对的是美国的大型数字企业，如谷歌、苹果、Facebook 和亚马逊，法国政界人士甚至称法国数字服务税为"GAFA 税"。美国始终认为这些税收是歧视性地针对美国数字企业。

（六）美加之间的数字服务税争端

加拿大最初是在其 2020 年的秋季经济预算中提出将考虑征收数字服务税。① 2021 年 12 月 14 日加拿大联邦政府公布了实施数字服务税的立法草案②，此举意味着加拿大的数字服务税立法程序又前进一步。数字服务税是加拿大政府在其 2021 年的联邦预算③中首次提出的，企业全球营业收入应不少于 7.5 亿欧元，且当年源自加拿大用户的数字服务收入不少于 2000 万美元，即成为加拿大数字服务税的纳税人，将对纳税人在一个日历年度内超过 2000 万美元的加拿大应税数字服务收入征税，税率为 3%。加拿大是美国的邻居，是美国重要的盟国和贸易伙伴，加拿大提出实施数字服务税，美国同样是坚决反对的。美国贸易代表办公室的发言人于 2021 年 12 月 15 日发表声明④，对加拿大继续数字服务税进程表示严重关切，指出加拿大数字服务税是针对美国数字企业的歧视性待遇。

但是加拿大并没有屈从于美国的压力，并没有停下就数字服务税的立法

---

① https：//www.budget.canada.ca/fes-eea/2020/home-accueil-en.html.

② https：//fin.canada.ca/drleg-apl/2021/bia-leb-1221-1-eng.html.

③ https：//www.osler.com/en/resources/regulations/2021/federal-budget-briefing-2021#section5.

④ https：//ustr.gov/about-us/policy-offices/press-office/press-releases/2021/december/statement-ustr-spokesperson-adam-hodge-canadas-digital-services-tax-described-canadas-notice-ways.

进程。2024 年 7 月 3 日，加拿大政府网站发布了一项枢密院令（Order in Council），① 将加拿大《数字服务税法》（*Canada's Digital Services Tax Act, DSTA*）的生效日期定为 2024 年 6 月 28 日。该枢密院令由加拿大总督会同枢密院根据财政部长的建议发布。加拿大《数字服务税法》确认，加拿大的数字服务税税率为 3%，并且追溯征收，将自 2022 年 1 月 1 日起对符合加拿大数字服务税征收条件的纳税人追溯征收数字服务税。同时，加拿大《数字服务税法》也规定，"支柱一"方案的多边公约优先于加拿大数字服务税，只有在 OECD"支柱一"方案的多边公约无法生效实施的情况下，加拿大的数字服务税才会执行。加拿大政府公开表示，如果"支柱一"方案的多边公约无法自 2024 年 1 月 1 日生效实施，加拿大将考虑实施 3% 的数字服务税。根据加拿大《数字服务税法》，不仅符合数字服务税适用范围阈值门槛的企业需要缴纳数字服务税，而且在一个日历年度中取得源自加拿大数字服务收入的企业就需要向加拿大税务主管当局进行数字服务税的注册登记。可见，加拿大不仅要征收数字服务税，而且要加强数字服务税的征管工作。

加拿大征收数字服务税，无论是确定企业是否符合适用范围阈值门槛，还是确定数字服务税的税基，都要确认源自加拿大数字服务税收入的金额，这是企业是否适用、如何适用加拿大数字服务税的最关键前提条件。依据加拿大《数字服务税法》，企业需要按照类别，分别确认与加拿大用户相关的收入和金额，这一规则也称为"收入来源规则"。第一类，在线市场服务收入，一般通过提供在线市场服务，帮助商品和服务的卖方与潜在的买方牵线搭桥而获得；第二类，在线广告服务收入，一般通过提供在线定向广告服务而获得；第三类，社交媒体服务收入，一般通过提供社交媒体平台服务，通过促进用户之间或用户与某些数字内容之间的互动而获得；第四类，用户数据收入，一般通过出售或授权使用从在线市场、社交媒体平台或在线搜索引擎用户处收集的数据而获得。为帮助企业自 2022 年追溯申报和缴纳数字服务税，加拿大《数字服务税法》提供为 2022 年和 2023 年源自加拿大数字服

---

① https：//orders-in-council.canada.ca/attachment.php? attach=45883&lang=en.

务收入的计算确认提供了简便方法，企业可以使用一个近似范围内收入的公式，但须符合某些特定条件。因此，2022 年、2023 年和 2024 年取得源自加拿大数字服务税收入 2000 万美元的企业必须在 2025 年 6 月 30 日之前提交加拿大数字服务税申报表并缴纳这些年度的相关税款。

包括加拿大在内，全球有 18 个国家已经实施数字服务税。[①] 根据一家加拿大的智库机构估计，2023 财年至 2027 财年，数字服务税将为加拿大政府增加税收收入约 52 亿美元。[②] 而美国智库机构也指出，加拿大的数字服务税将直接导致美国税基每年损失高达 23 亿美元，并可能直接导致数以千计的美国全职工作岗位流失，[③] 此外，加拿大数字服务税直接违反了加拿大在《美墨加协定》（USMCA）和世界贸易组织（WTO）所承担的义务。美国反对数字服务税的立场和做法是一贯的、一致的，对于加拿大追溯实施数字服务税的做法，尽管碍于盟友和邻居的关系，美国做了某些低调处理，但反对的声音还是非常强大的。仅在加拿大政府 2024 年 7 月 3 日发布枢密院令的几天之后，2024 年 7 月 11 日，美国国会筹款委员会主席、共和党议员史密斯（Jason Smith）与该委员会其他共和党议员联名致信美国贸易代表戴琪，要求拜登政府必须采取果断行动打击加拿大的数字服务税。[④] 在信中，共和党议员在信中强调指出，鉴于加拿大不顾美国国会、美国贸易代表办公室和财政部表达的重大关切，仍然决定实施数字服务税，这是对美国企业的单方面歧视性待遇，构成对美国工人和企业的重要威胁，是美国不可接受的。共和党议员要求拜登政府向加拿大政治领导人表明，美国坚决反对加拿大数字服务税的立场，并将采取果断行动保护美国工人、小企业和创新者，敦促拜登政府立即根据 301 条款展开对加拿大数字服务税的调查。尽管美国在极力反对，加拿大仍旧致力于实施数字服务税，加拿大政府多次表示，其

---

① https：//taxfoundation. org/research/all/global/digital-taxation/.

② https：//www. pbo-dpb. ca/en/publications/LEG-2324-013-S--digital-services-tax--taxe-services-numeriques.

③ https：//ccianet. org/library/association-letter-on-canada-dst/.

④ https：//waysandmeans. house. gov/2024/07/11/ways-means-republicans-demand-biden-administration-take-decisive-action-to-combat-canadas-digital-services-tax/.

"强烈倾向于"采用多边方式解决对数字经济的征税问题，[①] 但美加之间就数字服务税争端究竟如何解决，不仅是美加两国之间的事情，还牵涉"支柱一"方案的实施进展。

（七）仍致力于彻底废除数字服务税

2019 年，美国贸易代表办公室（USTR）根据 1974 年《贸易法》第 301 条开始对法国的数字服务税进行调查。2020 年，美国贸易代表办公室开始对奥地利、巴西、捷克共和国、欧盟、印度、印度尼西亚、意大利、西班牙、土耳其和英国等 10 个美国贸易伙伴的数字服务税进行调查。由于 2021 年 10 月在 G20/OECD BEPS 包容性框架下就《关于应对经济数字化税收挑战的"双支柱"方案声明》达成全球共识，美国就废除数字服务税与相关国家签署相关协议。2021 年 10 月 21 日美国财政部发布消息，[②] 美国与奥地利、法国、意大利、西班牙和英国（欧洲五国）发表联合声明，就"从现有单边税收措施向"支柱一"生效实施的过渡期安排"达成一致协议。协议规定，如果"支柱一"方案能在 2023 年 12 月 31 日之前生效实施，欧洲五国必须全面废除数字服务税及类似税收措施；如果"支柱一"方案未能在 2023 年 12 月 31 日前生效执行，此次美欧之间就过渡安排达成的政治协议将作废，欧洲五国将会继续征收数字服务税，而美国则可以恢复报复性关税措施。2021 年 11 月 24 日，美国和印度就印度征收的衡平税（Equalization Levy）签署了类似协议。[③] 2021 年 12 月，美国贸易代表办公室宣布并暂停对六个国家（奥地利、印度、意大利、西班牙、土耳其和英国）加征的关税，以便创造更加友好的环境和有更多时间来制定"支柱一"方案的具体技术规则。需要指出的是，除以上国家外，其他国家和欧盟没有实际征收数字服务税及类似单边税收措施。

美国一心一意推动完全废除数字服务税的努力并没有获得完美的回

---

① https：//www. canada. ca/en/department-finance/news/2021/12/digital-services-tax-act. html.

② https：//home. treasury. gov/news/press-releases/jy0419.

③ https：//home. treasury. gov/news/press-releases/jy0504.

报，不仅在国内，在国际上也是如此。在国内，主要阻力来自国会中共和党议员的批评和反对声音。2023年10月11日，OECD/G20包容性框架在OECD官网发布一项新的多边公约文本草案及相关文件（以下简称《金额A多边公约文本草案》），该文本是应对经济数字化税收挑战"双支柱"方案下"支柱一"方案的重要内容，用以协调向市场辖区重新分配征税权、提升税收确定性和废除数字服务税及类似单边税收措施。该文本的公布，体现出OECD/G20包容性框架成员之间目前已经达成的共识，意味着国际社会朝着以"双支柱"方案应对经济数字化税收挑战的目标更近了一步，意味着新一轮国际税改的规则设计取得重要进展。该文本已呈报给2023年10月12日在摩洛哥召开的G20财长和央行行长会议进行审议。值得注意的是，就在这项多边公约文本发布的同一天，美国财政部发表声明，对该文本报告件的发布予以肯定，认为这是"'支柱一'方案谈判向前迈出的关键一步"，并就该文本及相关文件向美国公众公开征询意见建议。拜登政府此举被国际社会解读为美国已经与G7、OECD和相关国家协调了立场，并基本认可目前的公约文本，或者说，美国已经准备好为废除数字服务税而放行"支柱一"方案的新征税权（金额A）。但是，就在2023年10月11日美国财政部发表声明、就《金额A多边公约文本草案》公开征询意见的当天，美国参议院财政委员会共和党领袖麦克·克拉波（Mike Crapo）发表声明，提醒财政部部长耶伦，任何有关"支柱一"方案的协议"必须不得歧视或过度影响美国企业"，要确保OECD的解决方案不能比数字服务税更糟糕。克拉波参议员多次就"支柱一"方案对美国企业和美国税收收入的影响要求财政部提供报告，均没有获得，这一次克拉波参议员再次要求财政部提交报告，包括对《金额A多边公约文本草案》的评估。由此可以看出，拜登政府在"支柱一"方案上在国内承受的巨大压力，如果不能在立法程序上获得支持，拜登政府将无法实现对"支柱一"金额A多边公约的承诺。

在国际上，2023年10月11日G20/OECD BEPS包容性框架发布《金额A多边公约文本草案》时声明，希望在2024年6月30日之前举行金额A多边公约的签署仪式，在 2025 年正式实施。① 2024 年 5 月 30 日，OECD 秘书长 Mathias Cormann 在 G20/OECD BEPS 包容性框架第 16 次全体会议上发表声明，重申将在 2024 年 6 月底之前签署金额 A 多边公约，甚至 2024 年 6 月 14 日七国集团（G7）领导人峰会的声明中，还再次确认将在 2024 年 6 月底之前签署金额 A 多边公约。但这还是一次"爽约"，2024 年 6 月 30 日度过之后，并没有举行金额 A 多边公约的签署仪式。2024 年 7 月 1 日 OECD 税务政策与管理中心（CTPA）主任 Manal Corwin 在一份声明中表示，"支柱一"金额 A 多边公约未能在 6 月底的最后期限前达成共识，但谈判仍将继续。Corwin 指出，G20/OECD BEPS 就"支柱一"的谈判已接近终点，但基于金额 A 和金额 B 的复杂性和变革性，包容性框架相关成员国就某些关键议题仍旧存在分歧。② 这样的"过程性"结果，似乎也出乎美国的预料，2024 年 2 月 15 日美国财政部宣布，③ 将美国与奥地利、法国、意大利、西班牙和英国于 2021 年 10 月 21 日签署的协议中规定的执行截止时间延长至 2024 年 6 月 30 日，2024 年 3 月 12 日美国财政部发布了与土耳其之间的类似声明，④ 甚至在 2024 年 6 月 28 日，美国财政部发表声明，美国和印度将之前签署的协议截止时间延长至 2024 年 6 月 30 日。⑤ 从截止时间的极力坚持和无奈爽约可以解读出谈判各方在关键议题上博弈激烈程度，相信，围绕全面废除数字服务税，美国会坚持相关立场和要求，各方如何进一步讨价还价还需要继续观察。但是有一点已经非常明确，美国必须在"支柱一"金额 A 与数字服务税这二者之间选其一，如果美国国会不批准"支柱一"，那么其他国家则一定继续征收数字服务税（DST），这将导致数字服务税的快速扩散。

---

① https：//www. europarl. europa. eu/legislative-train/theme-an-economy-that-works-for-people/
file-re-allocation-of-taxing-rights#：～：text＝In%20October%202023%2C%20the%20OECD%
20published%20the%20text，is%20expected%20to%20enter%20into%20force%20in%202025.

② Amount A deadline passes without agreement https：//www. internationaltaxreview. com/article/
2dfssb4kxq70flwe05b7k/transfer-pricing/amount-a-deadline-passes-without-agreement.

③ https：//home. treasury. gov/news/press-releases/jy2098.

④ https：//home. treasury. gov/news/press-releases/jy2170.

⑤ https：//home. treasury. gov/news/press-releases/jy2436.

二 美国政府对全球最低税的两种态度

美国对"支柱二"全球最低税的态度有着明显的两面性,是两种态度。一方面,美国支持以"支柱二"全球最低税消除全球税收逐底竞争,为美国企业和工人创造美国概念下的"公平竞争环境",有利于突出美国在科技、教育、创新、资源、人才等方面的竞争优势。另一方面,美国并不希望"支柱二"全球最低税损害美国税制竞争力,不希望"支柱二"的全球反税基侵蚀规则(GloBE)屏蔽美国税制提供的税收优惠,不希望辖区有效税率计算规则限制美国对重要产业的优惠扶持政策。为了这样的目标,美国在G20/OECD BEPS 包容性框架下的谈判中,极力争取将美国税制中的税收抵免优惠纳入增加所得法的适用范围,从技术角度争取最为有利的规则待遇,以最大限度降低触发全球最低税的可能性。为此,美国首先在七国集团(G7)范围内进行游说和利益勾兑,获得盟友和主要贸易伙伴的支持,之后在二十国集团(G20)的平台上推进七国集团的一致行动,并推进 G20/OECD BEPS 包容性框架下的谈判。但是美国自己,碍于两党之间严重分歧导致的政治撕裂,对全球最低税的两种态度究竟能走多远,存在重大的不确定性。

(一)拜登政府意图"加税增收"

2024 年 3 月 7 日,美国总统拜登在其任期内的第 3 次国情咨文中强调"加税增收"为主基调的 2025 财年①政策愿景。② 2024 年 3 月 11 日美国总统预算办公室(OMB)公布 2025 财年预算案。③ 这份预算案显示 2025 财年美国联邦政府的总支出将高达 7.266 万亿美元,在 2024 财年 6.941 万亿美元

---

① 2025 财年指的是自 2024 年 10 月 1 日至 2025 年 9 月 30 日。
② The White House, "Remarks of President Joe Biden — State of the Union Address As Prepared for Delivery," https://www.whitehouse.gov/briefing-room/speeches-remarks/2024/03/07/remarks-of-president-joe-biden-state-of-the-union-address-as-prepared-for-delivery-2/.
③ The White House, "President's Budget," https://www.whitehouse.gov/omb/budget/.

的基础上增加开支3250亿美元，增加的预算支出主要投向国防开支（增加90亿美元）、社会保障支出（增加910亿美元）、医疗保健支出（增加970亿美元）等方面。拜登政府如此"慷慨"的支出设想，同时又希望能够适当控制财政赤字（2025财年的赤字水平为1.781万亿美元，比2024财年的1.859万亿美元略有下降），似乎别无他法，只能在2025财年预算案中继续推进其雄心勃勃的税收改革计划，以期2025财年的税收收入达到5.485万亿美元，比2024财年的5.082万亿美元增加4030亿美元。拜登政府2025财年预算案中的税收改革计划非常值得观察、分析、研究，从中即可窥见拜登政府考虑对美国税制进行全方位的改变，以实现"加税增收"的目标，又需要高度警惕美国税制未来变化对国际税收规则的外溢影响。

2018年以前美国公司所得税的税率为35%，如果加上州及地方的所得税负担，美国公司所得税的名义综合税率约为39.3%，在当时的OECD国家中是最高的。正是出于这样的原因，2017年通过的"减税与就业法案"（TCJA）将美国公司所得税联邦标准税率从35%降为21%，兑现了特朗普总统在竞选时提出的减税承诺。需要指出的是，只有美国的C型公司缴纳公司所得税，而数量众多的中小企业选择"穿透实体"模式，由企业的股东缴纳个人所得税。然而，美国公司所得税的税基高度集中，不到1%的C型公司占美国公司所得税税基的87%，① 特朗普税改降低公司所得税税率的"好处"几乎由超大规模的美国公司独享。

给美国富人和大公司减税符合特朗普政府的"涓滴经济学"理念，认为富人和大公司获得减税后会增加投资和消费，这样就会间接地创造就业机会，给美国工人带来好处。但是这样的理念却和"拜登经济学"所奉行的向富人和大公司加税的政策导向完全相悖，拜登政府认为向富人和大公司减税不仅会减少财政税收收入、增加财政赤字，还会进一步加剧社会收入的不公平。因此，拜登政府在执政伊始就曾提出将公司所得税税率提高至28%，

① Kimberly Clausing, "The Great Tax Escape: Closing Corporate Loopholes that Reward Offshoring Jobs and Profits," https://www.budget.senate.gov/imo/media/doc/drkimberlyclausingtestimony senatebudgetcommittee.pdf.

这一次在2025财年预算案中再次提出加税计划，如果能够获得通过，相关企业将自2025财年适用新税率，未来10年[1]28%的税率将为美国联邦政府带来税收收入约1.349万亿美元。另外，拜登政府将公司所得税税率提高至28%，还有对国际税改"支柱二"方案的全球最低税以及美国自己的"全球无形低税所得"（GILTI）规则的考虑，将全球最低税税率限制在15%，可以为美国提升税率设置一道保护屏障，降低美国"加税增收"的负面影响。

（二）以税收优惠提升税制竞争力

拜登政府认为目前美国的税收政策缺乏足够强大的税收优惠激励，未能有效吸引投资和就业回流美国，并且被转移出美国的投资和就业所产生的成本，还可以在美国公司所得税前扣除。为此，拜登政府在2025财年预算案中提出要设立更为强大的税收优惠措施，激励投资和就业回流美国，提升美国税制的竞争力，并且更加彻底地清除某些可能利于投资和就业转移出美国的税收政策，将这些"财富"留在美国。拜登政府在2025财年预算案中提出设立一项新的税收抵免优惠，金额为"美国在岸贸易或营业"（Onshoring a U. S. Trade or Business）所支付或发生的"合格费用"的10%，可以作为税收抵免，减少向美国政府的应纳税额。"美国在岸贸易或营业"指的是，减少或取消目前在美国境外进行的贸易、营业或业务线，同时在美国境内启动、扩大或以其他方式向美国境内转移的贸易或营业，并且这样的行动导致美国境内就业机会增加。"合格费用"有可能发生在美国境内，也有可能由美国公司的境外关联公司发生，2025财年预算案规定，允许由美国公司将境内外发生的费用一并作为"合格费用"在美国进行税收抵免。

一只手是"胡萝卜"，以税收优惠激励投资和就业回流美国，另一只手是"大棒"，以税收惩罚措施防止投资和就业流出美国。拜登政府在2025财年预算案中提出，对于那些将"投资和就业转移出美国的贸易和营业"，

---

① 未来10年指的是2025财年至2034财年的10年。

所支付或发生的费用将不得在美国公司所得税前扣除。这无疑大大加重此类贸易或营业的税收成本，是对投资和就业留在美国的"反向激励"措施。"投资和就业转移出美国的贸易和营业"指的是，减少或取消目前在美国境内进行的贸易、营业或业务线，同时启动、扩大或以其他方式将贸易或营业转移到美国境外，并且这样的行动导致美国境内就业机会流失。为使这项措施更为有效、更为彻底，2025 财年预算案规定，因投资和营业移出美国而不得在美国所得税前扣除的费用，也不得在作为股东的美国公司的全球无形低税所得（GILTI）或 F 分部所得（Subpart F Income）中扣除。照顾到企业的关切，2025 财年预算案规定，给予税收抵免优惠和不得税前扣除费用的计算口径是一致的，而且仅限于与贸易或营业向美国境内或境外转移相关的费用，不包括资本性支出、雇员补偿金或遣散费等。

（三）美国利用 GloBE 规则空间

全球最低税以税收辖区计算有效税率，如公式 1 所示，以"辖区所有成员实体的经调整有效税额"除以"辖区所有成员实体的 GloBE 所得"，计算确认。如果跨国企业集团在某税收辖区的有效税率低于 15%，则触发"支柱二" GloBE 规则，需要计算全球最低税。OECD 发布的"支柱二" GloBE 规则规定，在计算辖区有效税率时，"合格可退税收抵免"（Qualified Refundable Tax Credit，QRTC）应被视为成员实体 GloBE 所得的增加进行调整（可称为"增加所得法"），而"非合格可退税收抵免"（Non-Qualified Refundable Tax Credit，Non-QRTC）应被视为成员实体有效税额的减少进行调整（可称为"减少税额法"）。举例说明一项税收抵免适用不同调整方法对辖区有效税率计算结果的影响。某跨国企业集团在某税收辖区只有一家成员实体，该成员实体的有效税额为 155 万欧元，GloBE 所得为 1000 万欧元，此时的辖区有效税率为 15.5%。假设该成员实体被授予一项 10 万欧元的税收抵免，如果适用增加所得法，辖区有效税率变为 15.34% ［= 155/（1000+10）］；如果适用减少税额法，辖区有效税率变为 14.5% ［=（155-10）/1000］。非常明显，适用增加所得法对辖区有效税率的减少幅度大大小于适用减少税额法，本示例中，减少税额法触发全球最低税，而增加所得法没有。GloBE 规则对"合格可退税收抵免"作了规则限定，只有跨国企业集团成员实体满足所在税收辖区法律规定而被授予的税收抵免，并且该税收抵免可在 4 年内以现金（或现金等价物）的形式支付，才可被认定为"合格可退税收抵免"；无法在 4 年内以现金（或现金等价物）形式支付的税收抵免为"非合格可退税收抵免"。"合格可退税收抵免"的持有人可以将该抵免用于抵减自身的应纳税义务，也可选择在该抵免被授予的 4 年时间内获得辖区政府支付的现金（或现金等价物）；如果税收抵免的持有人只能将抵免用于抵减自身的应纳税义务，或在该抵免被授予 4 年之后才可以获得辖区政府支付的现金（或现金等价物），则只能依据 GloBE 规则被认定为"非合格可退税收抵免"。

$$\text{辖区有效税率} = \frac{\text{辖区所有成员实体的经调整有效税额}}{\text{辖区所有成员实体的 GloBE 所得}} \times 100\%$$

在 GloBE 规则各项重要文件的制定过程中，美国也在不断出台自己的经济法案，比如 2022 年 8 月通过的《芯片和科学法案》和《削减通胀法案》。在相关法案中，美国为先进制造投资、先进芯片研发和生产、清洁电力和碳减排、清洁燃料生产、清洁车辆生产和消费、清洁能源制造和能源安全投资等诸多领域提供慷慨的税收抵免优惠。为了能够激励企业对这些重要行业领域进行投资，美国出台的相关法案允许企业获得的税收抵免进行交易或转让，但是这样的税收抵免优惠却不符合"合格可退税收抵免"。为此，OECD 在 GloBE 规则后续发布的相关文件中特别指出，美国《削减通胀法案》设立的相关税收抵免的规模和范围是空前的，即使美国都需要制定特别的会计准则进行规范和计量。不同于已有的税收抵免，《削减通胀法案》设立的税收抵免可以用来抵减最初持有人（发起人）的应纳税义务，也可以交易转让给非关联的第三方，用来抵减买入人的应纳税义务，但《削减通胀法案》规定交易转让只可进行一次，买入人不可再交易转让。OECD 最终将美国相关法案中的税收抵免优惠纳入规则制定范围，比照《削减通胀法案》设立的"合格可退税收抵免"进行"量体裁衣"，设计"市场可易税收抵免"相关规则，使得美国相关法案中的各项税收抵免优惠都可以适用增加所得法。这样，美国相关法案中的税收抵免就可以大大减小触发全球最低税的风险。

美国对待全球最低税的两种态度，客观上造成美国在"支柱二"全球最低税国内立法上的迟疑和停滞，在其他相关国家已经完成 GloBE 规则国内立法甚至自 2024 年开始实施 GloBE 规则的情况下，截至目前美国尚未宣布要在国内税法中引入 GloBE 规则，这与美国长久以来将国内立法置于国际规则之上的"自我优越"不无关系。尽管美国已然在执行自己的全球无形低税所得规则（GILTI）、可替代公司最低税规则（CAMT），但毕竟不能完全等同于 GloBE 规则的所得纳入规则（IIR）、低税支付规则（UTPR），OECD 允许 GloBE 规则与美国的 GILTI 规则并存，但究竟如何并存，也尚未给出解决方案和实施细则。美国没有就 GloBE 规则的国内立法及相关配套规则（如会计准则修订）等事项作出任何公开表态，倒是对其他国家的国内立法行为采取相关行动。2023 年 5 月 25 日，美国众议院筹款委员会主席史密斯联合其他共和党议员发起《保卫美国就业与投资法案》（*Defending American Jobs and Investment Act*），[①] 敦促美国的贸易伙伴拒绝 UTPR 规则这样"针对美国的不公平征税措施"，否则将面临加征惩罚性税收的反制措施。该法案提出的反制措施主要为，美国财政部需要对其他国家实施 UTPR 规则进行逐一识别，一旦被确认为对美国企业的税收治外法权和税收歧视，其公民个人、公司法人从美国获得的所得，将被加征惩罚性税收，第 1 年加征 5%、第 2 年加征 10%、第 3 年加征 15%、第 4 年及以后加征 20%，直至对方国家完全撤销对美国企业的税收治外法权和税收歧视。2023 年 7 月 18日，共和党议员埃斯蒂斯（Ron Estes）发起另一项法案，《防止不公平征税

[①] "Ways and Means Republicans Introduce Bill to Combat Biden's Global Tax Surrender," https://waysandmeans. house. gov/wp − content/uploads/2023/05/Defending − American − Jobs − and − Investment. pdf.

法案》（*The Unfair Tax Prevention Act*），① 以阻止其他国家依据 UTPR 规则"攻击美国的就业和税收收入"，② 要求 OECD 和其他国家放弃 UTPR 规则。这项法案的关键内容是，定义"税收治外法权权外国实体"（FETR 实体），强化美国"税基侵蚀与反滥用税"（BEAT）的反避税规则，去除 BEAT 的两个触发门槛：3% 的"税基侵蚀比"和 5 亿美元的营业总收入。

三　结论与展望

2024 年 7 月 10 日，联合国贸发会议发布了《2024 年数字经济报告》（*Digital Economy Report 2024*）。③ 与以往报告关注各国数字经济发展情况不同，联合国贸发会议 2024 年的数字经济报告更加关注全球数字经济发展对环境的重大影响。这份接近 300 页的报告指出，数字经济正在推动全球增长，但数字经济也正在产生越来越大的环境影响。数字技术和数字基础设施严重依赖原材料，数字经济发展需要越来越多设备的生产和处理，以及不断增长的水和能源需求，正在对地球造成日益严重的破坏，联合国贸发会议的报告强调指出数字经济发展对环境可持续和包容性数字化战略的迫切需求。例如，数字设备、数据中心以及信息与通信技术（ICT）网络的生产和使用，其用电量估计占全球用电量的 6%～12%，这是一个非常惊人的占比。发展中国家首先承受着数字化带来的环境成本，而获得的好处却较少。发展中国家出口低附加值的原材料，进口高附加值的设备，同时产生越来越多的数字垃圾。其中许多国家拥有丰富的关键矿产，而地缘政治的紧张局势使挑战更加复杂。联合国贸发会议的报告呼吁各国政策制定者、行业领导者和消费者采取大胆行动，敦促全球转向循环数字经济，重点是通过耐用产品、负

---

① Rep，"Estes Introduces Legislation to Protect Americans from Unfair Taxes in Global Tax Pact，" https：//estes. house. gov/uploadedfiles/estes_ unfair_ tax_ prevention_ act. pdf.

② https：//waysandmeans. house. gov/rep-estes-introduces-legislation-to-protect-americans-from-unfair-taxes-in-global-tax-pact/.

③ "Digital Economy Report 2024，" https：//unctad. org/publication/digital-economy-report-2024.

责任的消费、再利用和回收以及可持续的商业模式来设计循环性。

美国数字经济在全球一枝独秀，不仅持续拉动美国经济增长，而且支撑美国经济在疫情后快速复苏。但是，正如联合国贸发会议报告中所说，美国数字经济同样存在严重的经济问题。在美国，2022 年谷歌数据中心和办公的水消耗量达到了 56 亿加仑（约 2120 万立方米），同年微软的水消耗量达到 640 万立方米。美国坚决扶持美国数字企业继续保持竞争优势，美国坚决反对其他任何国家向美国数字企业征收数字服务税，其中既有维护美国税基不被其他国家侵蚀的一贯性思维，也有保护美国数字企业免于被征收数字服务税的战略性考虑。美国认为，保持美国数字企业的"低税负"可以保持美国数字企业在全球竞争中的优势地位。但是，美国数字经济具有典型的、明显的全球化特征，美国数字企业的市场不仅在美国国内，也在美国以外。美国数字企业在海外市场获得收入和利润，却不在市场国纳税（或纳税很少），市场国要么征收数字服务税，要么就要获得"支柱一"金额 A。美国懂得这个道理，但是美国究竟如何最终抉择要取决于很多因素，包括拜登政府的税改动向和 2024 年 11 月的美国总统大选，如果代表民主党的拜登一方获胜，则美国最终接受"支柱一"金额 A 以及加税增收的税改的可能性增大，反之，如果代表共和党的特朗普获胜，则美国对"支柱一"金额 A 的态度、美国税改的方向，都将另当别论，也许，数字服务税会卷土重来、大行其道。这一切，都需要密切跟踪观察。

B.16
英国数字经济税收发展报告（2024）

韦凯宏*

摘　要：　本报告从间接税和直接税政策以及税收征管数字化这三方面深入阐述英国近年来的数字经济税收实践。英国与数字经济相关的间接税政策在这几年的变动很大程度上与退出欧盟这一事件有关。"脱欧"后英国建立起了新的增值税和关税制度，并在一定程度上保留了部分欧盟规定对于本国与数字经济相关的间接税制度的影响。与数字经济相关的直接税政策方面，英国既有有利于本国数字企业发展的国内税收政策，又有能够暂时性解决跨境数字税收问题的数字服务税。同时也对未来彻底解决跨境数字税收问题有着较明确的规划，尽管这种规划的实现很大程度上取决于世界其他国家对于此事的共同态度。至于税收征管数字化方面，英国"脱欧"之前就已经着手进行改革，目前取得了一些成果。

关键词：　数字经济　间接税政策　直接税政策　税收征管数字化　英国

一　英国数字经济发展概况

（一）发展数字经济的战略规划

作为世界上重要的经济体之一，英国的数字经济战略规划对全球经济的影响不可忽视。2023年3月6日，英国首相和技术大臣在其发布的政府计

＊　韦凯宏，法国艾克斯-马赛大学（Aix-Marseille Université）法学博士，艾克斯-马赛大学财税研究中心（CEFF）及欧亚研究所（IREA）成员，主要研究方向为公法、税法、比较法等。

划中雄心勃勃地表示要确保英国 2030 年科技超级大国的地位并就此推出了一系列措施。这些措施预计将得到超过 3.7 亿英镑的支持，旨在促进创新投资，吸引全球最优秀的人才到英国，并让英国能够把握住人工智能等创新性新技术的机遇。[①]

此后，英国政府在 2024 年 3 月公布的《2024 年至 2030 年数字发展战略》（*Digital Development Strategy 2024 to 2030*）文件中提出了现阶段在数字发展战略方面力争实现的四个目标：一是数字化转型，通过数字技术促进经济、政府和社会的数字化转型；二是数字包容，确保没有人在数字世界中掉队；三是数字责任，打造安全、可靠和有弹性的数字环境；四是数字可持续性，利用数字技术支持本国应对气候变化和环境问题[②]。

在上述文件的第六章中，英国政府还提出了帮助发展中国家共同实现数字化发展的手段。如建立数字发展伙伴关系，积极参与国际上关于数字化发展政策方面的事务，利用英国在数字化发展方面的相对优势，提升英国外交和联邦事务部（FCDO）数字化发展能力。

（二）数字经济发展现状

根据计算机和通信产业协会（Computer & Communications Industry Association）[③] 2024 年公布的《英国数字经济状况》，数字经济和在线零售业务给英国经济提供了 2270 亿英镑的经济支持（总增加值）和超过 260 万个工作岗位。其提供的总增加值（GVA）相当于英国 GVA 的 10%。[④] 英国数字经

---

① 《通过科学技术打造更美好英国的计划被公诸于众》（*Plan to Forge a Better Britain through Science and Technology Unveiled*），2023 年 3 月 6 日，https：//www.gov.uk/government/news/plan-to-forge-a-better-britain-through-science-and-technology-unveiled。

② 《2024 年至 2030 年数字发展战略》（*Digital Development Strategy 2024 to 2030*），2024 年 3 月 18 日，https：//www.gov.uk/government/publications/digital-development-strategy-2024-to-2030/digital-development-strategy-2024-to-2030。

③ 计算机和通信产业协会是一个成立于 1972 年的总部位于美国华盛顿特区的国际非营利性组织。

④ 总增加值（Gross Value Added，GVA）为英国较常使用的一种经济衡量方法（但其他大多数国家不常使用）。总增加值的具体算法如下：GVA＝国内生产总值（GDP）+产品补贴-产品税收。关于该名词的定义，见法国国家统计与经济研究所（Insee）网站，https：//www.insee.fr/en/metadonnees/definition/c2240。

济领域的平均年薪约为 45700 英镑，比其全国的平均年薪 33400 英镑高出 12000 多英镑（37%）。除了直接影响之外，英国的数字经济还向支持其发展的其他行业的重要间接供应链提供了支持。该供应链额外创造了 1130 亿英镑的 GVA，并提供了另外的 160 万个就业岗位。与数字经济直接和间接相关的就业岗位合计比例约为总就业岗位数的 1/8。数字经济支持了英国各地的就业。除伦敦外，拥有规模化数字经济的国会选区包括中曼彻斯特、中格拉斯哥、中利兹、西布里斯托尔、东雷丁和西雷丁。[①]

如今，数字经济影响着英国人生活的各个方面。根据美国国际贸易管理局（International Trade Administration）发布的《英国－国家商务指南》（*United Kingdom-Country Commercial Guide*）显示的数据，2022~2023 年，英国的互联网用户数量约 6600 万人，而社交媒体活跃用户约有 5700 万人。[②]该指南还提到在电子商务方面，英国拥有世界上第三大的网络购物市场（排在中国和美国之后），电子商务消费占零售市场消费总额的 30% 以上（截至 2021 年 1 月，占比为 36.3%）。预计到 2025 年，电子商务收入年均增长率将达到 12.6%（同年电子商务的收入预期将增至 2856 亿美元）。此外，根据《英国数字经济状况》的保守预估，仅信息与通信技术（ICT）资本对提高生产率的贡献就足以支持普通工人工资再增加约 3000 英镑。该报告还指出 2023 年数字广告支持的免费在线服务在英国创造了 4120 亿英镑的消费者剩余[③]。

英国重视对科技初创企业的扶持，目前拥有众多独角兽企业[④]。根据英

---

① 《英国数字经济状况》（*State of the UK Digital Economy*），https：//ccianet.org/wp-content/uploads/2024/01/CCIA_State-of-the-UK-Digital-Economy.pdf。

② 《英国－国家商务指南》（*United Kingdom-Country Commercial Guide*），https：//www.trade.gov/country-commercial-guides/united-kingdom-ecommerce。

③ 消费者剩余又称为消费者的净收益，是指消费者在购买一定数量的某种商品时愿意支付的最高价格与这些商品的实际市场价格之间的差额。

④ 独角兽企业是指估值 10 亿美元以上的初创私企。例如，字节跳动、美团、快手。关于独角兽企业的解释可见励贺林《欧盟数字经济税收发展报告（2023）》，载蔡昌、焦瑞进主编《税收蓝皮书：中国数字经济税收发展报告（2023）》，社会科学文献出版社，2023。

国政府 2021 年底公布的数据显示，英国的独角兽企业从数量上超过了法国和德国此类企业的数量之和。①

（三）典型数字企业概览

英国国际贸易部在 2022 年 6 月发布的《英国数字化转型应用企业名录》列举了一些有代表性的英国数字企业（见表1）。

表1　《英国数字化转型应用企业名录》列举的典型数字企业（部分）

公司名称	领域
AVEVA	工业软件
Brompton Technology	视频处理（电影、电视、广播和现场活动行业）
Cimteq	服务于全球线缆制造企业（软件供应商）
Graphcore	人工智能（为其打造计算机系统）
Micro Focus	企业数字化转型（软件供应商）
Sage	支持创业者创业的数字服务
Sensat	基础设施建设相关的数字服务
Thoughtworks	企业数字化转型以及与之相关的技术咨询

资料来源：《英国数字化转型应用企业名录》，2022。

从表 1 可知，英国的数字企业类型非常多样化。此外，《英国数字化转型应用企业名录》中还提到英国是继中国和美国之后全球第三个拥有超过 100 家独角兽企业的国家，因此英国的数字企业不但种类繁多而且相较世界大多数国家而言有着相当程度的数量优势。然而科技公司的数量优势不等于科技行业的优势：一方面，英国目前并不存在科技巨头企业；另一方面，英国成功的科技公司经常会成为外资的收购对象（如全球知名的英国半导体设计与软件公司 ARM 就于 2016 年被日本软银集团收购）。②

---

① 《随着伦敦以外城市的成功发展英国科技行业迎来了有史以来最好的一年》（*UK Tech Sector Achieves Best Year ever as Success Feeds Cities outside London*），https：//www. gov. uk/government/ news/uk-tech-sector-achieves-best-year-ever-as-success-feeds-cities-outside-london。

② 《英媒：英国希望培养本土科技巨头》，参考消息网，2024 年 5 月 16 日，https：// www. cankaoxiaoxi. com/#/detailsPage/%20/bea75e89119341ec83b9041797e2c4a3/1/2024-05- 16%2016：55？childrenAlias＝undefined。

（四）促进数字经济发展的宏观政策和法规

英国历来十分重视数字经济发展相关事务。自 2020 年正式脱离欧盟后，英国针对"脱欧"后数字经济发展遇到的问题出台了一些新法规，同时英国政府也制定了许多新政策以应对"脱欧"后的数字发展新情况。比如，《在线安全法案》已于 2023 年正式出台。[①] 再比如，英国政府于 2023 年 9 月宣布了新的"英美数据桥梁"。[②] 但在正式"脱欧"后，由于持续的政治动荡使得英国的经济政策长期缺乏连贯性。新华社 2022 年 10 月 24 日的报道就指出："保守党已连续执政十多年，但近期不断有英国媒体用'内爆'来形容这一老牌政党的现状……特拉斯上任后，其激进财政政策引发金融市场剧烈动荡，招致英国社会广泛批评，再度引发保守党党内'地震'"。[③] 而且英国数字经济相关立法也很大程度上受到了其不稳定政局的影响。举例来说，作为影响英国数字经济领域的重要法案之一，《数据保护和数字信息法案》（*Data Protection and Digital Information Bill*）[④] 于 2023 年 11 月 29 日在下议院获得通过，并于 2023 年 12 月 6 日提交给上议院。然而法案最终未能成为新法，因为当该法案还处于上议院报告阶段时，议会因 2024 年英国大选在 2024 年 5 月 24 日休会了。

脱离欧盟对于英国近年的数字经济税收实践有着巨大的影响。了解英国"脱欧"以后与数字经济相关的税收实践情况，可从间接税和直接税政策，税收征管数字化这三方面入手。

---

① 《英国"在线安全法案"正式出台》，新华网，2023 年 10 月 27 日，http：//www. news. cn/2023-10/27/c_1129942490. htm。

② "数据桥梁"是英国政府与其认为的拥有"充分"数据保护制度的国家建立的数据框架，并允许个人数据从英国自由流向这些国家（无需额外的保护措施）。关于该解释以及英国政府公布"英美数据桥梁"的时间，参见《知识产权每周国际快讯》2024 年第 6 期，http：//ipr. mofcom. gov. cn/hwwq_2/zhuankan/file/2024/2024-02-09. pdf。

③ 《英国首相"走马灯"式更替暴露体制弊端》，新华网，2022 年 10 月 24 日，http：//www. news. cn/world/2022-10/24/c_1129077186. htm。

④ 《数据保护和数字信息法案》（*Data Protection and Digital Information Bill*），https：//bills. parliament. uk/bills/3430。

二 数字经济税收实践：间接税政策

退出欧盟直接影响了英国间接税方面相关规定的制定和实施。一方面，这使得英国必须建立起新的增值税和关税制度；另一方面，"脱欧"的复杂性让英国不得不在一定程度上保留部分欧盟规定对于本国制度的直接影响。

（一）"脱欧"后的英国商品远程销售增值税及关税规定

自2021年1月1日起，英国开始实施脱欧后的跨境远程销售增值税新规。这些规定影响所有位于英国境外并向英国消费者销售货物的卖家，极大地改变了该国跨境远程销售所适用的规则（见表2）。

表2　自2021年1月1日开始实施的跨境远程销售增值税新规带来的变化

新规实施之前的情况	1. 2021年1月1日之前，当货物价值低于15英镑时，英国对消费者或企业进口货物不征收进口增值税或关税。欧盟运到英国的货物完全不征收进口增值税，并根据是否超过远程销售门槛（阈值），按照卖方的增值税税率（不超过阈值）或英国税率确定适用的增值税税率（超过的情况）
	2. 对于来自欧盟以外且价值在15~135英镑的货物，进口时应缴纳增值税，而且在大多数情况下，快递公司或邮局都会要求进口货物的客户或企业在交付或收取货物之前缴纳增值税。从欧盟以外进口的超过135英镑的货物不但需要缴纳增值税，且可能还需要缴纳关税
新规带来的主要改变	1. 取消对价值15英镑或以下的货物免征进口增值税的规定
	2. 尽管对于向消费者销售低于135英镑的托运货物无需缴纳进口增值税，但要求卖方（境外）申报供应货物的增值税（除非该批货物是企业对企业的销售且客户已提供其英国增值税登记号码）。这意味着卖方必须在英国注册增值税，并向英国税务与海关总署（HMRC）支付此类销售应缴纳的增值税。因此卖方需要向客户收取增值税，因为增值税将被视为包含在客户所支付的价格中

	3. 对于境外卖方销售给英国增值税注册企业的企业对企业销售,当托运的货物价值低于135英镑时,如果客户提供其增值税登记号码,卖方不需要收取和核算增值税(卖方无需向客户收取增值税或向英国税务与海关总署支付增值税)。应缴纳的增值税将由客户通过其英国增值税申报表来进行支付
	4. 对于向英国消费者销售超过135英镑的货物,非英国卖家(包括欧盟卖家)可以进行零税率的出口销售,但消费者必须支付进口增值税,可能还需要支付关税。关税费用根据情况不同将取决于英欧贸易协定或英国与欧盟以外国家的其他协定
新规带来的主要改变	5. 新规明确了网上市场的责任和义务。在一定条件下,网上市场将被认定为增值税意义上的销售方:一般来说,在销售点处于英国境外的前提下(进口),如果托运货物价值不超过135英镑且这些货物是通过网上市场销售的,网上市场将承担相应的增值税扣缴义务。另外,如果海外卖家(非英国卖家)通过网上市场在英国国内销售商品给英国的终端消费者(销售点位于英国),那么无论商品的价值情况如何,商品的增值税扣缴义务都将由网上市场承担。根据英国官方的解释,由于在这种情况下海外卖家将被视为向网上市场提供了零税率的货物(视同供应),因此不需要为被认为是零税率的货物向网上市场开具发票(不过当货物首次进口到英国时海外卖家需承担进口增值税和关税)

注意:1. 原则上,进口价值不超过135英镑的货物仅需要海关申报,而不需要缴纳进口增值税。然而以下类型的托运货物除外:非商业性质货物,如礼物(但价值不超过39英镑的礼品免关税和进口增值税);需要征收消费税的货物(如酒和烟草);来自泽西岛和根西岛的货物。

2. 135英镑的限制适用于进口的总托运货物的价值,而不是托运货物中的个别项目的单独价值。

3. 英国税务与海关总署(HMRC)对网上市场的定义是使用网站或移动电话应用程序(如市场、平台或门户网站)来处理向客户销售商品的业务,该业务符合以下所有条件。一是以任何方式设定向客户提供货物的条款和条件;二是以任何方式参与授权或促进客户的付款;三是参与了货物的订购或交付。

如果一个企业只提供以下一种服务,则不会被归类为网上市场:一是处理向客户供应货物的付款事宜;二是货物上架或打广告;三是将客户转向或转移到其他提供商品销售的网站或手机应用程序,而不进一步参与该网站或应用程序上可能发生的任何销售。

资料来源:《1994年增值税法》(*Value Added Tax Act 1994*),https://www.legislation.gov.uk/ukpga/1994/23/body/2024-05-24;《英国"脱欧"后向英国客户销售产品的新规则》(*New Rules for Selling to UK Customers after Brexit*),https://www.bdo.co.uk/en-gb/insights/brexit/new-rules-for-selling-to-uk-customers-after-brexit;《增值税和使用网上市场销售给英国客户的海外货物》(*VAT and Overseas Goods Sold to Customers in the UK Using Online Marketplaces*),https://www.gov.uk/guidance/vat-and-overseas-goods-sold-to-customers-in-the-uk-using-online-marketplaces;《增值税和直接出售给英国客户的海外货物》(*VAT and Overseas Goods Sold Directly to Customers in the UK*),https://www.gov.uk/guidance/vat-and-overseas-goods-sold-directly-to-customers-in-the-uk;《从国外寄送货物的税与关税》(*Tax and Customs for Goods Sent from Abroad*),https://www.gov.uk/goods-sent-from-abroad/print。

关税方面的政策变动毫无疑问会对数字经济下的跨境贸易产生影响。"脱欧"后，英国重新制定了独立的对外贸易和关税政策并改变了关税计量单位（从欧元变为了英镑）。此外，英国近年来重新确定了其针对进口货物的征税规定。根据现行规定，当从英国外进口需要被征收消费税的货物时（如果所涉及的是进口到北爱尔兰的货物则适用于"或英国和欧盟外"条件），或是当从英国外进口总价值在 135 英镑以上的货物时（如果所涉及的是进口到北爱尔兰的货物则适用于"或英国和欧盟外"条件），收件人需要缴纳关税。在此情形下（收件人需缴纳关税），收件人不但要支付货款，还需支付货物的邮资、包装和保险费。

因此，就进口货物是否需要缴纳关税而言，存在以下三种情况：一是当货物为不需要被征收消费税的货物且其总价值小于或等于 135 英镑时，不需要缴纳关税；二是当货物为总价值不少于 135 英镑的礼物或是其他不低于 135 英镑总价值的货物时，需要缴纳关税（所涉及的税率取决于商品种类和产地：可以使用英国政府提供的贸易关税服务查询税率[1]）；三是当所涉及的货物属于需要被征收消费税的货物时，那么无论货物价值多少都需要缴纳关税。[2]

（二）北爱尔兰的特殊地位

"脱欧"后为了解决北爱尔兰岛的特殊问题，英国与欧盟于 2020 年签署了《爱尔兰/北爱尔兰议定书》（*PROTOCOL ON IRELAND/NORTHERN IRELAND*）[3]。《爱尔兰/北爱尔兰议定书》（以下简称《北爱尔兰议定书》）涉及大不列颠及北爱尔兰联合王国和欧盟之间在爱尔兰岛的特殊的海关和移

---

[1] 《贸易关税：查询商品代码、关税和增值税税率》（*Trade Tariff: Look Up Commodity Codes, Duty and VAT Rates*），https://www.gov.uk/trade-tariff。

[2] 《从国外寄送货物的税与关税》（*Tax and Customs for Goods Sent from Abroad*），https://www.gov.uk/goods-sent-from-abroad/tax-and-duty。

[3] 该议定书属于《大不列颠及北爱尔兰联合王国退出欧洲联盟和欧洲原子能共同体的协议》（*Agreement on the Withdrawal of the United Kingdom of Great Britain and Northern Ireland from the European Union and the European Atomic Energy Community*）中的一项议定书，参见 https://eur-lex.europa.eu/legal-content/EN/TXT/? uri=CELEX%3A12020W/TXT。

民问题，以及北爱尔兰和英国其他地区之间货物贸易等方面的问题。根据该议定书，尽管北爱尔兰从形式上不再正式属于欧盟单一市场的一部分，但仍适用欧盟的自由货运和海关规则以确保北爱尔兰和岛上其他地区之间没有任何海关检查或控制。来自北爱尔兰的货物可以不受限制地运往英国大不列颠岛各地，但从英国大不列颠岛进入北爱尔兰的商品，无论货物是否运往欧盟，都需要在港口接受欧盟规则下的检查。因此，议定书一方面确保了爱尔兰（欧盟成员国）与北爱尔兰之间不存在"硬边界"；另一方面又在大不列颠岛和爱尔兰岛间建立了一个"新边界"，把北爱尔兰和大不列颠分隔开。①

《北爱尔兰议定书》旨在保证英欧之间持久稳定的经济关系，保护欧盟单一市场并维持爱尔兰岛的和平局面。然而事与愿违，该议定书带来了一系列新问题，比如海关程序烦琐、监管不灵活、税收和支出差异等②。这些新问题反而导致了英欧关系的不断恶化。此外，英国认为《北爱尔兰议定书》对其不利，近年来曾尝试单方面修改该议定书。如2022年6月13日，英国外交大臣向议会提交议案，正式公布单方面修改《北爱尔兰议定书》部分内容的具体计划。此举招致欧盟的强烈反对。③ 直至签署《温莎框架》（Windsor Framework）协议前，由于英欧无法就修改《北爱尔兰议定书》一事达成共识，双方关系一度紧张。2023年2月27日，随着欧盟和英国达成《温莎框架》协议，双方得以对英国"脱欧"后涉及北爱尔兰地区的贸易事宜作出新安排。④ 此后，欧盟和英国的紧张关系得到了一定程度

---

① 《爱尔兰/北爱尔兰议定书》（*PROTOCOL ON IRELAND/NORTHERN IRELAND*），https：//assets. publishing. service. gov. uk/media/5da863ab40f0b659847e0184/Revised_ Protocol_ to_ the_ Withdrawal_ Agreement. pdf。
② 《英国修改"北爱尔兰议定书"计划遭欧盟反对》，新华网，2022年6月14日，http：//www. news. cn/world/2022-06/14/c_ 1128739769. htm。
③ 《英国修改"北爱尔兰议定书"计划遭欧盟反对》，新华网，2022年6月14日，http：//www. news. cn/world/2022-06/14/c_ 1128739769. htm。
④ 关于《温莎框架》（*Windsor Framework*）协议的达成，参见《欧盟委员会和联合王国政府的政治宣言》（*Political Declaration by the European Commission and the Government of the United Kingdom*），https：//assets. publishing. service. gov. uk/media/63fe2771d3bf7f25f096d834/Political_ Declaration_ by_ the_ European_ Commission_ and_ the_ Government_ of_ the_ United_ Kingdom. pdf。

的缓解。

《温莎框架》协议是欧盟委员会和英国政府就《北爱尔兰议定书》达成的原则性政治协议。这一协议旨在平息双方关于《北爱尔兰议定书》执行方面的纷争，保护北爱尔兰公民和企业的利益，并在解决"脱欧"后北爱尔兰的贸易安排问题的同时确保欧盟单一市场的完整性。根据英国官方的说法，《温莎框架》删除了1700页适用的欧盟法律（涉及北爱尔兰的农业食品零售进口贸易、全英国的药品供应以及增值税和消费税税率的设定），改为适用英国规则并由英国法院对相应适用规则进行解释。它为保护英国国内贸易建立了独特的货物运输新安排：减少了欧盟规定对英国国内货运带来的负面影响及欧盟对英国货物运输的监督。它将适用于北爱尔兰的欧盟规则减至少于3%（据欧盟自己的计算），且适用于北爱尔兰的欧盟规则只是为了保证北爱尔兰企业向欧盟市场销售商品时的独特地位。此外，《温莎框架》还通过引入"斯托蒙特刹车机制"（Stormont Brake）增强了北爱尔兰地区地方议会在欧盟新规定对本地区适用问题上的话语权：在该机制下，北爱尔兰地区地方议会将有权阻止欧盟新法在该地区生效。[①]

《温莎框架》协议通过为来自英国本土的进口产品引入"绿色通道"机制来解决贸易和边境的敏感问题。英国政府认为《北爱尔兰议定书》的一个主要问题是没办法很好地应对从大不列颠到北爱尔兰的货物运输问题。为防止大不列颠到北爱尔兰的货物贸易影响欧盟市场，当货物从大不列颠向北爱尔兰运输时，往往需要多次向海关进行申报并等待其检查，有时甚至还需要海关确认是否符合原产地规则要求。尤其是农产品方面，每种产品都需要官方签署的、非常详细的证书和大量的检查。然而根据《温莎框架》，海关在其检查程序中将对从英国本土发往北爱尔兰的货物和最

[①] 《温莎框架：新的前进之路》（*The Windsor Framework：A New Way Forward*），https：//assets. publishing. service. gov. uk/media/63fccf07e90e0740d3cd6ed6/The_ Windsor_ Framework_ a_ new_way_ forward. pdf；《斯托蒙特刹车机制》（*The Stormont Brake*），https：//www. niassembly. gov. uk/assembly-business/committees/2022-2027/windsor-framework-democratic-scrutiny-committee/useful-resources/the-stormont-brake/。

终目的地为爱尔兰共和国（欧盟境内）的货物加以区分。发往北爱尔兰（最终目的地）的货物将进入"绿色通道"（贸易商须已成为英国的"可信赖贸易商"①），所需要的检查和文书工作被大幅减少。在北爱尔兰销售从大不列颠岛运输至北爱尔兰的商品将免受许多不必要的文书工作、检查以及关税的影响，无须再为清关手续或是复杂的农产品认证要求而担心。② 此外，以前需要遵守欧盟关于增值税和消费税规定的要求也将被取消。③ 与之相对的是进入欧盟的货物将接受海关检查，以确保符合欧盟法规。

专栏　《温莎框架》对大不列颠岛至爱尔兰岛货物运输及贸易的影响

在提出《温莎框架》之前，根据英国脱欧协议，大不列颠岛运至北爱尔兰的货物，无论其最终目的地为北爱尔兰还是爱尔兰，都需要接受严格检查以保护欧盟单一市场。而且根据《温莎框架》，大不列颠岛运至北爱尔兰的货物将根据其最终目的地进行区分，分为"绿色通道"和"红色通道"。英国的可信赖贸易商可通过"绿色通道"将货物运至北爱尔兰。通过"绿色通道"的货物只需要接受很少的检查。然而当货物的最终目的地为欧盟成员国时，则需通过"红色通道"。"红色通道"上的货物必须经过全面的海关检查。

资料来源：Peter Foster，Andy Bounds，Jim Pickard，《温莎框架如何改变北爱尔兰的贸易安排》（*How the Windsor Framework Changes Northern Ireland's Trading Arrangements*），2023 年 2 月 27 日，https：//www.ft.com/content/43f71723-fef9-4d96-8aef-3ae96420217f。

---

① 可信赖贸易商指的是已注册可信赖贸易商计划的贸易商。关于该计划，参见《官方认可的可信赖贸易商计划试点》（*Accredited Trusted Trader Scheme Pilot*），https：//www.gov.uk/guidance/accredited-trusted-trader-scheme-pilot。

② 《温莎框架：新的前进之路》（*The Windsor Framework：A New Way Forward*），https：//assets.publishing.service.gov.uk/media/63fccf07e90e0740d3cd6ed6/The_Windsor_Framework_a_new_way_forward.pdf。

③ 《温莎框架：新的前进之路》（*The Windsor Framework：A New Way Forward*），https：//assets.publishing.service.gov.uk/media/63fccf07e90e0740d3cd6ed6/The_Windsor_Framework_a_new_way_forward.pdf。

《温莎框架》内容的落实将对大不列颠岛与北爱尔兰之间的电子商务情况产生一定程度的影响。举例来说，当位于北爱尔兰的买家于电子商务平台购买由大不列颠岛直接运送到该地的产品后，所涉及商品的包裹将受惠于该框架简化后的海关流程。中国企业若与大不列颠岛的英国"可信赖贸易商"有合作关系，而该贸易商又出口商品到北爱尔兰市场，也将受惠于《温莎框架》。因为其所出口的商品可通过"绿色通道"运往北爱尔兰。

根据《北爱尔兰议定书》，为避免北爱尔兰出现"硬边界"，欧盟增值税和消费税规则适用于北爱尔兰。但这些规则成为英国政府在全英国范围内调整增值税和消费税政策的阻碍，且在继续保留旧议定书规定的情况下，未来欧盟规则的变化可能会进一步加剧这一状况。为解决这一问题，《温莎框架》协议通过安排对《北爱尔兰协定书》规定进行具有法律约束力的实质性修改，确保北爱尔兰享受与英国其他地区相同的增值税和酒精税。同时，该协议还对《北爱尔兰协定书》的规定做出了进一步修改以长期保护北爱尔兰在英国增值税领域的地位。比如，通过建立可适用于在北爱尔兰消费的商品的增值税新类别，为未来的税率提供了充分的灵活性。再比如，使2000 家左右的北爱尔兰企业无需依照欧盟指令注册增值税。[1]

《温莎框架》是一项原则性的政治协议，其内容需经英欧两地的立法程序通过方能对双方的经济关系产生实际影响。2023 年 3 月 24 日，《温莎框架》被英欧双方正式通过，[2] 并于同年 10 月 1 日生效。[3]

（三）对英国数字经济间接税政策的评价

从现阶段情况来看，英国的数字经济间接税政策及其相关法规有如下几个特点。

---

① 《温莎框架：新的前进之路》（*The Windsor Framework：A New Way Forward*）。
② 《英国和欧盟正式通过新的英国脱欧温莎框架协议》（*UK and EU formally adopt new Brexit Windsor Framework deal*），https：//www.bbc.com/news/uk-northern-ireland-65058955。
③ 《温莎框架：新的北爱尔兰贸易规则"将取得令人难以置信的良好效果"》（*Windsor Framework：New NI Trade Rules 'Will Work Unbelievably Well'*），https：//www.bbc.com/news/uk-northern-ireland-66953035。

第一，深受英欧政治关系影响。长期以来，欧盟在北爱尔兰税收问题上一直有着极高的话语权。自 2021 年《北爱尔兰议定书》开始生效至 2023 年 10 月 1 日以前，欧盟法在北爱尔兰增值税和关税问题上的影响力甚至比英国税法对其的影响力还要大。尽管这种话语权在《温莎框架》被英欧双方接受以后有着一定程度的减弱，但并没有完全消失。"斯托蒙特刹车机制"下，北爱尔兰地区地方议会有权阻止欧盟新法在该地区生效，但该机制的出现既改变不了欧盟法仍适用于北爱尔兰这一事实，也无法改变所适用于北爱尔兰的欧盟法的最终解释权依然掌握在欧洲法院这一事实。如今，《北爱尔兰议定书》依然有效。尽管理论上根据该议定书第 18 条北爱尔兰议会有权在 2024 年 12 月 31 日之后决定是否终止或继续该议定书的安排，但即使议定书的安排被终止，关于议定书所涉及问题的新解决方案依旧需要欧盟与英国协商之后方能确定。

第二，具有高度的复杂性。这种复杂性来源于两方面。一方面，虽然英国在"脱欧"后建立了新的增值税和关税制度，但也同时确立了适用于北爱尔兰的特殊增值税及关税制度。因此，了解英国主要的增值税和关税制度，不但需要分别了解适用于大不列颠岛及北爱尔兰的相关税收规定，还需要了解它们之间的相互关系。这也意味着对英国间接税相关制度的研究需要同时对欧盟法有一定程度的了解才能进行。另一方面，适用于北爱尔兰的增值税及关税规则本身也相当复杂，在考虑到《温莎框架》的影响后，这种复杂性不减反增。举例来说，英国政府强调《温莎框架》删除了 1700 页适用于北爱尔兰的欧盟法律，但这种删减有时只是意味着部分欧盟法律在某些特定情况下的不适用。例如，某些卫生和植物检疫法规不适用于从英国通过"绿色通道"进入北爱尔兰的货物，但仍适用于通过"红色通道"的货物，以及在北爱尔兰生产的货物。[①]

第三，具有高度的不确定性。这种不确定性很大程度上与欧盟和英国对北爱尔兰的特殊安排有关。如何寻找在北爱尔兰问题上欧盟与英国的利益平

① 《北爱尔兰议定书：温莎框架》（*Northern Ireland Protocol：The Windsor Framework*），https：//commonslibrary. parliament. uk/research-briefings/cbp-9736/。

衡点是一个极难回答的问题。为了解决欧盟和英国之间潜在的利益冲突并维持爱尔兰岛相对和平的状态，《北爱尔兰议定书》确立了有利于保护欧盟单一市场的增值税和关税规则。可是该议定书确立的部分规则（包括前述有利于保护欧盟单一市场的增值税和关税规则）又不利于英国国内贸易的正常进行，从而导致英欧之间的矛盾升级以及在议定书生效的短短两年后《温莎框架》的出现。对于英国而言，《温莎框架》取消了存在于英国内部贸易中的爱尔兰海边界，保护了北爱尔兰在英国内部市场中不可或缺的地位。同时也减少了欧盟法对于英国国内贸易的影响，降低了欧盟增值税等规则在对北爱尔兰地区贸易中的重要性，使得适用于北爱尔兰地区贸易的相关规则朝着对英国更有利的方向转变。这似乎可以被认为是英欧博弈中的一次胜利。然而，欧盟法对于北爱尔兰地区的直接影响依旧不容忽视。在爱尔兰还是欧盟成员国的情况下，要完全消除这种影响必然会侵犯欧盟的根本利益，同时对爱尔兰岛的和平稳定造成极大的负面影响。当事态向着对欧盟不利且侵犯其根本利益的方向发展时，欧盟是否还能对英国继续做出让步？我们无法代替欧盟对此给出答案，但须知英欧双方对《温莎框架》达成共识这件事本身，很大程度上也取决于欧盟的巨大让步。此外，自欧盟和英国达成《温莎框架》协议到现在，还不到两年，此后的实践中会产生什么样的新问题，是否会导致欧盟的抗议或是英国新一轮的不满，而这种不满是否又会成为规则修改的导火索，这一切目前尚未可知。

三　数字经济税收实践：直接税政策

（一）数字产品和服务境内业务利润的征税

在英国境内提供数字产品和服务的公司需要缴纳公司税（Corporation Tax）[①]。目前英国将公司税税率根据公司盈利多少分为三档：年盈利低于 5

[①]　英国对非居民企业的所得采用属地原则进行征税。关于这点，参见《对外投资合作国别（地区）指南 英国（2023 年版）》，http：//www.mofcom.gov.cn/dl/gbdqzn/upload/yingguo.pdf。

万英镑的公司，享受19%的低税率；年盈利在5万~25万英镑的公司可申请19%~25%的边际减免税率（非英国居民公司则不能享受该类税率）；当公司年盈利高于25万英镑时则按照25%的比例征收公司税。①

在英国提供数字产品和服务的公司可享受该国政府推出的诸多税收优惠政策。比如为鼓励研究创新，符合条件的科技类大企业可以享受研究与开发（R&D）支出抵免的优惠政策。② 此外，为扶持创新型中小企业，英国政府专门推出了针对研发投入较高但亏损的中小企业的税收优惠政策：研究与开发（R&D）开支占总开支至少40%（2023年4月1日或之后产生的支出）或30%（2024年4月1日或之后开始的会计期间）的亏损中小型企业，被认为是可享受该优惠政策的"研究与开发密集型中小型企业"（R&D intensive SMEs）③。

（二）数字产品和服务跨境业务利润的征税

1. 采取的单边措施的情况

英国于2020年4月开始征收税率为2%的数字服务税。该税适用于全球收入超过5亿英镑且在英国收入不低于2500万英镑的企业（免征额为2500万英镑）。④

英国下议院（House of Commons）公共账目委员会（Committee of Public Accounts）的一份报告显示，英国税务与海关总署（HMRC）在数字服务税

① 《公司税率和减免》（*Corporation Tax Rates and Reliefs*），https：//www.gov.uk/corporation-tax-rates。《公司税的边际减免》（*Marginal Relief for Corporation Tax*），https：//www.gov.uk/guidance/corporation-tax-marginal-relief。

② 《研究与开发（R&D）支出抵免》［*Research and Development（R&D）Expenditure Credit*］，https：//www.gov.uk/guidance/corporation-tax-research-and-development-tax-relief-for-large-companies。

③ 《加强对研发（R&D）密集型中小型企业（SMEs）的支持》［*Enhanced support for Research & Development（R&D）intensive small or medium enterprises（SMEs）*］，https：//www.gov.uk/government/publications/research-development-rd-tax-relief-reforms/enhanced-support-for-research-development-rd-intensive-small-or-medium-enterprises-smes。

④ 《数字服务税》（*Digital Services Tax*），https：//www.gov.uk/government/publications/introduction-of-the-digital-services-tax/digital-services-tax。

开征后的第一年里征收的税金超过预期。① 具体来说，2020～2021 年该税带来的收入为 3.58 亿英镑，比英国预算责任办公室（OBR）的预估高出30%。② 不过尽管如此，对于到 2024～2025 年时该税带来的收入是否能达到或超过预期的 30 亿英镑这一问题，报告认为还无法下结论。③

数字服务税只是作为一种临时税种设计的。该税的实施使得英国和美国之间的关系趋于恶化。④ 英国财政部承认，在等待实施一系列国际税收规则改革以确保跨国企业无论在哪里经营都能公平纳税的同时，该税种只是一个"次优"解决方案。⑤

2. 参与国际多边措施磋商的立场、过程、贡献及（拟）落实多边措施的安排

英国十分支持经济合作与发展组织（OECD）在税基侵蚀与利润转移（BEPS）方面的工作，并且加入了 2021 年 10 月的 OECD 双支柱声明⑥。事实上，英国方面一直认为设立的数字服务税（DST）是一个"次优"解决方案，旨在填补第一支柱实施前的空白。这点可以通过该国政府对"支柱一"的态度看出，比如 2024 年英国政府在其财政部政策文件《从现有数字服务税过渡到第一支柱的最新情况》（*Update to the Transition from Existing Digital Services Taxes to Pillar 1*）中就提到英国与奥地利、法国、意大利和

① 关于该报告，参见英国下议院（House of Commons）公共账目委员会（Committee of Public Accounts）第 2022～2023 会期第四十四次报告：《数字服务税》（*The Digital Services Tax*），https：//committees. parliament. uk/publications/34712/documents/191192/default/。

② 《数字服务税》（*The Digital Services Tax*），第 5 页。

③ 《数字服务税》（*The Digital Services Tax*），第 3 页。

④ 《301 条款调查 关于英国数字服务税的报告》（*Section 301 Investigation Report on the United Kingdom's Digital Services Tax*），https：//ustr. gov/sites/default/files/files/Press/Releases/UKDSTSection301Report. pdf。

⑤ 《数字服务税》（*The Digital Services Tax*），第 3 页。

⑥ *Members of the OECD/G20 Inclusive Framework on BEPS joining the October 2021 Statement on a Two-Pillar Solution to Address the Tax Challenges Arising from the Digitalisation of the Economy as of 9 June 2023*，https：//www. oecd. org/tax/beps/oecd － g20 － inclusive － framework － members － joining-statement-on-two-pillar-solution-to-address-tax-challenges-arising-from-digitalisation-october－2021. pdf.

西班牙均已同意更新从数字服务税向第一支柱过渡的条款①。

早在2021年，为支持2021年10月8日二十国集团/经合组织包容性框架（Inclusive Framework）的130多个国家就双支柱方案达成的历史性协议，美国、奥地利、法国、意大利、西班牙和英国在2021年10月21日发表的联合声明中宣布了关于从现有数字服务税过渡到新多边解决方案的政治妥协条款，并宣布将通过建设性对话继续讨论这一问题。2023年12月18日，"二十国集团/经合组织税基侵蚀和利润转移包容性框架（以下简称"包容性框架"）发表声明，呼吁在2024年3月底前敲定第一支柱多边公约文本，以期在2024年6月底前举行签署仪式。在此基础上，美国、奥地利、法国、意大利、西班牙和英国于2024年2月15日宣布，根据修订后的时间表，将2021年10月21日联合声明中提出的政治妥协延长至2024年6月30日。②

2024年6月已经过去，原计划于6月30日达成的"支柱一"多边公约草案仍然杳无音信。③ 根据经合组织的说法，取得了一定的进展，但谈判仍在进行中。然而只要美国不支持，第一支柱似乎很难被真正执行。④ 由于对第一支柱依然缺乏全球共识，英国现阶段将继续保留现有的数字服务税。

"支柱一"涉及对跨国企业剩余利润在全球范围内的重新分配，主要解决超大型跨国企业征税权分配的问题。"支柱二"是通过设立全球最低税

---

① 《从现有数字服务税过渡到第一支柱的最新情况》（*Update to the Transition from Existing Digital Services Taxes to Pillar 1*），https：//www.gov.uk/government/publications/update－to－the－transition－from－existing－digital－services－taxes－to－pillar－1。

② 《关于在第一支柱生效前的过渡时期对现有单边措施采取过渡办法的妥协的最新联合声明》（*Updated Joint Statement Regarding a Compromise on a Transitional Approach to Existing Unilateral Measures during the Interim Period before Pillar 1 is in Effect*），https：//www.gov.uk/government/publications/update-to-the-transition-from-existing-digital-services-taxes-to-pillar-1/updated-joint-statement－regarding－a－compromise－on－a－transitional－approach－to－existing－unilateral－measures－during－the－interim－period－before－pillar－1－is。

③ 《国际税改："双支柱"进展不一》，新浪财经，2024年7月22日，https：//finance.sina.com.cn/jjxw/2024-07-22/doc-inceytiy2199759.shtml。

④ 《第一支柱期限已过：新的数字服务税即将到来？》（*Pillar One Deadline has Passed：New Digital Services Taxes on the Horizon？*），https：//www.dentons.com/en/insights/alerts/2024/july/8/pillar-one-deadline-has-passed-new-digital-services-taxes-on-the-horizon。

率，确保跨国企业在各个辖区承担不低于一定比例的税负，主要解决大型跨国企业在各辖区应缴多少税的问题。① 解决"支柱一"的问题需要涉及多边公约的签署，由于各国利益出发点不同，目前进展缓慢；而"支柱二"的问题可以通过各个国家的国内立法或者双边协议实现，因此进展相对迅速。

2021 年 12 月，经合组织发布了《应对经济数字化税收挑战——支柱二全球反税基侵蚀规则立法模板》，此举标志着"支柱二"方案设计基本完成。② 此后，包括英国在内的多国开始进行与"支柱二"相关的国内立法工作。2023 年 7 月，英国颁布了《2023 年财政法（第 2 号）》[*Finance (No. 2) Act 2023*]，根据该法英国将于 2023 年 12 月 31 日或之后开始的会计期间适用跨国补足税（Multinational Top-up Tax，MTT）和国内补足税（Domestic Top-up Tax，DTT)③。跨国补足税是对年收入达到或超过 7.5 亿欧元的跨国企业集团征收的一种新税。该税将要求所有同时拥有英国和非英国实体以及足够合并收入的集团在英国税务与海关总署注册。如果英国母公司在位于非英国司法管辖区的实体中获得收益，且集团在该司法管辖区产生的利润税率低于 15% 的最低税率，则该集团中的英国母公司可能会被征税。国内补足税将要求所有拥有英国实体和足够合并收入的集团向英国税务与海关总署注册。如果国内或跨国企业集团中的英国成员在英国的利润税率低于 15% 的最低税率，则可能会被征税④。

---

① *Statement on a Two-Pillar Solution to Address the Tax Challenges Arising from the Digitalisation of the Economy*，https：//www. oecd. org/tax/beps/statement-on-a-two-pillar-solution-to-address-the-tax-challenges-arising-from-the-digitalisation-of-the-economy-october-2021. pdf.

② 《应对经济数字化税收挑战——支柱二全球反税基侵蚀规则立法模板》[*Tax Challenges Arising from Digitalisation of the Economy-Global Anti-Base Erosion Model Rules（Pillar Two）*]，https：//www. oecd-ilibrary. org/taxation/tax-challenges-arising-from-digitalisation-of-the-economy-global-anti-base-erosion-model-rules-pillar-two_782bac33-en。

③ 《2023 年财政法（第 2 号）》[*Finance（No. 2）Act 2023*]，https：//www. legislation. gov. uk/ukpga/2023/30/contents。

④ 关于跨国补足税（Multinational Top-up Tax）和国内补足税（Domestic Top-up Tax）参见《如何针对跨国补足税和国内补足税进行准备》（*How to prepare for the Multinational Top-up Tax and the Domestic Top-up Tax*），https：//www. gov. uk/government/publications/preparing-for-the-multinational-top-up-tax-and-the-domestic-top-up-tax/how-to-prepare-for-the-multinational-top-up-tax-and-the-domestic-top-up-tax。

（三）对英国数字经济直接税政策的评价

英国近几年的数字经济直接税政策有着自身特色。不过这并不意味着英国在与数字经济相关的直接税问题上会与其他欧洲国家渐行渐远。虽然英国开征了自己的数字服务税，但如同其他欧洲国家一样，在解决国际税收BEPS问题方面英国依然紧跟OECD的脚步。在经济全球化的这个时代，英国政府认识到对于跨国大型企业的征税问题，必须与世界其他国家保持联系共同寻找解决方案。

"脱欧"后，英国的税收政策与其经济情况均处于一种不太稳定的过渡状态。在这短短几年里，与数字经济相关的英国直接税政策方面已经发生了许多变化。这里面既有英国政府希望在新形势下通过改变税收政策建立并强化自身优势的因素，也有迫于国际税收制度的发展而不得不做出妥协的无奈。

目前，各国就"支柱一"的问题始终无法达成共识。在此情况下，未来英国与数字经济相关的直接税政策将何去何从。就现阶段而言，这似乎是一个让人难以回答的问题。

四　数字经济税收实践：税收征管数字化的探求

（一）数字经济发展对英国税收征管带来的主要问题

数字经济的发展对于英国而言既是机遇也是挑战。一方面，数字经济的发展为税收征管制度改革提供了更多的可能性。如征管的数字化和便捷化。另一方面，也带来了诸多挑战，例如，如何稳步高效的推进征管制度改革？如何在推进税收征管的数字化改革的过程中保障纳税人的利益？如何使税收征管的数字化同时惠及税务机关和纳税人。

（二）税收征管数字化实践措施

近年来，英国政府一直期望拥有一个能够支持纳税人全方位需求完全数字化的税务系统。2020年7月，英国政府发布了《建立一个值得信赖的现代化税务管理系统》（*Building a Trusted, Modern Tax Administration System*）①，提出了2020~2030年的推进税收征管数字化的战略规划，同时希望这一战略能在实质上提高政府工作的灵活性、效率并加强政府对纳税人的支持。《使税务数字化》（*Making tax digital, MTD*）被认为是该战略的重要组成部分，也是英国迈向现代数字税务服务的第一步。

事实上早在2015年12月，为了让个人和企业更容易纳税并掌握自己的财务状况，英国税务与海关总署就已经发布了《使税务数字化》②。这一政策最终带来了英国对于增值税和所得税数字化的改革计划③。

增值税数字化改革的试点开始于2018年4月，当时只有极少数的企业应邀参与了试点④。自2019年4月开始，应税营业额超过8.5万英镑的增值税注册企业被要求必须加入试点项目。从2022年4月1日起，所有增值税注册企业（无论其营业额多少）都必须遵守增值税税务数字化规则。⑤

所得税数字化改革方面，2026年4月后，自雇人士或是土地所有者里年业务或财产收入超过5万英镑的个人将有义务遵守所得税税务数字化的规则。这一规定中的收入标准将在2027年4月降至3万英镑。⑥ 至于企业所得税（公司税）的税务数字化，英国税务与海关总署表示，在2026年4月之

---

① 《建立一个值得信赖的现代化税收管理系统》（*Building a Trusted, Modern Tax Administration System*），https：//www. gov. uk/government/publications/tax－administration－strategy/building－a-trusted-modern-tax-administration-system。

② 《使税务数字化》（*Making Tax Digital*），https：//www. gov. uk/government/publications/making-tax-digital。

③ 《使税务数字化概述》（*Overview of Making Tax Digital*），https：//www. gov. uk/government/publications/making-tax-digital/overview-of-making-tax-digital。

④ 参见英国上议院经济事务委员会2017~2019会议期第3次报告：《增值税税务数字化：公平对待小企业》（*Making Tax Digital for VAT：Treating Small Businesses Fairly*），https：//publications. parliament. uk/pa/ld201719/ldselect/ldeconaf/229/229. pdf，第16页。

⑤ 《增值税数字化税务即将到来——您准备好了吗？》（*Making Tax Digital for VAT is Coming——Are You Ready?*），https：//www. gov. uk/government/news/making-tax-digital-for-vat-is-coming-are-you-ready。

⑥ 《使税务数字化概述》（*Overview of Making Tax Digital*），https：//www. gov. uk/government/publications/making-tax-digital/overview-of-making-tax-digital。

前不会强制推行公司税方面的 MTD。①

为支持上述改革，英国推出了一系列相关措施。其中一项重要举措是为个人纳税人和企业纳税人分别建立了个人数字税务账户②和企业数字税务账户③。英国还通过新规的制定明确了税务代理人在税收征管数字化中扮演的角色，从而让纳税人能够享受到更高质量的涉税服务。④ 此外，还有加强与第三方软件供应商的合作，以确保纳税人能得到更好的数字税收服务等措施。⑤

（三）税收征管数字化实践评价

英国通过推进战略规划从而更好地应对税收征管数字化带来的挑战。在实践中，采用先小范围试点再扩大试点范围循序渐进的做法，保障试点工作的稳步推进。

在英国税收征管数字化改革中，政府在试点中往往会根据所涉及的税收领域以及纳税主体的情况做不同的安排，逐步进行试点工作。比如对于增值税、个人所得税以及企业所得税的情况，安排了不同的税收数字化试点起始时间。

英国在进行税收征管的数字化改革时，始终以提高为纳税人服务的质量为目标。采取多种措施，在提升政府效率的同时保障纳税人的利益。

目前英国的税收征管数字化改革已经取得了一定的成果，比如英国税务

---

① 《使公司税税务数字化》（*Making Tax Digital for Corporation Tax*），https：//www.gov.uk/government/consultations/making-tax-digital-for-corporation-tax。

② 《个人税务账户：登录或设置》（*Personal Tax Account：Sign In or Set Up*），https：//www.gov.uk/personal-tax-account。

③ 《登录英国税务与海关总署企业税务账户》（*Sign In to Your HMRC Business Tax Account*），https：//www.gov.uk/guidance/sign-in-to-your-hmrc-business-tax-account。

④ 《作为代理人参与增值税税务数字化：逐步进行》（*Making Tax Digital for VAT as an Agent：Step by Step*），https：//www.gov.uk/guidance/making-tax-digital-for-vat-as-an-agent-step-by-step。

⑤ 《查找用于增值税税务数字化的软件》（*Find Software for Making Tax Digital for VAT*），https：//www.tax.service.gov.uk/making-tax-digital-software。

与海关总署近年公布了 MTD 减少税收差距的证据。[①] 然而关于这一改革的批评也有不少，如英国下议院在其 2022～2023 会议期第 80 次报告中就指出英国税务与海关总署在 MTD 的规划、设计和实施过程中普遍且反复出现的失误，导致了 MTD 计划的成本增加和多次延迟。[②]

结　语

"脱欧"后，英国与数字经济相关的间接税和直接税政策均发生了较大变动。其中既有脱离欧盟事件本身的影响，也有国际政治经济局势变化以及国际税收制度发展的因素，此外还有英国自身寻求突破和转变的原因。

税收征管方面，英国大力推进税收征管的数字化改革。尽管其改革措施存在许多不足之处，但是依然有值得他国借鉴之处。

总体而言，英国近年来的数字经济税收实践有其独特性。无论是对中国还是对其他国家，都有着极大的研究和参考价值。

---

① 《评估增值税税务数字化带来的额外税收收入》（*Evaluating Additional Tax Revenue from Making Tax Digital for VAT*），https：//www.gov.uk/government/publications/evaluating-additional-tax-revenue-from-making-tax-digital-for-vat。

② 《使税务数字化的进展》（*Progress with Making Tax Digital*），https：//committees.parliament.uk/publications/42230/documents/209995/default/。

B.17
AI 机器人税国际动态发展报告（2024）

郝琳琳　汤思源*

摘　要：　以人工智能为核心的智能化技术快速发展，全球已进入"工业4.0"主导的"智能化时代"。亚太地区、欧洲地区和美洲地区机器人销量均呈现增长态势。数字经济时代，AI 机器人的发展引发对开征 AI 机器人税的争论。比较分析欧盟、美国、韩国等 AI 机器人税的立法与实践，提出 AI 机器人税应以激励高质量科技发展、维护市场劳动力要素平衡为功能导向，并将满足需要作为其底层逻辑的基本观点。在征税路径上，目前 AI 机器人还不是适格的纳税主体，应对使用 AI 机器人的资本课税，从而化解科技进步与充分就业之间的矛盾；构建契合高质量发展的 AI 机器人税收优惠制度，为 AI 产业研发和创新设定税收优惠条件和指标，着力提升税收优惠的针对性和执行效果；落实 AI 机器人企业防范劳动失衡的社会责任，激励其创造就业岗位，使科技发展真正服务于人类。

关键词：　人工智能　AI 机器人税　就业

一　AI 机器人的应用现状和观点争鸣

（一）AI 机器人的应用现状

以人工智能为核心的智能化技术快速发展，全球已进入"工业4.0"主

---

* 郝琳琳，北京工商大学教授，财税法研究中心主任，主要研究方向为财税法；汤思源，北京工商大学法学院 2022 级硕士研究生，主要研究方向为财税法。

导的"智能化时代"。[①] 自 2016 年开始，机器人的销量年均增长 12%。[②] 据国际机器人联合会（IFR）2023 年 9 月 26 日在德国法兰克福发布的《2023 年世界机器人报告》（*World Robotics 2023 Report*）数据，2022 年全球工业机器人销量达到 55.3 万台（比 2021 年增长 5%），再创历史新高，连续两年销量超 50 万台（见图 1）；2017~2022 年全球工业机器人销量年均复合增长率约为 7%。

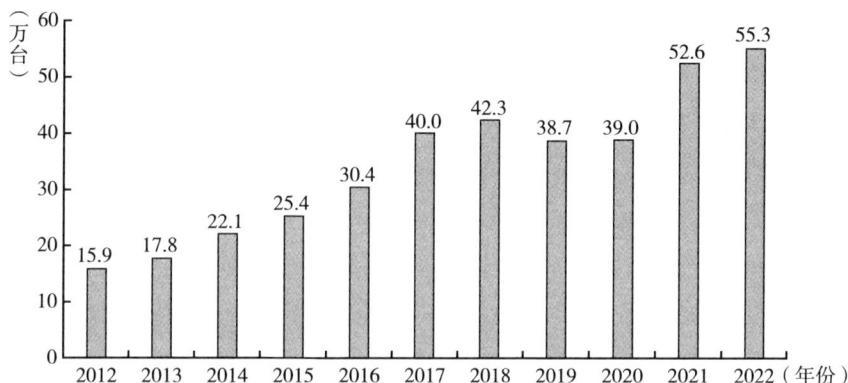

图 1　2012~2022 年全球工业机器人年销量情况

资料来源：《2023 年世界机器人报告》，IFR，2023。

2022 年亚太地区、欧洲地区和美洲地区工业机器人销量均呈现增长态势，增幅分别为 5.2%、2.4% 和 7.7%，销量分别为 40.5 万台、8.4 万台和 5.6 万台。亚太地区仍是全球最大的工业机器人市场，并且市场份额在持续上涨，2022 年全球工业机器人销量中的 74% 在亚太地区；欧洲地区和美洲地区的市场份额占比分别为 15% 和 10%（见图 2）。

2022 年全球在运工业机器人累计数量约为 390 万台，比上年增长 12.22%（见图 3），2017~2022 年全球在运工业机器人数量年均复合增长率

---

① 李春利、高良谋：《第四次工业革命背景下技术-组织-管理范式研究》，《当代经济管理》2023 年第 11 期，第 23~31 页。

② International Federation of Robots，Execve Summary World Robotics 2017 Industrial Robots，https：//ifr. org/downloads/press/Executive_ Summary_ WR_ 2017_ Industrial_ Robots. pdf.

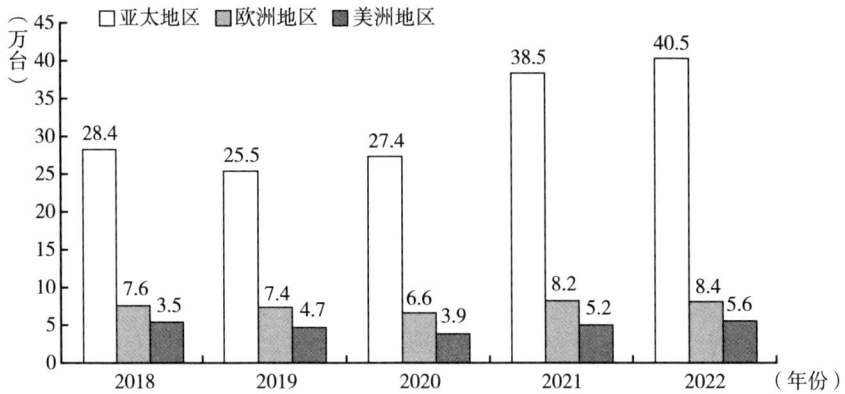

图2　2018~2022年全球三大地区工业机器人销量情况

资料来源：《2023年世界机器人报告》，IFR，2023。

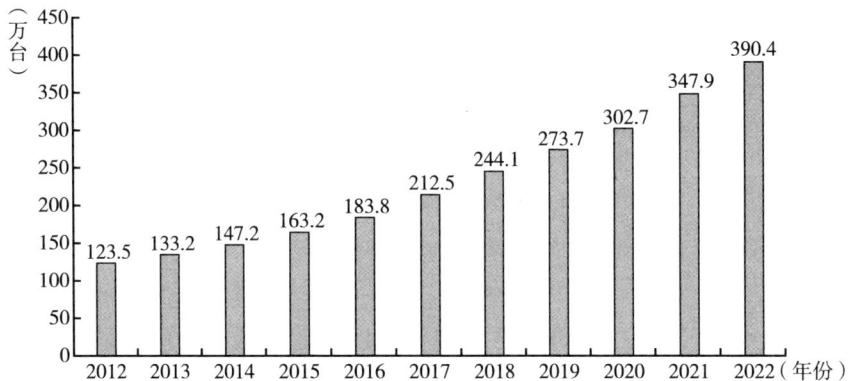

图3　2012~2022年全球在运工业机器人年累计情况

资料来源：《2023年世界机器人报告》，IFR，2023。

约为13%。

中国、日本、美国、韩国和德国是工业机器人销量较大的五个国家，份额约占全球市场总额的79.1%（见图4）。

根据全球人工智能峰会报告，在亚洲较为发达的4个经济体的人工智能指数（包含技术实施、创新和投资三个方面）综合排名中，中国在G20集团中位列第二，亚洲第一（见表1）。

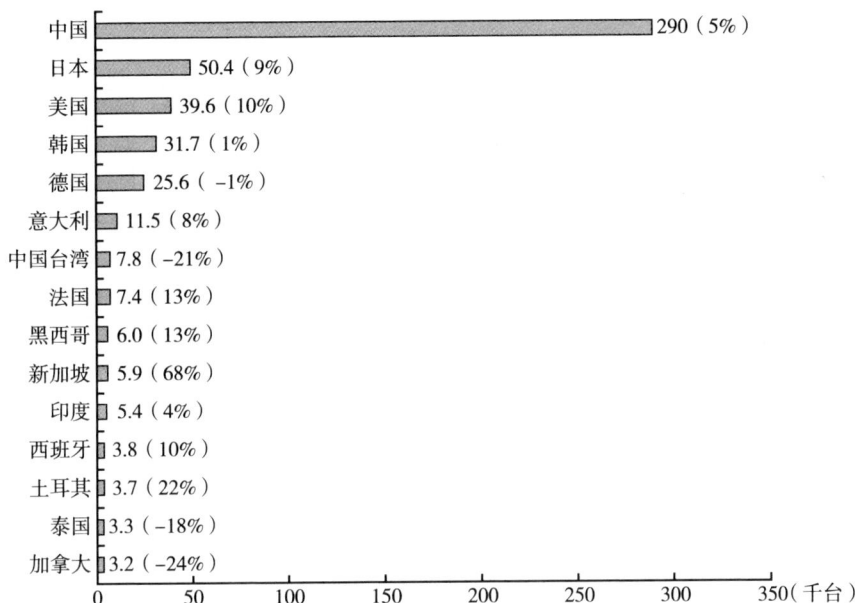

图 4　2022 年工业机器人销量排名前 15 的国家/地区及其增长率

资料来源：《2023 年世界机器人报告》，IFR，2023。

表 1　G20 集团中亚洲四国的人工智能指数排名

国家	技术实施			创新		投资		综合排名
	潜力	基础设施	运营	研究	发展	政府战略	商业化	
中国	18	3	3	2	1	1	2	2
新加坡	2	4	39	16	15	30	6	7
日本	26	16	17	6	7	12	8	9
印度	2	59	33	27	11	36	10	20

资料来源：Tortoise Media.

　　近年来，中国工业机器人销量保持快速增长态势，2017~2022 年销量复合年均增长率约为 13%（见图 5）。2022 年中国工业机器人销量在全球市场份额占比约为 52.5%，而在 2012 年中国工业机器人销量在全球市场份额占比仅为 14%。为了服务中国这个充满活力的市场，国内外机器人供应商在中国建立了生产工厂，并不断提高产能。

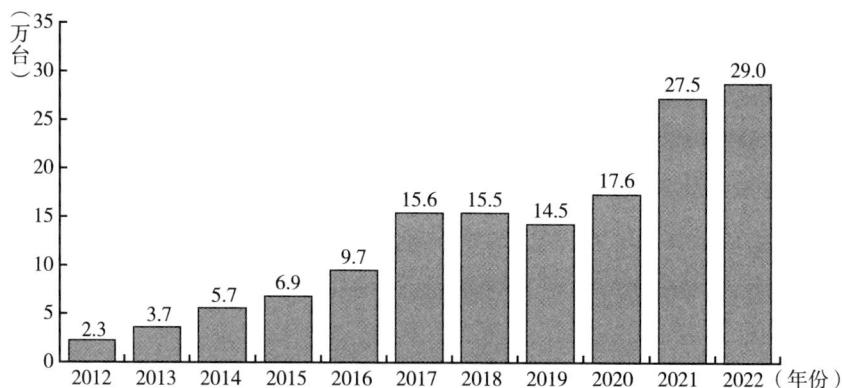

图 5　2012~2022 年中国工业机器人年销量情况

资料来源:《2023 年世界机器人报告》,IFR,2023。

全球工业机器人销量有望继续保持稳步增长态势,至 2026 年全球工业机器人销量有望达到 71.8 万台;2023~2026 年全球工业机器人销量复合年均增长率将为 7%(见图 6)。

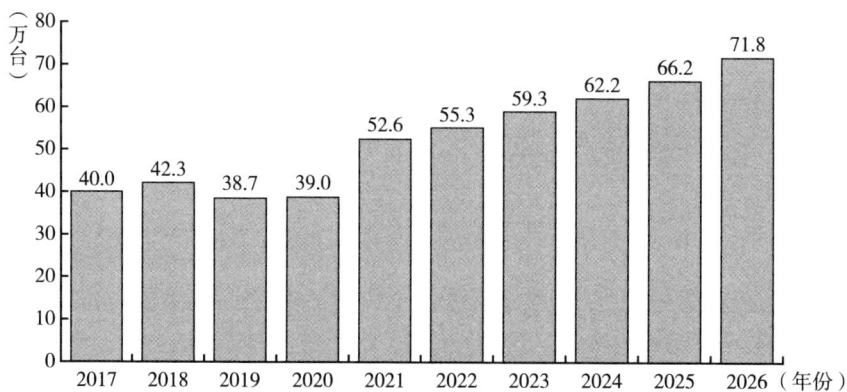

图 6　2023~2026 年全球工业机器人销量及预测值

资料来源:《2023 年世界机器人报告》,IFR,2023。

世界经济论坛(World Economic Forum)的报告预测,未来 20 年内,AI 机器人可能会取代大部分人类工人,2025 年全球超过 50% 的工作岗位将实现自动化。① 世界银行预测，发展中国家因人工智能的普及未来失业率甚至高于发达经济体，其中，印度因此而导致的失业率为 69%，泰国为 72%，中国为 77%，埃塞俄比亚高达 85%。然而无论是蒸汽机时代、电气化时代还是信息化时代，每次工业革命都在创造巨大生产力的同时，改组社会生产模式，激化多层社会矛盾，并对政治、经济、文化造成冲击甚至动荡。②

（二）对开征 AI 机器人税的观点争鸣

"机器人替代人类"的诸多现实引发对开征 AI 机器人税的激烈争论。支持者主张对机器人征税以缓冲矛盾。③ 一是基于税收公平的立场。人工智能的普及可以提高企业生产效率，降低经营成本，还能因此获得相应的税收减免。智能化无疑会增加社会总财富，但 AI 技术的应用使部分人获利的同时将在一定程度上损害另一部分人的权益。④ 专业技能水平较低的劳动者被机器人取代工作岗位，失去收入来源。为遵循税收公平原则，应采取适当的税收政策，向获利方征收 AI 机器人税，用以补贴待岗与失业群体，借此维护社会收入分配的公平。二是基于税收中性的立场。在 AI 机器人的应用发展上，税收制度应当采取中立立场，既不能偏向于工人，亦不能偏向 AI 机器人。当前世界许多国家的现行税制是"偏颇的"，表现为对工人的工资、薪金征税，而对技术资本的应用却采用激励科技发展功能下的税收优惠。因此，有学者认为，当自动化带来了政府税收流失时，税收政策应适时进行调整，通过创设针对机器人的"自动化税"来抵消普通工人由此而受到的失业冲击，使机器人和普通工人在经济发展中相互独立、人机共存。⑤ 三是以

---

① World Economic Forum, The Future of Jobs Report 2018, https://www3.weforum.org/docs/WEF_Future_of_Jobs_2018.pdf.

② 席勒：《美育书简》，中国人民大学出版社，1998，第 144~145 页。

③ CNBC, Bill Gates wants to Tax Robots, but the EU Says "No Way, No Way," https://www.cnbc.com/2017/06/02/bill-gates-robot-tax-eu.html.

④ Korinek A., Stiglitz J. E., "Artificial Intelligence and Its Implications for Income Distribution and Unemployment", *NBER Chapters*1 (2018): 349–390.

⑤ William Meisel, The Software Society: Cultural and Economic Impact (USA: Trafford Publishing, 2013), p226.

财政维稳为立足点。人工智能的迅速发展导致政府税收减少，而失业救济、教育培训、就业服务等社会公共开支却不断增长。机器人替代人工劳动者后，工薪税也将锐减。由此，向机器人征税成为增加税收、缓解政府财政困难的卓有成效的办法。[①]

反对者的依据有三，一是 AI 机器人无法作为纳税主体。AI 机器人是由人类创造的产物，其是物化劳动的一种，与雇主和税务部门之间均无税收法律关系。[②] 二是 AI 机器人税将抑制创新。信息技术和创新基金会（Information Technology and Innovation Foundation，ITIF）的主席 Robert D. Atkinson 主张，自动化成本的提高势必会阻碍企业生产效率的提高和社会整体经济生产力的下降，企业放弃使用自动化技术难以提高产能，将导致科技发展速度减缓。发达经济体的 GDP 增长停滞的主要原因是生产率放缓，而 AI 机器人技术正在推动劳动生产率和 GDP 的增长，不可逆势而为。三是 AI 机器人的普及和失业率上升没有直接联系。人工智能对就业有推动作用，企业对人才的需求并没有减少，且对复合型人才需求量不降反增。[③] 自动化提升生产力的同时拉动了被雇佣者的需求量，人工智能可以创造新的就业机会。[④]

革命性的技术进步带来的岗位增加远不及其流失量。征收"机器人税"并不阻碍技术创新，虽然可能增加人工智能企业和机器人生产厂商的税负，但是经由提升机器人单位劳动效率足以抵消税收成本，并有助于推进机器人创新。[⑤] 党的二十大报告明确要"推动战略性新兴产业融合集群发展，构建新

---

① 朱力、夏恩君：《机器人税：人工智能和自动化时代的税收挑战》，《未来与发展》2022 年第 4 期，第 35~44 页。

② 蔡磊、吴婧、张钟月：《对机器人应该征税吗?》，《税务研究》2018 年第 9 期，第 105~106 页。

③ 韩秉志：《"机器换人"，我们如何保住"饭碗"》，《就业与保障》2019 年第 9 期，第 37~39 页。

④ Acemoglu D. , Restrepo P. , "Low-Skill and High-Skill Automation," *Journal of Human Capital* 2 (2018)：204-232.

⑤ 刘灿邦：《向机器人征税意味着征资本利得税》，《企业观察家》2017 年第 4 期，第 20~21 页。

一代信息技术、人工智能、生物技术、新能源、新材料、高端装备、绿色环保等一批新的增长引擎，强化就业优先政策，健全就业促进机制，促进高质量充分就业"。[①] 税法调控经济运行、调节收入分配、监督经济活动。深掘税法在人工智能发展中保障就业的潜质，有助于维系经济创新与就业稳定间的平衡。

二 发达经济体 AI 机器人税的实践探索与发展趋势

（一）欧盟委员会：《机器人规则》报告

2016 年，欧洲议会议员 Mady Delvaux 向欧洲议会提交完善机器人与人工智能规则的报告（以下简称《机器人规则》），包含人工智能使用的一般原则、研究创新、道德、教育就业、环境影响等多方面建议。[②] 报告显示，2012~2015 年 AI 机器人销售额平均每年增长 17%，机器人技术的年度专利申请量在此前的十年间增加了两倍。AI 机器人的广泛使用可能不会自动产生工作替代，但劳动密集型部门的低技能工作更容易受到智能化的影响。AI 技术将人们从单调的体力劳动中解放去完成更具创造性和有意义的任务，但机器人和人工智能的发展已经导致许多工作任务改由机器人完成，进而引发人们对未来就业、社会福利和安全体系以及养老金缴款持续滞后等问题的担忧。如果继续维持目前的税法框架，可能加剧财富积累和分配的不平等。同时为了保持社会凝聚力和充分就业，除了为失业工人提供资金支持和再培训机会，还应探索对机器人征税或使用机器人的资本须支付额外费用的可能性。由此对新的就业模式以及税收的可持续性展开包容性辩论，目的在于保证政府和税务居民均可取得稳定收入。

---

① 习近平：《高举中国特色社会主义伟大旗帜为全面建设社会主义现代化国家而团结奋斗——在中国共产党第二十次全国代表大会上的报告》，《人民日报》2022 年 10 月 6 日，第 01 版。

② "Report with Recommendations to the Commission on Civil Law Rules on Robotic," https://www.europarl.europa.eu/doceo/document/A-8-2017-0005_EN.html.

《机器人规则》中包含防范劳动失衡的税法预案。《机器人规则》的"教育与就业"分章第 44 条强调预见社会变化的重要性并警惕 AI 机器人的发展和部署可能产生的影响，要求欧洲议会委员会就新的就业模式对税收和社会制度的可持续性展开辩论，以保障工人有足够的收入。欧洲议会就业及社会事务委员会（Employment and Social Affairs）在意见中对《机器人规则》作出了积极回应，认为 AI 机器人和人工智能的发展与使用将对会员国社会保障计划、养老金制度和失业保险制度的财务可持续性产生影响。欧盟委员会认为，应采取适当措施应对技术创新带来的潜在职业风险和安全隐患，并提出了对应用 AI 机器人的公司征收营业税和社会保险金的方案，以期以该税案为指引，形成 AI 机器人使用者对平衡社会就业的保障义务，并为低教育水平劳工再就业创造条件。

未来税制设计应具备激励科技发展与保障就业稳定的联动性。《机器人规则》中多次强调"在确保科技进步与发展的前提下对 AI 机器人征税"，但未有具体建议。在其"研究与创新"部分，强调欧盟与成员国共同提供资金，力图使欧盟机器人和人工智能研究处于领先地位，并投入足够的资源寻找解决技术发展及其应用带来的社会、伦理、法律和经济挑战的办法，但税收在激励科技发展中的功用没有体现。在欧盟众多委员会的内部表决中，就业及社会事务委员会的反对票与弃权票最多[1]，其主要原因是对税收限制科技发展的顾虑。税收制度除了社会保障功能，在科技发展日新月异的当下，还应致力为 AI 技术的长远发展保驾护航。

在欧盟，除 Mady Delvaux 的《机器人规则》提案外，意大利众议员还提交了一项关于机器人税收的议案，提议如企业的制造活动主要由人工智能或机器人进行，其企业所得税的税率须增加 1%。[2] 瑞士日内瓦州议员提交

---

[1] 反对票 7 票，弃权票 9 票。16 票的消极性投票，甚至大于其他 6 个委员会各自消极性表决的总和（13 票）。

[2] Robert Kovacev, "A Taxing Dilemma: Robot Taxes and the Challenges of Effective Taxation of AI, Automation and Robotics in the Fourth Industrial Revolution," *Ohio State Technology Law Journal* 16（2020）：183–218.

了一份地方性议案，旨在为零售业收银员提供就业机会，提议对装有自动出纳机的零售店征收税款，税收将支付给日内瓦贸易和地方就业基金会，并用部分税款补助不适用自动收银机的商店。① 这些提案均未实施，无法证实，其面临的挑战与《机器人规则》并无二致，不作赘述。

（二）瑞士日内瓦：将税收作为分享自动化和人工智能收益的可能性工具

瑞士的相关研究表明，过去几十年里世界经济将面临自动化、机器人技术和人工智能大幅增长所导致的严重的失业或就业两极分化，从而拉大收入和财富差距，将威胁到《联合国 2030 年可持续发展议程》中可持续发展目标的实现。② 为防止自动化和人工智能等技术变革以大规模失业、日益加剧的不平等为代价，政府在社会资源分配中的监管作用变得至关重要。③ 技术的进步会对税收制度产生直接影响，税收制度应重新考虑新的就业形式和商业模式，应将其作为分享自动化和人工智能收益的可能性工具。AI 机器人税的收入可以作为基本收入重新分配给因机器人系统和人工智能而无法重返工作岗位的工人，另外，还可应用在绿色能源、医疗保健和教育领域以创造新的就业机会。

对于维稳劳动力市场，解决低技术工人失业问题，AI 机器人税是有效的可行性方案。但是避免阻碍创新的副作用，机器人税和人工智能税的税制设计至关重要。瑞士日内瓦国际劳工研究所（International Labour Organization Research Department）研究员 Rossana Merola 提出了三个解决方案。第一，征收机器人税以保障就业机会，创造必要的时间让工人们重新培养技能，并为失业的工人们提供市场上所要求的新技能和能力的学习机会；

---

① Projet de loi pour le maintien de l'emploi, de la qualité et de la proximité danse secteur du commerce de détail, http：//ge. ch/grandconseil/data/texte/PL12064. pdf.

② 《联合国 2030 年可持续发展议程》中可持续发展目标八：敦促国际社会促进持续、包容性和可持续的经济增长，全面、高效和体面的就业。

③ Joao Guerreiro, Sergio Rebelo & Pedro Teles, "Should Robots be Taxed?" *National Bureau of Economic Research* 9（2017）：1-48.

第二，将 AI 机器人税作为一次性税，但可能对成本较高的中小企业的 AI 机器人使用带来更大的经济负担；[①] 第三，数据在 AI 机器人的学习和模型的构建中是无法替代的，税务机关可以通过相关企业对数据的抓取行为征税，以达到间接控制 AI 机器人发展的目的。[②] 同时，包含税收在内的任何单一政策都不足以实现更具包容性和平等的增长。至关重要的是要在不同政策之间创造协同效应，在创造就业战略、再分配政策、技能发展和社会保障系统之间建立紧密联系。

（三）美国内华达州及多国大城市：自动驾驶税

自动驾驶税（Autopilot Drive Tax）[③] 与 AI 机器人税具有一定关联性。具体而言，自动驾驶税包括车辆销售税、里程税以及基于车辆价值按年征收的财产税。在税率结构的设计上也兼顾了激励创新与维护公平，以尽量避免课税对自动驾驶行业带来不当压力。[④] 目前，美国加利福尼亚州、内华达州等多个州通过了类似法案，而马萨诸塞州、田纳西州的自动驾驶税法案尚未通过。内华达州会逐年公布州内新修订立法汇编，2022 年立法汇编第 372B 章第 145 款中规定的"客运-承运人税"（*2022 Nevada Revised Statutes Chapter 372B-Taxes on Passenger Carriers*）针对应用软件、调度中心或其他数字化技术将乘客与自动驾驶汽车连接匹配以提供交通服务的自动驾驶汽车网络公司征收消费税，税率为运输服务总票价的 3%，该费用包括但不限于所有费用、附加费、技术费、使用信用卡或借记卡的便利费用以及作为票价组成部分的任何其他金额，交通部应向各自动驾驶汽车网络公司收取本款规定的消费税。[⑤] 这

---

① Rossana Merola, "Inclusive Growth in the Era of Automation and AI：How Can Taxation Help？" *Frontiers in Artificial Intelligence* 5 （2022）：7-8.

② Aslam A., Shah A., "Tec（h）tonic shifts. Taxing the digital economy," *IMF Working Paper* 5 （2020）：45-46.

③ 也称交通拥堵缓解税。

④ Smith J. A., "The Impact of Autonomous Driving Taxes on Transportation Infrastructure," *Transportation Research Part C：Emerging Technologies* 112 （2020）：123-136.

⑤ Nevada Revised Statutes. Nev. Rev. Stat. § 372B. 145 （2022）, https：//law. justia. com/ codes/nevada/2022/chapter-372b/statute-372b-145/.

一税种目前在全球多个国家的大城市均已推行，包括新加坡、英国伦敦、德国慕尼黑和瑞典斯德哥尔摩等，这些城市均在一定程度内允许自动驾驶汽车的现实应用，而自动驾驶汽车的使用者需支付一定比例的企业所得税或消费税成立公路信托基金，用于政府财政的基础设施建设和维护。自动驾驶汽车具有自动识路和风险的检测应对等功能，人工智能科技是其运行的关键支撑。故广义上也可认为，自动驾驶汽车就是 AI 机器人的一种类型。自动驾驶税的制度设计，进一步丰富了 AI 机器人税功能导向的内涵。

自动驾驶税拓宽了规范科技发展的功能目标，但可能抑制企业自动化的速度。自动驾驶税未尝产生科技创新与劳动保障之间的价值冲突，其旨在鼓励全社会使用公共交通工具或共享汽车，以此缓解交通拥堵，减少温室气体的排放，扩展了税法之于科技发展的功能。无独有偶，AI 机器人税亦具备激励性和规范性两项功能，与科技高质量发展的内涵一致。同时，自动驾驶税的建立可在未来普遍使用 AI 机器人后补偿政府减少的可征收税费。

强调企业在使用自动化技术中的社会责任。无论是自动驾驶汽车，抑或 AI 机器人，自动化技术必然大幅提高企业的生产效率。在高新技术企业适用税收优惠的加持下，企业的经营规模会进一步扩大。此时，对自动驾驶汽车乃至 AI 机器人征税，其税收收入主要用于提供公共服务、创造就业岗位、基础设施建设等领域。税法的功能作用不局限于调节收入分配，还能对高新技术企业反哺社会进行价值引领，形成"社会支持企业""企业回报社会"的良性循环，实现科技发展与社会进步的双向增效。

（四）韩国：对机器人企业适度的税收优惠

韩国 2017 年失业率创新高，机器人取代人类工作导致大规模裁员近 117 万人。韩国政府通过了限制使用 AI 机器人企业享受税收优惠的间接措施，拟向 AI 机器人征税，并于 2017 年 8 月公布了全球首个关于"机器人税"的政策提案[①]。其中第 24 条为使用自动化设备实质提升生产力的公司

---

① 该提案的名称为《特别税收限制法》（*Restriction of Special Taxation Act*）。

提供最高可达投资总额的 2% 的企业所得税的税收减免。而此前是根据企业经营规模，提供 3%～7% 的税收减免。这一规定表面看是激励企业技术创新的优惠，但其本质却是试图通过削弱税收优惠力度以限制企业对人工智能的过度投资，实现科技创新与劳动保障之间的均衡。韩国政府并未直接实施"AI 机器人税"，但在减轻就业压力的前提下，利用可享受税收优惠的政策条件，对市场中的高新技术企业进一步提纯，这与 AI 机器人税倡导的价值取向基本一致。

通过分析 AI 机器人税的探索实践，不难发现各国都制定了相应的税收优惠制度来鼓励 AI 机器人产业的发展。首先，适度的税收优惠有助于增强科技发展中的核心竞争力。当前，AI 机器人作为科技前沿产物，被列入各国政府招商引资、鼓励投资、促进产业升级的目标，且各国纷纷出台包括税收优惠在内的系列措施。这种激励模式下普遍存在技术含量与核心竞争力考核机制的缺位，与 AI 机器人略有关联就以政策优待扶持。多数人工智能产业甚至暴露出低端、盲目、无序的发展状态，刚起步就面临被淘汰成为许多中小型高新技术企业的宿命。大量的低端技术与投资过剩，致使整体 AI 产业陷入无序竞争状态，也造成巨大资源浪费。采取适度的税收优惠措施，适当抬高 AI 产业投资的门槛，优化 AI 产业的发展节奏，确实可以提高科技发展的效率。

其次，税收优惠可作为 AI 机器人税基本税制的补充。税收优惠通常只针对特定的经济活动主体，其覆盖面不会过宽，起到对税收负担进行局部调整的作用，具有间接性和灵活性。但税收优惠会增加税制的复杂性、不确定性、不公平性以及征纳双方的税收成本。在科技创新活动复杂多样的新时代，相关税收优惠的复杂性和税收成本更高。[1] 故从短期看，税收优惠的安排可作为缓解社会失业压力和不过度限制科技创新的"两全其美"方案；随着 AI 机器人对社会影响时间维度的拉长和冲击的深入，像韩国

---

[1] 薛薇、尉佳：《适应新时代科技创新发展的税收政策：挑战、问题与建议》，《国际税收》2020 年第 6 期，第 25～32 页。

这样仅依赖削减税收优惠将不能满足经济发展和稳定就业的多重需求，而建立有利于科技创新与劳动平衡的 AI 机器人税基本税制应成为未来税制改革的重要目标。

三　AI 机器人税应具备的税法功能

（一）助力科技发展：高质量发展亟须有效激励

在关于 AI 机器人税的研究中，多论证其激励科技发展而忽略了规范引导的功用。当然，利用税法来促进高新技术产业的发展符合税收公平原则。作为影响税收的因素，纳税义务人对税额的负担能力、课税对象的经济情况等方面的差异导致国家在制定税法时必须考虑纳税人的具体情况而区别对待，以期纳税义务分配均衡，实现纳税人税负公平的愿景。相对于其他产业，研发人工智能的高新技术企业具有资金需求量大、经营风险高等特点，企业稳定性常常难达预期，国家在一定时期内给予人工智能企业税收优惠是国际上普遍采用的举措。然而，税制设计不能仅维护公平而忽略效率。税法效率原则要求国家利用宏观调控的手段对资源进行重新分配，避免资源的浪费，这也是科技创新高质量发展的题中应有之义。科技高质量发展，亟须与人才培养和引进、科技创新体系建设、知识产权保护、绿色可持续发展、数字化和智能化等多方面、全方位协同发展。AI 机器人税制必须符合科技高质量发展的立法目的，有必要为 AI 产业设置相应的准入资格，避免大量低效落后的投资和研发导致国家财政与社会资源的浪费。由此，在人工智能技术与传统行业的融合中，有必要借助税法制度与信息技术的综合优势，共同促进与"人"为善的绿色科技发展。

（二）防范劳动失衡：税法保障劳动力市场要素的平衡

在就业问题上，劳动法或其他部门法往往关注劳动者的合法权益、着重调整雇主和工人的微观劳动关系，但疏于对劳动力市场进行宏观、长远的调控。税法的特征及其基本原则都要求在保护纳税人利益的同时兼顾调节资源分配、维护市场稳定，这一得天独厚的优势使之成为政府调控劳动力市场的重要手段。劳动力市场中共有三个主角：工人、厂商和政府。① 当劳动者的需求与用人单位的需求（对就业市场而言是工作岗位的供给与需求）相等时，劳动力市场达到均衡状态；当供给与需求曲线严重偏移时，需要政府运用税收将失衡状态拉回至均衡状态，这就是税法的劳动力市场平衡功能。一系列实证研究说明非技能劳动力与资本是替代品，而技能劳动力与资本是互补品。② 在讨论 AI 机器人替代工人问题的情境下，假设企业的生产要素投入仅为劳动力（工人）与资本（AI 机器人），当 AI 机器人的研发与使用价格下降时，企业就会减少对非技能劳动力的使用，增加对 AI 机器人的使用。又因技能劳动力与设备是搭配使用的，因此对技能劳动力的需求也会增加。在 Kim Clark 和 Richard B. Freeman 的研究中表明，设备价格每下降 10% 会带来非技能劳动力减少 5% 的使用量以及技能劳动力增加 5% 的使用量。③ 在当前很多国家的社会教育环境下，在大多数企业中，非技能劳动力的占比都是远高于技能劳动力的。AI 机器人的普及与适用所创设的岗位会远比其替代的岗位数量少，所以非技能工人的未来失业问题必然存在且不容小觑。上述结论亦称资本–技能互补假说（Capital-skill Complementarity Hypothesis）。这一假说为 AI 机器人税提供了至关重要的立法根基。一方面，对于资本投资的补贴（如对 AI 机器人企业的税收优惠或补贴政策）会对不同类别的工人群体产生不同的影响。AI 机器人的投资税收补贴会降低企业购买、研发和使用 AI 机器人的价格，增加对 AI 机器人的需求，刺激企业的相关投资，但也

---

① 在某些国家中，还有第四个角色：工会。工会可以把劳动力的很大一部分组织起来，在与雇主的谈判中代表工人的利益并在政治生活中发挥作用。但是近几十年来，工会运动一直在走下坡路。截至 2010 年，美国私人部门中的工人仅有 6.9% 为工会成员，故本报告不作论述。

② 虽然有关这一发现的正确性还存在争议，但是多项研究的数据至少强有力地说明高技能工人与资本的互补比低技能工人与资本的互补性更强。Zvi Griliches，"Capital-SkillComplementarity," *Review of Economics and Statistics* 51（1969）：465–468.

③ Kim Clark，Richard B. Freeman，"How Elastic Is the Demand for Labor?" *Review of Economics and Statistics* 11（1980）：509–520.

会成为恶化低技能劳动力相对经济状况的"双刃剑"；另一方面，如果征收AI 机器人税或减少对企业的资本投资补贴，低技能劳动力与 AI 机器人的劳动岗位失衡问题就能得到一定缓解。

（三）AI 发展和就业稳定的冲突与协调：以满足需要为底层逻辑

AI 机器人税发挥激励科技发展与防范劳动失衡的功能并不冲突，其根本目的是满足需要。人类包括税收在内的一切经济活动，都是从"需要"开始的。① 人类的需要可以按主体区分为"私人个别需要"和"社会公共需要"两个部分。每一种需要的存在，都必然与满足这种需要的活动紧密联系在一起。需要性质的不同，满足需要活动的形式也就不同。社会成员的个别需要包括生存需要、发展需要等多种需要，需要由更为具体的需求（Needs）组合而成，这些需求并非平行而立，其具有由下至上的有机层次。艾布拉姆·马斯洛（Abraham Maslow）于 20 世纪 40 年代至 50 年代提出的需求层次理论②，描述了人类的需求是如何层次化和逐步满足的。满足就业需求是社会成员获得生活资料的重要基础，是生存需要的必要组成要素和生理需求、安全需求的外化具体表现。发展需要主要表现为物质资料的再生产，可以分解为更高层次的社交需求、尊重需求和自我实现需求，这与社会的经济运行效率和科技发展水平密不可分。AI 机器人税作为伴随高新技术产业诞生的制度产物，其功能首先要回应人类的基础需求。在生存需要等低层级需要未满足的语境下，讨论 AI 机器人税适应发展需要，必然会导致科技发展目标与充分就业需求之间产生冲突。社会由个体组成，社会需要是社会成员整体需要的集合，个人需求与社会需求亦存在有机的内在联动。以AI 机器人为代表的科技创新与研发出于满足个人与社会发展的需要，只要

① 王玮：《税收学原理》（第 4 版），清华大学出版社，2020，第 3~5 页。
② 需求层次理论阐述，人类的需求包括生理需求（Physiological Needs）、安全需求（Safety Needs）、社交需求（Social Needs）、尊重需求（Esteem Needs）和自我实现需求（Self-Actualization Needs）。Abraham Harold Maslow, *A Theory of Human Motivation*（Psychological Review, 1943），p 370-396.

生存需要与发展需要不冲突，AI 机器人税激励科技发展和防范劳动失衡的功能导向就不会产生冲突。AI 机器人的发展可以更好满足个人和社会的发展需要，与劳动者本不存在冲突，劳动失衡问题在本质上是资本与工人的冲突问题。作为一种分配形式，税收必须有被分配的对象。AI 机器人税的分配对象是对工人生存需要带来危机的资本，而非 AI 机器人本身。因此，AI 机器人税的制度安排必须遵循税收公平和实质课税原则，在鼓励科技发展的同时对利用 AI 机器人的资本的无序扩张进行规制，防范其带来的劳动失衡与生存需要危机。

四　相关结论与完善 AI 机器人税的对策建议

（一）AI 机器人税的概念厘清及立法目的

税法是行政机关和国家权力机关制定用以调整税收法律关系规范的总称，其调整对象连接的两端是征税机关与自然人。AI 机器人被定义为应用认知和推理能力来模仿人类大脑的编程产物，其需要依赖传感器或其他机械性载体与环境交换数据，并通过分析数据完成学习和交互。根据对人脑的模仿程度，可以将 AI 机器人区分为强 AI 机器人和弱 AI 机器人。AI 机器人税中涉及的机器人，应包括应用 AI 技术自动或半自动运行的机械设备（如自动驾驶汽车、商品导购机器人等），更需要涵盖目前尚未问世的强 AI 机器人。[1] 在 AI 机器人不具备同自然人、企业等适格纳税主体特征的情况下，以防范劳动失衡和激励科技发展的功能导向赋予 AI 机器人税的立法目的，优先发挥税收的调控功能，不失为一种思路。在现阶段，AI 机器人税是为应对人工智能、机器人和自动化等技术的负面效应而产生的一种特殊税，具有极强的目的性和政策性，是国家对 AI 机器人的生产者、销售者、使用者

---

[1] Xavier Oberson, *Taxing Robots: Helping the Economy to Adapt to the Use of Artificial Intelligence* (UK, Edward Elgar Publishing, 2019), p13–15.

或所有者征收的所得税、增值税、财产税等，在 AI 机器人应用过程中的不同环节课征不同种税不存在重复课税的问题。从而在推动科技高质量发展的同时，促进公平负担、支持劳动力市场的平稳过渡，并为社会提供支持技术培训和再就业所需的资金。这为 AI 机器人税设置了具体的立法指向。一是确保 AI 技术的广泛采用不会加剧社会不平等，通过对 AI 机器人征税，维护社会公平和经济稳定。二是提供资金支持培训和再就业项目，帮助受技术变革影响的工人适应新兴行业和职业，应对就业面临的风险。三是使税收政策不妨碍创新和研发，鼓励企业继续投资人工智能技术，推动科技进步。四是鼓励 AI 技术的开发者和使用者承担社会责任，保障其技术应用符合伦理和法律标准，从而保护公众利益。五是积极寻求全球 AI 机器人领域的协调合作，避免产生跨境技术贸易中的不平等问题。

（二）纳税主体为企业而非 AI 机器人本体

根据当前对法律关系要素的规定，企业作为 AI 机器人税的纳税主体更为适宜，AI 机器人不具备法律主体资格，AI 机器人税在短期内也无法成为独立税种。应进一步丰富我国现有税收法律体系的内容，适时考虑将 AI 机器人作为新的课税要素，使现行企业所得税、增值税、消费税等税种契合智能化时代的社会发展。AI 机器人作为纳税主体将推翻传统私法主体地位的规定，其并不能自主行使权利、履行和承担义务，而拥有"意识"的 AI 机器人目前仍是假设。法律拟制的道路亦不可行。若参照公司法人的运行逻辑，将 AI 机器人拟制成法定主体并对其征税，须有"独立性"作为前提。在客观上，AI 机器人需要拥有独立的可支配财产，这有赖于未来财产登记制度的改良，目前的法律制度与监管体系还不具备可操作条件。而"独立性"在主观上对拟制主体能独立于自然人的意志支配财产的要求则更难实现。AI 机器人独立于其使用者、所有者来支配财产尚不符合当今科技与社会伦理，其中涉及的社会、法律风险问题亦未得到妥善解决。如果以多个 AI 机器人组成的集群为单位成立意思机构，机构成员本质上仍指向使用人工智能的企业或者其他自然人，通过意思机构代表 AI 机器人的"意志"。AI 机器人自身与法人的运行逻辑在可操纵性、灵活性、智能性等方面均存在差异，不能如法炮制。以更长远的眼光观察，AI 机器人在迭代中产生的"自我意识"与意思机关的意志还可能有冲突，都使得"独立性"的论证与实践陷入窘境。

（三）AI 机器人税是对资本征税

按照税制设计的基本原理，对 AI 机器人课税的实质是对资本课税。机器人替代人的工作使得某些产业由劳力密集型向资金密集型转变。工业革命以后，劳动者的税负日益加重，而资本所有者和生产资料占有者的税负却逐渐减轻，这是由于利用机器人进行工业制造的公司反而享受到更多的税收优惠。以劳动所得为主要经济来源的普通员工，在缴纳个人所得税的同时，还需保证家人的生活与安定；相比之下，企业却可将资金投入机器人生产和使用，不仅无须缴纳个人所得税，还可因享受税收优惠而少缴或免缴企业所得税和其他税。① 导致社会贫富差距扩大的税收制度显然不符合以人为本的共同富裕的目标愿景，亟须在规范财富积累机制的指引下创新税法模式，重构税法规则，完善税制的供给侧改革，使之更契合经济高质量发展的制度需求。由此，应规定对使用 AI 机器人的企业征收"资本税"，逐步减少向生产端倾斜的税收优惠，缩小贫富差距，从而使整个社会财富分配与积累机制更趋合理。

（四）构建契合高质量发展的税收优惠制度

税收优惠制度相比于基础税制应更加具体和精细，也具有更强的可操作性。第一，为 AI 机器人的研发和创新设定税收优惠条件和指标，如技术创新水平、研发投入占比等，提升税收优惠的针对性和执行效果，即使未来出现 AI 机器人造成大规模失业的可能，仍可通过调整和消减对 AI 企业的税收优惠以调控劳动失衡程度。第二，注重科技人才的税收优惠激励机制。激励 AI 产业的创新发展，实质是鼓励高新技术人才的个人发展，而非助力资本

① 王婷婷、刘奇超：《机器人税的法律问题：理论争鸣与发展趋势》，《国际税收》2018 年第 3 期，第 29~36 页。

的无序扩张。适时调整个人所得税的优惠政策、降低边际税率，提供科技人才培训补贴，释放科技人才在高新技术产业中的创新活力。还可以建立科技人才评价体系，根据其创新贡献和成果给予相应的税收优惠。科技人才来源于高质量的教育与培训，对教育领域采取可行的税收优惠，降低教育成本，提高社会复合型人才数量和水平，使劳动失衡问题"不攻自破"。第三，除了支持大型企业，中小微企业在高新技术产业中也有着不可替代的作用，因此，可以采取降低中小微企业的实际税率、提高免征额、简化纳税程序等方式，降低其经营成本，最大限度发挥其在高新技术产业领域的创新能力。此外，可以探索建立中小微企业研发基金，为其提供专项的财政支持。第四，在完善 AI 产业税收优惠制度时，要全面覆盖整个产业链，强化对各个环节的支持。AI 产业包括研发、生产、销售等多个环节，税收政策的制定要回应不同环节的特点和需求，提供有针对性的税收优惠，以促进整个产业链的协同发展。第五，建立健全监管和激励机制。建立 AI 产业评价体系，对企业的技术创新、研发投入等进行综合评估，将评估结果作为享受税收优惠的依据，避免产生低质低效的研发投入。同时要建立相应的奖惩机制，确保税收政策的公正和公平执行。第六，加强 AI 产业税收国际合作。AI 产业通常具有全球性的特征，国际合作可以辅助吸收更适宜的资金投入，推进全球科技创新成果共享，共同应对技术创新面临的挑战，推动高新技术产业的国际化发展，提高 AI 技术产业的投资积极性和有效性。

（五）落实 AI 机器人企业防范劳动失衡社会责任

激励高新技术企业创造就业岗位。失业可以被认为是市场失灵，而政府可以通过税收纠正。[1] 例如，1975 年美国税务局（Internal Revenue Service，IRS）[2] 推行的"联邦所得税抵免"（Earned Income Tax Credit）就是一项基

---

[1] Thomas A Kochan, "Resolving America's Human Capital Paradox: A Proposal for a Jobs Compact," *Harvard Business Review March 3* (2012): 64-72.

[2] IRS 是美国负责征收联邦税款和执行税收法规的机构。该机构负责管理纳税申报、发放纳税退款和执行税收法规等任务。

础广泛的激励措施，旨在帮助刺激经济衰退后的复苏。① 新泽西州技术中心积极实施该项措施，向就业人数增长超过 2% 的公司提供信贷，并为每位新雇用的雇员支付最高 2100 美元的就业补贴。而后，美国国会在 2010 年再次尝试了这种方法，颁布了《恢复就业的招聘激励措施（HIRE）法案》，该法案为雇用失业或从劳动力之外就业的个人提供税收抵免②。福布斯的统计报告显示，2015 年以来，美国科技巨头（如苹果、谷歌、微软等）旗下总价值为 100 亿美元的 30 个美国数据中心项目创造了大约 837 个永久性工作岗位，产生了至少 8.11 亿美元的税收减免，这些巨头的市值得以进一步增长。通过税收抵免和优惠，使研发应用 AI 机器人的高新技术企业创造了更多就业岗位并降低了经营成本，反哺新技术的研发和使用，形成良性循环。

设置与 AI 机器人影响相关的失业保险基金并建立 AI 机器人企业失业税收评级制度。美国学者 David Ratner 的研究表明，美国部分州正在建立失业保险税或类似的失业补偿制度，其实施背景可追溯至 21 世纪初③。失业保险税由雇主直接承担，其基本原则是按照员工的工资规模向政府支付一定比例的费用。这一税款被集中存放在失业保险基金中，成为提供失业福利的来源。值得注意的是，雇主的失业保险税率与其过去的失业记录相关，高失业率雇主可能面临较高的税率，以强调责任共担的原则。美国各州对失业保险税实行不同的税率结构，根据其本地的劳动力市场状况和经济情况调整税率，以确保基金的灵活与可持续性。失业保险税的分级税率安排为 AI 机器人税的失业保障效用提供思路。AI 机器人的普及越广泛，存在失业可

---

① Jeffrey M Perloff, Michael L Wachter, "The New Jobs Tax Credit: An Evaluation of the 1977-78 Wage Subsidy Program," *The American Economic Review* 5 (1979): 173-179.

② David Neumark, "Job Creation Policies in the Great Recession," *Federal Reserve Bank of San Francisco* 8 (2012).

③ 2009 年，依照该制度发放 1301 亿美元的失业保险金。2013 年，亚拉巴马州为每位失业人员提供全额失业保险金的最低值为 45 美元，加利福尼亚州为 40 美元，西弗吉尼亚州为 24 美元；亚拉巴马州的最高值为 265 美元，加利福尼亚州为 450 美元，西弗吉尼亚州为 424 美元。失业保险金根据失业人员的原有薪资及实际生活状况分级发放。David Ratner, "Unemployment Insurance Experience Rating and Labor Market Dynamics," *Finance and Economics Discussion Series* 1 (2013): 1-69.

能的工人越多，智能化水平高的企业需要缴纳 AI 机器人税的适用税率也越高。失业保险税竭力平衡雇主责任与员工权益，减轻了因个体失业而带来的社会压力。失业保险税的机制和影响为塑造和完善智能化时代的社会保障体系提供了解决思路。具体制度设计上，须充分考虑各方利益和社会的长远发展，明确定义基金的缴费标准、频率和管理机构，保障基金稳健运作，确保基金用于补贴失业员工的生活扶持，包括失业补助金、职业培训支持和就业援助等项目。在 AI 机器人企业失业分级评价体系中，将失业率、培训与技能提升的资金投入、员工晋升机会以及企业参与社会公益项目的支出等因素纳入评价指标，多维度考察 AI 机器人的生产应用与企业人员失业的关联度。此外，评价的透明性和公平性是关键原则，严格避免执法机关过分主观的评价标准。设立专门基金管理与评价监督机构，建立明确的审计机制，监督基金的安全运作和有效利用，并根据实际情况进行及时调整和优化，保证整个评价体系与失业保险制度在推行中不断地适应劳动力市场的变化和需求。

结　语

AI 机器人的使用和发展对人类社会产生的利弊尚待观察。科学技术在推动社会进步的同时，也会对人类产生不利影响——或是污染环境，或是加剧失业。但不管从经济发展还是国家财政创收来看，对科技的发展，都不可逆势而为。在高科技迅速发展的新时代，对 AI 机器人征税并非无稽之谈。与激励或者封禁相比，通过税收调节科技发展，不失为一种优选方案。从目前科技发展水平、各项法律制度规定以及社会发展需要来看，对 AI 机器人本体课税的时代尚未到来，但探讨对 AI 机器人使用者征税的可行性路径具有前瞻性和必要性。这是 AI 机器人税制发展进程的关键环节，有利于平衡科技发展与人类就业生存之间的关系。

后　记

　　《中国数字经济税收发展报告（2024）》的写作凝聚着国内一个研究群体的研究成果。对所有参与 2024 年蓝皮书规划和创作的研究者、工作者致以诚挚的谢意，感谢诸位的大力支持与帮助。蓝皮书的主要规划与创作者如下：蔡昌、焦瑞进任主编，李为人、付广军、李亚任副主编。主编、副主编主要负责蓝皮书规划及主创工作。感谢三位编委会学术顾问：国家统计局原副局长、北京国家发展研究院特约研究员许宪春先生，中央财经大学校长马海涛先生，中国财政科学研究院原院长刘尚希先生。还特别感谢北京大学王立彦教授、中国人民大学岳树民教授、中央财经大学刘桓教授、《国际税收》编辑部韩霖主任、北京大数据协会会长纪宏教授等专家学者的大力支持与帮助。

　　《中国数字经济税收发展报告（2024）》由蔡昌、吴奕萱、庞思诚主创完成，《中国数字经济财税关系聚类分析报告（2024）》由焦瑞进、黄洁瑾主创完成，《数字经济税收理论与实践前沿报告（2024）》由冯守东、王爱清主创完成，《人工智能税收理论与实践前沿报告》由蔡昌、孙睿、李为人主创完成，《数字经济背景下中国智慧税务发展报告》由广东财经大学财税学院课题组李林木、余可、蔡倩怡主创完成，《中国智慧税务发展报告（2024）》由马莉、贺焱主创完成，《智慧海关建设背景下中国智慧关税发展报告》由崔志坤、郑鹏飞主创完成，《数字经济背景下的数据资产化与税收创新》由寇恩惠主创完成，《数字文化产业税收管理分析报告》由王汉生、邓永勤、李银陆、张虹主创完成，《中国社会保险费税务征收发展报告》由刘钧、韩雪纯、朱涵涵、李志远、李一帆、马晓倩主创完成，《中国

468

社会保险费征缴制度发展报告》由"社会保险费征缴实务研究"课题组余清泉、李梦娟、胡万军、庚鑫、李威、张若男、谢嬿如、程泊远、杨守国、洪广岫、王昭玥、刘瀚文主创完成，《河南省数字经济核心产业与税收发展报告（2024）》由陈涛、李红、宋昕、刘小阳主创完成，《海南省数字经济核心产业与税收发展报告（2024）》由刘磊、王卫军主创完成，《甘肃省数字经济发展及其对税收收入的影响效应分析》由李永海、焦夏丽、贾致博、杨帆、苏娜、孙文成主创完成，《美国数字经济税收发展报告（2024）》由励贺林、刘丽贤、姚丽主创完成，《英国数字经济税收发展报告（2024）》由韦凯宏主创完成，《AI 机器人税国际动态发展报告（2024）》由郝琳琳、汤思源主创完成。

感谢北京大数据协会、中央财经大学、中国社会科学院大学、西藏大学、中国民航大学、宁德师范学院、江西财经大学、上海财经大学、北京工商大学、兰州财经大学、国家税务总局税收科学研究所、国家税务总局北京市税务局、国家税务总局重庆市税务局、国家税务总局河南省税务局、国家税务总局海南省税务局、国家税务总局青岛市税务局、中国财政科学研究院、北京大学国家发展研究院、艾克斯-马赛大学财税研究中心（CEFF）、艾克斯-马赛欧亚研究所（IREA）、云账房·有度税智、上海锦天城（广州）律师事务所、众合云科、融智华尔街（北京）创业投资有限责任公司、华商律师事务所、理臣中国等单位的大力支持。

本报告限于规划与主创团队的时间与研究能力，一定存在缺陷和不足，欢迎业界专家、实务界与广大读者朋友批评指正（13910862160@126.com），感谢大家对我们研究工作的关注、支持和帮助，谢谢大家。

主　编　蔡　昌　焦瑞进

副主编　李为人　付广军　李　亚

2024 年 10 月于北京

Abstract

This book systematically expounds the frontier development of China's digital economy tax, the evolutionary laws of digital economy tax system, the optimization of main tax species and the design of new tax species, revealing the necessity and era-demand of digital economy tax system reform. It also conducts in-depth discussions on the current situation, existing problems and future trends of smart taxation construction. This book clarifies the latest views on digital economy tax system reform, explores the positive impacts of the evolution of main tax species in the digital economy era and the challenges and impacts they face, providing theoretical support and practical guidance for the improvement and transformation of China's tax system and tax management in the era of digital economy, helping China achieve the optimization and upgrading of its tax governance in the wave of digital economy, better adapting to the development trend of new economy, new industries and new business models, promoting institutional and technological innovation in the tax field and driving China's high-quality development.

The book focuses on the following core content and views: The first is the new dynamics of digital economy and the new dilemma of data asset tax management, the mechanism of data asset full-chain management and the tax governance framework of data asset life cycle, the reconstruction of modern tax system with a view to adapting to the development of digital economy; The second is the clustering analysis of digital economy fiscal and tax relations, the establishment of fiscal and tax relations indicators system from both micro and macro perspectives, multi-angle and multi-dimensional measurement of fiscal and tax contribution and fiscal and tax development quality analysis, clarifying the correlation between digital economy and national economy and fiscal and tax contribution, and proposing fiscal and tax policies to promote the healthy development of digital economy; The third is the analysis of the forefront of digital economy tax theory and practice, explaining the practical focus issues of digital economy tax theory, the implementation and impact of the "dual pillar" plan, the tax attributes of digital transactions and their tax logic, etc., providing theoretical basis and policy support for the digitization of tax collection and management. The fourth is the analysis of the forefront of artificial intelligence tax theory, starting from the technical difficulties of artificial intelligence taxation and controversial issues such as data privacy protection, drawing on international artificial intelligence tax cases, and proposing artificial intelligence tax governance suggestions that are in line with China's national conditions. The fifth is the construction of smart taxation and smart tariffs in China. Based on the practical challenges faced by smart taxation construction, policy recommendations are proposed to drive smart taxation construction with data elements, expand big data application scenarios, build a unified and integrated embedded smart taxation information system, and promote smart tariff construction. The sixth is to promote the development of the digital cultural industry. Taking the three major industries of digital publishing, digital games, and online live streaming as examples, this paper explores the problems and challenges that the development of the digital cultural industry brings to tax management, and proposes relevant policy suggestions to improve tax policies and standardize tax collection and management services. Seventh, an analysis of the tax collection system and policies for social insurance premiums in China, examining the payment situation of social insurance premiums in various regions, and proposing feasible practical suggestions based on the problems that arise during the tax collection process of social insurance premiums. Eighth, research on the development of core digital economy industries in Henan Province and Hainan Province will be conducted using big tax data to focus on analyzing the current status and characteristics of core digital economy industries in Henan Province and Hainan Province, summarizing the shortcomings that need to be addressed in order for Henan Province and Hainan Province to become strong digital provinces, and proposing relevant policy recommendations for strengthening the digital economy industries in Henan Province and Hainan Province. Nine is to conduct in-depth research on the international dynamics of digital economy taxation in the United States, the United Kingdom, and the robot tax, providing guidance on the international development of digital economy taxation, and comprehensively positioning and grasping the development status and governance of digital economy taxation in China and globally.

Keywords: Digital Economy; Data Assets; Smart Taxation; Cluster Analysis; Robot Taxation

Contents

I   General Report

Abstract： This report focuses on new issues and contradictions in the field of digital economy taxation, analyzing and explaining these problems and underlying reasons from a new development perspective, and proposing new frameworks and ideas to promote the development of digital taxation. Based on the rapid promotion of digital transformation by the government, there have been new developments in China's digital economy and new challenges in data asset tax management. This is mainly reflected in the fact that the digital economy has broken the equilibrium state, and more attention needs to be paid to the impact of the digital divide and the necessity of digital governance, the demand for full chain management of data assets, and the disruptive changes in smart taxation and digital invoice systems. Due to new challenges such as tax loss of data assets and lack of tax regulation mechanisms for data resources, a full chain management mechanism for data assets should be established. This mechanism should strengthen collaborative management of data assets from multiple perspectives and dimensions, including data element market transactions, data asset ownership registration, data asset valuation and pricing, data asset accounting, and data asset taxation system design. Combining the full chain management of data assets, this report attempts to construct a basic framework for tax governance throughout the entire lifecycle of data assets. It studies the tax management issues of data assets from different aspects such as formation, use, transaction, and disposal. It analyzes and defines the nature and functions of taxes such as digital service tax, data asset tax, data resource tax, and data use tax, and reconstructs a digital tax system that meets the requirements of digital economic development.

Keywords: Digital Economy; Digital Divide; Data Assets; Digital Tax System

Ⅱ Special Topics

B.2 Cluster Analysis Report on the Fiscal and Tax Relationship of China's Digital Economy (2024)

Jiao Ruijin, Huang Jiejin / 042

Abstract: As an important engine for China's new quality productive forces and high-quality development, the digital economy has become a strategic focus in the development of the national economy. This report establishes an indicator system for the fiscal and tax relationship of the digital economy from both micro and macro aspects, conducts calculations on fiscal and tax contributions and analyzes the quality of fiscal and tax from multiple dimensions such as the overall perspective of the digital economy, the industry perspective, and the regional perspective, and explains the correlative relationship between the current digital economy, the national economy and their fiscal and tax contributions. Based on this, this report puts forward fiscal and tax policies to promote the development of the digital economy, focuses on the key issues in tax and fee governance, and takes promoting development and stabilizing finance as the basic principles to advance the modernization construction of smart taxation.

Keywords: Digital Economy; Big Data of Finance and Tax; Smart Taxation

B.3 Frontier Report on the Theory and Practice of Digital

Economy Taxation (2024) *Feng Shoudong*, *Wang Aiqing* / 092

Abstract: Although the "Two-Pillar" plan for global tax reform was implemented in 2024 and many jurisdictions have already revised their internal legislation in accordance with the "Two-Pillar" Legislative Template and its "Collection and Administration Guide", research on tax issues regarding the digital economy continues. This report aims to further clarify the theory of digital economy taxation, providing theoretical support for the new international tax order; to clarify the impact brought by the implementation of the "Two-Pillar" plan on the jurisdiction, providing references for tax legislation; to explain the tax attributes and taxation logic of digital transactions under the digital economy, and sort out the elements of the data tax system; as well as to strengthen the digital construction and application of tax collection and administration, providing ideas and solutions for effectively implementing the jurisdiction of tax enforcement and strengthening tax supervision over new forms of business in the digital economy.

Keywords: Digital Taxation Theory; "Two-Pillar" Plan; Digital Tax

B.4 Frontier Report on the Theory and Practice of

Artificial Intelligence Taxation

Cai Chang, *Sun Rui and Li Weiren* / 125

Abstract: Artificial intelligence, as an important engine for promoting economic development and social progress, has broad development prospects and high application value. Firstly, based on the concept and current development status of artificial intelligence, this report analyzes its multi-faceted impacts on the tax system, tax collection and administration, and tax management. Subsequently, it further explores the theoretical differences regarding the taxation of artificial intelligence and sorts out the main controversial points existing in current academia and practice, including the extensive impact of artificial intelligence on society, technical difficulties in taxation, and data privacy protection issues. Finally, through case analysis of international artificial intelligence taxation practices, it summarizes the successful experiences of other countries in dealing with the taxation of artificial intelligence and puts forward suggestions suitable for China's national conditions. When formulating fiscal and tax policies for artificial intelligence, the tax system should be adjusted and optimized. Tax incentives should be formulated to encourage research and development and innovation in the field of artificial intelligence, and the tax policy on artificial intelligence should be adjusted from the overall perspective of economic and social development. In addition, in order to prevent artificial intelligence from exacerbating the gap between the rich and the poor, fairness should be maintained in tax policies to avoid serious employment inequality caused by technological progress.

Keywords: Artificial Intelligence; Tax System; Tax Collection and Administration; Robot Tax

B.5 Development Report on Smart Taxation under the Background of Digital Economy

Guang Dong University of Finance and Economics Research Group / 155

Abstract: This report focuses on the construction of smart taxation in the context of the digital economy. It explores the characteristics and development status of smart taxation from the perspectives of defining the connotation, construction effectiveness, and shortcomings of smart taxation. It also studies the mechanism innovation and implementation path of smart taxation from the perspectives of optimizing the smart taxation framework system, path optimization, and ecosystem optimization. A series of policy recommendations are proposed, including data-driven smart taxation construction, expanding tax big data application scenarios, and building a unified and integrated embedded smart taxation information system.

Keywords: Digital Economy; Smart Taxation; Framework System Optimization; Smart Tax Information System

B.6　China Smart Tax Development Report (2024)

Ma Li, He Yan / 193

Abstract: Smart tax is the main focus for improving the modern tax system, deepening the reform of the tax collection and administration system, and promoting the modernization of tax collection and administration. Centered on serving taxpayers and fee payers, with the electronic invoice reform as a breakthrough and tax big data as the driving force, smart tax features high integration functions, high security performance, and high application efficiency. The goal of smart tax is to drive innovation in tax law enforcement, service, and supervision systems as well as business changes, further optimize the organizational system and resource allocation, promote high-quality development of tax revenue, and better serve the modernization of the tax governance system and governance capacity. This report sorts out the concepts and characteristics of smart tax, focuses on the development status of the "Golden Tax Phase IV", the electronic invoice reform, the new unified and standardized national e-tax bureau, and the smart office platform at three ends, and discovers problems such as the absence of basic theories, bottlenecks in information technology, deviations in data quality, insufficient integration of technology and business, easy occurrence of risks in system data, the need to improve the accuracy of risk control, and the need to strengthen international cooperation in collection and administration. Through analyzing the challenges faced by China's smart tax, absorbing and drawing on the experiences of smart tax in countries such as the United States and Singapore, this report explores tax modernization schemes to promote the construction of China's smart tax from aspects such as formulating specific strategic plans for smart tax, carrying out overall coordinated changes of the system, achieving in-depth integration of technology, data, and business, as well as "governing tax with data" for tax risk prevention and deepening the comprehensive collection and administration reform in the field of taxes and fees.

Keywords: Smart Tax; Golden Tax Phase IV; New E-Tax Bureau; Efficient Tax; Tax Modernization

B.7 Report on the Development of Smart Tariffs in China under the Background of Smart Customs Construction

Cui Zhikun , Zheng Pengfei / 250

Abstract: This report focuses on the construction of smart tariffs under the framework of smart customs, elaborating on the development process and typical cases of smart tariffs. It analyzes the impact of smart tariff construction on enterprises from the perspectives of improving customs clearance efficiency, reducing trade costs, enhancing corporate compliance, and promoting international trade facilitation. Feasible policy recommendations are proposed for smart tariff construction.

Keywords: Smart Customs; Smart Tariffs; Digital Economy Taxation

B.8 Data Assetization and Tax Innovation under the Background of Digital Economy

Kou Enhui / 273

Abstract: As a fundamental element of the digital economy, the value and significance of data are increasingly prominent. At the same time, issues related to data asset transactions, usage, and profit distribution are gradually emerging, presenting new challenges to the existing tax system. This report, based on the current state of the digital economy, organizes relevant literature and policy documents, incorporates case studies, and applies theoretical frameworks to introduce the concept and role of data as a key factor. It summarizes the pathways for data asset monetization and explores the rationale for data tax collection in the context of China's situation. This report believes that enterprises should actively carry out digital transformation, tap into the intrinsic value of data, improve the digital quality of employees, increase investment in digital research and development, and seek cooperation among enterprises; countries should increase investment in digital infrastructure, protect data security and privacy, increase the training of digital talents, and strengthen international digital economy cooperation.

Keywords: Digital Economy; Data Capitalization; Digital Tax

B.9   Tax Management Report on Boosting the Development of the
Digital Cultural Industry

Wang Hansheng, Deng Yongqin, Li Yinlu and Zhang Hong / 295

Abstract: The digital cultural industry is characterized by cultural creativity, digital technology, integrated symbiosis, mass entertainment, and ideological nature. Its vigorous development has added new impetus to economic growth and the creative transformation and innovative development of Chinese civilization, and also put forward new requirements for giving play to the fundamental, pillar, and guaranteeing roles of taxation in national governance. Taking the three industries of digital publishing, digital games, and live webcasting as examples, this report discusses the problems and challenges brought by the development of the digital cultural industry to tax management, and puts forward countermeasure suggestions such as increasing the attention of tax policies to the digital cultural industry, strengthening tax incentives and tax management for cultural creators, encouraging digital cultural enterprises to increase their technological investment, improving the certainty of tax policies and management, and perfecting tax regulation policies.

Keywords: Digital Cultural Industry; Tax Regulation; Tax Management; Platform Enterprises

B.10   Development Report on China's Tax Collection of
Social Insurance Premiums

Liu Jun, Han Xuechun, Zhu Hanhan, Li Zhiyuan,

Li Yifan and Ma Xiaoqian / 311

Abstract: Since social insurance premiums have been transferred to be collected by the tax authorities, the collection of social insurance premiums has stepped into the management track of standardization, normalization and accuracy. However, there are also some problems in the process of implementing the tax collection of social insurance premiums. For example, relevant laws and regulations need to be improved, the willingness of employers and individuals to pay premiums has declined, the coordination between social security management departments and tax departments is relatively poor, and the professional abilities of the staff in tax departments need to be improved. This report suggests: improving legislation and strengthening the law enforcement of tax departments; increasing the willingness of employers and individuals to pay premiums; optimizing the coordinated management among departments; focusing on professional abilities and strengthening talent guarantee; further promoting the management mode of full responsibility collection by tax authorities.

Keywords: Social Insurance Premiums; Tax Collection on behalf of Others; Full-Responsibility Collection; Golden Insurance Project

B.11   Report on the Optimization of the Collection and
Payment System of Social Insurance Premiums in China

Research Group on "Practical Research on the Collection and

Payment of Social Insurance Premiums" / 327

Abstract: Based on the research on the collection and payment system and practical situation of social insurance premiums, and with the orientation of improving and optimizing the "Interim Regulations on the Collection and Payment of Social Insurance Premiums", starting from the goal of amending and improving the regulations, through continuous and in-depth national data surveys and field investigations, in response to the situations reported by enterprises and problems discovered during the research, this report proposes an institutional optimization plan for the collection and payment of social insurance premiums to adapt to the changes in the new economic situation, and forms amendment suggestions for the "Interim Regulations on the collection and payment of Social Insurance Premiums".

Keywords: Social Insurance Premiums; Tax Collection; System Reform

Ⅲ Regional Reports

B.12 Report on the Core Industries of Digital Economy and

Tax Development in Henan Province (2024)

Chen Tao, Li Hong, Song Xin and Liu Xiaoyang / 359

Abstract: The digital economy is one of the main battlefields for cultivating and developing new quality productive forces. In recent years, the Henan Provincial Party Committee and the Henan Provincial Government have thoroughly studied and implemented General Secretary Xi Jinping's important expositions on developing the digital economy, comprehensively deployed and promoted the digital transformation strategy, consolidated digital infrastructure, strengthened the digital economy industries, enhanced the integrated application of the digital and the real economy, and promoted the digital economy to better empower high-quality development. This report uses tax big data to focus on analyzing the current development status and characteristics of the core industries of the digital economy in Henan Province, objectively summarizes the shortcomings that need to be addressed in building a digital-strong Henan Province. Combined with the "Work Plan for the Development of Henan Province's Digital Economy in 2024 ", it puts forward relevant suggestions for further expanding and strengthening the digital economy industries in Henan Province, including consolidating the industrial foundation, optimizing tax policies, improving the data governance mechanism, and innovating fiscal and tax tools, so as to promote the high-quality development of Henan's digital economy.

Keywords: Digital Economy Industries; Tax Big Data; Henan Province

B.13 Report on the Development of Core Industries of Digital Economy in Hainan Province

Liu Lei, Wang Weijun / 369

Abstract: In recent years, Hainan Province has been exploring the digital industry, the scale of tax revenue has been growing, and the digital industry has shown a new dynamic of vigorous development. From 2021 to 2023, the average annual sales of the core industries of digital economy in Hainan Province is about 500 billion yuan, and the average annual tax payment is about 18 billion yuan. In 2022, Hainan Free Trade Port realized the first single commercial satellite remote sensing data transaction, and in 2024, Yangpu, Danzhou, Hainan, built China's first "digital bonded" zone. The data trading place continued to exert its strength, and the game went out to sea to show the advantages of Hainan Free Trade Port, and digital RMB payment was in the ascendant. To further promote the development of digital economy, we must first consolidate the economic environment, constantly optimize the business environment, and let all walks of life blossom; Second, on the basis of the existing tax system, optimize tax collection and management to maximize the development of digital economy; The third is to clarify the tax reform, gradually promote the tax reform, and promote the dynamic adaptation of the superstructure and the economic base.

Keywords: Digital Economy; Taxation; Data Transaction; Digital Trade

B.14　Research on the Impact of Digital Economy Development on
　　　Tax Revenue in Gansu Province

Li Yonghai, *Jiao Xiali*, *Jia Zhibo*, *Yang Fan*,
Su Na and Sun Wencheng / 379

Abstract: As a new engine to promote economic growth, digital economy has a profound impact on the tax revenue of Gansu Province. This paper calculates the digital economy comprehensive index of 14 cities and states in Gansu Province from 2013 to 2022 by constructing an index system. And from the theoretical level, it clarifies the impact mechanism of digital economy on the scale of tax revenue, and empirically tests the impact of digital economy on the tax revenue of Gansu Province. The results show that digital economy significantly promotes the growth of tax revenue in Gansu Province, and digital economic infrastructure, industrial digitization and digital industrialization can all have a positive effect on tax revenue. In addition, the digital economy has a threshold effect on the tax revenue of Gansu Province. When the development level of the digital economy is greater than 0.107, the promotion effect of the digital economy on the tax revenue becomes weaker. Based on the above empirical analysis results, this paper puts forward policy suggestions from the aspects of improving the tax system of digital economy, promoting the coordinated development of digital economy, increasing the support of digital economy, and strengthening the tax collection and administration of digital economy, which provides a useful reference for promoting the tax reform under the background of digital economy in China.

Keywords: Digital Economy; Tax Revenue; Threshold Effect

Ⅳ International Experience and Lessons

B . 15 Development Report of Digtal Economy Taxation in the
United States

Li Helin , Liu Lixian and Yao Li / 400

Abstract：The U. S. digital economy in 2022 maintains a favorable trend and pace, with the U. S. digital economy value added reaching ＄2. 6 trillion in 2022, or about 10% of U. S. GDP in that year, the U. S. digital economy creating more than 8. 57 million jobs in 2022, and digital economy payrolls totaling about ＄1. 26 trillion. The average annual growth rate of the U. S. GDP from 2018 to 2022 was 2. 2%, while the average annual growth rate of the U. S. digital economy value added during this period is 7. 1%. The data amply demonstrates that the U. S. digital economy is an important traction force pulling the U. S. economy's overall recovery and growth. However, the United States is highly consistent in rejecting the digital service tax, the Biden Administration agreed to the Pillar 1 Amount A solution in exchange for the full repeal of the digital service tax in other countries, but the multilateral convention of Pillar 1 Amount A failed to be signed before the end of June 2024 as promised, indicating that all parties are still in great disagreement. The direction of tax reform to raise taxes and increase revenues proposed by the U. S. Biden administration in the budget for fiscal year 2025 to alleviate the fiscal deficit is also subject to great uncertainty, especially with the U. S. election at the end of 2024, which needs to be carefully observed and responded to.

Keywords：Digital Economy；Digital Service Tax；Raise Taxes to Increase Revenue；Discriminatory Treatment

B. 16   Development Report of Digital Eeconomy

Taxation in the UK   *Wei Kaihong* / 424

Abstract: Understanding the UK's digital economy tax practices in recent years can be approached from three perspectives: indirect and direct tax policy and the digitisation of tax administration. Much of the change in the UK's indirect tax policy in relation to the digital economy over the past few years has been linked to the exit from the European Union. After Brexit, the UK set up a new VAT and customs regime, and to some extent retained some of the impact of EU regulations on the country's indirect tax system related to the digital economy. In terms of direct tax policies related to the digital economy, the UK currently has a domestic tax policy that is favourable to the development of digital enterprises in the country, as well as a digital services tax that can temporarily solve the problem of cross-border digital taxation. It also has a relatively clear plan for a complete solution to the cross-border digital tax problem in the future, although the realisation of such a plan depends largely on the common attitude of the rest of the world on the matter. As for the digitisation of tax administration, the United Kingdom has been working on reforms since before Brexit, and some results have been achieved so far.

Keywords: Digital Economy; Indirect Tax Policy; Direct Tax Policy; Digitisation of Tax Administration; United Kingdom (UK)

B. 17   International Dynamic Development Report on AI

Robot Tax   *Hao Linlin*, *Tang Siyuan* / 446

Abstract: With the rapid development of intelligent technology with artificial intelligence as the core, the world has entered the "intelligent era" dominated by "Industry 4. 0". The sales of robots in the Asia-Pacific region, Europe and the Americas are all showing an upward trend. In the era of digital economy, with the development of AI robots, there has been a debate on the imposition of AI robot tax. This paper compares and analyzes the legislation and practice of AI robot tax in the European Union, the United States, South Korea and other countries, and proposes that the AI robot tax should be guided by the function of encouraging high-quality scientific and technological development and maintaining the balance of market labor factors, and take meeting needs as its basic logic. In terms of taxation, AI robots are not qualified taxpayers at present. Capital using AI robots should be taxed to resolve the contradiction between scientific and technological progress and full employment; an AI robot tax incentive system that is in line with high-quality development should be established, tax incentive conditions and indicators should be set for AI industry research and development and innovation, and efforts should be made to improve the pertinence and implementation effect of tax incentives; the social responsibility of AI robot companies to prevent labor imbalance should be implemented, and they should be encouraged to create jobs, so that scientific and technological development can truly serve mankind.

Keywords: Artificial Intelligence; AI Robot Tax; Employment

社会科学文献出版社

皮 书

智库成果出版与传播平台

❖ 皮书定义 ❖

皮书是对中国与世界发展状况和热点问题进行年度监测，以专业的角度、专家的视野和实证研究方法，针对某一领域或区域现状与发展态势展开分析和预测，具备前沿性、原创性、实证性、连续性、时效性等特点的公开出版物，由一系列权威研究报告组成。

❖ 皮书作者 ❖

皮书系列报告作者以国内外一流研究机构、知名高校等重点智库的研究人员为主，多为相关领域一流专家学者，他们的观点代表了当下学界对中国与世界的现实和未来最高水平的解读与分析。

❖ 皮书荣誉 ❖

皮书作为中国社会科学院基础理论研究与应用对策研究融合发展的代表性成果，不仅是哲学社会科学工作者服务中国特色社会主义现代化建设的重要成果，更是助力中国特色新型智库建设、构建中国特色哲学社会科学"三大体系"的重要平台。皮书系列先后被列入"十二五""十三五""十四五"时期国家重点出版物出版专项规划项目；自2013年起，重点皮书被列入中国社会科学院国家哲学社会科学创新工程项目。

皮书网

（网址：www.pishu.cn）

发布皮书研创资讯，传播皮书精彩内容
引领皮书出版潮流，打造皮书服务平台

栏目设置

◆ 关于皮书

何谓皮书、皮书分类、皮书大事记、
皮书荣誉、皮书出版第一人、皮书编辑部

◆ 最新资讯

通知公告、新闻动态、媒体聚焦、
网站专题、视频直播、下载专区

◆ 皮书研创

皮书规范、皮书出版、
皮书研究、研创团队

◆ 皮书评奖评价

指标体系、皮书评价、皮书评奖

所获荣誉

◆ 2008 年、2011 年、2014 年，皮书网均
在全国新闻出版业网站荣誉评选中获得
"最具商业价值网站"称号；

◆ 2012 年,获得"出版业网站百强"称号。

网库合一

2014年，皮书网与皮书数据库端口合
一，实现资源共享，搭建智库成果融合创
新平台。

皮书网

"皮书说"
微信公众号

权威报告·连续出版·独家资源

皮书数据库
ANNUAL REPORT(YEARBOOK)
DATABASE

分析解读当下中国发展变迁的高端智库平台

所获荣誉

- 2022年，入选技术赋能"新闻+"推荐案例
- 2020年，入选全国新闻出版深度融合发展创新案例
- 2019年，入选国家新闻出版署数字出版精品遴选推荐计划
- 2016年，入选"十三五"国家重点电子出版物出版规划骨干工程
- 2013年，荣获"中国出版政府奖·网络出版物奖"提名奖

皮书数据库　　"社科数托邦"
　　　　　　　微信公众号

成为用户

　　登录网址www.pishu.com.cn访问皮书数据库网站或下载皮书数据库APP，通过手机号码验证或邮箱验证即可成为皮书数据库用户。

用户福利

- 已注册用户购书后可免费获赠100元皮书数据库充值卡。刮开充值卡涂层获取充值密码，登录并进入"会员中心"—"在线充值"—"充值卡充值"，充值成功即可购买和查看数据库内容。
- 用户福利最终解释权归社会科学文献出版社所有。

数据库服务热线：010-59367265
数据库服务QQ：2475522410
数据库服务邮箱：database@ssap.cn
图书销售热线：010-59367070/7028
图书服务QQ：1265056568
图书服务邮箱：duzhe@ssap.cn

社会科学文献出版社　皮书系列
SOCIAL SCIENCES ACADEMIC PRESS (CHINA)
卡号：545616783627
密码：

S 基本子库
UB DATABASE

中国社会发展数据库（下设 12 个专题子库）

紧扣人口、政治、外交、法律、教育、医疗卫生、资源环境等 12 个社会发展领域的前沿和热点，全面整合专业著作、智库报告、学术资讯、调研数据等类型资源，帮助用户追踪中国社会发展动态、研究社会发展战略与政策、了解社会热点问题、分析社会发展趋势。

中国经济发展数据库（下设 12 专题子库）

内容涵盖宏观经济、产业经济、工业经济、农业经济、财政金融、房地产经济、城市经济、商业贸易等 12 个重点经济领域，为把握经济运行态势、洞察经济发展规律、研判经济发展趋势、进行经济调控决策提供参考和依据。

中国行业发展数据库（下设 17 个专题子库）

以中国国民经济行业分类为依据，覆盖金融业、旅游业、交通运输业、能源矿产业、制造业等 100 多个行业，跟踪分析国民经济相关行业市场运行状况和政策导向，汇集行业发展前沿资讯，为投资、从业及各种经济决策提供理论支撑和实践指导。

中国区域发展数据库（下设 4 个专题子库）

对中国特定区域内的经济、社会、文化等领域现状与发展情况进行深度分析和预测，涉及省级行政区、城市群、城市、农村等不同维度，研究层级至县及县以下行政区，为学者研究地方经济社会宏观态势、经验模式、发展案例提供支撑，为地方政府决策提供参考。

中国文化传媒数据库（下设 18 个专题子库）

内容覆盖文化产业、新闻传播、电影娱乐、文学艺术、群众文化、图书情报等 18 个重点研究领域，聚焦文化传媒领域发展前沿、热点话题、行业实践，服务用户的教学科研、文化投资、企业规划等需要。

世界经济与国际关系数据库（下设 6 个专题子库）

整合世界经济、国际政治、世界文化与科技、全球性问题、国际组织与国际法、区域研究 6 大领域研究成果，对世界经济形势、国际形势进行连续性深度分析，对年度热点问题进行专题解读，为研判全球发展趋势提供事实和数据支持。

法律声明

"皮书系列"（含蓝皮书、绿皮书、黄皮书）之品牌由社会科学文献出版社最早使用并持续至今，现已被中国图书行业所熟知。"皮书系列"的相关商标已在国家商标管理部门商标局注册，包括但不限于LOGO（ ）、皮书、Pishu、经济蓝皮书、社会蓝皮书等。"皮书系列"图书的注册商标专用权及封面设计、版式设计的著作权均为社会科学文献出版社所有。未经社会科学文献出版社书面授权许可，任何使用与"皮书系列"图书注册商标、封面设计、版式设计相同或者近似的文字、图形或其组合的行为均系侵权行为。

经作者授权，本书的专有出版权及信息网络传播权等为社会科学文献出版社享有。未经社会科学文献出版社书面授权许可，任何就本书内容的复制、发行或以数字形式进行网络传播的行为均系侵权行为。

社会科学文献出版社将通过法律途径追究上述侵权行为的法律责任，维护自身合法权益。

欢迎社会各界人士对侵犯社会科学文献出版社上述权利的侵权行为进行举报。电话：010-59367121，电子邮箱：fawubu@ssap.cn。

社会科学文献出版社